江流

JIANG LIU
CHU TIAN

楚天

湖北千里长江行

刘玉堂 主编

湖北省文化和旅游厅 组编

长江出版社
CHANGJIANG PRESS

导 语

"山随平野尽,江入大荒流。"发源于青藏高原的万里长江,以雷霆万钧之势直下四川盆地,迅疾似巨龙腾空,切巫山、决夔门、辟三峡,跃入广袤的江汉平原,穿越鄂东丘陵山地,在荆楚大地蜿蜒1061千米,方才恋恋不舍地缓缓东去,投身大海。湖北作为长江干流最长的省域,无论是自然山水,还是人文风华,无不受惠于长江的孕育和形塑。

长江青碧的光泽,浸染着湖北的奇山翠峰。湖北不仅有地球北纬30度地区最大的绿洲和动植物基因库,而且有被誉为"亘古无双胜境,天下第一仙山"的武当山,还有"山分鄂豫皖,气赛泰嵩衡"的大别山,以及有"鄂中绿宝石"美誉的大洪山。在因神农搭架采药而得名的神农架,你也许见不到传说中的"野人",却能亲眼见到所谓"野人"的脚印和毛发,或许还会被那些从未见过的状如鸽子的植物珙桐和散发着远域殊风的梆鼓声所惊艳。在武当山,你虽说无缘邂逅得道高人张三丰,却能见识飞檐走壁的道士和行云流水的太极拳,还有那足以与故宫媲美的紫霄宫等皇家宫观。在大别山,你将陶醉于灿若云霞的红杜鹃,也会被二十八年红旗不倒的革命英雄气概震撼!在大洪山,你很难不会因古木参天、飞瀑四溅、洞穴幽深、群峦竞秀的绝代风光心旌摇荡,也很难不会因其别称"绿林山"而浮想联翩……

长江宽广的胸怀,吞吐着湖北的名湖秀川。湖北不只有横贯境内1061千米的长江干线、纵穿其境920千米的汉江和湖北省最长的内河清江,更有"四处野鸭和莲藕"的洪湖和"一围烟浪六十里"的东湖。长江以撼天动地之力冲决三峡,

江流楚天

JIANG LIU
CHU TIAN

湖北千里长江行

刘玉堂 主编

湖北省文化和旅游厅 组编

长江出版社
CHANGJIANG PRESS

孝感

武汉
武汉
南岸嘴
鄂州 黄冈
黄石
咸宁
黄梅
小池镇

刘玉堂

毕业于武汉大学，历史学博士，博士生导师。湖北省社会科学院原副院长，华中师范大学国家文化产业研究中心特聘教授，湖北省政府文史馆国学院院长，湖北省文化旅游发展顾问，武汉大学、华中科技大学等高校客座教授。中央直接掌握联系的专家，国家出版基金评委，中国民族史学会顾问。

长期致力于楚文化、长江文化、中国民族史、中华传统文化和文化产业研究，出版著作20余部，发表论文300余篇。主编有《中华凤文化研究书系》《汉江文化史》《荆楚文化史》《中国地域文化通览·湖北卷》《武汉文化遗产通览》等大型学术丛书多部。撰写、编著的《荆楚文化志》《世纪楚学》《长江文明之旅》和《长江之歌 文明之旅》分获第四届国家图书奖、第九届湖北省优秀社科著作一等奖、全国优秀科普作品奖和2022年度大禹水利科学技术奖科学普及奖。担任央视大型人文纪录片《楚国八百年》《三国的世界》《长江之恋》和《读书的力量》学术顾问暨主讲嘉宾。

湖北千里长江行

JIANG LIU
CHU TIAN

汉江

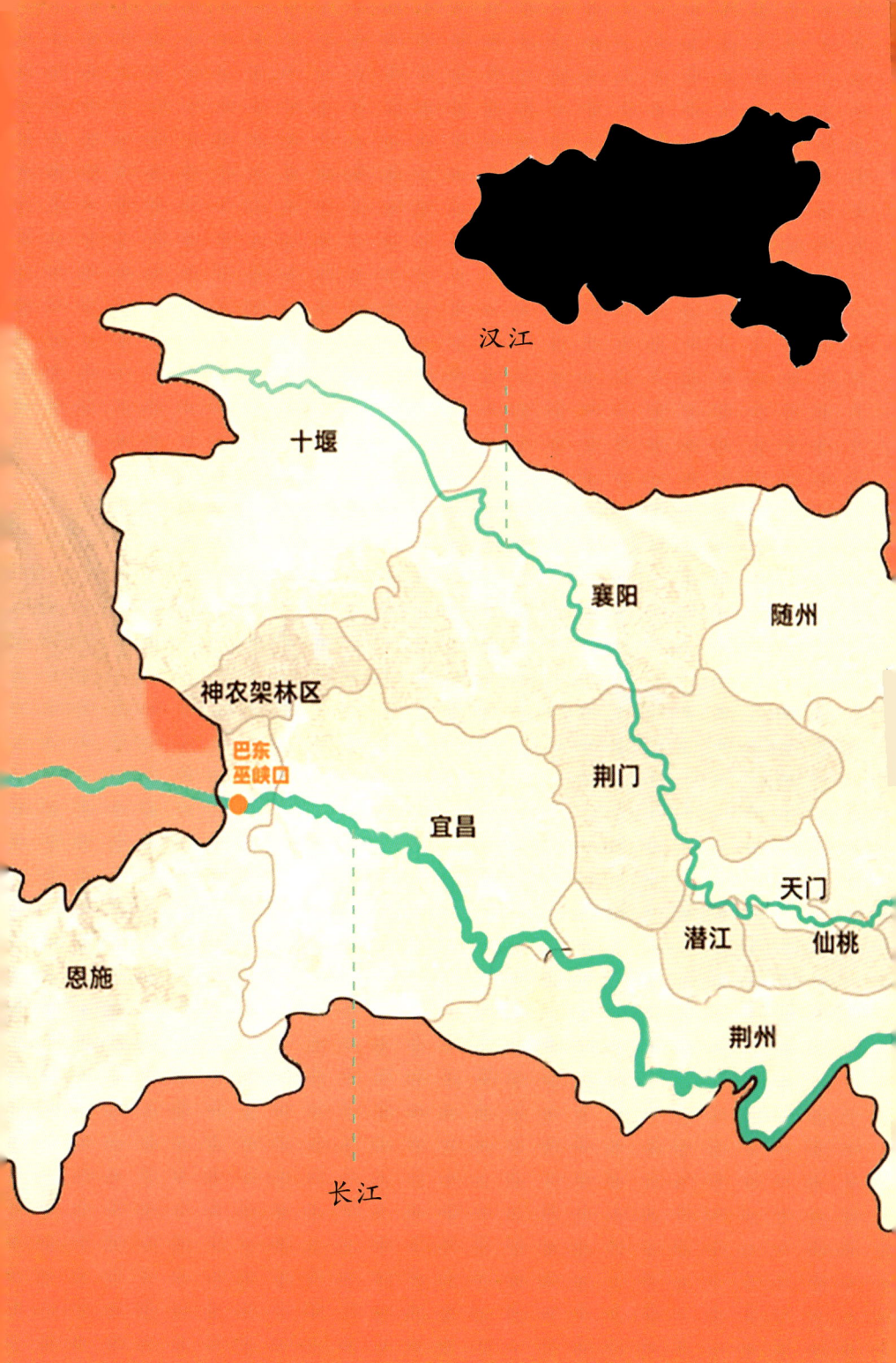

十堰

神农架林区

巴东
巫峡口

襄阳

随州

荆门

宜昌

天门

潜江 仙桃

恩施

荆州

长江

江流

JIANG LIU
CHU TIAN

楚天

即被世界上最大的水电工程三峡大坝"截断巫山云雨""高峡出平湖"。如果说长江与黄河是中华文明的摇篮,那么汉江则是连接这两大摇篮的纽带,因汉江有汉朝,因汉朝才有汉人,因汉人才有汉族、汉语、汉字、汉学、汉文化……清江是湖北土家族的母亲河,流经亚洲最大溶洞腾龙洞和世界上最大的地缝、天坑、岩柱群同时并存的复合型喀斯特地貌奇观恩施大峡谷。长江、汉江、清江上千姿百态的跨江大桥,组成一道道亮丽的风景;大型淡水湖泊洪湖,因一曲《洪湖水浪打浪》名扬天下;中国最大的城中湖武汉东湖宛如一块碧玉,中国最长的绿道似锦带环绕其间,著名的华中高校武汉大学、华中科技大学,以及藏有曾侯乙编钟和越王勾践剑等众多惊世国宝的湖北省博物馆环湖而立,造就了它独特的文化气韵。

  长江甘美的乳汁,哺育了湖北的风流人物。炎帝神农氏是与黄帝轩辕氏并称的中华人文始祖,其部落早期生息在以湖北随州为中心的汉江中上游一带,是举世公认的中华农耕文明的开创者。出生于湖北秭归的屈原是中国古代一位伟大的爱国主义诗人,他"九死未悔""上下求索"的精神涵化为中华民族的风骨,其开创的《楚辞》成为后世浪漫主义文学的源泉。出生于湖北襄阳的孟浩然是盛唐山水田园诗第一人,连"酒隐安陆"十年的李白也掩饰不住对他的盛赞:"吾爱孟夫子,风流天下闻。"出生于湖北兴山的王昭君,为了国家的安宁毅然出塞和亲,不愧是集心灵美和容颜美于一身的典范。茶圣陆羽,湖北天门人,写下了世界第一部茶文化专著《茶经》,为茶文化研究传播作出了卓越贡献。药圣李时珍,

导语

湖北蕲春人，耗费27年心血，奉献出190余万字的医药学巨著《本草纲目》，被达尔文称为"东方医药巨典"。毕昇，宋代蕲州蕲水县（今湖北英山县）人，出身平民，在杭州从事雕版印刷工作时萌发创意，发明了改写人类文化传播历史的活字印刷术。

  长江超凡的伟力，造就了湖北的文化奇观。文化奇观主要指重大历史事象、重要人文景观和非物质文化遗产。湖北的重大历史事象可用"四地"来概括，即远古人类文化的演化地、楚文化的发祥地、三国文化的荟萃地和革命文化的策源地。具体而言，湖北既是距今100万年的郧县人头盖骨发现地，又是人类文化轴心时代与古希腊文化双峰并峙的楚文化的诞生地；既是三国时期三大战役中除官渡之战外赤壁之战和夷陵之战的决战地，又是推翻中国最后一个专制王朝的辛亥武昌首义之地和被革命战争年代众多仁人志士鲜血染就的红色土地。湖北的人文景观星罗棋布，各领风骚。在这里你可以寻访堪与秦始皇陵兵马俑争雄的楚王车马阵、诸葛亮躬耕苦读的古隆中、中国中南和西南保存最完好的荆州古城和拥有中国最宽护城河的襄阳古城，以及三千年炉火不息的大冶铜绿山古铜矿遗址和汉冶萍煤铁厂矿旧址；又可欣赏"天下江山第一楼"黄鹤楼、伯牙子期倾情演绎高山流水的古琴台、饱经三国战火洗礼的猇亭、屹立鄂州江中700年毫发无损的"万里长江第一阁"观音阁；还可游历禅宗祖庭五祖寺、道教十方丛林长春观、我国现存最大的铁塔玉泉寺铁塔、中国单体面积最大的皇家陵寝——世界文化遗产明显陵，以及世界文化遗产唐崖土司城。湖北的非物质文化遗产如串串珍珠，熠熠闪光。如服饰类有阳新布贴、黄梅挑花、大悟织锦带和西兰卡普；食物类有孝感麻糖米酒、天沔三蒸、钟祥蟠龙菜和蔡林记热干面；居行类有鄂南民居、鄂北古镇、土家吊脚楼和侗族风雨桥；文娱类有龙船调、凤凰灯、摆手舞和汉阳高龙，特别是端午节、雕花剪纸、江汉平原皮影戏、京剧、三大荆楚名茶制作技艺等5项11个子项目被列入人类非物质文化遗产代表作名录，让湖北非遗登上了世界级殿堂。

"孤帆远影碧空尽，唯见长江天际流。"流向天际的长江，在寥廓楚天留下了长逾千里的璀璨波光，让我们一起追寻长江如梦如幻的光影，品鉴荆山楚水雄奇瑰丽的风姿，领略荆楚文化惊采绝艳的神韵！

湖北省社会科学院原副院长
华中师范大学特聘教授
湖北省文化旅游发展顾问
刘玉堂
2024年3月30日于江城武汉

目录

第二章 江流天地外
汉江上中游段

十堰　波澜动远空 / 100

神农架　山色有无中 / 126

襄阳　水落鱼梁浅 / 136

随州　一溪初入千花明 / 166

第一章 江入大荒流
长江中游上段

恩施　巴东三峡巫峡长 / 002

宜昌　山随平野尽 / 028

荆州　千里江陵一日还 / 052

咸宁　赤壁楼船扫地空 / 076

第三章 郡邑浮前浦
汉江下游段

荆门 腊月江天见春色 / 190

天门 千羡万羡西江水 / 206

潜江 驿楼宫树近 / 218

仙桃 沨彼流水，其流汤汤 / 230

孝感 桃花流水窅然去 / 240

第四章 大江东去
长江中游下段

武汉 唯见长江天际流 / 268

鄂州 复在樊水边 / 310

黄石 桃花流水鳜鱼肥 / 322

黄冈 长江绕郭知鱼美 / 340

江河越楚天

十堰

襄阳

神农架林区

荆门

宜昌

荆州

恩施

第一章

江入大荒流

长江中游上段

恩施

巴东三峡巫峡长

"巴东三峡巫峡长，猿鸣三声泪沾裳。"船行峡中，漂流在长江之上，只听得江水澎湃、猿声悠长，令人心潮奔涌。郦道元在《水经注》中寥寥数笔便形象地勾勒出恩施磅礴逶迤、雄伟峭拔的整体风貌。独特的地理环境造就了恩施这座小城独特的自然景观和人文特色。

恩施，地处湖北省西南腹地，位于长江之南，是鄂西南的一颗璀璨明珠。武陵山、巫山、大娄山、大巴山四大山脉昂然矗立，清江、酉水、溇水和乌江四大河流纵横其间。这里山水交错，林木茂密，气候温和，物种丰富，是最适宜人类居住的地区之一。这颗鄂西南的明珠因其奇峰峻岭、秀水碧波闻名遐迩。

早在200万年以前就有"建始直立人"在此繁衍生息，横贯自治州的清江，孕育了早期的巴文化。自东汉开始，"廪君"见载于历史文献，土著人民生于兹长于兹，跋涉开拓于此山此水，创造发展了恩施的本土文化。一座座古老的土司城、吊脚楼依山傍水而建，历经百年沧桑仍然挺立，它们是历史足迹与文化风貌的见证。

"迢迢水出走长蛇，怀抱江村在野牙。"腾龙洞、神农溪保留着原始的自然生态之美，是恩施极具代表性的自然风光，犹如出水芙蓉般的佳人，一岩一穴惊艳奇绝，一潭一瀑清丽脱俗。峡谷中，老树参天，花香四溢，白练飞挂，蓝天朗朗，白云悠悠，一江碧水洗心涤目，让人仿佛进入了一幅神秘秀美、明丽惊奇的画卷之中。

恩施

恩施是土家族的聚居地。土家族的建筑风俗给人以新奇别致的感受，咸丰的唐崖土司城、利川的鱼木寨吸引着大江南北的游人络绎不绝。作为土家族"特产"，撒叶儿嗬舞展示了土家族向死而生的生命观，是土家族文化传承的重要载体。

清江

"正月里是新年（呐咿哟喂），妹娃子去拜年（呐呵喂）。金呐银儿锁，银呐银儿锁……妹娃要过河，是哪个来推我（嘛），我就来推你（嘛）……"来自青山秀水恩施州利川的民歌《龙船调》，以其清新明快的风格风靡世界，其中妹娃要过的"河"，就是有"土家族母亲河"之誉的清江。清江是土家族及其先民巴人繁衍生息之地，沿岸自然植被丰富，景观神奇秀美，民族风情多姿多彩，赢得了"八百里清江，八百里画廊，八百里歌"的盛誉。

清江，古称"夷水"，《水经注》载："夷水，即佷山清江也。水色清照十丈，分沙石。蜀人见其澄清，因名清江也。"清江发源于湖北与重庆交界的利川齐岳山，向东北蜿蜒而去，经行利川盆地低山丘陵，干流全长423千米，流经利川、恩施、宣恩、建始、巴东、长阳、宜都等七县市，注入长江，是长江湖北段的第二大支流。

清江水分外清澈，沿岸树木葱茏，风景秀丽。沿江而建的民居与古树交相辉映，如诗如画。沿着清江漫步，时而能看到渔船翩跹游弋，时而能听到鸟鸣啾啾，古朴淳厚的江村风情更是让人心醉神迷。狭窄的江道两岸，是层层叠叠的青山绿水，宛若一幅徐徐舒展的翠绿画卷。乘船在江上游览，宛若游走在画境中，让人身临其境地感受着这份自然的鬼斧神工。清江极清，汇口处与长江水之间有一条清晰的分界线，成为一道别致的风景。对此，《水经注》有十分生动的描述："夷水又迳宜都北，东入大江，有泾、渭之比……"

清江流域内除上游利川、恩施、建始县及河口附近有少数丘陵平原外，流域内山势陡峻，河谷深切，河道狭窄，比降大，具有山区河流的典型特征。诸多山地呈喀斯特地貌，高山峻岭，河谷暗流，飞瀑流云，奇洞异窟，特别是溶洞、溶沟、伏流分布广泛。清江过水布垭镇进入长阳县，仍穿行于峡谷之间，形成绚丽多姿的伴峡、巴山峡、平洛峡，被称为"清江小三峡"。伴峡峡中一泓江水碧波荡漾，洞景瀑布别有洞天。巴山峡古名"捍关"，《水经注》有"昔廪君浮土舟于夷水，据捍关而王巴"的记载，两岸属喀斯特地貌，山势蜿蜒曲折。平洛峡峡中有青山列嶂，若天然画廊，左岸的武落钟离山（古名"佷山"）整个山体若浮湖面，主峰海拔397.5米，小巧别致。

同时，清江与上游的恩施大峡谷宛如一对"情侣"，婉转缠绵，难舍难分，山映照出水的温柔，水塑造着山的雄奇。云海则是这对情侣忠贞爱情的"结晶"，所以"清江升白云"才会显得那样有吸引力——恩施大峡谷里从清江上升起的云海，像一条腾飞的巨龙，蜿蜒曲折，延绵百里，形态万千，美不胜收。

清江蜿蜒于鄂西南崇山峻岭之中，素有"山水画廊"的美誉，天坑、地缝、峡谷、溶洞、石林、草场等地理奇观让人叹为观止，沿途土家歌舞、婚嫁、祭祀等独特的民俗多姿多彩。清江被称为土家人的母亲河，除了这里保留着他们的图腾和祖先生活的遗迹外，还因为在这里他们创造出了自己最具特色的习俗和独特的歌舞艺术——哭嫁、摆手舞和跳丧鼓。清江以其独特的风景和丰富的人文历史，吸引着大量游客前来观光旅游。

清江

神农溪

神农溪是恩施州巴东县境内的一条常流溪，全长 60 千米，发源于神农架的莽莽青山之中，两岸山峰奇峻，溪水清洌明净，自北向南，沿途接纳 17 条支流，在距巫峡口 2.5 千米处的西瀼口汇入长江，故神农溪古代又称西瀼溪。唐代诗人杜甫有《西瀼溪》诗谓："迢迢水出走长蛇，怀抱江村在野牙。一叶兰舟龙洞府，数间茅屋野人家。冬来纯绿松杉树，春到间红桃李花。山下青莲遗故址，时时常有白云遮。"时间在这里仿佛按下了暂停键，1200 多年过去，杜甫当年描写的自然山村野趣仍然完好地保存着。

"豌豆角"船

神农溪是典型的峡谷溪流，河道平均宽 25 米，最窄处仅 6 米，水流湍急，迂回曲折，沿途 60 多个长滩、弯滩、浅滩、险滩等，有"一里三湾，湾湾见滩"之说，平均落差 1.7 米，最陡的滩口高差 3 米。水清石浅，水中涧石历历在目，两岸山峰夹峙，峭壁高耸，人行其中，如游画廊，因此神农溪漂流成了最受欢迎的旅游项目。

神农溪漂流是乘坐一种形似"豌豆角"的船，由上往下顺水势漂行，"豌豆角"船小巧轻便，能在浅滩处行驶。一般每条船有 6 名船工，由于水急滩险，常需船工下水拉纤。走在最前边的称"头纤"，在船尾撑篙的叫"驾长"。上滩时，由"头纤"和"驾长"带头喊起号子，船工一齐呼应，高亢激昂，声震峡谷，给人留下深刻的印象。只要跨上这种古朴的乡土小船，在碧水清波上悠然漂流，你就会体验到一种原始天然的野趣，如欧阳修的一首词所描绘的那种意境——"无风水面琉璃滑，不觉船移。微动涟漪，惊起沙禽掠岸飞"。

神农溪目前已开发的有龙昌峡、鹦鹉峡、神农峡、绵竹峡，四个峡段景致各异，或险峻，或秀丽，或幽深，或雄奇，共同构成了神农溪清秀峻奇的山水风格。在神农溪 60 余千米的漂流旅途中，一道道风景会让你目不暇接。依次映入眼帘的是神农峰、九孔岩、鱼泉瀑布、神农温泉、燕子洞等 10 余处神奇的自然景点，

神农溪上的纤夫　　　　　　　　　　　　神农溪

沿途不时出现散发着浓郁土家风情的人文景观，如婉转悠扬的山歌、依山而建的吊脚楼、置放于岩壁洞穴的悬棺、转动不止的水磨、渐行渐远的新嫁娘。被列为全国380种地方剧种之一的巴东堂戏演绎着动人的故事，高亢嘹亮的纤夫号子抒发着对生活的呼唤，粗犷豪迈的撒叶儿嗬舞表达着对过去的追忆，惟妙惟肖的皮影讲述着金戈铁马的激情。这里的人们生活如戏，丰沛坚忍。

三峡大坝蓄水后，水位抬高，目前只有神农峡和绵竹峡可以漂流体验，鹦鹉峡和龙昌峡则需乘船游览。峡东岸百余米高的绝壁上，还能看到大小不等的岩洞，洞中的岩棺清晰可辨，还能不时看到古栈道的遗迹。在神农溪漂流，会经过叶子坝和龙船河两座土家族村寨，这里的农舍是土垒瓦盖，飘出缕缕炊烟，石碾、水磨、纺车、酒坊、水车散布，村外是一座座梯田，村寨掩映在茂林修竹中，一派古朴自然的田园风光。千百年来，神农溪流域及周边地区的人民在纤夫文化的滋养下，繁衍生息，歌舞传情。

▍秋风亭

在"上联巫夔，下通荆郢"的巴东县城西边的高岗上，面对蜿蜒如龙舞的长江水，背倚风光如画的金字山，万绿丛中的半山腰处有一座亭阁耸立，那就是颇负盛名的"秋风亭"。

相传秋风亭始建于北宋太平兴国五年（980年），为时任巴东县令的寇准在江北旧县城所建。寇准亲自在亭前植树，闲暇时登亭赋诗抒怀，秋风亭渐渐成为长江一带巴东县城内的一处人文历史景观，不少文人墨客途经此地必来拜谒。南宋末，巴东县城由江北迁至江南的金字山北麓，至明正德五年（1510年），秋风亭已"栋宇倾颓"，刚到任的巴东知县盛杲遂将秋风亭及寇公祠从江北旧县坪迁到江南的县城内（即今秋风亭所在地信陵镇），并亲自撰写了《重修寇公祠记》。当时秋风亭附近建有多座寇公祠建筑，具有相当规模。

秋风亭为木质穿架结构的双层飞檐阁楼，亭高10余米。赤柱彩瓦，雕梁画栋，四角攒尖顶，檐下各镶有精雕细刻的四条金龙，龙口含珠，双目圆睁，须角欲动，似吐水之状。内外各由四根朱漆木柱支撑，高3丈有余，登亭远眺，滔滔江水东去，景色蔚为壮观。

自秋风亭建成以来，历代名流逸士多有题咏。北宋诗人、御史中丞苏辙作《寇莱公》云"人知公惠在巴东，不识三朝社稷功。平日孤舟已何处，江亭依旧傍秋风"，追怀寇准匡定社稷的卓著功绩。南宋爱国诗人陆游赴任夔州途中，在一个彤云密布、北风萧瑟、初雪纷扬的日子里，拜谒了寇莱公祠堂并登览了秋风亭。朔风阵阵从江面吹来，寒气袭人，时年已45岁的陆游面对此景此情，感慨万千，留下秋风亭拜寇莱公遗像》诗二首。其一："江水秋风宋玉悲，长官手自葺茅茨。人生穷达谁能料？蜡泪成堆又一时。"其二："豪杰何心后世名，材高遇事即峥嵘。巴东诗句澶州策，信手拈来尽可惊。"秋风烈烈，也许是不能忍受侵入肺腑的寒气，诗人转头走入亭中，面对寇莱公遗像追忆。寇准少年英才，却在20岁时被派到偏远的巴东做县令，但他并未失望消沉，而是在巴东留下了泽被民众的政绩。后陆游在《入蜀记》中再次赞誉巴东"大胜秭归，有秋风亭，天下幽奇绝境"。陆游在巴东不仅欣赏到秋风亭景色幽奇，更从寇准的功业建树和人格魅力中汲取面对人生失意保持本心的精神力量。

城西临江有一古渡，当年寇准曾作《春日登楼怀归》五律一首："高楼聊引望，杳杳一川平。野水无人渡，孤舟尽日横。荒村生断霭，古寺语流莺。旧业遥清渭，沉思忽自惊。"如今这里乃是野渡舟横的一个胜景。据说，秋风亭下通到江边的巷口叫白鹿口，就是当年白鹿下河的地方；县城后山数十里有个小村镇叫马鹿池，另一只白鹿曾在这里的一个池塘饮过水。巴东人由这两个地名，往往会想起"白鹿报信"的故事，也会想起900多年前改造穷乡僻壤、为民造福的"寇巴东"。

楠木园

"棺材峡，冷水碛，楠木园里好猪蹄。楠木园里的猪蹄下得大，杨家棚的柚子赛朱砂，火焰石出的老南瓜……"这是广泛流传在长江三峡的船工号子，当地人都知晓峡江里有个楠木园。

《巴东县地名志》载："楠木园是根据人们最喜爱的楠木树取名。"楠木园地处巫峡东段，距巴东老县城信陵古镇约26千米。巫峡北岸是壁立的悬崖，南岸是地势陡峭的高山，正所谓"低头一带水，抬头一线天"。长江流经此处蜿蜒向东，在南岸形成一个迂曲的天然港湾，便于往来的船只在此停泊。这里气候宜人，夏无酷暑，冬无严寒，降水丰沛，泉水潺潺，土地肥沃。楠木园的面江地势呈簸箕形，底部坡度相对平缓，是巫峡内难得的人类聚落选址。

自1926年美国人纳尔逊最早发现楠木园遗址后，我国考古专家分别在20世纪80年代、21世纪初多次进行复查、发掘，共发掘遗址面积约7000平方米，确定这里是三峡地区少见的大型A类遗迹，发现了从新石器时代早期到明清时期保存完好的遗迹，文物遗存极为丰富。由此可以推断长江三峡7000多年前就已有人类活动的痕迹，时间比在瞿塘峡发现的大溪文化还早2000年。

楠木园古镇可以分成上、下两部分：下部分临江，码头是长江旅客及货物集散地；上部分靠山，通过公路经凉水井、观垭可以去建始县、野三关。楠木园并不像其他村镇有平直的街面，从江边到公路上，它的主要街道是五六百级陡直的石头台阶。

这个空间逼仄的小镇是川江船只进入湖北的第一个栖息港口，也是湖北船只进入四川水域的最后一个歇脚点。因此，川鄂两地的船工认为此地意义特殊，都愿意在楠木园停泊，打听前方水域的情况，了解商贾行情，捎带紧俏货物。这使得楠木园一直发挥着码头和中转站的作用，并迅速繁荣起来。

楠木园原有居民原以土家族为主，随着"川盐济楚""川米济楚"贸易的发展，南来北往做生意的人也越来越多，生意做好了，生意人便不走了，在此修建房屋，永久居住下来。1883年，驾驶"利川"火轮首航川江的英国探险家立德乐来三峡探险，5年后写了一本《扁舟过三峡》，书中写道："湖北省最后一个居民点是楠木园村。"每到冬天，因航道不通，上下水的船只都要在这里停靠等待；许多商人在此经营、转运商品，开设餐饮娱乐场所。每天进进出出的，至少上千人。

楠木园古镇虽小，却也山清水秀。镇旁小溪流水潺潺，溪水上有带廊屋的石拱廊桥。小镇周围树木青翠，竹影婆娑，阳春三月，绿树繁花，景美如画。如今，由于三峡大坝蓄水，楠木园原有的部分文化遗址被原样移至巴东县民族文化公园，作为宝贵的人类遗产传承不辍。

▌建始直立人遗址

巨猿是目前已发现的现生和化石灵长类中最硕大的一类，它们的形态特征介于猿类和人类之间。有趣的是，建始巨猿化石的发现，居然与一味叫作"龙骨"的中药密不可分。

在中医眼里，"龙骨"是一种治疗创伤的中药材。但实际上，它却是与古人类共生的动物化石，其中往往还混杂有远古人类的骨骼化石。二十世纪五六十年代，湖北省建始县突然兴起了一股挖"龙骨"之风。一天，建始县高坪镇的几个村民带着猎狗打猎，看见一头野猪钻进山洞，他们便钻进洞内追赶野猪。野猪没有追到，他们却发现洞内有很多"龙骨"，便捡起来拿到供销社售卖。此后，当地老百姓白天搞农业生产，晚上便点着煤油灯在洞里挖"龙骨"，有时候一晚上就能挖到上百斤。

1968年，中国科学院古脊椎动物与古人类研究所的一个野外科考队，在从湖北巴东药材收购站收购的"龙骨"中，意外采集到200多枚巨猿牙齿化石。通过调查走访，科考队得知这些巨猿牙齿化石可能来自与巴东相邻的建始县某个地方。于是，他们立刻顺藤摸瓜，一路追寻到了"龙骨"的产地——湖北省建始县高坪镇麻扎坪村巨猿洞，也就是当地人所说的"龙骨洞"。

龙骨洞是一个石灰岩的穿山洞，有东、西两个洞口，洞长120米，高6米余，宽2~15米，高出龙骨河水面约85米。洞内呈管道状，蜿蜒曲折，有深浅不一的支洞10余个。自1968年龙骨洞被发现到2000年，中国科学院古脊椎动物与古人类研究所的专家先后在此进行过大大小小9次发掘，并由此获得人类进化史上的重要发现。

建始直立人牙齿化石

龙骨洞还出土了592件石制品，其中石核73件，石片46件，石器189件，另有184件为石块和碎屑。石器类型单一，以刮削器为主，占石器总数的93.7%。石器加工粗糙，刃部边缘不平直。石器体量偏小，重量超过100克的标本极少。

直立人是人属的一个种，是现代人的祖先，是旧石器时代早期的人类。古植物学、沉积岩石学、地球化学和古地磁学等多学科研究证实，建始县发现的牙齿化石属于某位"似人似猿"的人属早期成员，其时代在距今215万~195万年之间，早于元谋人、蓝田人、北京人。因此，这个古人类便被命名为"建始直立人"，龙骨洞被确认为"建始直立人遗址"，这是我国发现的最早的古人类遗址之一，也是首次发现的直立人与巨猿共生的遗址。

湖北建始县龙骨洞巨猿化石和"建始人"牙齿化石的发现，为我国人类起源研究提供了十分宝贵的科学资料。它同印尼爪哇魁人一样，是人类的早期代表，它的发现填补了中国人类发展史上从猿到人进化史中"直立人"这一关键环节的空白，其足以证明中国人的演化发展具有本土连续性，对于当今中国乃至东亚地区旧石器时代考古研究、对于探讨人类多元起源具有十分重要的意义。

鱼木寨

素有"天下第一土家古寨"之称的鱼木寨地处鄂渝交界的群山之中，四面悬崖如削，寨上林木葱茏，远看似一尾巨鱼遨游于云海之中。它东距利川市61千米，占地6平方千米，居住着500多户土家族山民。据传，鱼木寨曾名"成家寨"，以成姓、向姓居多。相传古时马、谭两大土司连年征战，谭土司困守山寨，马土司久攻不下。一日，谭土司从山寨上抛下活鱼无数，以此暗示寨中水足粮丰，衣食无忧。马土司见鱼兴叹："吾克此寨，如缘木求鱼也！"遂引兵自退。"鱼木寨"由此得名。

鱼木寨是全国保存最为完好的土家族古寨，2006年被公布为全国重点文物保护单位，所在的鱼木村于2013年入选第二批中国传统村落名录。据鱼木寨《谭氏族谱》记载，今鱼木寨及周边属于龙阳峒土司管辖，明万历年间，龙阳峒入万县籍；至清朝中后期，白莲教在民间广为传播，为堵截教民，万县山民依山建寨，其中就包括鱼木寨。同治《万县志》记载："舆（鱼）木寨：山高峻，四围壁立，广约十里，形如鼗鼓（笔者注：拨浪鼓），从鼓柄入寨门，其径险仄，寨内广有田，产竹木，可容数千户，南岸名寨也。"

鱼木寨的"雄"、古碑群的"幽"和三阳关的"险"凸显了这里厚重的历史底蕴、独特的人文景观和美丽的自然风光。寨门处用巨石修成的雄壮的主寨楼建于清嘉庆四年（1799年），是入寨的第一关，仅有一条宽约2米的石板古道可入寨门，"悬崖脊上建寨楼，一夫把关鬼神愁"。当地人称此地为"寨颈"，寨门一关，便断绝了进寨的唯一通道。站在寨楼之上放眼远眺，映入眼帘的整个鱼木寨就像一个即将离地腾飞、远离群山羁绊、飞向遥远山外的热气球。寨上石碑数以百计，有塔式、牌坊式、牌楼多层式、圈顶式、平卧式等多种造型。其中"双寿居"集马派雕刻艺术之大成，几百名工匠雕凿3年，雕出了6出戏剧故事中的500多个人物造像，实为稀有的艺术珍品。寨内以木建筑为主，石与石、木与木、木与石之间的结合，均用古老巴国传统的营造方法，以榫头相连，阴阳相扣。古栈道三阳关隐于老崖隙中，整个山寨一个寨门进，一个卡门出，独特的地形地貌国内罕见。

寨上道路险要，"亮梯子"建于绝壁之上，每级均用条石一头插入岩壁、一头悬空建成，真可与"难于上青天"的蜀道媲美。寨内有100余户居民，大都是土家族，仍保留有完整的传统土家族生活、饮食、婚丧、建筑习俗。漫步鱼木寨，你会融进浓浓的古青石文化氛围中，屹立寨颈城堡式的古炮楼，古墓上巧夺天工的匾联、浮雕，刻在青石板上的"训子篇"，凿在悬崖上的古栈道，还有古城墙、石磨、石缸、石桌、石凳、石盆、石碾、石瓢、石路……无一不是鱼木寨人生存智慧与生活创意的结合。

鱼木寨人的祖先虔敬地营造这方小天地，给原始的村庄以坚固精巧，给喧嚣的人世以宁静祥和，给疲惫的心灵以清凉慰藉，给孤寂的生命以温润滋养。

水杉王

第四纪冰期过后，人们只见过从地层中发掘出来的水杉化石，世界植物学界一度以为水杉在地球上已经灭绝。直到1941年，著名林学家干铎教授在利川市凤凰山下首先发现了一棵古老沧桑、龙骨虬枝的落叶针叶大乔木，后经植物学家胡先骕、郑万钧教授鉴定确认为水杉，二人于1948年发表了《水杉新科及生存之水杉新种》的论文，在世界上引起了轰动。当时美国发行量最大的报纸《旧金山纪事报》发表文章称："一亿年前称雄世界之后，消失了2000万年的水杉，在中国的一个偏僻小村依然存在，其意义至少等同于发现一头活恐龙。"水杉被誉为"20世纪植物学的重大发现"。

世界上的古水杉本就不多见，而能被称作"水杉王"的更是仅此一棵。这棵"水杉王"位于利川市谋道镇，高35.4米，相当于十几层楼高，树干直立挺拔，高耸入云，赤褐色的树干上长满了苔藓，绿意盎然。树围直径平均2.5米，最粗处有7.5米，要6个人才能合抱，茂密扶疏的枝叶向两侧斜伸出去，犹如一座宝塔。冠幅22米，树龄达600多年。它是世界上树龄最大、胸径最粗的水杉母树。目前存活的大部分水杉都是它的后代，因此它又被称为全世界水杉的"母树"。

水杉为落叶针叶乔木，树形高大而挺拔，高可达50米以上，树皮呈灰褐色，叶片细条形，成对排列在小枝上，远看像是羽毛。花单性，花期在二月下旬，雌雄同株，靠风来传粉。球形果圆或椭圆，表面有着深深的纹路。原生种古树大多分布在海拔1100米地带。它是优良的园林观赏和绿化速生用材树种，树叶春来嫩绿，夏至青葱，入秋变黄，临冬转红。水杉多在20～30年树龄时结实，籽实极为珍贵。

据1983年调查，"水杉王"被发现之后，植物学家又陆续在利川谋道至小河一带发现胸径20厘米以上的水杉母树5000余株，其中胸径40厘米以上的有

1800多株，树龄多在50～200年间，这对于我们研究古气候、古地理极具科学价值，而且给植物的大陆漂移提供了佐证。利川也成了国内外公认的"水杉之乡"，吸引了世界上众多的专家学者前来考察，发表的论文著述多达700多篇，专门研究"水杉王"而获得博士学位的就多达76人，"水杉王"也因此多了一个"博士树"的称号。

与此同时，"水杉王"还成为中国与世界各国传播友谊的使者。1972年尼克松以美国总统身份首次访华后，他把自己心爱的游艇命名为"水杉号"，以此纪念中美关系友好的开端；1978年2月，邓小平同志赠给尼泊尔人民两棵水杉苗，并亲手种在皇家植物园，如今尼泊尔人民称它为"尼中友谊树"。这棵600多岁的"水杉王"既是中国的国宝，也是世界之宝。如今它仍然充满活力，向世人展现着年轮记录下的悠久历史文化和亿万年前地球古老生命的风采。

▌腾龙洞

在利川市的大山深处，群山环抱之中，有一个规模宏大、深不见底的洞穴，像猛兽张开的血盆大口，显得阴森恐怖。洞穴附近居住着土家族、苗族等11个少数民族，这个洞在他们心中极具神秘色彩。他们说先辈曾深入过洞穴，而且听到过多种奇怪的声音，经常有牛羊一走到洞口就会消失不见。据说几十年前曾经有两个村民为了寻找丢失的牲畜，拿着火把进入这个洞穴，再也没有出来。因此当地传言洞里居住有一条巨龙，吞食了人和牲畜，这个洞穴是这条龙的躯壳，腾龙洞由此得名。

腾龙洞位于恩施州利川市区东北郊约6千米处，距离宜昌270多千米，距离武汉约600千米。其由腾龙洞、落水洞两大洞穴系统组成，共有大小洞穴近百个，总面积约69平方千米。落水洞的东、西、北三面奇峰高耸，山峦逶迤，似卧龙盘踞。正面石灰岩峭壁上，向南张开一个高60余米、宽39米的大洞，将从利川流泻而下的清水一口吞噬，只留下一个宽50多米、落差30余米的洞口瀑布，滔滔清江之水从此潜入地下，在很远的地方就能听到巨大的轰鸣声，到近处更感觉飞沫成雾，吼鸣声摄人心魄，这便是著名的"卧龙吞江"。进入落水洞仰视，瀑布高挂，似银河之水天上来，古人的形容可谓绘声绘色："银涛卷入冰壶浆，余沫飞溅游客裳。""一口吸尽江澜狂，雷转犹听鸣饥肠。"

　　腾龙洞旧名干洞，由水洞、旱洞组成。旱洞洞口规模宏伟，原来与水洞一样也是清江穿行的地方，洞内石壁上江水冲刷的痕迹历历在目，一道道水痕如一根根紧绷的筋脉在跃动。腾龙洞空间巨大，洞口高74米，宽64米，洞内最高处98米，最宽处102米，已探明洞穴长度52.8千米，洞穴总面积200多万平方米，容积总量居世界第一。洞内有岩石坍塌形成的山峰，将主洞分割成10个大厅。主洞旁有许多支洞，迂回曲折，支洞中又多伏流，水声或如蛟龙咆哮，动人心魄；或如悬磬夜鸣，清脆怡人。水中有鱼，常年不见阳光，通体透明。仙女洞是腾龙洞的洞中之洞，其以众多雪白的钟乳石著称，其中一尊犹如仙女亭亭玉立，纤丽俊俏，楚楚动人，传说它是"盐阳女神"的化身。她痴情于巴国首领巴务相，却被开发"南夷"心切、无意谈情说爱的巴务相用毒箭射中，不久其尸体便化作了一尊仙女石。

　　腾龙洞是目前亚洲发现的最大溶洞，也是世界特级洞穴之一，当地正投入巨资将其建设成全国知名的旅游品牌。独特的地理奇观、高科技的声光电子剧场、

腾龙洞

原生态的民族歌舞，使腾龙洞风景区被誉为"中国最美的地方"。无论你是探险家还是文化爱好者，腾龙洞都会给你留下深刻的印象和美好的回忆。

▎恩施大峡谷

还记得电影《三生三世十里桃花》中"俊疾山"的场景吗？那缥缈仙境的取景地便是恩施大峡谷，影片中瑰丽壮观的特效与大峡谷实景交替出现，将似真似幻的人间仙境展现得淋漓尽致。而现实中的恩施大峡谷是什么样子呢？

恩施大峡谷位于湖北省恩施土家族苗族自治州恩施市屯堡乡，地处湘、渝、鄂三省交界处，距恩施市区49千米，距利川市区39千米。整座峡谷呈东西走向，全长108千米，面积达300平方千米，是典型的喀斯特地貌，被称为"世界地质奇观""喀斯特地形地貌天然博物馆"，是国家级旅游景区。

整个大峡谷宛如一个巨大的漏斗，呈现出四面山势高耸、中间低矮内陷的地形特征。从西面蜿蜒而来的云龙河向东流淌，汇入清江，两条河流交汇的地方就是恩施大峡谷的最低点，看起来就像是漏斗的底端一样。亿万年前，这里或许还是一整片微有起伏的平地，并没有什么高山。云龙河曾是一条暗河，在山腹中默默流淌，不见天日，由于水中富含二氧化碳，对石灰岩质地的山地有着强烈的侵蚀作用。经过年复一年、日复一日的冲刷，山体变得越来越薄，内部出现了巨大的空洞。没有了支撑点，山顶的石块在地心引力的作用下出现了崩塌，云龙河也得以"重见天日"，而被它侵蚀后坍塌的山体也显现出险峻的姿态。

恩施大峡谷是世界上唯一"地缝—天坑—岩柱群"同时并存的复合型喀斯特地貌"天然博物馆"，其他地区难得一见的各种喀斯特地貌在此汇集。云龙地缝至少形成于5000万年前，从地缝顶部到地缝底部的地层主要为形成于距今2.9亿～2.1亿年的灰岩；全长3.6千米，平均深75米，平均宽15米，两岸陡峭，飞瀑狂泻，缝底流水潺潺，上通天水暗河，下联莽莽清江。云龙地缝曾是云龙河的伏流段，以暗河形式沉睡地下二三千万年，后因水流在地下强烈掏蚀、在地表不断剥蚀，暗河顶部坍塌，地缝才得以面世，成为恩施大峡谷一大奇观。

大峡谷内有高山峻岭，也有天坑地缝；有飞瀑流泉，也有绿水碧波；还有石柱和天生桥。这里气候宜人，四季分明，绿树与怪石相呼应，溶洞与幽谷相偎依。

恩施大峡谷

有专家说：论壮观，恩施大峡谷与美国的科罗拉多大峡谷难分伯仲；但若论风景之秀美、景观之丰富、层次之多样，恩施大峡谷则远胜之。

彭家寨土家吊脚楼

　　山多田少，缺少平地，聪明的土家族人便以吊脚的高低来顺应地形起伏，建成了多样形态的吊脚楼——或是占崖背山；或是环谷沿沟；或是绕弯沿脊，再辅以架空、悬挑、掉层、叠落等手法处理。每个都有独一份的韵味，其中被誉为"湖北土家第一寨"的彭家寨的吊脚楼群最具特色。

　　彭家寨是闪烁在宣恩县西南边陲的一颗璀璨明珠。寨子位于武陵山北麓、酉水河支流的龙潭河畔的宣恩县沙道沟镇两河口村，全寨50多户近300口人。这里的古吊脚楼群始建于200多年前，现存23栋木结构穿斗式和半干栏式的吊脚楼，是土家族建筑的"活化石"。

　　彭家寨古吊脚楼群建立于两山峡谷的山脚处。传说当年彭氏先人跋涉至此，见林木葱郁，奇石嶙峋，清溪流淌，山如观音坐莲，俨然世外桃源，便停下脚步，在这里开荒拓土，建房砌灶，筑起一方家园。彭家寨均为彭氏后裔，彭姓是当地大姓。彭氏先民为了适应山坡地形，以吊脚之高低来适应地形之变化，最终形成今日我们看到的这种集形体美、空间美、层次美、轮廓美于一体的吊脚楼群。

　　彭家寨吊脚楼群布局集中，且保持着建筑初期的原状，是湖北省现存最为完整的土家吊脚楼群之一。20世纪80年代，中国古建筑学家、华中科技大学教授张良皋多次前往恩施考察，首次"发现"这个藏于深山的建筑艺术瑰宝，不禁以歌咏叹："人间幸有彭家寨，楼阁峥嵘住地仙。"经过他多方呼吁和奔走，彭家寨吊脚楼古建筑群的价值逐步为人熟知。

　　彭家寨吊脚楼的建筑风格充满了浓厚的土家族风情，体现了土家族的家族观念和风水理念。吊脚楼的布局依山傍水，错落有致，与周围的环境融为一体，大多朝向东南，顺山势层级建造，每栋自成体系，高低错落，飞檐翘角，轮廓精美。整个建筑以木材为主要材料，采用榫卯结构，无钉无铆，坚固耐用。吊脚楼面铺设木板，屋顶盖以小青瓦或稻草。楼分为两层或三层，一般为横排四扇三间，用木柱撑起。下层作仓储、通道或者牛栏猪圈之用；上层因通风防潮干燥性较好，供人居住；绕楼有曲廊，可观景纳凉，也可用于晾晒农作物。木雕、石雕、彩绘等装饰精致细腻，寓意深刻，充满土家族的传统元素。

寨子里的人们至今还保留着土家族大部分的传统风俗习惯，日出而作，日落而息，唱山歌跳摆手舞。来到这里，你依旧可以领略到土家族的传统习俗、节庆活动和民间艺术等。

吊脚楼是土家族人民的骄傲，也是他们与自然和谐相处的智慧结晶。它见证了土家族在鄂西地区的发展历程，展现了他们卓越的建筑

恩施彭家寨

技艺和审美情趣，是研究土家族历史和文化的珍贵实物资料。2013年，彭家寨古建筑群被列入第七批全国重点文物保护单位，被誉为"土家建筑活化石"，享有"土家文化的中枢、建筑艺术的圣地"之美誉，成为人们心驰神往的诗与远方。

晓关侗乡

侗族是一个历史悠久、文化灿烂、富有革命斗争精神的民族。自清康熙至咸丰的200年间，战乱和饥馑迫使湘、黔、桂南、桂北侗区数以万计的民众背井离乡，逃入鄂西山区。他们在新的环境中，融合南北侗区的信仰和习俗，形成新的侗区——鄂西恩施侗乡。

晓关侗族乡是恩施地区三个侗乡之一，位于宣恩县西南部，这里不仅有原生态侗族美景美味美物，更有许多颇具特色的侗族文化景观。

首先要提及的是野椒园村古侗寨，它位于晓关集镇南部、马鞍山下、贡水河北岸，距离宣恩县城25千米。2014年，野椒园村被列入第三批中国传统村落名录，还被评为"湖北省家风家教实践基地""省级文明村"。清雍正乾隆年间，张、杨等姓侗民从湖南、贵州等地迁入，并在此安家置业，逐渐形成了数十个典型的一姓一寨、聚族而居的侗族古村落。

野椒园村古侗寨分为张氏侗寨和杨氏侗寨。张氏古侗寨始建于嘉庆年间，迄今已有200余年历史，入选"第六批湖北省省级文物保护单位"名单。侗寨为西

南—东北向，坐落在"圈椅形"台地上，由3个紧密相连的四合天井式吊脚楼群、9个单体吊脚楼组成。四合天井院落以2个台地为地基，后部建正屋，房屋两到三层。屋内留存大量的侗家特色建筑，如半边火铺、神龛、雕窗窗户、燕子楼、扫檐万字格、瓜瓜齐、鼓钉磉礅等，房屋装饰均精雕细刻、古朴生动。杨氏古侗寨分布在三山两溪的相思谷中，紧邻张氏古侗寨，有18个堂屋，房屋多为正屋，也有四合水天井。其他多为单体吊脚楼，一正一厢房或一正两厢房形式。

古侗寨还有一棵红豆树，树龄高达1200多年，属国家一级古树，被当地人称为"神树"。它是恩施州、湖北省甚至是我国生长在北纬30度地区树龄最大的一棵红豆树。

野椒园村古侗寨古木参天，翠竹林立，优美的自然景观与浓郁的民俗风情融为一体，被誉为"人间秘境""武陵第一古侗寨"。

恩施州八个县市都建有"风雨桥"，以亭楼式居多。这种风雨桥由桥、塔、亭组成，绘凤雕龙，别具匠心，不仅给人们交通提供便利，也是人们遮风避雨的处所。晓关侗乡的风雨桥，是恩施州最为著名的古老建筑之一，更是当地侗族文化中的一朵奇葩。长廊和楼亭的瓦檐头均雕刻有绘画，人物、山水、花、兽类色泽鲜艳，栩栩如生。棚顶盖有坚硬严实的瓦片，凡外露的木质表面都涂有防腐桐油，所以这一座座庞大的建筑物横跨溪河，傲立苍穹，久经风雨，仍然坚不可摧。

满村皆为景，人在画中游。深山藏侗乡，当清晨的第一缕阳光穿过云层，整个村寨被云雾笼罩，鼓楼、民居、禾晾、古树若隐若现，美如仙境。每年的侗乡六月六，许多外乡朋友慕名而来。张关合渣、茶、枇杷……丰富的特产能够满足味蕾体验。

晓关侗乡是一片阅尽沧桑的水墨山乡，更是一座古韵今辉的美丽乡村，是一个穿越千年的侗族文化摇篮。

▍梭布垭石林

海底世界一直都是人们无法尽情游览的神秘领域。法国著名小说家儒勒·凡尔纳在《海底两万里》中通过描写海底的奇妙景象，让人们对这个未知的世界充

满了想象和好奇，还通过描写海底的氛围和灯光，让人们感受到了深海的神秘和美丽。那么，如果不去海底，可以看到这些神奇的景色吗？恩施有个梭布垭石林，据考证，其形成于4.6亿年前奥陶纪时期的海底，比侏罗纪恐龙还要久远，海底特征清晰。它用4.6亿年的等待只为圆你一个"海底探索"的梦，在这里你可以猎奇七彩溶洞，邂逅奇石异峰，俯瞰万千石林，仰望一线长空，走进石林内部，顿时会觉得好像穿越回了数亿年前的海底世界。

"海枯石烂梭布垭，天荒地老山海泾。"梭布垭石林景区位于恩施西北部48千米处的太阳河乡境内，总面积21平方千米，是国家级旅游景区。石林原为奥陶纪古海，经海水冲刷形成的溶纹景观全国罕见。中国有众多石林，多以岩溶地貌为主，梭布垭也是如此。论名气，梭布垭石林比不上路南石林，却有着更为邈远的历史、更为复杂的地形地貌、更为庞大的体量。在世界范围内，形成于奥陶纪的石林少之又少，2米以上即为珍品，但梭布垭石林最高处达20米，因此被称为世界第一奥陶纪石林。整个石林外形像一只巨大的葫芦，四周翠屏环绕，群峰竞秀。

梭布是土家语"三个"的意思，梭布垭即三个垭。景区平均海拔900多米，属亚热带季风湿润气候，冬无严寒，夏无酷暑，植被良好，动物资源丰富，自然景色迷人，被誉为"戴冠石林""天然氧吧"。

经过亿万年的风雨侵蚀，林中岩石造型奇特，姿态万千。梭布垭石林拥有大小共100多个经典的自然景观，其中对游客开放的有青龙台、莲花寨、磨子沟、九龙汇四大景区。每个景区各具特色，景区内独特的"溶纹""戴冠"景观是一大亮点，狭缝秘境、化石古迹随处可见，堪称一座远古地质博物馆。又经过千百年的人文浸润，石林被赋予了种种人文内涵，形成了各种神话传说，变成了一个个鲜活的景点。在梭布垭，每一处景观都有一个美丽的故事，像一本天书，讲述着地球数亿年间的演变、地质年代的风云变化。这里的一峰一石，都是大自然精心雕琢的艺术珍品。如磨子沟因一块形似磨子的岩石而得名，而磨子石是土家族创世神话中的神物。梭布垭石林的瑰伟外观引发了人们无穷的联想，又赋予了它们鲜活的生命力。

梭布垭石林不仅自然景观让人目不暇接，人文景观也十分精彩。每年四月清明节时，景区都会举办盛大的"樱花祭"活动，飞舞的樱花合着清风，舞动出春天曼妙的风姿。

唐崖土司城遗址

阿来在小说《尘埃落定》中以浓郁的民族风情和浪漫神秘的氛围营造出让人神往的土司制度印象。在古代，他们远离中央集权，有独特的信仰、神秘的习俗、残酷的刑罚，自成一个小王国。如今，土司制度早已终结，但曾经的土司王国遗址仍分布在中西部一些省份。在武陵山深处恩施州咸丰县唐崖河畔，一座古城穿越600多年历史沧桑，向世人讲述着覃氏土司王朝曾经的显赫与光荣，它就是世界级文化遗产——唐崖土司城遗址。

唐崖土司城遗址位于恩施州咸丰县城西北玄武山麓，面临唐崖河畔，距咸丰县城28千米。城始建于元至正六年（1346年），鼎盛于明天启年间，废止于清雍正十三年（1735年）"改土归流"，世袭16代18位土司，历经元、明、清三代计381年。

明代时，朝廷为表彰十二世土司覃鼎奉命率兵入川参与平定"奢安叛乱"有功，赐授其唐崖宣抚使职，以武略将军任事，允许扩建治所，敕建大方平西将军"帅府"一座、牌坊一座，并由天启皇帝朱由校手书"荆南雄镇"和"楚蜀屏翰"坊名。唐崖土司城自此得以大规模扩建，内有帅府、官言堂、书院、仓廪府库、点将台、左右营房、跑马场、万兽园等，还有大寺堂、桓武庙、玄武庙等宗教建筑，形成

恩施唐崖土司城遗址"荆南雄镇"石牌坊　　　　　　　　　　　　　　　　恩施土司城

占地面积74万平方米、拥有"三街十八巷三十六院四十八箍井"格局的山地城市，唐崖土司城进入鼎盛时期。

唐崖土司王城是一座具有军事战略意义的堡垒式建筑，背靠陡峭的玄武山，前临奔腾的唐崖河，石人、石马随时待命出征，"荆南雄镇、楚蜀屏翰"的石牌坊巍然矗立，左右营房、靶场、跑马场和东、北、南三面修建的城墙庄严肃穆，这些都从不同侧面传达出唐崖土司王英勇善战、王城固若金汤的历史信息。繁华的三街十八巷三十六院显示出土司城社区经济的自给自足。残存至今的建筑柱基，显露出土司城房屋建筑的"干栏"特色。牌楼上雕刻的"土王出巡"图，传递着土司城特有的礼仪风俗。集中分布的墓葬群和保存至今的碑文，诠释着唐崖土司的丧葬文化。

2015年7月4日，在德国波恩召开的第39届世界遗产大会上，唐崖土司城遗址与湖南永顺老司城遗址、贵州遵义海龙屯土司遗址成功列入《世界遗产名录》。国家申遗专家组达成如下共识，并写入"申遗文本"：唐崖土司城址是中国现存单体规模最大，格局最清晰，地面遗存类型最丰富、数量最多，城市形态和功能格局保存最完整的一座土司城址，其承载遗址价值的选址、规模、形制、功能、整体格局、构成要素、相关环境要素、历史文化特征均保存完好，具有高度的完整性、真实性，是土司制度管理智慧及人类不同族群价值观交流交融的代表性物证。

但值得一提的是，湖北唐崖土司城遗址除了中央"衙署区"，其他部分并未进行大规模考古发掘，几乎就是原址保护。历经数百年沧桑巨变，唐崖土司城遗址能有如此完好的呈现，更显弥足珍贵。

撒叶儿嗬

"撒叶儿嗬"是土家语，汉语意为"丧歌"。它是土家族特有的一种古老的丧葬仪式舞蹈，承载着清江流域土家人传统的民族伦理思想，如颂亡祈生、行孝报恩、祖先崇拜、团结互助等，是我们灿烂民族文化中的一颗瑰宝。跳撒叶儿嗬又叫闹夜、跳丧鼓、跳丧、打丧鼓、绕棺、打绕棺等，是最能体现土家民族性格的仪式。

人生走到尽头是圆满，是喜事，进屋得先贺喜，活着的人要为亡人举办盛大的欢送晚会，俗话说"人死众家丧，一打丧鼓二帮忙"。跳丧源远流长，唐人樊绰在《蛮书》中写道："初丧，击鼓以道哀，其歌必号，其众必跳。"跳丧是一种祭祀性的舞蹈，更带着强烈的娱乐性，自娱自乐，热闹混夜，安慰生者，陪伴亡人。正如当地俗语所说："打不起豆腐送不起情，跳一夜丧鼓陪亡人。"

在清江流域，一旦有老人撒手尘世，人们都要从四面八方赶来跳撒叶儿嗬。诚如清代长阳诗人彭秋潭诗中所写："谁家开路添新鬼，一夜丧歌到天明。"参加者有远亲近邻，也有毫不沾亲带故的。他们赴丧时或送一条祭幛，或燃放一串鞭炮，或给亡人烧一些纸钱，或送一些其他的财物，或什么都不带。办丧事的人家备有烟茶，摆有酒席，来者皆可尽情享用，用当地俗话说是"人死饭甑开，众人围拢来"。

举丧时，棺材停于堂屋正中，堂屋左前方放着一面高约两尺、直径约一尺五的牛皮大鼓。入夜，门外几声三眼炮响起，跳"撒叶儿嗬"开始。先是鼓师击鼓开场，开完场后，鼓师击鼓并领唱，舞者三两人一组，在棺前的空地上应和着鼓师的鼓点、音韵，边合唱或接唱边舞动。唱腔时而用花腔，时而用正腔。鼓师每领唱完一段，舞者都要应和一句"跳个撒叶——儿嗬——喂"，表示对死者的哀悼和对亲属的慰藉。舞者动作均匀对称，一般是哈腰、屈膝、摆胯、绕手，走"八字步"，身体随双膝的屈伸而自然颤动。粗犷豪放的歌声伴着雷鸣般的鼓声，回荡在巴山和清江的夜空，通宵达旦。苍劲雄浑的舞姿，挥洒着土家汉子排山倒海的生命激情；苍凉悠远的歌声，充溢着土家人天人合一的意识。

撒叶儿嗬的歌词种类繁多，有追述死者生平和业绩的颂歌，有关于三皇五帝的传统唱词，更有表达爱恋的情歌。最典型的是颂扬先民、纪念父母对儿女的养育之恩，以及相互打哑谜的对唱，这种歌词多为即兴而作，不过每一句都要带上"我有一个哑谜子打上来哎——跳个撒叶儿嗬"。跳撒叶儿嗬的动作不下六七十种，主要有凤凰展翅、猛虎下山、鹞子翻身、蜻蜓点水、狗连裆等，这些模拟动物形态的动作惟妙惟肖。

撒叶儿嗬舞显示出土家族人民共同的心理倾向和审美情感，反映出土家人强烈的祖先崇拜意识。崇拜祖先、敬祭土王、敬奉"白虎"、相信"梯玛"等信仰构成土家族的信仰文化。土家人相信祖先的灵魂会继续保佑他们的子孙后代，于是他们时常以歌舞的形式颂扬祖先的光辉历史，追念祖先在清江两岸重建新生活的艰难历程。同时土家歌舞淋漓尽致地表现出土家人在遭遇艰难困苦时无所畏惧、乐观向上的民族性格。

如今，土家族在传统民间歌舞"撒叶儿嗬"的基础上发展创新出"巴山舞"。巴山舞大胆地变祭礼性舞蹈为群众自娱性舞蹈，赋予"撒叶儿嗬"新的生命，这是弘扬民族优秀文化传统的一次有益尝试。

▍摆手舞

土家人向来能歌善舞。据史籍记载，土家族摆手舞源于古代巴渝舞，至今仍保留着巴渝舞的征战、歌号、鼓乐等特色。古代巴人"天性劲勇，锐气喜舞"，他们跳摆手舞的历史至少有2000年。早在公元前11世纪，由土家先民组成的"巴师"就载歌载舞地加入了武王伐纣的行列。《华阳国志》载："周武王伐纣……巴师勇锐，歌舞以凌殷人，前徒倒戈，故世称之曰'武王伐纣，前歌后舞'也。"这种振奋军威的舞蹈被称为"军前舞"。司马相如曾在《上林赋》里描述巴渝舞的盛况："千人唱，万人和，山陵为之震荡，川谷为之荡波。"大约唐代以后，巴渝舞退出宫廷舞台，但在民间得到生机勃勃的延续和继承，并衍生出"羽人舞""盾牌舞""踏蹄舞""土家族摆手舞"等多种流派。

摆手舞是土家族最具代表性的民间传统舞蹈，流行于湘、鄂、渝、黔四省市交界的酉水流域及沅水流域，特别是湖北省的来凤和湖南省的龙山、永顺、保靖等县尤为盛行。舞蹈朴实健美，基本特点是顺拐、屈膝、颤动和下沉，其动作特点直接来源于土家族人背驮重物上高山下陡坡的劳动生活。舞蹈一般在年节举行，有"单摆""双摆""回旋摆"等形式，人数少则数百，多则上万，跳舞时以击大锣、鸣大鼓呼应节奏，气势恢宏壮观，动人心魄。踢踏摆手，翩翩进退，成双成对，节奏明朗。

土家语称摆手舞为"舍巴""舍巴日""舍巴格痴"或"舍巴巴"，汉语称其为"跳摆手"。"舍巴"，意为"敬神跳"，充分说明摆手舞与祭祀祖先有关。土家人通过跳摆手舞重现先民劳动生活的场景，追忆祖先创业之艰辛，缅怀祖先恩泽之绵长，堪称一幅展现土家族历史的绚丽画卷。

很早以前，跳摆手舞的地点不固定，凡有喜庆之事，就地跳之。清顺治年间，在土家人聚居的地方，有了专门跳摆手舞的"廊场"，土家人称之为"摆手堂"。酉水流域土家族地区几乎寨寨都有摆手堂，有些大一点的村寨还按姓修摆手堂，最具有代表性的是摆手舞的故乡——鄂西来凤县河东乡舍米湖村的摆手堂，其始建于清朝乾隆年间，被誉为"神州摆手第一堂"。

多数在正月初一至十五，有的在正月初三至十七，土家村寨都要举行传统的摆手活动。根据居住地区不同、族系不同、生产生活方式不同，分为大摆手和小摆手。大摆手以祭"八部大神"为主，表演人类起源、民族迁徙、抵御外患、农事活动等内容。小摆手以祭祀土司王为主，如彭公爵主、向老官人、田好汉和各地土王等，这些都是五代至宋朝时期土家族历史上的真实人物。

改土归流以前，大摆手盛行，但由于年代久远，风俗习惯变迁，大摆手去掉了祭祀程序，发展成为纯粹的舞蹈——小摆手。小摆手舞融入了土家族人民生产生活的内容，形式更加生活化、娱乐化、大众化，使得摆手舞活动更为普及，每逢节日、重大活动或迎接远来的客人，都要跳起快乐的摆手舞。

西兰卡普

西兰卡普为土家语称谓，汉语译为"土花铺盖"，是土家族的一种传统手工织锦，是我国少数民族四大名锦之一。西兰卡普极具使用和观赏价值，是土家族民间艺术的精华，被誉为土家族不可多得的民间工艺奇葩和土家文化的活化石。

土家织锦历史悠久，源远流长。有关资料显示，其历史至少可以上溯到距今4000多年前的古代巴人时期。作为土家族先民的古代巴人，除从事农业生产外，还善于纺织，其生产的"桑、蚕、麻、纻"皆为贡品。秦汉时期，土家族地区的纺织业有所发展，所织的"賨布"成为纳贡名品。三国时期，在蜀国诸葛亮"今民贫国虚，决敌之资唯仰锦耳"的决策影响下，土家族地区的人民逐步掌握了汉族先进的染色技术，编织出五彩斑斓的"土锦"。唐宋时期，随着土家族地区与汉族经济交流的增多，土家族地区的纺织业有了进一步发展，出现了"女勤于织，户多机声"的社会风气，当时土家族的"賨布"被汉人称为"溪布""峒布"或"峒锦"。元明时期，西兰卡普被称作"土锦""花布"等，且大量用于服饰，

《大明一统志》载："土民喜服五色斑衣。"

改土归流后，土家族西兰卡普的挑织技艺进一步提高。尤其是土家族姑娘，从十一二岁起，便随其母操习挑织技艺，待到长大出嫁时，还必须有自己亲手编织的西兰卡普作为陪嫁品。她们织出的西兰卡普数量的多少、技艺的高低，成为衡量她们人品和才能的重要标志。土家民歌唱道："白布帕子四只角，四只角上绣雁鹅；帕子烂了雁鹅在，不看人才看手脚。"正是在土家女儿的辛勤编织下，西兰卡普得以进一步发扬光大。

西兰卡普的装饰纹样风格深受巴楚文化的影响，且题材广泛，几乎涉及土家人生活和习俗的方方面面，因而内容十分丰富，如植物花卉、动物、生活物品、几何图案、文字、吉祥图案、民情风俗和民间故事传说等皆可成为创作题材。土家女儿们巧妙地将各种动和静的形体、自然纹样和几何纹样有机结合，纹饰既抽象又有形，具有强烈的装饰美。图案不仅富有生活情趣，而且具有鲜明的民族特色。西兰卡普十分注重色彩的对比与反衬，强调艳而不俗、清新明快和安定协调的艺术效果。在色彩运用上喜欢用暖色，注重原色与复色的互补，整个画面古艳厚重，斑斓多彩，对比中显调和，素雅中见多彩。

作为土家人民的一种传统工艺，西兰卡普具有很强的情感表现功能。古代巴人最早有五姓，均居于武落钟离山，其山有赤、黑二穴，因此古代巴人崇尚红、黑二色。西兰卡普以红、黑色的强烈对比为基调，在此基础上再铺陈五彩的装饰艺术，实际上表达了土家人对先民的崇敬和挚爱。同时，西兰卡普还凝聚着土家族的虎图腾崇拜。古代巴人曾讳虎为"斑"，明清之际，土家人民称织绣虎纹的西兰卡普为"斑布"，表层含义是五色为斑，但其深层含义却来自虎称。土家族跳摆手舞时要披虎皮，现今没有虎皮，土家人就披土花锦被，以象征虎皮五彩斑斓。

西兰卡普不仅寄托着土家人对生活的美好希望，也传承着土家民族特有的朴素的审美思想，是土家族优秀的传统文化遗产。

宜昌

山随平野尽

"山随平野尽，江入大荒流。"奔腾不息的长江，携唐古拉山之风云，劈波斩浪，冲夔门、穿瞿塘、踏巫峡、破西陵。长江在流经宜昌境内时，起伏的山峦逐渐让位于低平的原野，江水在一望无际的浩渺原野上一泻千里，向东奔涌。

宜昌，地处云贵高原和大巴山向江汉平原过渡地带，"上控巴蜀，下引荆襄"。只有在"三峡门户"——宜昌，方能领略李白经历峡江的洗礼后，感受到由逼仄而壮阔、从压抑紧张到豁然开朗的心境。

瑰玮的长江哺育了三峡文化，巴楚文化在这里交融、繁衍、发展。"长阳人"化石在此发现，爱国诗人屈原和

宜昌

　　"和亲使者"王昭君在这里孕育。宜昌又是兵家必争之地，三国相争，在这里留下了长坂坡、猇亭古战场和关羽的葬身之地关陵。当阳的玉泉寺是佛教的四大名刹之一，武落钟离山是巴人的发祥之地。宜昌这座古老而现代的城市，以其壮丽的自然风光和丰富的历史文化，让人缱绻难忘。

　　"截断巫山云雨，高峡出平湖。"长江三峡和三峡水利枢纽工程、葛洲坝水利枢纽工程举世瞩目。"山光悦鸟性，潭影空人心。"古帆船和乌篷船成为一道独特的风景线，静静地停泊在三峡人家门前，随时将人们摆渡到对岸。香溪边少女挥着棒槌浣涤衣物，恍惚间让人以为那是走向塞外的汉家女子。江上渔家撒网打鱼、岸边纤夫震天嘶吼，更是三峡地区独有的人文风情。游历在宜昌的灵山秀水之间，感受着唐诗般的雄壮和宋词似的温婉，好似梦回故里，令人心醉神迷。

屈原故里

屈原（约公元前340—公元前278年），战国时期楚国人，是我国历史上杰出的诗人和政治家。他早年间受怀王信任，任左徒、三闾大夫等职，参与制订宪令，积极举贤任能，并主张联齐抗秦；后受怀王近臣诬陷，被怀王疏远；楚顷襄王时，又因得罪令尹子兰，被流放到江南一带。他目睹楚国政治腐败、军事失利，却报国无门，心中悲愤，投汨罗江而死。屈原传世的作品，有《离骚》《天问》《九歌》《九章》《远游》《卜居》《渔父》等诗篇，这些流芳百世的文学作品是"楚辞体"文学的奠基之作，饱含着诗人丰富的政治、哲学与美学思想，成为中国文学与思想宝库的重要组成部分。

作为诗人，屈原大胆突破传统，开创了"楚辞体"文学的先河，为中国古代的诗歌创作开辟了一片新天地；作为政治家，屈原的爱国精神和与日月同辉的伟大人格，千百年来对无数仁人志士产生过巨大的感召力。1953年，屈原被世界和平理事会列为"世界四大文化名人"之一，受到全世界人民的隆重纪念。

屈原的故乡在宜昌市秭归县屈原镇乐平里，这里与屈原相关的遗迹有香炉坪、照面井、读书洞、擂鼓台、屈原庙等。香炉坪又名屈坪，是一块"圈椅"形的台地，台地两端隆起，中间凹进，远看就像一座巨大的香炉。坪地上有一片如露天舞台的石砌屋场，相传是屈原旧宅的故基。宅基前有三丘稻田，传说是屈原

屈原祠

躬耕过的地方。由于该田产米如玉，所以叫作"玉米田"，至今仍是稻花飘香。

屈原庙在屈原故里香炉坪，据载始建于唐代，现存建筑是20世纪80年代重新修建的，建筑面积264平方米，青瓦粉墙，石砌门窗，内有屈原全身塑像，及清代遗留的数块石碑。在秭归县城有屈原祠，唐元和十五年（820年）由归州刺史王茂元始建；宋神宗时封屈原为清烈公，故又称清烈公祠；历代屡圮屡修。现存建筑为近年重建，有山门、大殿、左右配房等。山门为重檐歇山式牌楼，通高17米，四柱三楼，正中匾额上是郭沫若题写的"屈原祠"三字，两侧题"孤忠""流芳"。大殿按明代建筑式样设计，高台飞檐。殿内陈列着明代镌刻的屈原石像和秭归出土的各个时期文物，还有屈原生平事迹展览。殿后有屈原衣冠冢，墓前有石坊、门阙，是清道光年间的原物。

屈原故里端午节龙舟竞渡

屈原的一生是伟大光辉的，虽然逝世2000多年，但他的形象、精神永远铭刻在世人心中，特别是秭归的父老乡亲，不仅口耳相传屈原的传说故事，而且利用秭归独特的端午习俗、龙舟竞渡、骚坛诗会、屈原文化研究会等方式传承弘扬着屈原精神。秭归的屈原传说和纪念屈原的端午节习俗在中国非物质文化遗产中有着不可替代的重要价值，其最大的功能是启迪人的思维、浸润人的心灵、活跃田园文化，引导人们树立正确的思想道德观念、人生价值观念、文化科学观念。尤其是对于自然环境与人文环境的运用与点化，蕴含着上古巴文化、楚文化的事象与神韵，饱含着当代与未来都需要继续传承和发扬光大的文化传统。

三峡大坝

长江三峡西起重庆市奉节县白帝城，东至湖北省宜昌市南津关，全长193千米，其中属峡谷段的有90余千米。两岸山高崖陡，谷深峡长，峡谷段河道一般宽为200米，最窄处不足50米。长江上游100万平方千米的来水汇聚东下，积

聚了巨大的水能，年平均径流量达4500多亿立方米。在长江三峡修建大坝，是中国近百年来几代人的梦想。

"自宜昌而上，入峡行……改良此上游一段，当以水闸堰其水，使舟得溯流以行，而又可资其水力。"孙中山在《建国方略之实业计划》中最早提出了建设三峡工程的设想。直到1992年4月3日，全国人民代表大会通过了《关于兴建长江三峡工程的决议》，1994年12月14日，三峡工程正式开工建设。在这漫长的梦想、企盼、争论、等待相互交织的岁月里，三峡工程载浮载沉，几起几落。"更立西江石壁，截断巫山云雨，高峡出平湖。神女应无恙，当惊世界殊。"巍巍峡谷之上，一条巨龙横亘，中国人民建成了人类治水史上规模最大的水利枢纽工程——三峡工程。

三峡工程由大坝、水电站和通航建筑物三大部分组成。三峡大坝位于长江三峡西陵峡中段，坝址在宜昌市境内的三斗坪中堡岛，东距宜昌市区中心约40千米。大坝全长2335米，坝顶高程185米，正常蓄水位175米，总库容393亿立方米，其中防洪库容量221.5亿立方米。三峡大坝建成后，下游荆江河段的防洪标准从十年一遇提高到百年一遇。水电站装机34台，总容量2250万千瓦，年设计发电量882亿千瓦时，是我国"西电东送"和"南北互供"的骨干电源点。大坝通航

长江三峡大坝全貌

建筑物年单向通过能力为 5000 万吨，双线五级船闸全长 6442 米，宽 300 米，上下游水位总落差 113 米，共拥有 2 条航道、5 个梯级、10 个闸室，三峡库区蓄水后，万吨级船队可以从重庆直达汉口。

三峡主体工程工期共 17 年，一期工程 5 年（1993—1997 年），二期工程和三期工程均为 6 年（1998—2003 年、2004—2008 年）。1997 年，大江实现了截流。2003 年，通航建筑物启用，首批机组开始发电。2008 年，主体工程基本完成。无疑，三峡大坝是一只"电力巨兽"。截至 2023 年 7 月，这座巍峨的水电站在过去 20 年中累计发电量达到了惊人的 1.6 万亿千瓦时，平均每年为国家的电网贡献 800 亿千瓦时。如果把它转换成煤炭的能量，那将是一座高耸入云的煤山，让人惊叹！

在大坝坝顶，可以看到三峡工程的壮观气势。长达 3000 多米的三峡大坝，犹如一座横跨长江的"水上长城"，高峡、平湖、大坝尽收眼底，一览无余。

瞿塘雄、巫峡幽、西陵秀的自然风光总格局不会改变，雄伟壮丽的三峡仍然会以迷人的风采使游人流连忘返。随着三峡工程的兴建，库区旅游资源得到开发，三峡江段库区两岸幽谷深涧中的一批新景观已相继出现，有些过去交通不便的奇山秀水，亦可乘坐游艇前去游览。三峡水利枢纽建成后，多种现代化的巨型建筑物、大坝泄流时形成的气势磅礴的人工瀑布，也成为三峡旅游线上游人必看的宏伟景观。华灯璀璨之夜，巍巍大坝在七彩霓虹的映衬下，犹如巨型彩色冰雕立于大江之上，于九龙之巅欣赏灯火三峡、大坝夜景，更有今夕何夕、天上人间之感。

黄陵庙

船行长江西陵峡内，但见夹岸千峰万壑，逶迤而来，两岸岩峰插入天际，好像是两道千寻壁立的长城，把大江逼成一条狭窄的走廊。当驶过灯影峡后，映入眼帘的便是雄奇壮丽的黄牛峡。峡内有黄牛岩，面对峡江急流，巍然屹立在群峦之表。

抬头望去，黄牛岩酷似一头黄牛，"朝发黄牛，暮宿黄牛，三朝三暮，黄牛如故"，指的就是这段峡谷。黄牛岩下，有一片红墙碧瓦、反宇飞檐的古代建筑群掩映在绿树翠竹丛中，这便是三峡中著名的古迹——黄陵庙。据《宜昌府志》记载，三国时，诸葛亮入蜀，因感夏禹治水的功绩，特意兴建了一座黄牛祠，并亲自写了一篇碑记，曰："仆纵步环览，乃见江左大山壁立……有神像影现焉。鬓发须眉，冠裳宛然，如彩画者。"又云："禹开江治水，九载而功成，信不诬也。"

因为黄陵庙地处长江三峡内最大的驿站黄牛驿附近，历代入蜀出峡的达官贵人、文人墨客都要经过这里，所以在此留下了大量的墨宝和诗文，诸葛亮、李白、杜甫、白居易、欧阳修、苏轼、黄庭坚、陆游等历代名人都曾在此留下佳作，总计有100多篇。李白曾赋诗谓："三朝上黄牛，三暮行太迟。三朝又三暮，不觉鬓成丝。"欧阳修被贬夷陵（今宜昌市夷陵区）做县令时，曾多次游览黄牛祠，

禹王殿　　　　　　　　　　　　　　黄陵庙

并作诗云："朝朝暮暮见黄牛，徒使行人过此愁。山高更远望犹见，不是黄牛滞客舟。"于是他将黄牛祠改名叫黄牛庙。南宋诗人陆游入蜀，也慕名来访，并留下一首"三峡束江流，崖谷互吐纳。黄牛不负重，云表恣蹴蹋"的诗句。现在庙内保存有许多古代碑刻题记，其中最重要的有诸葛亮的《黄牛祠碑记》。另外，还有明清时期巴、渝地区盛行的多首民歌《竹枝词》等。

黄陵庙现存的群体建筑面积4800余平方米，由山门、禹王殿、武侯祠等组成。山门建在江边坡地上，从江边到山门要经过两段石砌阶梯，下段阶梯有18级，上段33级，分别寓意十八层地狱和三十三重天。山门两边是高约2米的石雕神兽，门额中部竖匾镌"老黄陵庙"四字，门框阴刻楷书楹联"神佑行人布帆无恙，踵成善举栋宇维新"。

禹王殿是黄陵庙现在的主体建筑，占地面积400平方米，它是后人为纪念夏禹而修建的。殿前悬两个大匾，一为褐底金字，上书"玄功万古"，字体遒劲，为明末藩王朱常润所书；一为褐底绿字，上书"砥定江澜"，字体俊秀，为清皇族爱新觉罗·齐格所书。殿内正面供奉禹王塑像，高约丈二，威严中透着慈祥。殿内立柱36根，每根柱上均浮雕有9条蟠龙，大小各异，形态也各不相同，栩栩如生，不能不叫人惊叹古代匠人的高超技艺。

黄陵庙作为黄牛峡的标志性建筑，既是千百年来人们祈愿江行平安的场所，也是珍贵的历史遗存。它作为长江三峡保存最完整的明清古建筑群，1956年被湖北省人民政府公布为湖北省第一批重点文物保护单位，2006年作为明代古建筑被国务院批准列入第六批全国重点文物保护单位名单。黄牛峡的风景优美，黄陵庙的佳话颇多，使过往三峡的人无不心向往之。

▍峡江号子

号子是劳动者之歌，是人们在劳动时配合用力而自然发出的呼喊吆喝声，起着协调动作、鼓舞劲头和调剂情绪的作用。《淮南子·道应训》记载："今夫举大木者，前呼'邪许'，后亦应之，此举重劝力之歌也。"长江峡江号子由峡江船工和码头工人们创作并传唱，世代自然承袭，有比较完整的传承谱系，主要分布在长江三峡地区的宜昌市和恩施州的部分地区。长江三峡中的西陵峡因位于"楚

峡江拉纤

之西塞"和夷陵（宜昌古称）的西边而得名，当地群众将这一段的长江习惯性地称为峡江。峡江地区的船工们驾船穿行于崆岭峡、牛肝马肺峡、青滩、兵书宝剑峡、方滩、泄滩等江段之中，习惯呼喊号子，经年累月便形成了长江峡江号子（秭归县当地则习惯称为秭归船工号子）。

峡江号子是湖北民歌中最富有特色、最具代表性的歌种之一，包括行船时船工号子和码头搬运号子，以行船时的船工号子为主。船工号子包括拖扛、搬艄、推桡、拉纤、收纤、撑帆、摇橹、唤风、慢板等9种；搬运号子则包括起舱、出舱、发签、踩花包、抬大件、扯铅丝、上跳板、平路、上坡、下坡、摇车和数数等12种。

峡江号子主要由领唱与应和两部分组成。喊唱歌词时，主要采取触景生情式和赋陈式。前者是领唱船工在指挥驾船与大自然抗争的过程中，根据地理环境的凶险程度和变化，随机喊唱出号子内容。后者则是比较约定俗成的峡江号子，往往直接采用写景、叙事、抒情等方式构思内容，因而具有概括性强、形象集中等特点。

峡江号子有其独特的艺术手法。一是普遍采用夸张、反复和重叠等修辞手法。二是除了作为基础语汇的北方方言外，还有峡江本地词汇融入其中，从而在语调音韵上自成一家。三是曲调结构方面，峡江号子的格律多为联曲结构，腔调为板腔调、高腔和"哦呵"腔。

峡江号子的旋律主要包括语调、韵调、歌腔3种。语调旋律就是用峡江方言声调喊唱歌词时所产生的字调。韵调旋律则是船工用韵白句方式喊唱的号子，它接近语调旋律，但韵调是口语化的"唱词"，其特点是乐音单纯，韵味爽朗，节奏紧凑。歌腔旋律主要指山歌的腔式旋律，以高亢悠扬、节拍自由、拖腔长、甩腔多为特点。峡江号子的音阶属五声音阶，总体上以徵、羽调式为主调，其次为宫、商调式，而角调式极少，这也是其强烈的民间性决定的。

"瞿塘漫天虎须怒，归州长年行最能。""长年三老长歌里，白昼摊钱高浪中。"杜甫在诗中形象描绘了长江、船工和歌声，呼号着"歌声"（号子）的"三老"（船工）们为了生活而长年奔波于长江三峡的高浪里，颠簸于急流险滩中。行船靠岸，上船下船，喊声迭起，号子折射出船工和搬运工们豁达开朗、勇敢顽强、乐观洒脱的精神，表达了纤夫临危不惧、遇险不慌的胸怀和积极向上的激情。峡江号子以强烈的野性美、原始的生命力和摧枯拉朽的力量感，呈现出独具一格的魅力。

▍长阳人遗址

当我们翻到中学历史教科书里的"中国境内主要古人类遗址分布图"时，"长阳人遗址"5个字映入眼帘。权威工具书《辞海》中收入"长阳人"词条："中国早期智人化石。1956年在湖北长阳赵家堰洞穴中发现，故名。"

长阳人遗址位于长阳土家族自治县城西南45千米的钟家湾村关老山南坡的一个岩洞内，海拔约1300米。1956年，当地农民在岩洞中挖"龙骨"（即古脊椎动物化石）售卖时，偶然间发现了一个完整的人形头骨化石。人们争相传看时不小心将头骨摔碎，后来摔碎的头骨被供销社收购。消息传到县一中，生物教师陈明治随即带着学生前往察看，他们从龙骨堆中找到了一块古人类上颌骨化石，上面还附有两枚牙齿。后经中国科学院古脊椎动物与古人类研究所贾兰坡教授等人鉴定，确定为古人类化石，命名为"长阳人"化石，其地质年代属旧石器时代范围，距今约19万年。

长阳人化石包括一件不完整的、保留有第一前臼齿和第一臼齿的左上颌骨，以及一颗单独的左下第二前臼齿。牙齿相当大，咬合面纹理复杂。齿冠较低，齿根很长，左下第二前臼齿的齿根有两个分枝。上颌骨和其他早期智人的一样，一方面保留了若干原始性质，如梨状孔的下部较宽，鼻腔底壁不如现代人那样凹，而与猿类接近，犬齿比较发达等；另一方面又有许多与现代人相近似的进步性质，如颌的倾斜度没有北京人的显著，近似正颌型，鼻棘较窄而向前，上颌窦前壁向前扩展超过第一前臼齿，颚面凹凸不平等。从总体看，长阳人明显比北京人进步。

在与长阳人同出的动物化石中，有以嫩竹为食的竹鼠、大熊猫，这说明当时这里有大片竹林；而东方剑齿象、中国犀和鹿类的存在，则说明附近还有开阔的林边灌丛和草原。以上动物都是喜暖的，所以当时这里的气候应是温和而湿润的。

"长阳人"是中国长江以南最早发现的远古人类之一。贾兰坡教授在《长阳人化石及共生的哺乳动物群》一文中说："'长阳人'的发现，不仅给江南动物群增加了新的种属，并为地层的划分提出了新的证据，同时给人类本身的分布与演化提供了新的资料。""长阳人"及其动物群的发现，提供了洞穴和阶地的对比资料，解决了长江各阶地形成的时代问题，为南方的地层划分提供了依据，说明了长江流域以南的广阔地带同黄河流域一样，也是我国古文化的发祥地，是中华民族诞生的摇篮。"长阳人"从此不仅在长阳文明史里占据了厚重灿烂的一章，而且在中华民族文明史里占据了举足轻重的一页。

"长阳人"化石洞从此被定名为"长阳人遗址"，遗址旁建有"究古亭"，并塑造了形态逼真的大象、熊猫、梅花鹿、犀牛等动物雕像，供游人游览凭吊。伴之以茫茫群山、青青草地、农家院落，遗址传递出一种粗犷和原始的神韵。伫立此地凝望，目睹怪石嶙峋的动物塑像，那冉冉升起的思古幽情，把我们带回到那个十多万年前的清江两岸，我们祖先与遍地猛兽生死搏斗的惊心场面仿佛又呈现于眼前。

武落钟离山

武落钟离山是武落山与钟离山的合称，由这两座山峰相连而成，又名佷山。武落钟离山内有两石室，可供民众避难居留，故也称"难留山"。《后汉书·南蛮西南夷列传》记载："难留城山，县西二百里，一名武落钟离山。"难留山在史志记载中常被形容为"独立峻绝"，站在山顶环顾四周皆为水，与其他山毫无

武落钟离山

牵连，故有"独立"之感；沿清江泛舟，只见山虽不高，但临水处皆为险峻的悬崖绝壁，必生"峻绝"之叹。

武落钟离山是土家族先祖巴人的发祥地，相传为巴人祖先廪君诞生地及掷剑、浮舟称王处，遗迹犹存。因此，武落钟离山被视为湘、鄂、川、黔等地土家族人寻根祭祖的圣山，朝拜者络绎不绝。传说，当年因惊闻一支山外的部落从清江下游向着武落钟离山一带杀来，为了逃避灾祸，巴氏与其他四个氏族的人聚结于洞外，商议组成部落，并决定用掷剑浮舟的比武方式推选一名首领，再由他率领众人迁往异地。众人看见对面江岸的峭壁上有一眼石穴，就相约对着石穴投掷飞剑，投中石穴者获胜。结果，众人的剑纷纷落入水中，唯有巴氏子务相将一柄长不盈尺的短剑投入石穴，众人纷纷叹服。接着他们约定各自驾着用葛藤捆绑着木头的"土船"渡江，若谁的"土船"能率先冲过险滩渡到对岸取回短剑，就让谁担任五姓部落的首领。结果，四姓人的"土船"都沉到水里，唯有巴务相的"土船"浮在水面并顺利到达彼岸。

于是，神武剽悍的巴务相被众人推举为廪君，成为五个姓氏部落的首领。廪君带领部族离开了武落钟离山，沿江西上百余里到达盐阳。准备开疆创业时，由于受到"盐水女神"的阻挠，他毅然决然射杀了"盐水女神"，开辟了盐场，继而"君乎夷城"。史书上讲的夷城，就是位于渔峡口、白虎沱和白虎陇一带的一座王城。在王城内，廪君建立了一个很有实力、能征善战的"巴方"小邦，即历史上存在了数百年之久、创造了中华古文化重要组成部分——巴文化的巴国的前身。

最终，这位曾经叱咤风云的部落首领的灵魂化为一只白虎，终日在山林暮霭之中引颈长啸。踏上武落钟离山，可以看到临水而筑的白虎亭，若浮若定，里面有一尊白虎雕像，昂头向上，栩栩如生，似欲飞身而去。《后汉书》《录异记》《山海经》《水经注》等都曾记载，廪君巴务相的魂魄化为了白虎。土家族关于"白虎"有诸多神话，甚至每个土家人都感觉自己身体里浸润着"虎"的血液，灵魂里涵纳着"虎"的遗风。巴人世世代代敬奉白虎，把它当作至高无上的神灵。至今，当地不少村寨的土家人还愿、起屋、冲喜、冲葬等，均用雄鸡血在堂前祭奠"白虎神"，此外以白虎命名的山岭、溪谷、祠、庙等不胜枚举。

神秘的巴人在这座山上留下了大量的历史遗迹和神话传说，后人据此修建了富有民族特色的庙堂、亭阁，供人们凭吊先烈、祭祀祖宗。当年廪君带领部落开发治理清江，有大禹之德，所以土家族人把他尊为向王，建起了向王庙。向王庙凌空高悬于武落钟离山山顶，里面祀奉着廪君的塑像，供人们祭拜。武落钟离山三面环水，清江绕山而过，气候温和，景色宜人，交通便利，吸引着无数的游客前来探寻远古的历史之谜。

▎城背溪文化遗址

在湖北境内已调查发现的新石器时代的遗址有 2000 多处，几乎遍布省内全境。而城背溪文化是其中年代最早的，其上限不超过公元前 6500 年，下限为公元前 5000 年。

城背溪遗址位于湖北省宜都市城关镇北约 10.5 千米处红花套镇吴家岗村五组，分布于长江边一级台地。其核心区面积 36.7 亩，文化层厚约 2 米。1973 年，长江流域第二期文物考古干部训练班首次发现了该遗址。1983 年 10 月至 1984 年 5 月，湖北省博物馆、北京大学考古系等单位组成宜都考古发掘队对其进行二次发掘，发掘面积 280 平方米。考古学上将该遗址以新石器时代城背溪文化命名。

城背溪陶器器类比较简单，以圜底器为主。陶器制作技术比较原始，均为手制，呈现出简陋、古朴之气。器物造型不甚规整，器表凹凸不平，口沿波状起伏。较小的器物一般直接捏塑成形，较大的器型则采用泥片筑成法和泥条筑成法，器表常见修饰时留下的刮削、抹平、打磨的痕迹。陶器多饰以红、褐、灰三色，以褐色为主；多有纹饰，素面陶较少，纹饰主要为绳纹，另有刻划纹、篦点纹、锥刺纹以及镂孔和花边，有少量红、黄、白等色陶衣；陶质以夹炭陶为主，也有少量的夹砂陶和泥质陶。城背溪陶器胎壁内夹有炭化稻谷，说明当时已经有了稻谷。经鉴定，城背溪文化遗址发现的水稻属于人工栽培稻，说明湖北是中国人工栽培水稻的较早发生地之一。

石器以打制为主，局部采用磨制方法，一般就地取材于遗址附近河漫滩上的鹅卵石。小型石器主要有刮削器、锥形器和雕刻器等。大型打制石器有砍砸器、刮削器、石锤、石斧、锛、凿等，制作粗糙。磨制石器的数量和种类都比较少，但制作精细，形态规整，有棒形坠饰、钻孔石管和石斧等。

骨器有骨针、骨锥、骨铲、骨片等。动物遗骸数量较多，其中以牛骨、鹿骨、鹿角和鱼骨为主。此外还有贝壳、鳖甲、蚌壳等。

城背溪遗址器物中有用作原始纺织的纺轮和用作渔猎的石质网坠等，还有大量的动物遗骸，这说明当时人们的手工业、禽畜养殖业和渔猎经济都已经达到一定的发展水平。

进入新石器时代，人类的精神世界和精神生活愈发丰富，如习俗、信仰、原始崇拜等。新石器时代遗址中不断出土的非生活性遗存就属于当时人类信仰和祭祀的体现。这一点，在湖北城背溪文化中也得到了印证。

城背溪文化不仅具有长江中游新石器时代文化体系较原始的特点，而且体现出我国新石器时代较早阶段的文化特征。城背溪遗址的发现有力地证明了长江流域也是中华民族的摇篮，中华民族的起源是多元的。它将长江流域新石器时代文化的起始年代由6000年前的大溪文化提早到7500年以上的城背溪文化，明确揭示了湖北地区的原始文化发展序列为城背溪文化—大溪文化—屈家岭文化—石家河文化，填补了该地区新石器时代早期文化序列的缺环，是荆楚文化的源头之一。它的发现也标志着7000多年前我国先民就开始种植水稻，将我国人工栽培水稻的历史提前1000多年，是我国水稻史的重要研究实证。

大溪文化遗址

文字是记录文化、记载文明的有力符号，从结绳记事到仓颉造字，关于文字的故事和传说总是引人遐想。中国最早的文字是什么呢？目前的考古史料表明，甲骨文是迄今为止中国发现的年代最早的成熟文字系统。还有没有比这更早的呢？这里就不得不提到"大溪文化"。

大溪文化是长江中游和江汉地区继城背溪文化之后发展起来的一种新石器时代中期的文化，因最早发现于重庆巫山县大溪遗址而得名。其年代为距今6500—5100年，与中原地区的仰韶文化晚期时代相当。大溪文化分布范围集中于长江中游西段，仅湖北境内已发现的大溪文化遗址就达100处以上，其中发掘规模较大、出土遗物丰富的主要有宜都红花套、枝江关庙山、宜昌中堡岛等处。

大溪文化遗址中出土了许多陶片，上面有很多神秘的有规律性的刻画符号。根据考古发掘及学者统计，这些刻符总计约有300多个。随着甲骨文破译工作的不断推进，越来越多的学者发现，这些刻画符号与甲骨文存在着千丝万缕的关系。种种迹象都表明，众多的大溪文化刻符应该被当作一种早期的华夏文字，或者说，它们至少也属于汉字的原始阶段。因此有不少学者都倾向于认为，大溪文化刻符应当被视为汉字的源头之一。

大溪文化陶罐 　　　　大溪文化石斧

在大溪遗址墓葬中,死者均埋在公共墓地,头朝向一般为正南,且以仰身直肢葬为主,同时伴有少量的俯身葬和侧身葬,而且绝大多数墓都有随葬品,甚至还出现了比较少见的整条鱼骨。大溪文化的房屋多为红烧土联合竹材混合制作而成。红烧土的出现,表明了当时大溪文化的居民已经明确知晓通过强化土壤结构来加强房屋的耐久性。

大溪文化遗址中出土有大量稻壳标本,这表明大溪文化是一处早期稻作文明。生产工具类型的文化遗存,主要有石凿、石斧、石锛、石杵、石镰、纺轮、骨针、蚌镰、网坠等。而骨针、蚌镰、网坠等器物的出现,则表明大溪文化这种稻作文明还兼具渔猎生活。不用多说,无论是稻壳标本,还是众多的生产工具,都足以证明曾经的那个大溪文化已经具备了以农业文明为主、渔猎为辅的上古文明基本特征。

大溪文化遗址中的陶器以红陶为主,另外掺杂一些黑陶、灰陶,以及极少的三足器物。其中,红陶器物普遍涂上红衣,大多呈现出圆形、长方形、新月形等戳印纹,且纹饰多为红陶黑彩,颇具特色且个性鲜明。众多的器物之中,以筒形瓶、高圈足深腹豆、曲腹杯最具代表性,证明了大溪文化已经具备了较高的生产力水平,以及较高的审美及艺术水平。

如果说精美的红陶器物代表的是大溪先民们朴素生活需求的话,那么遗址中出土的玉、石镯、骨镯、象牙、兽牙等诸多装饰品,则证明他们有较为成熟的审美和艺术水平。另外,在遗址中出土的陶球,尤其是那件空心陶响球,或许表明大溪文化已经具备了一定的音乐追求及素养。

从特殊墓葬形式、较为成熟的房屋建制、大量的稻壳标本,到数量众多的石凿、石斧、石锛、红陶器物等生产及生活器物的出现,再到玉器、石镯、骨镯等较为精美的装饰品的形成,种种迹象都表明大溪文化绝对不止是一种普通的上古文化。正所谓:"距今达6400年长江流域的'大溪文化'绝对很不简单,八成是一支有文字的上古中华文明!"

"太阳人"石刻

人类的生存依赖自然界,但经验与认识的限制使得自然界的一切对于远古先民来说都充满了神秘色彩，先民由此产生了对太阳、江河、山川、动物、植物诸神的崇拜，带有神化思想的巫术开始出现，为后来的宗教信仰做好了铺垫。伴随着原始人类艰辛而漫长的生产实践，艺术活动也开始出现。宗教学家麦克斯·缪勒认为"一切神话均源于太阳"。华夏早期各种遗存遗迹的纹饰和图案也表明，太阳被先民们认为是自然界的造物者，是主宰万物繁衍和人类生殖的大神。我国许多神话传说都与太阳崇拜有关。其中出土于湖北秭归县的"太阳人"石刻是我国境内发现最早的一件新石器时代的太阳崇拜物，距今约7000年，属于城背溪文化时期的遗存。

"太阳人"石刻为一块造型古朴、略加修整的长条形灰色砂岩，长1.15米、宽0.2米、厚0.12米。石刻用写意的手法表现了一位身躯修长、双手下垂、双足分立、呈倒三角状的男性，头上方顶着一轮圆润又刻有23道光芒的太阳，每一道光芒都遒劲有力。石刻中的人物面部表情凝重，似祈祷歌颂太阳造福万众子民。头顶与太阳之间连接着一根短短的"天线"，似乎暗示着人物与太阳沟通的特殊能力，腰部两侧雕刻的圆点似星辰在宇宙中运行。整个石头经过精心打磨，表面平整，长条形四周打制规整匀称，凿刻痕迹与图像古朴怪异，具有厚重的原始宗教特点。

遗憾的是，与"太阳人"石刻相关的遗存并没有发现，尽管缺乏"太阳人"石刻的层位学依据，但是根据对该区域遗物的时代，特别是对附着物与城背溪文化石器、陶器上的附着物相关因素的分析，确证"太阳人"石刻的年代可归于城背溪文化时期。与附近的大溪文化遗址发现的人面玉饰、柳林溪遗址发现的透雕人像相比，"太阳人"图像显得更加原始，是中国目前发现年代最早的"太阳人"石刻，隐约透露出原始宗教、太阳崇拜的某些信息，为研究原始社会的宗教、艺术、文化和社会性质提供了宝贵资料。

楚人崇拜太阳，"楚"字的金文是日照森林状，楚人奉为祖先的祝融就是日神和火神，是开天辟地者。这大概缘于三峡先民需要太阳的温暖，需要云层布施

"太阳人"石刻

雨露，需要河流山川的滋养，同时又惧怕山体崩塌、洪水泛滥等自然灾难，这一矛盾冲突让他们对大自然充满敬畏。当时的人们要开展与太阳沟通的活动，试图探明太阳运动之谜，而这只能通过巫师这一特殊人群来进行沟通，以达到祈求神灵庇佑、消灾降福的效果。因此，石刻被专家们认为可能是太阳崇拜的活动遗存，石刻上的人物可能是在部落首领的领导下进行祭祀活动的巫师。巫师们利用巫术与自然规律的种种变化，使人们相信他们有沟通人和神的超凡能力，人们自然就容易把他们当作神的化身。

出土于三峡秭归的"太阳人"石刻，实质是一种抽象的、人格化的太阳神符号，显示出先民对太阳的神化崇拜，因此，亦可称之为"太阳神"石刻。2010年，上海世博会在全国挑选了8件国宝作为中国的代表性文物面向世界展出，"太阳神"石刻就是其中之一，引起世人惊叹。三峡秭归"太阳人"石刻，不仅是中国文化曙光的绽放，也是人类文明的共同见证。

茶乡楚香馆

自古以来，茶与香，不仅是达官贵人的闲情雅致，也是巷陌百姓的人间烟火。宋代张元干有词云："棐几明窗乐未央。熏炉茗碗是家常。客来长揖对胡床。蟹眼汤深轻泛乳，龙涎灰暖细烘香。为君行草写秋阳。"楚香是中国香文化重要的起源，源起于楚地民俗，明人周嘉胄在《香乘》序言中写道："以香草比君子，屈宋诸君骚赋累累不绝书，则好香固余楚俗。"可见由于地理环境及楚地民风所使，楚人用香早在春秋战国时期已蔚然成风。

宜昌正是楚香圣祖屈原的故乡，他常常以香草美人比喻明君贤臣，衣着"扈江离与辟芷兮，纫秋兰以为佩"；饮食"朝饮木兰之坠露兮，夕餐秋菊之落英"；居所"合百草兮实庭，建芳馨兮庑门"，以芳香生活呈现不同流合污的品行操守。从《荆楚岁时记》还可以看到楚地节气用香健康生活的记载。从楚香文化的追溯中，可见楚地的人文风貌、饮食特点、药用取材、风土人情、宗教信仰等，如果说中国香文化是中国传统文化传承延续的基因，楚香则是源远流长的芳香索引。

宜昌也有"楚天名茶第一乡"美誉。茶圣陆羽在其所著的《茶经》中盛赞"山南以峡州上"的"峡州"，就是如今的湖北宜昌；北宋欧阳修亦称"峡州"为"陆

五峰茶园

羽茶经第一州"。其中，宜红茶工业遗产——五峰精制茶厂专门生产我国三大传统外销工夫红茶中的宜红茶，于1938年由国家贸易委员会开设，目前占地面积13770平方米，建筑面积8672平方米，是宜昌茶产业近代发展的重要见证。根据价值、现存状态与利用的评估结论，五峰县政府规划将精制茶厂及其相关文物环境作为旅游展示的重点，形成特征鲜明、内涵丰富的工业遗产，集中展示五峰县的茶文化和民俗文化，具体分为生产类、非遗类、土家族馆藏类、万里茶道宜红茶类等方面内容。

五峰县将茶与香作为特色文化，致力于营建"焚香、品茗、莳花、读书"的"新中式"生活场景，别出心裁地在五峰精致茶厂遗址开辟了"非遗楚香研学馆"，运用五峰独特的药材与蜂蜜制作出健康身心的药香，使人能沉浸式体验独具地方特色的非遗楚香制作技艺。不仅如此，五峰县还依托工业遗产打造旅游胜地，全方位地呈现了"一茶两中"的地方经济，演绎了活色生香的地方民生，让茶香成为美好生活、健康生活的地方产业，可谓独秀一方。

昭君故里

大家都知道草原牧民流行喝奶茶,大街上也随处可见奶茶店,那奶茶是怎么来的呢?这就不得不提到王昭君夫妇创造奶茶的故事。相传王昭君远嫁匈奴呼韩邪单于后的一个早晨,夫妻二人相视而坐,呼韩邪给自己倒了一碗牛奶,王昭君则从陪嫁箱中取出家乡楚地的茶叶泡上。呼韩邪便好奇地喝了一口王昭君的茶,说:"很香,但是有点涩。"王昭君轻轻抿了一口呼韩邪的牛奶,说:"很甜,就是有点腻。"在王昭君提议下,夫妻二人把奶和茶融合在一起,并放在炉子上煮热,蒙古大帐里一时芳香四溢。两人一喝,香而不腻,滑而不苦,既能解渴,又可充饥。从此,草原牧民就有了每天早上起来煮奶茶的习惯。

尽管奶茶的产生带有偶然性,但是发明奶茶的主角——王昭君却是历史上真实存在的。"群山万壑赴荆门,生长明妃尚有村。"王昭君出生在宜昌兴山县的一个小山村。2000多年前,16岁的昭君从香溪河畔告别父老乡亲,顺香溪逆长江而上,走向长安,走向大漠,走出了一段暖融融的中华民族交往史。香溪也因"昭君浣纱,溪水尽香"而得名。后人创作原始高亢、锥心刺骨的三音歌来追怀她,用地花鼓、围鼓、哭嫁、桡摆子船等再现昭君出嫁的盛典。

王昭君是西汉南郡秭归人,与西施、貂蝉、杨玉环并称为中国古代四大美女。"闭月羞花""沉鱼落雁",昭君即其中的"落雁"。昭君村是王昭君的故乡,原名宝坪村,在今湖北省宜昌市兴山县城南郊,因王昭君出生于此而得名。昭君村位于香溪河畔,景区核心面积3.5平方千米,是展示昭君遗址遗迹和独特浓郁的地方文化及汉代宫廷仕女文化的

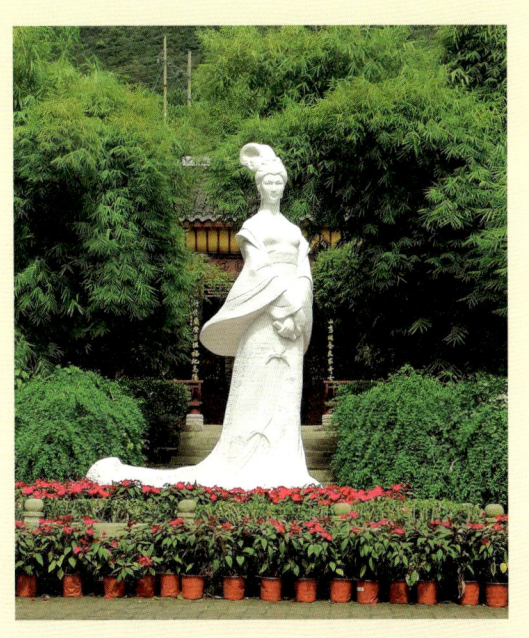

昭君故里

旅游景区。几千年来，碧波荡漾的香溪河水涓涓流淌，当年的彩石滩和浣纱处依稀可见，原名宝坪村的昭君村依旧依山傍水，风光秀丽，保存了完好的自然生态景观。

昭君的故事家喻户晓、千古传扬，以昭君为题材的各类文艺作品层出不穷。这一是因为昭君自身内外兼修的传奇美、与国家和人民休戚与共的境界美；二是源自中华民族自古以来对英雄发自心底的敬仰和礼赞。昭君故事《汉书》有载："竟宁元年春正月，匈奴呼韩邪单于来朝。诏曰：'……呼韩邪单于不忘恩德，乡慕礼义，复修朝贺之礼，愿保塞传之无穷，边垂长无兵革之事。其改元为竟宁，赐单于待诏掖庭王樯为阏氏。'"由此看出，昭君出塞，是当时朝廷做出的重大战略决策。事实更证明，昭君"一把琵琶"抵万军，汉匈和睦六十年。

"美人故里"的美，美在恬静，美在内蕴，这里没有大城市的喧嚣，到处充盈着山水人文赋予的怡然风情。香溪如同一纸飞墨，泼洒出这座古老的昭君故里遥远的历史记忆，小城依山环水，小巧、精致、唯美，因拥有天然氧吧和迷人风景而荣获"中国人居环境范例奖"。这方奇异的香溪山水，融入昭君故里儿女的血脉情怀，浸润了从古到今迁客骚人和四方游客的心。

▍当阳关陵

不论是深山老林的庙宇，抑或是酒店、商店等人头攒动的场所，还是戏剧舞台上的红脸谱，都能看到威风凛凛的关二爷。儒释道三教都对关公崇奉有加，关羽早已成为仁、义、忠、勇、智、信等优秀品质的象征，关公信仰遍及华人世界。

当阳关陵距今已有1800余年历史，原称"大王冢"，位于湖北当阳城区西北3千米处，坐西朝东，面临沮水，和景山遥遥相望。其与山西运城解州关帝庙、河南洛阳关林并称中国三大关庙。

"两水抱云封，容与清光争日月；四山环锦嶂，嶙峋佳气郁松楸。"这是清康熙年间文人魏勷在进入关陵的头门上书写的楹联，它既描绘了关陵周围的环境地势，又表达了对关羽的崇敬缅怀之情。

关陵为中轴对称式皇帝陵园规格，周围环绕以宫墙，园内殿阁红墙黄瓦，重檐翼角，宏伟壮观。《三国志》载：东汉建安二十四年（219年），关羽大意失荆州，败走麦城。孙权于临沮夹石（今远安县回马坡）擒杀关羽，但恐刘备兴师问罪，遂送羽首于曹公，曹公以诸侯礼葬其尸骸于当阳西北。故当地民间流传有关公"魂归山西运城、头枕河南洛阳、身卧湖北当阳、神定福建东山、灵应泉州通淮"之说。

关羽陵墓，最初是个土冢，随着历代帝王为关羽追封，墓地规模逐渐扩大。南宋淳熙十年（1183年）始建祭亭，后又增修墓道墓门。明成化三年（1467年）当阳令黄恕奏准敕建庙宇，嘉靖十五年（1536年）形成陵园建筑群，始名关陵，沿用至今。新中国成立后又多次维修，2006年关陵作为三国时期古墓葬，被国务院批准列入第六批全国重点文物保护单位名单。

关陵现仍然基本保持明代建筑风格，陵冢为一圆形封土堆，高7米，围70余米，石墙、石栏环抱，占地45000平方米。关陵建筑群以宫墙相连，全是红砖黄瓦，富丽堂皇。陵园中轴线上有8座古代建筑物，由前而后依次排列着神道碑亭、"汉室忠良"石牌坊、三元门、马殿、拜殿、正殿、寝殿、陵墓。两侧分设华表、八角亭、春秋阁、碑廊等。神道碑上镌刻有"忠义神武灵佑仁勇威显关圣大帝汉前将军汉寿亭侯墓道"，囊括了历代帝王对关羽的褒封。拜殿前有一副对联，"生蒲州长解州战徐州镇荆州万古神州有赫；兄玄德弟翼德擒庞德释孟德千秋智德无双"，简洁精练地记述了关羽的一生。正殿是众多建筑中的主体，为重檐歇山顶式，高14米，面阔3间，进深3间，正殿前檐悬挂有清同治皇帝手书的"威震华夏"金匾，殿内供奉关羽父子和周仓大型塑像，造型生动，气韵传神。

千百年来，关羽以忠义仁勇的品质，受到海内外华人广泛崇拜。特别是宋代以来，关羽不仅为民间百姓广为敬奉，还为儒家、佛家、历代帝王所极力推崇，佛教把关羽奉为伽蓝神。从1991年开始，当阳关陵景区每年都要举办隆重的庙会。2011年5月，国务院公布的第三批国家级非物质文化遗产名录中，"关陵庙会"名列其中。关陵是关公文化的具象载体，在这里可以体验忠义文化的浓郁氛围，领略到古人智慧的蓬勃脉动，获得一次穿越时空的奇妙之旅。

长阳南曲

长阳南曲，也叫丝弦，2008年入选中国第二批国家级非物质文化遗产名录。它是湖北地方小曲的一个分支，大约产生于清乾隆至光绪年间，至今已有200多年的历史。南曲主要分布在长阳县资丘、渔峡口两个镇和与长阳毗邻的五峰县嵩坪、柴埠溪地区，其中资丘镇是南曲最为集中的流传地。南曲文辞清雅，音乐古朴，历史悠久，群众基础深厚，是土家族和汉族文化艺术交流融汇的结果，在民族学、文学等领域的研究中具有重要的参考价值。

南曲的演唱形式以坐唱为主，有一人自弹自唱的，有二人以上分角色对唱的，也有多人齐唱的。小三弦是南曲的主要伴奏乐器，并可配以二胡、四胡、扬琴、月琴、云板。演唱时，或由一人专门弹奏，另一人边击板边唱；或由一人击板，几把三弦同时弹唱，偶尔拖腔之处施以帮腔。

南曲分为"南曲"和"北调"两类，现存传统唱腔曲牌共30余支。南曲属曲牌体唱腔，以七字句式为主格。上下句为南曲主调，其旋律较好地体现了地方语言和曲调风格的统一，四度、五度、七度的旋律跳进，体现了长阳民间音乐的特征。

南曲题材广泛，内容丰富，大多数为50行以内的中短篇，百句以上长段极少。按其内容划分，一为历史题材，有《三国英雄》《武松杀嫂》《红娘递柬》《扫松》和《才子游江》等，此类曲目，听众在享受艺术的同时，还可从中学得一些社会历史知识；二为应景之属，有《贺新婚》《八仙庆寿》《弄璋曲》和《弄瓦曲》等，它直接点明主旨，营造现场喜庆气氛；三为趣味笑话，有《皮金顶灯》《螳螂娶亲》和自编曲目《凯记惧内》等，一般在夜半时分，用来活跃气氛，为听众驱赶睡意；四为教诲劝勉，有《渔樵耕读》《许万昌烧香》《酒色财气》和《渔翁乐》等，传讲为人处世之道，颇受中老年人赞赏；五为抒情描景，有《春去夏来》《悲秋》《冬景》《四季相思》和《琴棋书画》等，这类曲目适应性强，应用广泛，艺人自娱消遣、以曲会友的亦常演唱此类段子。

南曲是一种实用型民间艺术，当地娶媳嫁女、老人寿诞、添丁进口等喜事佳期，"毕席"之后，专作闹夜留客陪客之用。这是由于山区交通不便，百姓人家过事，留客住宿困难。经济条件好的人家可以请戏班子；穷家小户则更愿意请丝弦艺班，他们人员精干，接待压力小。丝弦音乐烘托温馨祥和气氛，亲友欢聚一堂，闲谈赏乐，甚至美美睡上一觉，颇为惬意。

南曲最显著的特点是曲调委婉细腻，优美抒情。在长期传承过程中，南曲不断吸收土家民歌小调和皮影戏中的旋律音型，并通过增删去舍，渐变性地丰富了曲种唱腔和曲种音乐表现力。南曲表现力强，情趣多样，有轻松愉快的，有活泼风趣的，也有激情热烈的。总体来看，南曲既能描绘景物，又能表现人物性格；既长于叙事，也善于抒情；能悲能欢，能柔能刚，但相对来说是刚少柔多。它的曲目、文辞丰富多彩，不仅具有相当高的文学水平和艺术价值，而且具有美学、心理学的研究价值，在曲坛被誉为"郁香的山花"，是十分珍贵的非物质文化遗产。

荆州

千里江陵一日还

"朝辞白帝彩云间，千里江陵一日还。"长江在流经荆州时，她爱极了这里的富饶灵秀，盘旋环复，久久不愿离去，在留下"九曲回肠"的美丽注脚后，才滚滚向东。正如李白被流放夜郎行至白帝城时，忽接赦免的消息，惊喜交加，随即乘舟东下江陵一样畅快抒怀。

"禹划九州，始有荆州。"荆州建城历史长达3000多年，是国务院首批公布的24座历史文化名城之一。荆州大地，目之所及皆是历史的沧桑和风云变幻。它是远古人类文化的演化地，这里有鸡公山遗址、阴湘城遗址；它是楚文化的发祥地，这里有纪南城遗址、郢城遗址，楚先民在此创造了堪与古希腊文化媲美的楚文化；它是三国文化的富集地，一部《三国演义》大半部提到荆州，"刘备借荆州""关羽大意失荆州"等三国故事流传千古，脍炙人口；它是荆江水文化、湘鄂西革命红色文化的汇聚地，无论是面对滔天洪水等自然灾害还是不平等的旧社会，荆州人民都敢于战天斗地，谱写出一曲曲英雄壮歌。

一座城市的打开方式，既可以是"特种兵式"的"日行三万步""青春不留遗憾"，也可以是闲庭信步式的"轧马路""扫街"，荆州就能够用这种"既快又慢"的方式来打开。荆州的护城河多情婉转，环抱着整个古城，绵延几十里，不仅具有防御功能，还是城市景观的一部分，为古城增添了一抹别样的韵味。楚王车马阵气势恢宏，"中国仅有，天下第一"，展示了春秋战国时期楚国的"王霸之气"。沧水

荆州

　　清波浩渺，钟灵毓秀，荷香湖光中泛舟横渡，可听取蛙声一片。瞿家湾的枪声、周老嘴的炮声像一道雷霆在空气中回荡，打破了周围的宁静。荆州还是宰相之城，辅佐楚庄王成为春秋五霸之一的孙叔敖，挽狂澜于既倒的改革家张居正，都带有鲜明的荆州烙印，共同成就了丰富多彩的荆州文化。这无不让我们为之驻足、为之动容。

　　走在荆州的大街小巷、阡陌山冈，每一处都是风景，每一处都有文化，它得天独厚的自然风光和悠久灿烂的历史文化诉说着这座名城的过往变化，让人不由自主地停下脚步倾听。"亭楼明落照，井邑秀通川。涧竹生幽兴，林风入管弦"，孟浩然笔下的荆州明秀升平；"人人都说天堂美，怎比我洪湖鱼米乡"，歌谣中的荆州依然美丽富饶。这些历史碎片一起构成了荆州的记忆，它们将荆州的灿烂文化和厚重底蕴永久地传扬。

荆州古城

"禹划九州,始有荆州。"当踏上荆州的土地,你就仿佛走进了一个千年的梦境。这里,每一块青石板、每一段古城墙,都诉说着楚文化的深沉与厚重。荆州古城是我国南方保存最为完好的一座古城,它的修造史可以追溯到 2800 多年前。

早在公元前 689 年楚文王迁都郢后,这里就是楚国的官船码头。之后楚成王还在此修筑了别宫,取名渚宫。公元前 278 年,秦将白起攻占郢都,这里成为江陵县的治所。西汉初年,封临江王于此地。其后有东晋安帝、南齐和帝、梁元帝、后梁、隋末梁王、五代荆南国等在此建都。楚、西汉、东汉、三国、西晋、东晋、南北朝、宋、明等朝,皆封王侯于此地。荆州城的城郭在战国末年形成,汉代已有城墙。蜀将关羽、吴太守朱然、东晋桓温、梁元帝、南平王高季兴等,都对荆州城进行过修葺。北宋末年,城毁。南宋淳熙年间,重修城墙,挖城壕。元初,

荆州古城

忽必烈下令拆除荆州城。元末，朱元璋称吴王时，派员依旧基重建荆州城。明末，张献忠率义军攻占荆州城，将城墙拆毁多半。清顺治三年（1646年），又依明城基重新修筑。

荆州城自明末清初最后一次修复以来，已有350余年历史，至今保存完好，是我国现存为数很少的古代城垣中较完好的一座，也是长江中游地区唯一一座现存完好的古城垣，在国内外享有盛名。尤其是《三国演义》故事的广泛流传，使得荆州名扬四海。魏、蜀、吴三国时期，这里曾是兵家必争的战略要地。一百二十回《三国演义》，其中就有七十二回的内容涉及荆州。"刘备借荆州""关羽大意失荆州"等脍炙人口的故事，就发生在这块古老的土地上。

荆州古城积淀了丰厚的历史文化。荆州城内及其城周附近，有众多的古迹名胜。大禹治水的息壤，雄楚立国的故都，三国纷争的遗迹，历代名人的胜踪……似繁星点点，数不胜数。荆州古城墙就是其中最具代表、最有分量的古迹之一。经最新古城垣考古发掘实物科学验证：荆州古城墙是我国延续时间最长、跨越朝代最多、由土城发展演变而来的唯一古城垣。荆州城墙上发现最早的、有年号的文字砖是明洪武二年（1369年）的，距今已有600多年的历史，此砖比在万里长城上发现的万历年间的文字砖要早200余年。文字砖是荆州古城墙修建史不可多得的档案实证，同时也是人们游览古城的又一道特殊的风景线。

作为中国最古老的城墙之一，荆州古城墙历经数千年的风雨，依然屹立不倒。站在城墙之上，仿佛能听到那远古的战鼓声、马蹄声，感受到那曾经的刀光剑影、烽火连天。在这里，历史与现实交织，让人不禁陶醉其中。

荆州城古老且历经沧桑，受到荆州人民的钟爱。特大型环城公园的兴建，为这座国家历史文化名城平添了一道内涵丰富的新景观：城墙上行人，内环道上驱车，外环道跑马，护城河上荡舟。古老的荆州城正焕发出新的青春和更加迷人的异彩。

纪南城遗址

正值江汉平原的夏天，即将成熟的稻田一片碧绿，几乎可以绵延到天际，几抹白云游走直至聚合为凤鸟的形状，垂天之翼似乎能拂过荆州城外展翅欲飞的凤凰雕塑。身后坚固的青砖城墙渐渐远去，眼前展开一条不甚平坦的乡村小道，而道路尽头几倍于荆州古城的庞大遗址依旧在地下做着2000多年前的美梦，直到后人无意中惊扰了它。于是一个崭新的世界为世人所发现：这是北窥中原、西通秦蜀、南至湘衡、东接吴越的强楚的国都，极盛时人口达到数十万，号称"朝衣鲜而暮衣敝"的南国第一都——郢都纪南城。

楚武王五十一年（公元前690年），楚文王熊赀袭封，主持国政。楚文王元年（公元前689年），他就把都城从丹阳迁至长江北岸、纪山之南的"郢"。自此直到楚顷襄王二十一年（公元前278年）秦将白起攻陷郢都，其间历时400余年，迭经20代楚王。

纪南城就是文王所迁徙的郢都，位于荆州市荆州区纪南镇南，面积约16平方千米，是当时楚国的政治、经济、文化中心，也是南方的第一大都会。整个城垣内坡斜缓，外坡陡峭，即使历经城破后2300余年的风雨侵扰，西垣的残高和厚度依旧惊人，茂盛藤萝之下的斑驳城墙隐约透露出"地方五千里，带甲百万"的万乘之国的气势。城垣四周有八处城门遗址，其中东、南、北各有一座为古河道入城的水上城门。在城垣外围有护城河遗迹，宽度为40～80米。

在城内保存有大量灰坑、冶铸遗迹、建筑遗迹、400余口水井、成排的窑址，高出地面的土台300余处，已探明的夯筑台基有84座。最大的台基长约130米，宽约100米，这些台基集中分布在地势比较高的东北部和东南部，且按一定的规律排列。宫殿附近有纺织、冶炼等作坊及商业区遗址。城址内出土有陶、铜、铁质等各类遗物数以万计，其中建筑材料和生活用具居多。还有"郢爯"金版、蚁鼻钱等楚国货币，一套25件彩绘石编磬，"黄武元年"木臂铜弩机等重要文物。纪南城西约5千米的八岭山、城北约25千米的纪山、城东北约1千米的雨台山，是楚国建都纪南城时的三大墓区，保存着数以千计的王公贵族的墓冢。

纪南城外青山依旧，广袤的江汉平原向着天际绵延而去。纪南城文化之魂源于楚国800年历史，虽然它的辉煌已在顷襄王二十一年（公元前278年）戛然而止，可它保留的规模宏大的城垣遗迹仍在默默诉说着楚国曾经的辉煌，那只凤鸟依旧在展翅翱翔。或许当一切繁华都归于尘土，只有潜藏在血脉最深处的基因才能始终长存，那便是文化的力量，它塑造出了一代代传人并不断回望文明的起点。

如今，荆州纪南生态文化旅游区依托纪南故城、楚国历史、长湖水景等文化生态资源，把文化旅游区打造成中国楚文化展示区、国家文化产业示范区，将中华历史文化和荆楚文化的深厚内涵展现给游客。亘古青山依旧在，明月长照纪南城。

江陵凤凰山汉墓

你见过给地府阎王写信的吗？在湖北江陵凤凰山汉墓就有这样一封由阳间发往阴间的"介绍信"（"告地下官吏书"）。在汉代流行的"灵魂不灭"的理论引导下，人们坚信死者需要在地下世界继续生存，所以才有了这样一封信。"介绍信"清楚地说明了下葬的时间，墓主的籍贯、爵位、名字及随葬的奴婢和车马等。

这座神奇的墓穴标号为168号，发掘于荆州江陵凤凰山。凤凰山墓地位于古楚国故都纪南城东南隅，其历史可以追溯到公元前278年，秦灭楚后此处成为废墟，之后又被用作秦汉时期的贵族墓地。1975年，考古队在此考古钻探，发现了古墓180多座，吸引了无数目光。其中，凤凰山168号墓葬作为西汉时期保存完好的竖穴土坑墓之一，具有特殊的历史价值。它记录了西汉时期的社会、文化和历史信息，为我们提供了探寻古代中国的窗口。

在凤凰山168号墓地的考古发掘中，最引人注目的莫过于出土的男尸。尸身保存完好，拥有超过2000年的历史。其身体包括皮肤、肌肉、牙齿等，为研究古代人类生活和健康提供了宝贵的实物资料。此外，出土了种类众多、成组成套的漆器，以及精致的鎏金铜饰件、铜镜、铜带钩等，勾勒出墓主人注重品质、享受生活的场景，如彩绘三鱼纹耳杯、七豹云凤纹扁壶、虎头枕等，造型别致、纹饰华美、寓意生动。

此外，引起考古学界高度关注的文物是出土的竹牍，牍文记载如下："十三年五月庚辰，江陵丞敢告地下丞，市阳五大夫遂自言：与大奴良等廿八人、大婢益等十八人、轺车二乘、牛车一辆……骑马四匹。可令吏以从事，敢告主。"

这份文书的内容和用途引发了广泛的研究和探讨。文书中"地下丞"是指地下阴间管理死者的官吏，"主"则指阴间的君主。文书中的墓主人名叫"遂"，是西汉时期的中等贵族，官职为五大夫。竹牍的内容为墓主人"遂"生前的简介。这封来自2000多年之前的文书，就像是一面镜子，不仅照出丧葬习俗的变化，也能够让我们看到当时社会的政治关系、阶层观念以及行政制度的变化。它为研究西汉时期社会结构和历史事件提供了宝贵的线索。

五大夫"遂"在死的时候,他全身涂满了红色的朱砂。阴差阳错之下,朱砂跟水银出现了化学反应,加之棺材中空气干燥,导致了他肉身不腐。"遂"的出现也向专家证实,不是只有女尸(长沙马王堆汉墓女尸)会千年不腐,只要是在特定的物理环境下,任何人的尸体都可以不腐烂。经过进一步的研究发现,尸体的软组织富有弹性,脑组织完整,身体四肢的关节均可活动,牙齿保存齐全且牢固,体内的蛋白质也有不同程度的保存。这表明中国 2000 多年前的医药、防腐等技术已达到较高水平,对研究中国古代防腐技术、病理学史等方面具有重要意义。这一发现给中国古墓考古的历史添上了浓墨重彩的一笔。

凤凰山汉墓中还发现有大批保存完好的随葬器物,包括漆器、铜器、陶器、竹器、丝麻织物、木俑等,这些文物反映了西汉时期的技术和艺术成就。更为重要的是,墓中还出土有相当数量的竹简、竹牍、木简、木牍和书写文字的天平横杆等资料,这些简牍文字对于深入了解当时社会的面貌和人们的生活方式,对于研究西汉时期的科学、经济、历史和文化发展,具有重要意义。

望山墓群与马山墓群

说起春秋时期越国君主勾践,几乎无人不知、无人不晓。"苦心人天不负,卧薪尝胆,三千越甲可吞吴。"这位败而不馁、发愤图强,最终破吴都、灭吴国的春秋霸主,历来是中华民族不惧失败与屈辱、韬光养晦敢于拼搏的楷模。他的青铜佩剑——越王勾践剑亦被誉为"天下第一剑",历经 2000 多年岁月洗礼,依然光彩耀目,是湖北省博物馆"镇馆之宝"之一。"越王勾践剑"即出土于荆州望山一号楚墓。

越王勾践剑是勾践自用青铜剑,剑长 55.6 厘米,柄长 8.4 厘米,剑宽 4.6 厘米,代表了当时短兵器制造的最高水平。其制作精美,历经 2500 余年毫无锈蚀,且纹饰清晰。2013 年越王勾践剑被列入第三批禁止出国(境)展览文物。望山墓还出土了大量精美漆器,如双凤悬鼓、彩绘鸳鸯豆、双鱼耳杯和彩绘木雕鸟兽座屏等,尽显浪漫瑰奇的荆楚文化特色。

紧邻望山墓群的马山楚墓也因出土了被誉为"天下第一被"的"蟠龙飞凤纹绣浅黄绢面衾"而闻名。该丝织品基本呈190厘米×190厘米的正方形态，内包有彩条纹绮的被识。衾面部分由25片不同花纹的绣绢拼成，正中央则是由23片绣绢缀成的蟠龙飞凤纹，左右两侧绣有舞凤逐龙纹一对。衾里为灰白色绢，里缘是红棕绣绢。

"蟠龙飞凤纹绣浅黄绢面衾"的特殊之处，在于其一端上的凹形口。此凹形口的作用究竟是什么？考古专家们认为，"蟠龙飞凤纹绣浅黄绢面衾"应该就是当时贵族们就寝时盖的被子，而凹形口正是放置脖子的地方。考古专家称，凹形口的设计，与人体构造相当贴合，它不仅能够确定被子的头、脚位置，而且相较于现代人使用的被子来说，显得更加保暖、舒适。正是因为如此，考古专家们也认为，"蟠龙飞凤纹绣浅黄绢面衾"应该是我国古代被子样式中的集中代表，也是我国考古界发现的第一条形制完整的被子，称其为"天下第一被"可谓实至名归。

马山墓群出土的丝绸制品，不仅是世界上保存最完好的丝绸成品织物，同时也是款式最老、组合样式最多的重要文物。该墓中的丝织品种类繁多，分别为锦衾3件、衾1件、棉袍8件、单衣3件、夹衣1件、单裙2件、绵裤1件，其颜色艳丽、花纹繁缛，同时也依然保持着高强的韧性。专家们根据对出土丝织物的分析确定，早在公元前4—

越王勾践剑

蟠龙飞凤纹绣浅黄绢面衾

第一章 江入大荒流

公元前3世纪，楚人就已经彻底掌握了一整套饲蚕、缫丝、织造、炼染技术，并将其发展到较高的水平，几乎包括了先秦时期丝织品的全部品种。马山墓群出土的丝织品是先秦丝织品的一次最集中的发现，对研究楚国手工业的水平、服装形制有着重要的价值，因此被誉为"丝绸宝库"。

望山楚墓中被称为"天下第一剑"的越王勾践剑，历经2500年而不朽，依然削铁如泥。马山楚墓中的"天下第一被"蟠龙飞凤纹绣浅黄绢面衾，光鲜亮丽，华美夺目。它们竞相展现出绝代风华，鲜明反映了楚文化浪漫瑰奇和融通创新的特色，勾勒出独属于楚人的"文化自信"。

张居正故居

皇帝受命于天，在皇帝的世界里没有人能和他平等。而明朝万历皇帝登基之初，就以他特殊的行为方式给臣僚们留下了深刻的印象。除两位皇太后之外，他极为尊敬的人只有两个：一个是"大伴"冯保，另一个就是张居正。在万历皇帝眼里，张居正似乎永远是智慧的象征，他眉目轩朗，长须，而且注意修饰，袍服每天都像崭新的一样折痕分明。他的心智也完全和仪表相一致，他不开口则已，一开口就能直击事情的要害，言辞简短准确，使人无可置疑，正所谓"夫人不言，言必有中"。

张居正（1525—1582年），字叔大，号太岳，幼名张白圭，江陵人，时人又称张江陵。明朝中后期政治家、改革家，万历时期的内阁首辅，辅佐万历皇帝朱翊钧开创了"万历新政"。当时明神宗朱翊钧年幼，一切军政大事均由张居正主持裁决。

张居正任内阁首辅10年，其间实行了一系列改革措施。财政上清丈田地，推行"一条鞭法"，征税按人丁和田亩，统一用银两征收。推行后改革成效显著，府库充盈，史书记载："太仓粟可支十年，周寺积金，至四百余万。"军事上任用戚继光、李成梁等名将镇守北边，用凌云翼、殷正茂等平定西南叛乱。吏治上实行综核名实，采取"考成法"考核各级官吏，

张居正

每年按业绩严格考核各级官员清丈田亩，"虽万里外，朝下而夕奉行"，政体为之肃然，对改善财政贡献很大。

张居正故居位于荆州古城东大门内，地处荆州旅游的核心区域，交通便利，是游客进出古城的必经之地。故居为一组仿明清四重院落，东房西园建筑格局，院内包括大学士府、九鸟苑、陈列馆、文化艺术碑廊、首辅论证群雕等，占地面积6900余平方米，总建筑面积2340平方米。一期工程建有大学士府、纯忠堂、捧日楼、文昌阁、神龟池及张文忠公祠等，还有后人咏颂江陵的诗词碑刻。院内主体建筑高低错落，中轴对称，布局严整；小花园内小桥、流水、假山等园林景观灵动精致。游客游于院内，既能了解先贤的传奇人生，凭吊古人的丰功伟绩，又能饱览南国古典园林的无限秀色。张居正故居是游客来到荆州的必游之地。

"惟楚有材，于斯为盛。"钟灵毓秀的荆楚大地，名相硕辅，代不乏人。从"天下第一循吏"孙叔敖到"宰相之杰"张居正，荆州走出的宰相达138位，是名副其实的"宰相之城"。此外，还有战国时期辅佐楚怀王的屈原，唐代宰相刘洎、段文昌，宋代谏臣唐介，明代首辅杨溥等。灵秀的水土孕育了无数炳耀青史的杰出人物，也为灿烂的荆楚文化增添了夺目的光彩。

荆江铁牛

荆江段河道曲折，蜿蜒绵亘，素有"九曲回肠"之称，由于河道泥沙不断沉积，河床已高出两岸平原，形成了"地上河"。荆江河道弯弯曲曲，汛期洪水宣泄不畅，极易溃堤成灾。荆州地区、江汉平原人民深受水患之苦，新中国成立前流传着"荆州不怕刀兵动，只怕南柯一梦中"的俗语，人们在睡梦中都提心吊胆，害怕洪水破堤而遭灭顶之灾。"荆江水啊长又长，提起荆江泪汪汪，三年两次发大水，拖儿带女去逃荒"，就是人民深受其害的凄惨写照。

荆江铁牛矶一带江面仅宽740米，为荆江河段最狭窄处，当上游洪峰泻下，深泓急流贴岸紧逼，形成这一带滩窄坡陡、河床刷深的局面，这里也就成了荆江最著名的险段。荆江水患不断，铁牛矶堤段历史上曾多次出现险情，为祈求神灵的保佑，古代统治者兴修堤工后，多铸造铁牛镇守江滨。

据《荆州万城堤志》载，清乾隆五十三年（1788年）十一月，上谕"向来沿河险要之区，多有铸造铁牛安镇水滨者。盖因蛟龙畏铁，又牛属土，土能制水，是以铸铁肖形，用示镇制"。十二月，湖广总督毕沅奉旨铸造镇水铁牛9具，安放于万城、中方城、上渔埠头、李家埠、中独阳、杨林矶、御路口、黑窑厂、观音矶等9处险要堤段。9具铁牛安砌石台九座，每座长1丈，宽6尺，高2尺。每具铁牛半身自额至尾长9尺，头身俱空，余俱实，背有铭载艺文。这9具铁牛都在后来的洪水中被冲入江中，踪迹全无。如今留存于世最出名的则是郝穴铁牛，因此处原建有镇安寺，故称镇安寺铁牛，因而造就了荆江著名的防洪治水景点——荆州市江陵县郝穴镇铁牛矶。为了与荆江李埠的另一具铁牛区分，人们称它为郝穴铁牛。

铁牛均呈昂首蹲伏状，直视江面，神情专注，威严肃然。据《沙市志略》载，铁牛背部铭文为："屹屹金城，既筑既楗。有牛冯焉，嶷然大件。西峡委波，云奔山动。帝制五材，聿神其用。相尔欣煆，土德之精。奉天明威，以来百灵。罔象阳侯，盱睢却顾。雷渊九回，安流东注。夏后导江，云梦既陂。铸鼎知奸，百物是宜。穆穆我皇，明德同美。缵禹成功，南国之纪。"铁牛与铭文均已成为长江水患的历史见证，是荆江防洪史难得的珍贵文物。

关于铁牛矶还有这样一个传说：铁牛初铸成后，它还能忠于职守、老老实实地蹲在那儿镇江，可是时间一长，便坐不住了。特别是当看见对岸公安南五洲那

荆江铁牛

边庄稼葱绿，它馋得直流口水。待到天黑时它便纵身跳到对岸，大口大口地咬嚼起庄稼来，不一会儿，好几亩庄稼就进了肚里，到了天亮才回到北岸。天天如此，南五洲的庄稼被践踏得乱七八糟，人们不知是何怪物作祟，便派人暗中窥视，才知是铁牛过了江。人们暗暗着了急：这铁牛吞吃庄稼事小，要是那孽龙趁机作乱掀倒大堤怎么办？于是大家想办法、出主意，最后决定在江南岸铸一个铜质的放牛娃，专门管束铁牛。一夜，铁牛又照常过江来吃庄稼，铜娃高举牛鞭子喊道："民赠你身，为何不为民效力？快快回去。"铁牛哪里肯听，伸出舌头继续嚼吃庄稼。铜娃火了，照着铁牛的馋嘴一鞭打去，将牛舌条打掉了，铁牛撒腿便窜，铜娃又一鞭打跛了它的后脚。这就是现在铁牛没有舌头、跛了后脚的原因。铁牛逃回来后，反复回味铜娃的话，又想到人们殷切希望它"与德贞纯，守捍江滨"，从此，它再也没有离开过镇江的位置。至今人们还经常称赞铁牛忠于职守、品质崇高的精神。

荆江分洪工程

从宜昌枝城开始，冲出了三峡的长江在江汉平原上蜿蜒向前，一直到湖南洞庭湖畔的城陵矶。这一段如同九曲回肠的河段，因流经古代的荆州地区，被称为"荆江"。地势平缓，水流减速，使得江水携带的泥沙在这里沉积，河床不断抬高，形成了"地上悬河"的独特景观。万里长江，险在荆江。荆江历史上水患频繁，给两岸人民带来深重苦难。

新中国成立后，为解除悬在荆江两岸人民头上的洪水威胁，1952年3月，中央人民政府决定举全国之力兴建荆江分洪工程。30万军民争分夺秒奋战75天，将一期主体工程抢建而成。毛泽东主席为其题词："为广大人民的利益，争取荆江分洪工程的胜利！"周恩来总理题词："要使江湖都对人民有利。"

当时，国际国内形势复杂，新中国面临战后重建的繁重经济任务。这项堪称奇迹的工程，预算却不是用我们今天熟悉的人民币为单位，而是以粮食来计算。在湖北省档案馆收藏的中共中央1951年10月17日给中南局和湖北省委关于建设荆江分洪工程的回电中，有这样明确的表述："……各项工程应分别于1952年及1953年两年内完成。总工程经费共为五亿五千万斤米……连同移民费

毛泽东主席亲笔题词的锦旗

为广大人民的利益，争取荆江分洪工程的胜利！ 毛泽东

荆江分洪工程建设现场

八千万斤在内，1952年经费共计为两亿七千五百万斤。"

荆江分洪工程进洪闸、节制闸统称为荆江分洪闸，全部位于公安县境内，在荆江分洪工程中占有重要地位。荆江分洪工程纪念碑、纪念亭共建有3处，一处在荆州市沙市荆江大堤上，一处在公安县太平口处，一处在公安县黄山头处，均为纪念荆江分洪工程胜利竣工而修建。

荆江分洪工程是新中国成立后建设的第一项大型水利工程，其规模之大、速度之快、质量之好令世界震撼。在当时历史条件下修建如此浩大的水利工程，不仅是中国人民为世界和平事业所作出的卓越贡献，更是中华儿女在中国共产党的领导下的伟大创举。70年来，荆江分洪闸依然为确保荆江大堤、江汉平原和武汉重镇以及洞庭湖区的防洪安全发挥着不可替代的重要作用。

在江河安澜的日子里，荆江分洪工程更多被当作一处休闲景区，这里已经被列入湖北国家级水利风景区名单。随着三峡工程等水利设施的相继建设，治理长江水患已经不再需要把全部希望都寄托在这一道大闸上。见证了一次次惊涛骇浪的荆江分洪工程，正以一种崭新的姿态，面向长江，面向未来。

楚王车马阵

说到我国的文物古迹，秦始皇陵兵马俑绝对是天花板级别的存在，不仅是第一批全国重点文物保护单位，还被联合国教科文组织列入《世界遗产名录》，更是被誉为"世界第八大奇迹"和世界十大古墓稀世珍宝之一。

但是有多少人知道，其实我国还有另一个堪比秦始皇陵兵马俑的考古发现，它就是位于荆州市川店镇张场村的楚王车马阵（熊家冢国家考古遗址公园），距楚都纪南城仅26千米，距荆州市区（荆州古城）约35千米。景区占地面积731亩，其中文物保护核心区域占地225亩，由车马阵遗址、楚王陵、王后陵复原展示区、殉葬墓展示区、园林及生态农业等景观构成。

"北有秦皇兵马俑，南有楚王车马阵。"楚王车马阵是我国迄今为止考古发掘所见等级最高、规模最大、分布最完整、遗迹最丰富的楚国高等级王陵和车马阵遗址，是春秋战国时期楚文化最高水平的杰出代表，被誉为"中国仅有，天下第一"。

楚王车马阵

东周时期，诸侯争霸，群雄逐鹿。以马为动力的战车既是军队作战的主体，也是国家实力的象征。熊家冢遗址出土车马阵，规模宏大、阵列俨然，车类繁多、工艺精湛，堪称集东周时期南方车马之大成者。如果按年代算其实熊家冢还在秦始皇陵兵马俑之前，由此楚王车马阵的价值便可见一斑了。

熊家冢目前已发现40座车马坑，组成阵容庞大的车马阵。1号车马坑为大车马坑，其西边分布着38座小型车马坑，东边另有1座小车马坑。目前，整个1号车马坑共清理出土43辆车和164匹马。马车排列井然有序，车轮、车厢、车伞等轮廓明显，车辆制作精良。从功能上看，可分为礼仪车、战车、辎重车、配件备用车等。其中，最北端的1号车形体巨大，发现有220件铜质构件和大量木质构件痕迹。马匹尸骨遗迹清晰，均匀分布在车舆两边。

在1号车马坑中，有3辆车各配有6匹马，显得与众不同。按照周朝礼制，只有天子才能乘坐6匹马拉的车。《逸礼·王度记》记载："天子驾六，诸侯驾五，卿驾四，大夫三，士二，庶人一。"这3辆仪仗车按照今天的说法就属于"违规配车"。在严格的封建礼制下，敢配置"天子驾六"，说明楚国当时作为诸侯国的强盛与霸气。

总体来看，熊家冢车马坑以主冢墓道中轴线为中心向南北展开，排列成整齐的方阵。车马一致向西，作驾驭状摆放，象征墓主人的灵魂随时可以指挥车马列阵出行，体现出楚人"事死如事生"的丧葬观念。此外，出土的车马器具种类繁多、形制多样，多饰精美装饰花纹，部分贴有金箔，同样彰显出墓主人身份非同一般。

近年来，景区不断创造性地生动展现楚王车马阵，通过创新科技手段让文物"活"起来。战马嘶鸣，兵车隆隆……一边是古遗迹展示，一边是现代科技呈现，一古一今，一静一动。巨幕数字动画融入声光电以及影像交互等科技元素，将游客带回春秋战国时期，身临其境感受"万乘之国"的威仪。

寒来暑往，秋收冬藏，岁月翻过一页，时令另起一行，你可以来这里，开启一场穿越时空的旅行,领略璀璨的楚文化魅力,看悠长时光里楚国曾经的盛世辉煌。

▋洪湖、监利湘鄂西革命根据地旧址群

"洪湖水呀,浪呀嘛浪打浪啊,洪湖岸边,是呀嘛是家乡啊。"这首脍炙人口、旖旎多情的《洪湖水浪打浪》将洪湖这片革命的热土传唱至全国、全世界。洪湖曾经是全国农村土地革命的中心之一,孕育了数不清的革命传奇与光荣壮举,谱写了一曲曲不朽的英雄之歌。

众所周知,土地革命战争时期的湘鄂西革命根据地,就是以洪湖为中心的。1927年至1934年,以贺龙、周逸群、段德昌为代表的革命先驱,在中国共产党的领导下,坚持武装割据,浴血奋战,创建了这片革命根据地。鼎盛时期,湘鄂西革命根据地曾覆盖58个县市,拥有2万红军和近5万地方武装,是当时仅次于中央苏区、鄂豫皖苏区的全国第三大苏区,也是参加长征的三大主力红军之一的红二方面军的诞生地。它为积蓄和发展革命力量,并最终夺取全国胜利作出了重大贡献。

洪湖地区的游击战争坚持数年之久,在中国革命史上开创了水上游击战争的光辉范例,并为后来的革命战争积累了宝贵的经验。毛泽东高度赞扬说:"红军时代的洪湖游击战争坚持了数年之久,都是河湖港汊地带能够发展游击战争并建立根据地的证据。"

洪湖瞿家湾湘鄂西革命根据地旧址群位于湖北省洪湖市西部的瞿家湾镇,距洪湖市区55千米,距武汉市140千米。根据地旧址共有现代重要史迹及代表性建筑39处,它们大部分集中于瞿家湾镇红军街(老街)和沿河的街道南北两边,其余散布在附近村湾。旧址群现存建筑最早建造年代为明弘治九年(1496年),传统

瞿家湾

建筑规模达1.8万平方米，完好程度95%。古建筑多为清末民初民居建筑，具有典型的江汉平原水乡小镇特色，穿斗式土木结构、单檐硬山顶、灰墙玄瓦、高垛翘脊，装饰精巧，形成了独有的古朴韵味，具有朴素的美感和较高的艺术价值。旧址周边还有洪湖市戴家场镇烈士陵园、戴家场秋收暴动纪念地及纪念碑、新华日报总馆及八路军武汉办事处二十五位烈士殉难处与烈士公墓等。

与洪湖瞿家湾湘鄂西革命根据地旧址群同样齐名的，还有监利周老嘴湘鄂西革命根据地旧址群，它同样是中国历史文化名镇、全国红色旅游经典景区、全国重点文物保护单位、全国爱国主义教育基地。周老嘴古镇位于湖北省荆州市监利市城北30千米处，现保存有48处重要的革命旧址，主要有贺龙、周逸群等老一辈无产阶级革命家的旧居和湘鄂西省委员会、湘鄂西省苏维埃政府、湘鄂西省军事委员会、红二军团指挥部和洪湖军事政治学校旧址等。

同时，洪湖作为生态园区也十分闻名。洪湖遍湖满港都是莲、鱼、野鸭的盛产之地，自古以来就有"长江的鱼，洪湖的藕，才子佳人吃了不想走"的美名。正如《洪湖水浪打浪》歌中唱的一样："清早船儿去呀去撒网，晚上回来鱼满舱。四处野鸭和菱藕啊，秋收满畈稻谷香，人人都说天堂美，怎比我洪湖鱼米乡。"洪湖莲藕、菱角、莲子、野鸭均获批国家农产品地理标志认证，成为洪湖人民创业致富的丰厚资源。

中国人民的老朋友，已故的新西兰进步作家路易·艾黎曾满怀深情地两度参观访问瞿家湾，将他写的《洪湖精神》弘扬于世界。如今的洪湖碧水似镜，鹤鸥翔集，游鱼腾浪；莲湖红荷灼灼、白荷皎皎、粉荷盈盈。"洪湖精神"依旧代代相承并响彻大地！

程集古镇

还记得"武侠小说泰斗"金庸先生在《连城诀》里多次提到过的"程家集"吗？还记得影视剧《枪声再起》《老辙》的古镇外景拍摄地吗？没错，它就是那座古老而又年轻的小镇——程集古镇（古称"程家集"）。

2000多年前的春秋时期，楚王在此修建了豪华的离宫——荆台；南宋嘉定年间，程家集就因其交通便利、商业发达而成为远近闻名的商埠；明清时期，程家集更成了一个江汉平原商贾云集、商业和手工业十分繁荣的大集镇。程集镇地处监利西北，西与江陵县接壤，北与汪桥镇交界，南与石首市小河口镇相连，"地锁三县"；水路"西进蜀黔，北通汉口"，是监西的门户重镇。这里遗存了大量明清时期的古建筑，其数量之多、规模之大、保存之完好在江汉平原乃至湖北都是独一无二的。

程集古镇的建筑风格古朴典雅，独具江南水乡特色。中间的老街是一条1000多米长、4米多宽，由很多大青石铺成的石板街，呈中间宽、两边低的鲫鱼背形。因乡人多用外加铁箍的独轮车作为交通工具，年长日久，街正中间的一条青石板被碾出一道深深的辙痕，由此刻记下古镇悠久的历史。

古镇上的明清建筑主要坐落于绵延近千米的老街两旁，有保存完好的民居几百栋。古镇民居多为一层，二三开间，宽5至8米不等的多进式砖木结构，马头式山墙。一进用抬梁，后宅立柱头，屋面盖小青和亮瓦，临街为店铺，侧设账房；中进为堂屋；后进为货栈，院落为晒场。一二进中留天井，装宝顶，嵌扇门窗，尽显天人合一的古意，充分体现商住两用、多变适用、既通风又采光的建筑风格。店铺均为排列式板门，多刷桐油，少施彩绘，殷实人家置望江楼或观街阁。每进之间还有天井或厢房，均用木格扇板相隔，门窗一律镂格，登楼推窗，街景尽收眼底，真可谓"清风明月，不须一钱买"。

每到丰水季节，过往商船日破百艘，三岔街"碗船埠"须预约装卸。陆路车马骡驴、肩挑手提，行人须驻足让道。酒馆、茶园与旅店经常爆满，光顾"典当"与"钱庄"的客户络绎不绝。相关服务业如中药店铺乃至邮政代办等应运而生；手工作坊如酿酒、缫丝等蓬勃发展。尤其是清光绪年间，8家中药店占全县十分之一，现存一排逾百年的药柜便是明证。

在动荡年代，程集也曾遭受无数次战火的摧残，但程集人正义的脊梁从来都不曾坍塌。1930年2月，中共鄂西红六军政委周逸群率军长孙一中、参谋长许光达、政治部主任柳直荀，于程集镇新观村古荆台旁誓师出征，为洪湖革命根据地开创了崭新局面。如今，古镇的繁华早已远去，老长河浅浅的河水不再激荡，但它终究没有失落在波涛中，没有掩埋在丛林里，那些无比珍贵的精神财富，已烙在程集人的灵魂里，在一代代血脉相继中薪火相传。

"公安三袁"故里

"来一场说走就走的旅行吧！""世界很大，我想去看看！"这都是近年来广泛流行的口号宣言，充分宣扬了当代人的随性洒脱、无拘无束、天马行空的性格特征。如果我们把目光投向四五百年前的公安县，说不定我们也能碰到一群这样的人，他们四处游历，饱览山河美景，以"清新活泼，率真自然，情调闲适"的笔调随意抒写身边琐事和自然景物，他们有一个响亮的称号——"公安派"。

"公安派"是兴起于明万历时期的文学流派，以湖北公安县籍的袁宗道（1560—1600年）、袁宏道（1568—1610年）、袁中道（1570—1623年）三兄弟为核心，"并有才名，时称'三袁'"，世人以其故里为名，称之为"公安派"。

"公安派"正式结社始于万历二十六年（1598年），当时袁氏三兄弟齐聚京师，长兄宗道任东宫讲官、春坊右庶子，宏道为顺天府教授，中道在太学，乃于城西崇国寺蒲桃林结社论学，后大批文士相继参与其间，声名渐起，影响日重。他们主张文学革新和个性解放，反对文学复古，创作了一大批"文由心生"的作品。"公安派"产生于中国文人结社的高峰时期，代表了湖北文学的一段辉煌历史，对中国文坛影响甚巨。

"公安三袁"文学思想的核心是袁宏道提出的"代有升降，法不相沿""独抒性灵，不拘格套""信腕信口""任性而发""见从己出""本色独造"等等，这些思想不仅具有创造性，而且具有思想解放的丰富内涵。"公安派"文学成就主要体现在小品文方面，作品大都富有灵气，或能新人耳目，或能启人慧智，受到人们欢迎。清《四库全书总目》对"公安派"持否定态度，但也坦承："其诗文变板重为清巧，变粉饰为本色，天下耳目于是一新，又复靡然而从之。""公安派"主张文学个性化、世俗化、大众化，这是对传统文学观念的大胆突破，具有近代启蒙思想的某些特征，对晚明文坛及后世的文艺理论和创作产生了广泛而深远的影响。

公安县有一桂花台，高约4米、宽约6米，相传是"三袁"的祖父袁大化为观赏风景、夏日纳凉而特意在后花园修筑的土台，并在上面栽上一棵桂花树，故得名"桂花台"。台东南100米处有座荷叶山，山南是宗道和中道的合葬墓，墓前300米处立有一块高大的墓碑。"三袁"中的袁宏道另有一处故里,即现在的柳浪湖遗址。这里为袁宏道于万历二十八年(1600年)弃官回乡,在斗湖堤西南买得洼地300亩,并在稍高处建有为室三楹的柳浪馆。清代诗人侯家光在《柳浪怀古》诗中写有"柳浪湖上柳如烟"的句子,后人便把"柳浪含烟"列为公安八景之一。若你来公安县走一走,这里带不走的就是那"性灵",性灵浸润下,可见天地、见众生、见自己。

洈水风景区

"松滋人,礼性大,进门就把椅子拿,毛把烟,砂罐茶,开门就是哦嗬哪……"这是松滋一带的儿歌民谣,把松滋人的热情好客、耿直朴实的民风咏唱得淋漓尽致。

"洈水白云边,乐乡金松滋。"来松滋必去洈水风景区,它位于古荆州西南边陲的松滋市洈水镇,地处长江三峡、荆州古城、湖南张家界三个著名旅游区的中心部位,距长江三峡80千米,距张家界100千米。这里自然景观和旅游资源得天独厚,融山、水、林、泉、洞、坝于一体,属山水型风景区。

风景区由洈水人工淡水湖、洈水国家森林公园和以华夏奇洞——新神洞为代表的溶洞群等三大板块组成,总面积约286平方千米,核心景区约73.04平方千米。新神洞位于洈水风景区的中部,是目前发现的洈水溶洞群中最具代表性、观赏性和研究价值的溶洞。该洞发育于寒武系灰质白云岩中,距今约5亿年。洞内的"天宫大幕"景观堪称一绝,高16米,宽27米,以面积超大、四边齐整、幕面平展、

洈水大坝

气势雄伟为国内溶洞所罕见。清水终日自上而下顺幕面流淌，彩灯照射雍容华贵，令人倍感天地造物之神奇。远观三奇之一的"迎宾瀑布"，凌空飞泻迎宾，春夏秋冬长流，终年水温18摄氏度左右。另一"奇"是边石坝，高4米有余，造型多、特、异，属国内首次发现。

素有"亚洲第一人工土坝"之称的洈水大坝，巍峨壮观，似绿色巨龙环抱，守望湖光山色。多个边石坝体依梯层递接，构成"沧海桑田"景观，使人顿悟"洞中一日，世上千年"。特别是一个由28片透明的薄石幔圆心连接而成的放射型圆柱，其源自地面的石笋向上发育，与上端石壁上向下延伸的钟乳石对接而成，被誉为"乾坤神柱"，发育和形成时间超过1亿年，上下均以28片对接完美无痕而被称为"华夏奇观"。

景区修有旅游公路和旅游码头，配置了豪华游艇、快艇等交通游览工具，乘坐交通工具可快速到达颜将军洞地下湖、桃花岛、滨湖公园等10多个景点。颜将军洞地下湖由地下湖水洞及旱洞组成，全长2168米，内分地下湖、将军洞、通天峡三大景区。桃花岛三面环水，山崖陡峭如削，岛上红墙碧瓦，别墅错落有致，每逢春季桃花灿烂，是湘鄂边界度假休闲的胜地。

天水一色，水美鱼鲜，洈水刁子鱼可谓天下独绝。洈水刁子鱼即翘嘴红鲌，肉质细嫩、久煮不烂、口味鲜美、汤汁乳白，具有味美而不腥、营养丰富的特有品质。"山得水而活，水得山而媚。"聪明的洈水人，用他们勤劳的双手，将这山水之间的恩惠烹饪成一道道令人垂涎欲滴的美食。

这里既有江南山水之秀色，又有北国风光之壮美。漫步洈水，品尝一口鱼汤，配上细腻紧密的鱼肉，仿佛这世间一切美景都在味蕾上绽放。

楚式漆器及髹饰技艺

中国是世界漆工艺的发祥地，漆器是中国文化的典型器物。迄今发掘出土的完好的先秦漆器，最早、最多、最精的当属楚国漆器。楚国漆器以种类繁多的胎制和先进精美的制漆、髹饰为主要工艺特点，日常生活、饮食用品、武器乐器、丧葬用具、建筑装饰等都能见到它的身姿，它已然成为楚人社会生活中密不可分的重要组成部分。

虎座鸟架鼓

　　彼时，楚国西部有连片成林的漆树，是春秋战国时期产漆最多的地方。长江中游地区气候温润，生漆成膜时不易干裂，而且能有较好的光泽和硬度。天时和地利都为楚国的漆器生产提供了优越的条件。

　　楚漆器类别至繁，用途至广。漆器制作及髹漆工艺绚丽多彩，令人称奇，也体现了楚人丰富的漆化学知识。此外，建筑上和舟车上有髹漆的构件，有些陶器和铜器也是髹漆的。凡此，无不是造型奇特，工艺精绝。黑底红彩是楚漆器的基本色彩组合，此外尚有黄、白、紫、褐、绿、蓝、金、银等诸色彩漆。

　　楚国漆器制作工艺水平，首先体现在木胎的制作上。已出土的楚国漆器绝大多数都是木胎，其制法方法主要有斫木成型、卷木成型、镟木成型以及雕刻拼合成型几种。竹胎即用竹作为漆器的胎体，楚国竹胎漆器以竹编织物最为精致。这类漆器是楚人的日常用品之一，它的制作显示了当时楚国削篾工具的锋利，反映

凤鸟双连杯 　　　　　彩绘漆豆

了楚国工匠技术的精细和娴熟。

在漆化学方面，楚人对生漆的化学性质也有了认识，具备了漆化学知识的萌芽。楚人用经过加工处理的生漆髹饰器物，生漆的制作方法主要有脱水精制、加油精制两种。脱水精制是将生漆加热，去除里面的水分，称为"晒漆"，这一制漆的方法一直沿用到现代。加油精制是利用植物油进行配制，这样可以使生漆更容易在器物表面附着，这也标志着我国古代涂料行业单一材料向复合材料的进步。

楚式漆器技艺经历朝历代的承传流变，现存的最具特色的则是髹漆彩绘榫卯木雕、金漆盆盘和瓜果甲骨胎漆器三大类。髹漆彩绘榫卯木雕的制作流程是将整体设计的器物分解成若干部分，先分别雕刻部件，再榫卯组合成整体，最后髹底漆和彩绘，其代表作是"虎座鸟架鼓"。金漆盆盘包括各种盆、桶、盘、盒、屏、家具等，明清时期畅销国内，远销海外。瓜果甲骨胎漆器为全国稀有，极具特色，其中著名的有朱漆葫芦勺、橘柚胎漆器等；甲骨胎漆器则是受古代甲骨占卜影响，由崇尚巫术的楚民制作成占卜法器和辟邪艺术品，如今荆州街头仍可见到髹漆龟甲。

楚式漆器技艺在春秋战国时期已达到了极高水平，是中外专家公认的中国漆器工艺的高峰，许多文物考古专家都以为其制作技艺已经失传，但事实上2000多年来它一直在荆沙地区不断传承。挑鼓架、背鼓架、座挂屏、摆件和"金漆盆盘"等著名实用漆器工艺品，则一直兴盛至清末和民国。

马山民歌

马山民歌是荆楚古歌遗风的一个典型代表。马山民歌产生于民间，地域文化特色鲜明，流传久远，其历史可以追溯到2000多年前楚地的"扬歌""田歌"。楚襄王时期，宋玉在《对楚王问》中说："客有歌于郢中者，其始曰《下里》《巴人》，国中属而和者数千人……"其后，唐、宋、明、清各个时期都有关于"郢中田歌"的记载。

自古以来，荆州素有"鱼米之乡"的美誉，自然环境的优越，使得人民生活富足，反映在民歌中，表现为曲调轻快活泼，凸显出一种乐观昂扬的精神面貌。马山民歌代表了江汉平原民歌的总体形态特征和音乐特色，具有浓郁的原生态风味。它奇特的五句成歌、句尾点题的唱词结构，是荆楚文化的一块瑰宝。马山民歌主要有"喇叭调""伙计调""嘚嘚调""丁当调""哦嗬调"五大调和五句子歌。马山民歌内容涵盖历史朝代故事、生产生活知识、四季花鸟虫鱼、婚丧习俗礼仪、节日玩灯贺彩等各个方面。种类有田歌、号子、小调、灯歌、儿歌、风俗歌、宗教歌等。

就"喇叭调""伙计调""嘚嘚调""丁当调""哦嗬调"五大调而言，它们的旋律起伏不大，迂回前进，婉转而细腻。旋律的推进相对平稳，跳度不大，一般在四度以内，偶尔会有超过四度的大跳。节奏相对于北方民歌较为密集，歌曲的速度也较快。

歌词上，马山民歌充分体现出了当地的特色方言。衬词运用较多，如《喇叭调》里的"哩哩啦哩啦哟"，模仿喇叭的衬词；《嘚嘚调》里的"嘚里格嘚里嘴"是荆州地区相当普遍的衬词，一般表达"高兴、得意"的心情。《丁当调》里的"梭里么子"，在荆州方言中是"说什么"的意思。此外，日常对话中的"啦""咧"也运用得极为普遍。

马山民歌曲体结构差别较大，基本旋律则大同小异。其结构以五句成歌、句尾点题的五句子歌为主，兼有三声子等。五句子歌有穿五句、赶五句、喊五句三种。穿五句是由以七字为一句的五句主词与四句衬词穿插而成的结构形式。赶五句是指在第二句之后，加进12~16节赶板作为第三句，再以第一、二句的速度唱完后两句，由此构成其结构形式。喊五句是一种高亢自由、近似散板的结构形式。马山民歌在演唱时，一领众和，主句与衬句相结合，但也有少量独唱形式，其旋律简洁流畅，节奏活泼明快。总之，马山民歌短小精悍，语言朴实，节奏明朗，旋律优美动听，因而易唱易记，久唱不衰。

"不唱民歌劲不来，一时半刻难得挨。唱起民歌劲直抖，栽秧田里好收手（收工）。"马山民歌和其他劳动歌谣一样，在劳动过程中也有着"特殊"的功用。在劳作中，劳动者唱歌可以协调群体动作的步调，如筑堤打夯一定要唱"打硪号子"："一块石硪四只角，高高举起重重落，打硪儿郎莫打野，各人招呼各人脚。"一人领，众人和，随着歌曲的节奏众人同心协力，石硪一起一落，才能把堤坝夯得密实。此外，很多劳动者一起劳作，唱歌能活跃劳动气氛、缓解身心疲惫，正所谓"不唱不说，时辰难过；说说笑笑，时候易到"，讲的就是这个道理。马山民歌的曲调委婉又不失活泼，表现出江汉平原人民快乐而充实的社会劳动和生活场景。

咸宁

赤壁楼船扫地空

"二龙争战决雌雄,赤壁楼船扫地空。"赤壁的烈火在李白的胸中久久难以平息,诗人借波澜壮阔的历史风云勉励远行的友人。当年长江畔的那场著名战役,至今依旧处处能够寻觅到踪迹。

"悠悠回赤壁,浩浩略苍梧。"临江崖壁上镌刻着"赤壁"两个大字,把人一下子就拉回了那个波诡云谲之间运筹帷幄的战场;周郎石雕,傲视江涛,豪情万丈,谈笑间樯橹灰飞烟灭;拜风台上,一柄羽扇轻轻一挥,搅动三国争霸的风云……让人犹如身临那个叱咤风云的时代,感受到古代战争的壮丽和英豪的气概。

咸宁,典出"万国咸宁",寓意四海升平、天下安宁。它地处中华腹地、湘赣鄂三省交界,位于长江中游南岸、幕阜山北麓。有人说,如果将咸宁绘成一幅画,那它就是一幅优美的鄂南版"富春山居图",一城山色半城湖。漫步咸宁山水间,人在景中走,如在画中游。

"江山如画,一时多少豪杰。"走过汀泗桥,让人仿佛感受到了英雄的脉搏。风雪将它冻伤,但抹不掉人们对它的温情。斑驳的痕迹,诉说着无情的战火;多情的雨季,洗涤不尽沙场的血色,存留下的是信仰的胜利。

九宫山横亘在鄂赣之间,与衡岳相连,犹如一道不可逾越的屏障。进山的道路曲折蜿蜒,承载着千年的悲叹和哀思。不管是晋安王九兄弟一去不返,还是南朝四百八十寺的烟雨,究竟有多少雨燕还在露台

咸宁

上飞舞？浮尘无奈，沧桑无法言说，只有道场上香火依然绵延不绝。

画里还有桂花、羊楼洞、商代铜鼓；还有瑶民文化、木雕技艺、提琴戏韵……咸宁的壮美景色和悠久历史，不仅能唤起对过去的回忆和情感的共鸣，在这片山川之间，更能让人感受到深深的敬畏和心灵的触动。

古韵犹存的小城，不仅需要文化的传承，更需要精神的传递。这片美丽的土地，自古以来就是文人墨客的聚集地。从星星竹海到陆水湖，从羊楼洞到古赤壁，无数人被它吸引，挥笔千言，华章万卷，为它留下了一段辉煌的历史。

赤壁古战场遗址

猎猎东风试图吹散天空的阴霾，熊熊烈火肆无忌惮地燃烧着，滚滚硝烟笼罩着整个赤壁，远处的呐喊响彻天际，汇聚了龙吟、虎啸、熊咆、马嘶之势，鲜血随着汹涌澎湃的浪潮流淌着。"二龙争战决雌雄，赤壁楼船扫地空。烈火张天照云海，周瑜于此破曹公。"赤壁的战火久久难以平息。

东汉建安十三年（208年），曹操率二十万大军南下，连克新野、襄阳数城，从江陵顺江东下，与逆江西上的孙权、刘备五万联军初战于赤壁。曹军失利，退回江北，屯兵乌林（在今洪湖市境内），与孙、刘隔江相峙。孙刘联军巧用火攻，乘东南风大起，向曹营举火，火船借助风势，直冲曹军水寨。曹军船只一时全被点燃，火逐风飞，烈焰冲天，一片火海把南岸崖壁照得一派通红，赤壁因此得名。孙刘联军乘势进攻，曹操领余部经华容小道（今监利市西北）向江陵败走，魏、蜀、吴三分天下的局面由此奠定。这就是中国历史上著名的赤壁大战，它改写了三国历史的走向，创下了中国军事史上以少胜多的经典战例。如今，赤壁大战的滔天烈火早已熄灭，但那赤色的悬崖绝壁、不尽的滚滚大江、大战时的处处陈迹、吟咏赤壁的碑刻和诗篇，却一直吸引着无数的金甲猛士、文人墨客。

赤壁大战古战场是我国古代著名战役中唯一尚存留原貌的古战场遗址，位于赤壁市西北约40千米处的长江南岸，沿江而上，南至洞庭，西通巴蜀，经武汉东下可达吴越苏杭，北望汉沔千里沃土，隔江就是洪湖乌林。赤壁古战场由赤壁山、南屏山、金鸾山组成。赤壁山临江矗立，相传为东吴大将周瑜手书的一米见方的摩崖石刻大字"赤壁"仍历历在目，"赤壁"二字遒劲有力，各长150厘米、宽104厘米。在赤壁山临江悬崖的矶头上建有翼江亭，上盖琉璃瓦，六柱六角，塔状尖顶，以赤壁山如金鸾之翼搏击江流而得名，传说是当年赤壁之战时周瑜指挥战场、挥斥方遒之地。现在其旁建有周瑜石雕像，高8米，肩披斗篷，手持利剑，英姿飒爽，犹如仍在指挥千军万马。

赤壁古战场周围，还有许多与赤壁之战相关的遗迹。如在赤壁西南6千米处有黄盖湖，相传是东吴将军黄盖操练水军的地方。在黄盖湖周围，现在仍保存着

赤壁

有关黄盖的遗迹和传说。在赤壁市西南20千米的蒲首山下，有一座三面环水、一面靠山、方圆2千米的高大土台，当地人称为太平粮城，又名鲁肃粮城，相传为东吴将军鲁肃所筑，是赤壁之战时孙吴屯粮要塞。有陆逊营寨，位于赤壁市北郊，系后人为纪念陆逊而修建，主要景观有陆逊营寨寨门、陆逊军帐、陆逊拜将台、烽火台、吴城等。与赤壁之战遗址相关的景点还有位于洪湖市的乌林和位于监利市的华容古道。

"滚滚长江东逝水，浪花淘尽英雄。是非成败转头空。青山依旧在，几度夕阳红。"身处古战场，耳畔仿佛响起了沉稳浑厚的《三国演义》主题曲，让人感慨唏嘘、心潮澎湃，仿佛又回到了1000多年前风云激荡、英豪纵横的那个动荡的三国时代。

陆水湖风景区

"东风不与周郎便，铜雀春深锁二乔。"熟悉赤壁之战的人最能理解"东风"所赋予的奥秘。你若来过陆水湖的话，这句诗便极有可能被改为"东风最与周郎便，湖光山色胜二乔"。陆水湖无疑是美的，凡是到过陆水湖的人，无不为她的明艳秀丽所陶醉痴迷。

陆水湖位于赤壁市东郊2千米处，距武汉市120千米，为国家级风景名胜区、国家级湿地公园。陆水湖又名陆逊湖，因东吴名将陆逊在此驻军屯田而得名。现

陆水水利枢纽

有景区面积118平方千米，其中水域面积57平方千米，翠竹环湖，水质清澈澄明，素湍碧波，回清倒影，滟光接天，兼有西子湖的灵秀柔美和洞庭湖的烟波浩瀚。

湖中800多个岛屿星罗棋布，如色彩斑斓的玛瑙镶嵌在碧绿的绸缎上，有"湖北千岛湖"之美誉。最大的岛有100多公顷，最小的如一叶扁舟。岛多以三国人物命名，如周郎浦、吴王殿、孙郎洲、大乔坪、小乔坪等，小岛上亦流传有许多三国故事。岛上林木茂盛，各有特色，鸟岛上栖息着上万只白鹭，竹岛则长满亭亭玉立的荆竹、楠竹。

湖畔有雪峰山、棋盘山、荆泉山等海拔300～700米的山，峰峦叠翠，起伏交错。山上有葛仙祠、玉皇宫、济公堂、蓬莱庵、张三丰祖师庙等各类寺庙宫观40余所，积蓄了深厚的历史文化底蕴。

陆水湖风景区内溶洞幽深，雪峰山脚下就有一个玄素洞，是典型的喀斯特溶洞，洞中的石笋、石钟乳、石幔、石花、石田等姿态逼真。玄武池、飞烟瀑、玉麒麟、赤壁石、回观台、寻真道、得福石、仙缘石等景观也各具特色。原始森林连绵 100 多千米，苍翠葱郁，隐天蔽日，恍若世外。

陆水湖风景区还有一个"三峡试验坝主题公园"。1958 年，经毛泽东主席、周恩来总理批准，长江水利委员会在此地主持兴建一座"三峡试验坝"，旨在为三峡工程做好前期试验工作，积累经验和宝贵数据。这是中国水利史上第一次采用大块体预制安装筑坝施工方法的试验，一系列试验为葛洲坝水利枢纽工程建设提供了科学依据。世人瞩目的长江三峡工程的成功截流，离不开为三峡工程早期试验做出过突出贡献的陆水湖三峡试验坝。

近年来赤壁市又在湖中修建了许多旅游景点，如三国城岛上修建有三国城楼以及桃园三结义、三顾茅庐、三英战吕布、草船借箭等场景。中华水浒城是中央电视台《水浒传》的拍摄基地，景区占地 2 平方千米，建有聚义厅、梁山后寨、郊野一条街等。船行湖上，人如凭虚御风，鸥汀凫渚，渔舟唱晚，云蒸霞蔚，四时景异，顿觉"飘飘乎如遗世独立，羽化而登仙"。难怪中央电视台《三国演义》和《水浒传》剧组会不远千里，数度采景于此。

"仁者乐山，知者乐水。"陆水湖在以山山水水展现她自然风光的同时，又彰显出她得天独厚的文化风采。三国文化的核心是谋略智慧、忠义仁德；水浒文化的核心是精忠报国、仁侠仗义，这都是中国传统文化中的精髓。陆水湖在明丽的湖光山色中将二者完美地结合起来，创造了一个人文与自然景观同样瑰丽的世界，并形成了浩气长存、魅力四射的英雄文化——陆水文化。徜徉于陆水湖中的人们戏沧浪之水，洗涤身心；观美竹之节，仰望高贤；思古今之变，荡气回肠。在山情水韵之中，定会获得关于人生观、谋略法等方面的诸多启示。

咸宁桂花

"玫瑰香，茉莉香，比不上江南的桂花香……有风香十里，无风十里香，香了月亮香太阳，天上人间都飘香。"一曲歌谣《江南桂花香》，将咸宁桂花的香名远播海内外。

咸宁是我国唯一正式命名的"中国桂花之乡"，桂花品种数量、古树数量、基地面积、鲜桂花产量、桂花品质等五个主要资源指标始终保持全国领先地位。全市 6 县（市、区）45 个乡镇有桂花分布，拥有金桂、银桂、丹桂、四季桂 4

大种群近30个桂花品种，桂花树总株数达3369万余株，100年树龄以上桂花有2000株以上。全国2200多株百年古桂树，90%以上在咸宁。咸宁现存最古老的"桂花王"，树龄约600年，树高29米，树冠占地154平方米，最大分枝直径约48.7厘米，目前仍枝繁叶茂，一般年份可产鲜花150余公斤。

桂花属于木犀科常绿乔木，由于叶脉的形状像圭而称桂，又因为木质细密，纹理如犀角被称为"木犀"。比较常见的品种有金桂、银桂、丹桂和四季桂。桂花极具观赏价值，树枝繁茂，花开万点金黄，香气远溢，是中国的十大名花之一。桂花不仅是名贵的园林观赏花木，还是香料、食品、药材加工的宝贵原料。桂花性平味甘，有化痰散瘀的功能；桂子有散寒破结、化痰生津、暖胃、平肝、益肾的作用；桂枝则有解温表寒、温经通阳的功效，其药用价值极高。特别是桂花天然香料产品，在国际市场上十分走俏。

咸宁桂花

"八月桂花香"，这里的八月是农历八月，也就是秋天收获的季节。桂花此时开放，且又开放得如此之密，其香又如此之浓烈，实在是让人很难不将之与丰收、成就、回报这样的字眼联系起来。桂花属于秋天，而中秋恰是中国人最重要的节日之一，因而桂花自然也就与月产生了不解之缘。诗人们似乎普遍相信，桂花是来自月中。宋之问在《灵隐寺》中写道："桂子月中落，天香云外飘。"皮日休的《天竺寺八月十五日夜桂子》写道："玉颗珊珊下月轮，殿前拾得露华新。至今不会天中事，应是嫦娥掷与人。"白居易的《庐山桂》写道："偃蹇月中桂，结根依青天。天风绕月起，吹子下人间。"南宋杨万里的《咏桂》写道："不是人间种，移从月中来。广寒香一点，吹得满山开。"

咸宁市的桂花享誉全国，并且有着悠久的栽培历史。据史料记载，2300多年前战国时期诗人屈原途经咸宁时写下了"奠桂酒兮椒浆""沛吾乘兮桂舟"的美妙诗句，500年前民间就有酿制桂花美酒的传统。咸宁人爱桂花，不仅仅是赏花闻花，还把花吃进肚子里。从桂花糕到桂花蜜、桂花酒、桂花麻饼、桂花米露、桂花燕窝、桂花砖茶、桂花藕粉……每一样都是心头爱。咸宁桂花糕创制于明朝末期，糕质细软滋润、色泽洁白，具有浓郁的桂花清香，入口化渣，口味清香，含有丰富的营养价值，老幼妇女均宜食用，是馈赠亲友、自奉之佳品。

站在大街上就能闻到一股若隐若现的桂花香，这是咸宁特有的迎接游客的方式。咸宁桂花的色香味，在秋雨里被淘洗得干净纯粹。几场秋雨后，那抹浮动的暗香再也无法深藏。雨稍停，那湿润的桂花香就争先恐后地窜进鼻息间，用它那充盈饱满的香气提醒你它已绽放。这漫山遍野、无处不在的桂花香，让人真真切切地感受到独属于咸宁的氤氲浪漫！

▌北伐汀泗桥战役遗址

咸宁给外地人最初的印象，一是方音特别难懂，二是桥特别多，而且不少村镇都是以桥命名。如果有幸遇到一位咸宁人，你若问他来自咸宁哪里，保不齐他跟你说的地名中就有"桥"字，诸如贺胜桥、横沟桥、汀泗桥、双溪桥、官埠桥等。从地理环境看，咸宁地处幕阜山脉向江汉平原过渡的地带，高山、丘陵、平原兼而有之，江河奔涌，湖泊众多，沟壑纵横，溪泉淙淙。人们只有逢山开路、遇水架桥，才能在这里开发出一片生存的天地、安居的家园。所以说，正是咸宁的山山水水，塑造了那成百上千别有风致的桥梁，咸宁也由此被称作"千桥之乡"。在众多古桥中，闻名中外的当属汀泗桥。

汀泗桥位于咸宁市咸安区汀泗镇，南宋淳祐七年（1247年）始建，明嘉靖二十六年（1547年）重修。相传乡民丁四鳏居河边，以打草鞋为生，生活贫困却为人善良，每有老人小孩苦于涉水，他就会立即前去背负他们过河，但遇涨水却不免束手无策，遂立志要建一座桥梁。为此他辛勤劳作，省吃俭用，寸积铢累，暮年之时终于筹够了资金，将其捐出造桥。桥成后，乡民们感激他，树碑以旌其功，碑上刻着"丁四桥"。后人将丁四桥改名"汀泗桥"，镇也以此命名。汀泗桥为3孔石拱桥，长31.2米，宽6.2米，高6.53米，中孔跨径9.2米，两侧边孔跨径7.2米，拱呈半圆形，墩为菱形以减少洪水的冲刷，桥栏的望柱间嵌着雕刻精致的石栏板。

汀泗桥坚实美观，历史悠久，桥头古木参天，风景优美，是荆楚著名古桥之一。

近现代史上的一次著名战役，使它闻名中外。汀泗桥桥东群山耸立，桥西湖泊密布，地势险要，易守难攻，是扼守武汉的南大门，历来为兵家必争之地。国共实现第一次合作后，1926年7月，国民革命军分三路从广州誓师北伐，北伐军一路所向披靡，势如破竹，直系军阀吴佩孚节节败退。1926年8月，吴佩孚纠集部分主力扼守湖北咸宁境内的军事要地汀泗桥，企图阻止国民革命军向武汉挺进。当月26日，国民革命军第四军向汀泗桥发起进攻，遭吴军顽抗。27日，共产党人叶挺率领第四军独立团从右翼迂回吴军侧后发起猛攻，吴军遭前后夹击，全线溃退，第四军占领汀泗桥。此役为国民革命军夺取武汉创造了有利条件，第四军因此荣获"铁军"称号，汀泗桥也由此名扬天下。

现在的汀泗桥头还保留有当年的战壕和炮台，并修建有阵亡将士墓、纪念碑、纪念亭和纪念馆等。阵亡将士墓前立有墓碑，正面刻着"国民革命军第四军北伐阵亡将士之墓"。纪念碑通高6.7米，呈方锥形，正面刻着"国民革命军第四军北伐阵亡将士纪念碑"。纪念亭高5.5米，平面呈六边形，方圆顶，壮观雅致。纪念馆位于墓碑两侧，内有陈列室，展示汀泗桥战役的相关文物和资料等。遗址四周有石砌雕花栏杆环护，苍松翠柏四季常青，一派庄严肃穆的气氛，似仍在默默地守护着烈士的英灵。1988年，北伐汀泗桥战役遗址被国务院公布为第三批全国文物保护单位。

咸宁古桥数量多，且单体桥梁规模宏大，是研究古代地域交通状况的重要实物。如始建于明嘉靖年间的西河桥，明弘治年间的南川乡白沙桥，清道光年间的万寿桥、高桥等，据不完全统计，咸宁古桥数量达500余座。它们在深山里、在丘壑间、在大河上、在泉水边默默地伫立，与咸宁的水光山色融合在一起，成为壮丽长卷上最令人难忘的笔触。

▎星星竹海风景区

还记得电影《卧虎藏龙》中李慕白和玉娇龙在竹林打斗的场景吗？这场"竹海之战"是武侠片的经典场景之一。《绣春刀》里张震和杨幂雨中漫步的竹海鲜翠欲滴，张艺谋电影《影》中的竹林取景极具泼墨山水的东方美，仿佛莽莽竹海一直与武林的恩仇侠义难解难分。想在茫茫竹海邂逅古风的飘逸俊朗，不如来看看咸宁的星星竹海。

星星竹海风景区是湖北省最大的竹林风景区，犹如一颗璀璨的绿色琥珀，镶嵌在咸安区汀泗桥镇，它距九省通衢要地——武汉96千米，距咸宁城区16千米。现有竹林总面积10万亩，覆盖率达90%以上，也称"万亩竹海"，被列为联合国林业考察基地。每到天高云淡或月朗风清之时，但见竹海莽莽，遍地修篁，风景秀丽。"星星竹海"这个名字的由来有两种说法：一说竹海位于星星村，故名；二说这里是全国四大楠竹基地之一，也是全国竹子生长密度最大地区，竹子犹如满天星星。不管哪种说法，都浪漫美丽。

星星竹海四季景色迥异。春雨过后满山新笋此起彼伏；夏季的新竹抽梢，青翠欲滴，林海中凉风习习；秋天的莽莽竹海在秋风中波澜起伏；大雪初霁后的遍地玉竹琼枝又傲立不折。置身竹海的万顷碧波中，只见老竹苍翠挺拔，如同甲胄裹身的武士；而新竹弯弯，又似温柔婀娜的少女。漫步竹林深处，翠竹夹道，竹叶轻拂，洗心涤目，烦虑顿消。

星星竹海作为一个新兴的旅游胜地，曾有50多个国家和地区的友人慕名前来参观、考察和旅游。特别是夏天来到这万亩竹林，烦热暑气一扫而空。遮天蔽日的竹海挡住了炽热的光，留下一路阴凉，阳光从竹叶的缝隙中洒落，星星点点地跳跃。微风吹来，竹叶沙沙作响，似一曲静谧的歌谣。若是运气够好，还能看

星星竹海

到一群群白鹭飞过竹梢,带来天空的自由飘逸。星星竹海景区最高处海拔 700 多米,站在高山上俯视,碧波荡漾的海洋波澜壮阔、生机勃勃。置身其中,一呼一吸,来场"竹海有氧 SPA",在星星竹海获得独一无二的体验。

苏轼在《于潜僧绿筠轩》中写道:"可使食无肉,不可居无竹。无肉令人瘦,无竹令人俗。"随着社会节奏不断加速,越来越多的都市人已疲倦于循规蹈矩的工作生活,渴望通过旅行舒缓紧张的情绪。年轻群体更希望不受限制、不被定义,选择自主探寻、理解认知的方式。他们三两结伴,共游星星竹海,共赏一段诗意,共享一片宁静自在,去感受风慢下来的那一刻。

澄水洞旅游区

说起地底下的建筑,可能很多朋友首先会想到探险小说里的墓穴古藏,但其实,除了墓葬之外,地底下也有其他的人工建筑,比如说隧道、涵洞等。在湖北咸宁咸安区一座僻静的小镇,就有一座隐蔽且庞大的地下建筑,它曾有一个专属名字"131 工程"。时过境迁,这个超级工程如今揭开了神秘面纱,对大多数旅游爱好者来说,更熟知的是它的新名字——澄水洞旅游区。深入地下,旅游打卡,身临其境,直观感受神秘震撼。

20 世纪 60 年代初,中苏关系日趋紧张。1969 年 3 月,两国在乌苏里江畔的珍宝岛发生冲突,苏联在中国北部边境陈兵百万,对中国虎视眈眈。面对战争威胁,毛泽东主席向全国发出了"深挖洞、广积粮、不称霸"和"要准备打仗"的号召。为响应毛主席号召,中央军委决定在华中腹地修建一座长江南线作战指挥部,以备战时急需。

时任中央军委总参谋长的黄永胜亲自选址,于 1969 年 1 月 31 日签署施工命令,并以批示日期作为该工程的代号,称"131"工程。由此这个地下军事工程在一个不为外界所知的小山村澄水洞(今咸宁市高桥镇境内)展开。这里与黄永胜的老家仅有一山之隔,周围群山环抱,林木葱茏,位置十分隐蔽,即使飞机低空侦察也很难发现,是一个修建军事设施的好地方。在澄水洞村这个地方建设"131"工程,是当时的最高国家机密,必须在绝密的情况下开展。

该工程是我国国防工程的典型代表,分地下、地面两大部分,由甲、乙、丙三个区域构成，原计划投资 3 亿元，后因 "9·13" 事件停建，实际完成投资仍高达 1.3 亿元。主体建筑由地面 56 亩的四合院和地下全长 768 米的作战指挥中心构成。地面工程由彼此呼应的多栋房舍组成一个大四合院，建筑外观是朴实无华、淡雅庄重的青砖灰瓦，内部装潢高档别致、工艺考究，在当时来说堪称国内一流。地下工程建筑面积 3288 平方米，由一条 456 米长的主道和通风、通信两条支道组成。每个进出洞口均装有防核辐射、防毒、防冲击波的大铅门。内设各种不同规格、用途的房间 131 间，包括作战指挥室、通信指挥室、机电设备房、发电配电房、生活服务区等。每个房间都装有编号的电话机插孔，装上电话便可与全国各大军区联络。还备有蓄水池、仓库、餐厅、厨房，以及暖气、除湿、通风、通信、消毒等设备设施。

"131" 工程于 1981 年移交原咸宁地区行政公署，不再使用原军事代号，以地名命名为"澄水洞"。如今，中央、省、市财政投入大量资金，对原有设施进行维修、改造。除了"131 地下工程"外，内部还设有盆景花卉观赏园、像章展览厅、将军山等历史人文景观，各类基础设施配套完善，成为一个集旅游观光、接待会议、休闲度假于一体的综合性旅游度假场所。澄水洞旅游区群山环抱、茂林修竹，不仅风光旖旎，交通也十分便利，史迹厚重、环境清幽，独具军事特色，慕名而来想要一睹真容者络绎不绝。

▎三湖连江

"江水抱县城，三湖连长江，水绕青山转，城在水一方。"这是嘉鱼人对嘉鱼县城自然景观的描述。三湖即县城东、南两面傍绕的白湖、梅懒湖、金虾湖（又名小湖）三个自然相连的湖泊，总面积 14.4 平方千米，是嘉鱼人民地地道道的母亲湖，碧波荡漾，润泽四方。三湖如三枚珊瑚形翡翠镶嵌在嘉鱼县城区，又通过马鞍山进洪闸与长江相通，故名"三湖连江"。

如果说嘉鱼县城区是一位江南丽人，那么三湖连江就是那流波婉转的明眸。湖水一年四季清澈透明，倒映蓝天白云，照出了柳枝迎风招摇的倩影。一般说来，水流迂回处，会冲荡出一块平地，这样的地方就会出现一些雅致的小镇，如城关鱼岳镇。此时的水不似长江水那样湍急，它们是轻松愉悦的，舒缓、窈窕、庄重地从镇子中淌过。

水是鱼的天堂，一方好水养一方活鱼。民间相传，乾隆皇帝乘船下江南路过此地时，侍从打捞上鲜活的江鱼做给他吃，皇帝吃后连连称赞：嘉鱼呀嘉鱼！嘉鱼即因此而得名。《诗经·小雅》记载："南有嘉鱼，烝然罩罩，君子有酒，嘉宾式燕以乐。"意思是说，南方有美好的鱼儿，何不罩网捉它几条，用它摆下酒宴开怀畅饮，招待嘉宾乐陶陶。有水就有鱼，有"嘉鱼"必少不了美酒，有了美酒更要有对饮畅叙之人。好水似酒，能饮醉自己，也能饮醉八方宾客。

"三湖连江"实际是一座总库容10468万立方米、有效库容5650万立方米的水库，故又称为"三湖连江水库"。它还是湖北省唯一的一座平原型水库，具有通江、近城两大特点，山水秀丽，景色宜人。这里已筑起长300米的白湖大堤，堤中段建有长50米、宽7.5米、高9.5米的白湖大桥，修筑了牛头山公路，形成从县城西正街、鱼岳路、水库主坝、白湖桥、牛头山、五里牌、茶庵岭进沙阳大道共10千米的环库公路。

这里湖中有山，湖中之山与湖中之水相映成趣，以山的厚重衬显出水的轻灵；这里湖边有景，沙滩浴场、二乔公园、环湖公园、南如寺等沿湖而建，为景区平添几分活力与灵性。风光旖旎、景色醉人的三湖连江风景区因生态环境良好、保护措施得当，在2013年获评湖北省生态旅游示范区。"三湖连江"，已经成为嘉鱼人心中一道独特的风景。

羊楼洞古镇

一条汇集大山深处涓涓溪水的小河从古镇流过，用石板铺成的道路连接着一条古老的万里茶道，镶嵌在古道上的古镇是货物中转的集散地。在整个万里茶道上，羊楼洞声名赫赫。它因茶而兴，因茶而盛。羊楼洞古镇是万里茶道历史最长、制茶规模最大的源头集镇。

羊楼洞古镇位于鄂、湘两省交界处，水陆交通便利，明清时期位于南北驿道上。四面多山，雨量充沛，适宜茶叶生长。自唐代开始这里就种植茶叶，到明代嘉靖年间又兴起了制茶业，随之形成集镇，逐渐发展成为鄂、湘、赣三省边界茶叶的集散地，山西、广东等地的商人开始在此设立茶庄，经销茶叶。第二次鸦片战争后，汉口成为通商口岸，美、日、俄、德等国商人也纷纷前来开设茶庄，收购加工茶叶，销往世界各地。当时生产的茶叶品种有红茶、绿茶、砖茶。其中红茶主要销往英国，绿茶主要销往美国，砖茶主要销往俄国和中国北方各地。赤壁羊楼洞所产砖茶占据了砖茶贸易的半壁江山，成为"万里茶道"的源头之一。

最盛时，羊楼洞镇有200余家茶庄、5条街道、100余家商旅店铺，人口达到4万余，每年输出茶叶3亿斤，其中运往汉口的包茶有2600万斤。1906年平汉铁路（即京汉铁路）通车，1936年粤汉铁路通车，与羊楼洞相隔约10千米的赵李桥因为开设了火车站，吸引了大量茶厂茶园茶坊陆续搬迁，羊楼洞逐渐衰败。时至今日，这里只剩下一条古街，青石板路面上条条凹槽清晰可见，讲述着当年独轮车运茶的繁忙。

茶来茶往的千年间，万里茶道上形成了独特的"羊楼洞砖茶文化"。已烙入青疆藏蒙几代人心灵的"川字砖"、俄罗斯人熟悉的"火车头砖"、晋商在羊楼洞创制的名砖"牌坊砖"，今天还在生产。2014年，羊楼洞砖茶文化系统入选第二批中国重要农业文化遗产。目前，赤壁在国内各大城市和"一带一路"沿线国家开设100余个赤壁砖茶产品体验窗口，2021年全产业链产值达102亿元。

羊楼洞砖茶主要有青砖茶和米砖茶两种。鲜茶叶采割完成后，经杀青、揉捻、日晒制成老青茶，再经渥堆发酵、复制、蒸压、包装等而成青砖茶，共需6大工艺、72道小工序，并且随着时间的推移愈来愈香，韵味也愈发持久。米砖茶是参照青砖茶的制造原理，以红茶片、末为原料制作而成，冲泡后汤色深红明亮，滋味醇厚。青砖茶压制成砖形后，紧结程度高，哪怕经过风吹雨打，依然能保持完好。以肉食为主的人群，能通过青砖茶熬煮的茶汤获取维生素，解腻去膻，因此茶是他们的"生命之饮"。在全球所有的砖茶种类中，"川字号"砖茶是羊楼洞的专利。川，寓意为灵

羊楼洞古镇

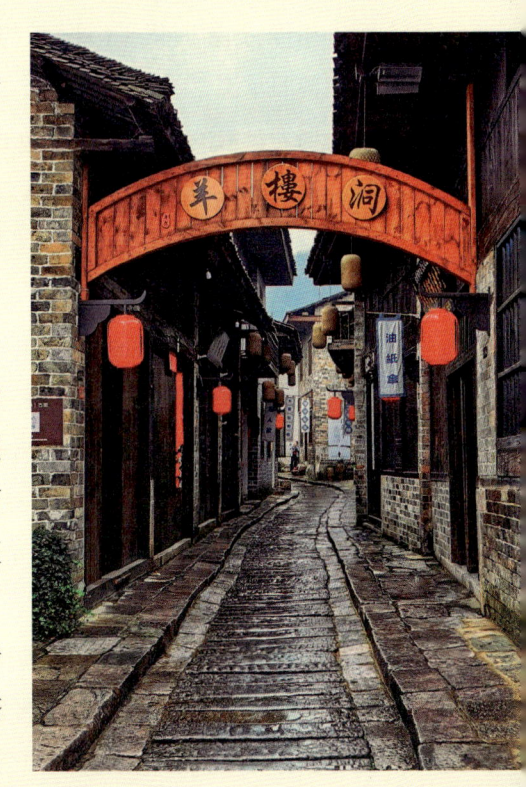

动的水源，在茶砖上模印"川"，凸显一方山水的气韵和"川"流不息的底蕴。

古街上铺的青石板路，石板上有一寸深的碾痕，那是当年运送茶叶的"鸡公车"日夜川流不息留下的痕迹。两旁的建筑均为木结构，有一进二重、三重、四重等多种形式，不少建筑飞檐翘角，还留下当年精雕细刻的图案，雕龙画凤，古朴典雅，见证了当年的繁华和富贵。羊楼洞，其光华内敛，底蕴醇厚，就如其所产的青砖茶一样，其神韵是需要掰开了，揉碎了，慢慢煮，细细品……

药姑山古瑶村风景区

药姑山，古名龙窖山，绵亘几十千米。她是幕阜山脉怀抱中的一位纤纤少女，起舞于风景秀美的通城县大坪乡。药姑山作为瑶族公认的起源地——千家峒所在地，也被称作"瑶胞故园"。瑶族文化在这里得到了很好的保留，瑶族建筑、瑶族服饰、瑶族工具以及瑶族家具等各类瑶族文化事象历经百年依然熠熠生辉。

相传，远古时候平（评）王与高王争战，平王的部将盘瓠协助平王战胜了高王。平王遵照承诺，将自己的三公主许配给了盘瓠，并将南楚地域南山（今药姑山一带）划为盘瓠的封地，立为盘王。盘王携三公主进入封地，以石室为家，披荆斩棘，椎髻跣足，筚路蓝缕，以启疆土，生六男六女，始为瑶族十二姓。

盘王死后，其子孙继承父业，继续辛勤地开垦这片土地，生息繁衍。几百年后，这里已发展至一千多户人家，称为千家峒。这种平静、安详的生活，直到元末明初，才被一件意外事故所打断。相传，当时武昌府通城县一位县官去瑶寨视察，好客的瑶民好酒好菜地款待县官，使他乐而忘返。不幸，一次醉酒后，县官坠崖身亡，随行之人回去后诬告是瑶民造反，杀了县官。武昌知府闻讯大怒，派遣重兵围剿瑶寨。瑶人为了生存，只好弃山南逃。临走之前，瑶王召集十二姓的峒长，将一牛角锯为十二节，每姓一节，相约五百年后重回千家峒，十二姓将牛角接拢，吹响三声，入峒团圆。

至明初，最后一批瑶民满怀无限眷恋，离开生活了2000余年的龙窖山，他们先到湖南，后入两广，17世纪后部分瑶民又转入贵州、云南等地，越战时期更有少部分瑶民迁往欧美。如今，散落世界各地的300多万瑶民都认定千家峒为他们的发源地，他们魂牵梦萦，期望有朝一日将十二节牛角对接，重聚故土。

药姑山，一山踏两省四县，漫山遍野生长着1700多种中药材，素有"江南天然药库"的千古美誉。1558年，年届四十的李时珍带着儿子建元翻山越岭，访医采药，历经数月，足迹踏遍药姑山，药姑山成了他采集药材和研究药物学的重要基地。李时珍曾惊叹"药姑山上百药全，只缺甘草与黄连"，并在药姑山的白云寺与老僧促膝夜谈、品茶作对，留下了"橘皮、橘核、橘络同果功有异，苏叶、苏梗、苏子共根效不同"的佳话。自此，中医药文化便在这片土地上流传下来。时间流逝，药圣的房屋早已不见旧影，但屹立在此的李时珍雕像见证着人们对于那一段历史的怀念。

药姑山上有三仙坛、白云港、洞屋沟、麒麟山、凤凰埂、倒挂金钟、寒婆寨、丫髻山、猫儿洗脸、老龙潭、五马奔槽、雷公岩瀑布、桂竹园等自然景观。此外，药姑山还地处湘鄂赣革命根据地，江渭清、钟期光等同志在此坚持了3年游击战争。

走进传统村落内冲瑶族村，遥望千年广场，直径6.5米的硕大铜鼓，两只牛角环抱，在融合瑶汉风情的拍打舞韵律中，似在召唤远去的瑶胞回家团聚。藏有1700余件珍品的古瑶文化陈列馆，是药姑对先祖顽强奋斗史的细细诉说。3000米古瑶栈道高挂悬崖峭壁，拾级而上，驻足鹰嘴崖，脚踏月瑶溪，古瑶文化的气息扑面而来。

"瑶人出世武昌府，满目青山四处游。龙头山上耕种好，老少乐业世无忧。"600多年前，瑶族先祖离开药姑山，留下满山的垒石文化遗存，一支《盘王大歌》在药姑山深情传唱至今，唱得全球300万瑶胞热泪盈眶。听，药姑穿林渡水而来深情地呼唤："'瑶'望千年，只为等你！"

药姑山古瑶村

九宫山风景区

明朝末年,闯王李自成在攻占北京后,将大量的财宝埋藏在一个秘密的地方,其中不仅有金银珠宝,还有各种珍稀的文物和艺术品。这些财宝都是李自成在起义过程中掠夺而来的,数量之多、价值之大,令人咋舌。宝藏埋藏的传说也因此成为中国历史上最为神秘、诱人的谜团之一。

这个宝藏最可能藏在哪里呢?据一些学者的研究和坊间传闻,李自成的宝藏可能隐藏在咸宁市的九宫山——闯王李自成最后出现的地方。据史料记载,李自成率部自襄阳仓促退至武昌,屡战不利,几经周折,退至通山,谋占九宫山。在九宫山脚下李家铺,李自成不幸被乡勇头目程九百等杀害。事后,有"乡人怜之,草葬之"。李自成很可能是在"逃难"过程中将宝藏仓促间就近埋藏,所以九宫山也因为"闯王宝藏"的传说愈发引人要一探究竟。

九宫山位于湖北省东南部通山县境内,北距武汉市178千米,是湖北省六个国家级风景名胜区之一。因南朝"晋安王兄弟九人建九宫殿于此山,遂以为名"。此后,多朝皇帝封山赐匾,历代文人作赋题词,延至南宋著名道士张道清赴九宫山开辟道场,香火远播,九宫山便成为全国五大道场之一。九宫山道场先后受到南宋、元、明、清等历代皇帝降诏加封,领受"圣旨"17道,珍藏于九宫山纶音阁与藏经阁,可惜这些珍贵文物后来毁于兵火。据历代编纂的《九宫山志》记载,

九宫山

九宫山作为道教圣地，一直至清代，香火旺盛，各地香客前来朝拜，日达三千余众，最盛时多至万人。

九宫山风景区总面积 200 平方千米，景区内奇峰耸立，飞瀑奔涌，古木参天，从东向西有笔架山、铜鼓包、龙瑞山、太阳山、大仰山，海拔都在 1500 米以上，主峰老鸦尖海拔 1657 米，为幕阜山脉最高峰。风景区内以奇松、秀竹、怪石、云海、温泉、瀑布等"六绝"著称。现有云中湖、森林公园、闯王陵、石龙沟、铜鼓包等景区。

1645 年，明末农民起义领袖李自成殉难于九宫山，让九宫山声名远播。如今闯王陵已成为全国重点文物保护单位和全国唯一保存下来的农民起义领袖陵寝。虽然"闯王宝藏"至今仍是一个未经证实的民间传说，但李闯王遇难后，在当地产生了大量"闯王传说"，广大群众对"李闯王"加以热情歌颂和赞扬，把他传颂为见义勇为、为民谋生的英雄。传说中，他虽死犹生，同当地山民休戚与共，替民除害，为民造福，甚至百姓的病痛、缺嗣、难产这些求告无门的疾苦，也在他关怀范围之内。"李闯王传说"与九宫山一道作为一个艺术整体，在民间流传为一曲末路英豪陨落的慷慨悲歌。

通山木雕

通山木雕是流传于鄂东南通山县及其周边地区的民间艺术，其主题以生活风俗、神话故事为多，既满足人们物质生活的实用需要，又丰富了人们的精神生活，具有实用性与美观性相统一的特点。

通山县地处鄂东南边陲，鄂、赣两省交界处，古属三苗之地，境内森林密布，盛产樟、杨、梨、枣、梓、椿等木材，为木雕提供了丰富的原材料。通山木雕的具体起源已无法考证，但据史料记载，在北宋置县之前，通山境内就有了以木雕为职业的手艺人。魏晋至宋元时期，由于道教和佛教文化的传入，通山木雕的创作主要集中在佛像和神像上。明清是通山木雕的辉煌时期，通山境内活跃的汉剧、采茶戏带动了通山木雕的发展，戏剧故事、戏剧人物都成为木雕重要的题材内容，并应用于木制构建的民居、祠堂、戏台及家具装饰，出现了深度浮雕和多层次镂空技法的作品。

通山木雕就地取材，以浮雕为主的雕刻技法和利用材料本身纹理色彩的处理手段，构成其独特的技艺体系。在构图上，通山木雕往往把不同的场景和人物，或者一曲戏、一个故事的几个情节组合在一个画面，配以图案纹样，注意虚实主次、线条分割、节奏层次的处理，追求画面结构的严谨与变化。通山木雕既可在一定规格的板材上自由选择创作主题，用大量的切削雕琢去实现最终的艺术效果；亦可一边听人吟诵，一边凭记忆迅即描成画稿，再进行雕凿。造型生动古拙，刀法浑厚，线条流畅，近景远景重叠而不含糊，主题鲜明突出，让人有画中有戏、戏里观画的感觉，因此百看不腻，久观不厌。

通山木雕手法一般采取线面结合，取绘画的线条和雕塑的块面立体造型手段用之于半立体的平面浮雕，图像保留原木天然纹理色泽，简约朴素，构图饱满大气，层次丰富细腻，形象写实传神，做工精雕细刻，格调清秀淡雅。通山木雕以民间百姓喜闻乐见的神话人物、戏曲故事等为主要题材，以"画中有戏，百看不腻"为其主要艺术特色，其作品以实用和适用为本，以群众需求为根，包含木制古建筑及建筑装饰木雕、木雕家具和日常用品装饰木雕、陈设欣赏品装饰木雕、宗教和丧葬用品木雕四大类。

通山木雕大都采用具象的表现方式，造型上大胆夸张，特别是那些头大身小的人物、人大房小的衬景，但变而有节，夸张适度。通山木雕刻画人物不着意雕刻五官表情，也不拘泥于人体各部位的长短比例，而着意传神地表现人物动态，突出造型的稚拙、质朴、洗练、明快感。具象的形体中注入了抽象因素，活跃、

通山木雕

夸张、幽默的动势使形象充满生气，使观众在欣赏时不再注意人体结构、比例的精确度，而重点关注整体的形象。

通山木雕的文化意义和文化价值丰厚而独特。2010年，通山木雕被列入第三批湖北省非物质文化遗产保护名录，2014年被列入第四批国家级非物质文化遗产名录。富于创造性的通山木雕，体现了通山不同历史时期的生产力发展水平、社会关系与民俗习惯，对后世作品影响深远，是历代木雕艺匠文化理念和审美情趣的深厚积淀。

白霓古镇

"生意兴隆通四海，财源茂盛达三江。"用这副对联来形容崇阳白霓古镇是再合适不过了。

白霓镇位于崇阳县的东部，北连咸宁、赤壁。武汉至湖南长沙的106国道、崇阳至江西修水的省道交会于此，高堤、大市两河环镇汇于小港，经由陆水通向长江，交通十分便利。白霓镇因一座古桥而得名，相传在明代嘉靖年间，当地一位叫熊白霓的商人为了方便百姓，捐资建桥于大市河上，为铭善举，当地人以"白霓"命名此桥。后来，人们索性将白霓之名用于镇名，一直沿用至今。

"石板街，石板街，麻花徽子摆不开。"白霓镇至今流传着这样的熟语，这也是石板街上旧时最让人津津乐道的商贸文化。清末民初，白霓镇成为湘鄂赣边区名副其实的商贸重镇，是三省交界处各种特产的集散地。本地出产的茶叶、稻谷等，还有湖南、江西一带的桐、茶油等，从这里装船运往汉口，换回糖、盐、布匹等生产生活必需品。白霓商贸的繁荣得益于便利的大市河水运，是水路运输让商品流转四通八达。

流淌不息的大市河与高堤河环绕着白霓古镇，孕育出厚重的文化。1977年在白霓镇大市村出土的饕餮纹铜鼓，也称"崇阳铜鼓"，造型奇伟，纹饰庄重，成为白霓镇古代文明的象征。此类铜鼓目前我国仅发现两面，一面流落日本，白霓出土的这面现收藏于湖北省博物馆，成为镇馆之宝之一，也是目前禁止出国（境）展览文物之一。

建于后唐和宋代的崇阳历史上著名的水利工程石枧堰、远陂堰，至今已越千年，仍灌溉着万亩良田。流泉飞瀑溅起千堆雪浪，那清波流淌的堰水从遥远的深山幽谷里来，润泽着沿途的田园和村庄，承载着千年悠悠岁月。

米家四合院供奉着一尊京剧艺术创始人、汉剧名伶米应生的塑像。雕像中的米先生身披戏装，长垂美髯，仿佛正准备走上戏台扮演关羽，来一段惟妙惟肖的《破壁观书》。徽班进京，徽汉合流，米应生把"春台"班的名声唱响京城。米应生等一代代名伶陆续进京演汉戏，吸收皮黄、昆曲之精华，兼收并蓄，博采众长，成就了如今誉满全球的京剧。

还有黄庭坚客居姑妈家时就读过的金城山"山谷书院"、汉民族长篇叙事诗《钟九闹漕》的主人公钟九、武汉大学首任校长王世杰故居，以及浪口温泉，无一不是白霓镇重要的文化元素。

流水向前，日见其新。在大市河、高堤河的流水声中成长的白霓古镇，从"中土平衍"、具有千年历史的崇阳深处一路走来，始终承载着农耕文明的厚重，散发出商贸文明的芬芳，在传承中昭示着创新的力量，洋溢着对美好生活的向往，如今正以一种坚毅向前的步调，行进在新时代的新征程上。

▌崇阳提琴戏

夜幕降临，在咸宁市崇阳县白霓镇白霓村百姓广场上，一辆专业的流动舞台车，灯光熠熠。舞台上，锣鼓一响，提琴、唢呐齐鸣。随即，伴奏一停，演员踩着急促的步子，带着悠长唱腔登场。提琴戏《金榜题名》拉开帷幕，两个多小时的演出，台上演员声情并茂，台下观众如痴如醉，时间的流逝悄无声息。

这是崇阳当地人观看提琴戏的场景。提琴戏是崇阳县极具地方特色的戏曲剧种，相传源于清代中叶湖南岳阳、临湘一带盛行的"小丝弦"（即今岳阳花鼓戏"琴腔"），后在鄂东南、湘北、赣北等地区流传的梁山调与崇阳地方小调、民间音乐结合的基础上逐渐发展形成，因以提琴为主奏乐器而得名。提琴戏曲调优美，旋律明快，表演内容贴近生活，深受当地民众喜爱。作为崇阳县的地方戏种，提琴戏已传承百年，是当地老百姓不可缺少的精神食粮。2008年提琴戏被列入第二批国家级非物质文化遗产代表性项目名录。

提琴戏的传统剧目有120多个，家庭戏多，唱功戏多，武功戏较少，大多取材于民间生活和神话传说。提琴戏曲调有正调、哀调、梦调、西湖调、阴调、一字调、反十字调（打采调）等及各种花腔小调，曲调优美，旋律明快。提琴戏角色行当主要包括老生、小生、奶生、正旦、花旦、闺门旦、婆旦和小丑，称为"三生、四旦带一丑"，其中丑角兼演摇旦和净角，民间有"七紧八松"之说。武功戏较少，因而提琴戏没有专业武生行当。

提琴戏的主奏乐器为大筒胡琴，俗称"提琴"，定2~6弦演奏，音色浑厚、粗犷而略带沙音。伴奏旋律既不是完全重复唱腔的曲调，也不是简单的"加花"，而是具有一定的独立性。伴奏乐器有二胡、月琴、笛子、唢呐等，打击乐有鼓、板、锣、钹等，除用于配合演员的身段动作、渲染舞台气氛外，还起着各类唱腔的连接、转板、开唱、煞腔的作用。

提琴戏的板腔音乐分为正腔和小调两部分。正腔包括"正调""一字调""阴调""拖子""西湖调""反调"等曲调，均由上、下两个乐句组成。提琴戏的演奏乐队有文、武场之别，原来由"上手""夹手""鼓手""小锣"4人组成。"上手"担任主要伴奏任务，拉第一把琴兼吹唢呐；"夹手"辅助伴奏，拉第二把琴兼打锣鼓；"鼓手"掌鼓板，兼打小锣以外的所有打击乐器；"小锣"由学徒担任，负责打小锣和检场。

历经近200年的时光涤荡，提琴戏在崇阳有着深厚的群众基础。谁家有嫁娶祝寿、科考入伍、祠堂落成、白丧之事等等，都要请一个戏班子，生儿以提琴戏迎接，送葬以提琴戏致哀。那舞台上的唱念做打舞、手眼身法步，汇千古忠孝节义，演一时悲欢离合，无不牵动着戏迷的神经。如今，提琴戏不仅是崇阳民众生命中最重要的艺术享受，并且具有宣扬积德、行孝、向善的作用。正所谓："崇阳一出提琴戏，艺苑薪传两百年。清韵悠扬弘国粹，乡音亲切乐梨园。"

江河楚天

十堰

襄阳

神农架林区

荆门

宜昌

荆州

恩施

第二章

江流天地外

汉江上中游段

十堰

波澜动远空

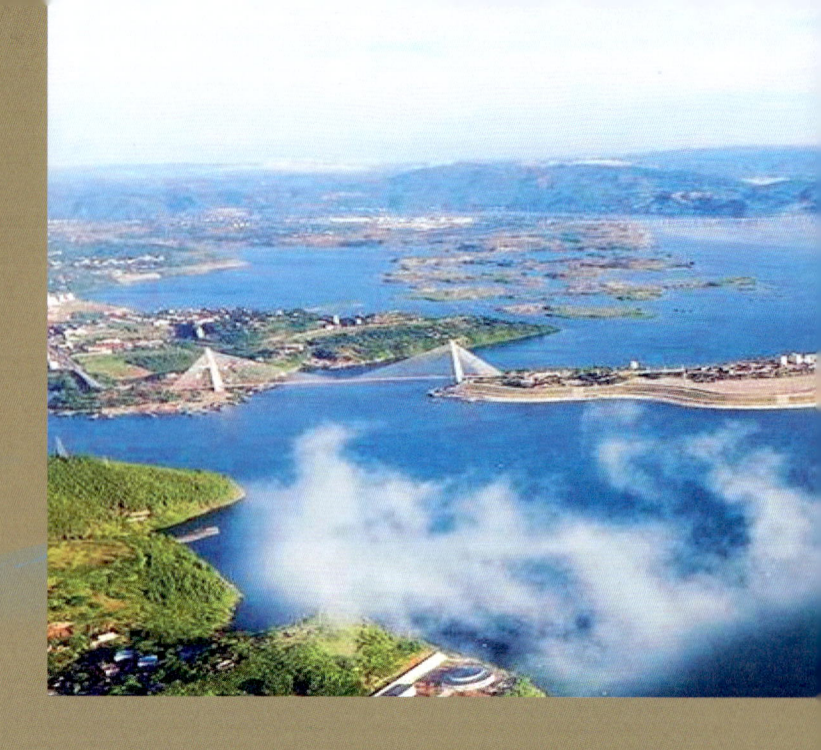

　　摩诘居士王维站在汉江之畔极目远眺，他思接"楚塞三湘接"的辽阔，感受"波澜动远空"的律动。他的目光遥望汉江上游鄂西北这片西接秦陇、北连豫中的土地。十堰地处秦巴山岭的余脉中，看似偏僻闭塞，却因一条澎湃坚韧的汉江的滋润和连通，灵敏地感知着时代的脉动，又从容地守护着历史的遗珍。

　　"嶓冢导漾，东流为汉，又东为沧浪之水"，长江支流汉江从秦岭南麓的陕西宁强嶓冢山出发，百脉千溪在千岩万壑、峭壁悬崖间呼朋引伴、一往无前，过旬阳后进入湖北郧西。

　　"江路南来通汉水，天桥西去逼商州"，汉江支流金钱河脉脉守望着朝秦暮楚、南腔北调的郧西上津古城，神雾岭上常年笼罩的云雾为白龙洞里三枚人类牙齿化石的主人"郧西人"增添了神秘。

　　"悬河如瀑落安城，倒峡排山直下倾"，从神农架莽莽林野里奔腾而来的堵河流经竹溪，用带着山野淳厚恣肆气息的河水和泥土浇筑出一方演绎汉调二黄的大舞台；来到竹山的堵河水显得温柔娴静，她在日夜不停地思念中华民族襁褓时期的伟大慈母女娲。古长城的遗迹

十堰

在群岭密林之中循山脊起伏蜿蜒，它们是否存有两千多年前楚长城遗迹尚未确认，但无疑见证了诸多历史硝烟。

"山拥鸡冠趁霁朝，霞光面面护晴霄"，清晨阳光透过郧阳区汉江河畔朦胧的雾气，照耀着距今100万年前远古祖先的面庞，刹那间"郧县人"的名号响彻寰宇；汉江在柳陂镇辽瓦村来了一个任性的左向弯曲，似乎是对保存了新石器时代直至唐宋时期丰富文化遗存的辽瓦店子遗址恋恋不舍；节庆时分郧阳城舞动的凤凰灯舞沸腾了汉江两岸，以楚人崇凤的炽烈自信呼应潜翔水底的蛟龙。

以"尹吉甫"这个熠熠生辉的名字标识一个山野小镇悠久的文化脉络，两千多年温柔敦厚的诗教传统、哀而不伤的健旺生命力在记忆里、传说中、民俗间绵延不绝。

即将告别苍茫横亘的秦巴余脉了，汉江正驻足凝视，却被武当山"丹墙翠瓦望玲珑"的世界物质文化遗产惊艳，玉宇澄清的道乐、刚柔并济的武术、巧夺天工的建筑……成就了一眼千年的眷念，巍巍武当的臂弯不仅托举起世界级的珍宝，也孕育了山村乡野间粗犷的吕家河民歌、散发泥土清香的伍家沟民间故事。

汉江在其上游的终点、中游的起点——丹江口邂逅了一座人工大坝，她慷慨地将纯净的乳汁送往祖国的心脏，用清洁的能源点亮明媚的万家灯火。

上津古城

"朝秦暮楚"之名于上津是名副其实的。上津古城地处鄂西北边陲，与陕西省山阳县漫川关镇接壤，南临江汉，北枕秦岭。其坐落于汉江支流金钱河下游东岸，因古城城墙周围柳树成荫，又名柳州城。"柳"为"留"，"一瓢酒，一枝柳，望君长行早回头"的民歌，对商旅往来之地的别离与留恋作了别样的解读。

上津历史悠久，西周时属绞国，战国时上津、漫川关一带，是秦楚争战的交锋地带。三国时魏文帝在这里设立平利县，隋唐以后的行政区划中，上津忽而划归陕西管，忽而又隶属湖北，县治频频变更。

金钱河自漫川关经上津南流，在夹河镇附近汇入汉江。湖广、江浙和岭南的货物逆长江而上，从汉水进入金钱河，在上津古渡卸下，然后由等候在上津、漫川关一带的马帮和骡帮沿深山密林中的上津古道运入安康旬阳，再入汉水，随后穿越秦岭的古道转运关中。自唐代以来的一千多年间，金钱河上一度帆影片片，欸乃声声，河岸边上津城南腔北调，商贾云集，成为鄂西和陕南地区仅次于丹江上游丹凤县龙驹寨的水旱码头。繁忙的水路货运，也使这座古城成为往来商人和马帮洗涤旅途尘埃的梦乡。

古城始建于明洪武元年（1368年），时为土城，清嘉庆七年（1802年）改为砖城，一直留存至今。城周长1236米，面积约8万平方米。城墙高约7米，呈梯形。四方各开一座城门，东连郧、西通汉、北接秦、南达楚，西南另有一角门方便百姓通行。城内保存有明清古街，总长约1.5千米，青石街道宽3米，两旁建筑青砖黑瓦，飞檐斗拱，雕梁画栋，古朴

上津古城

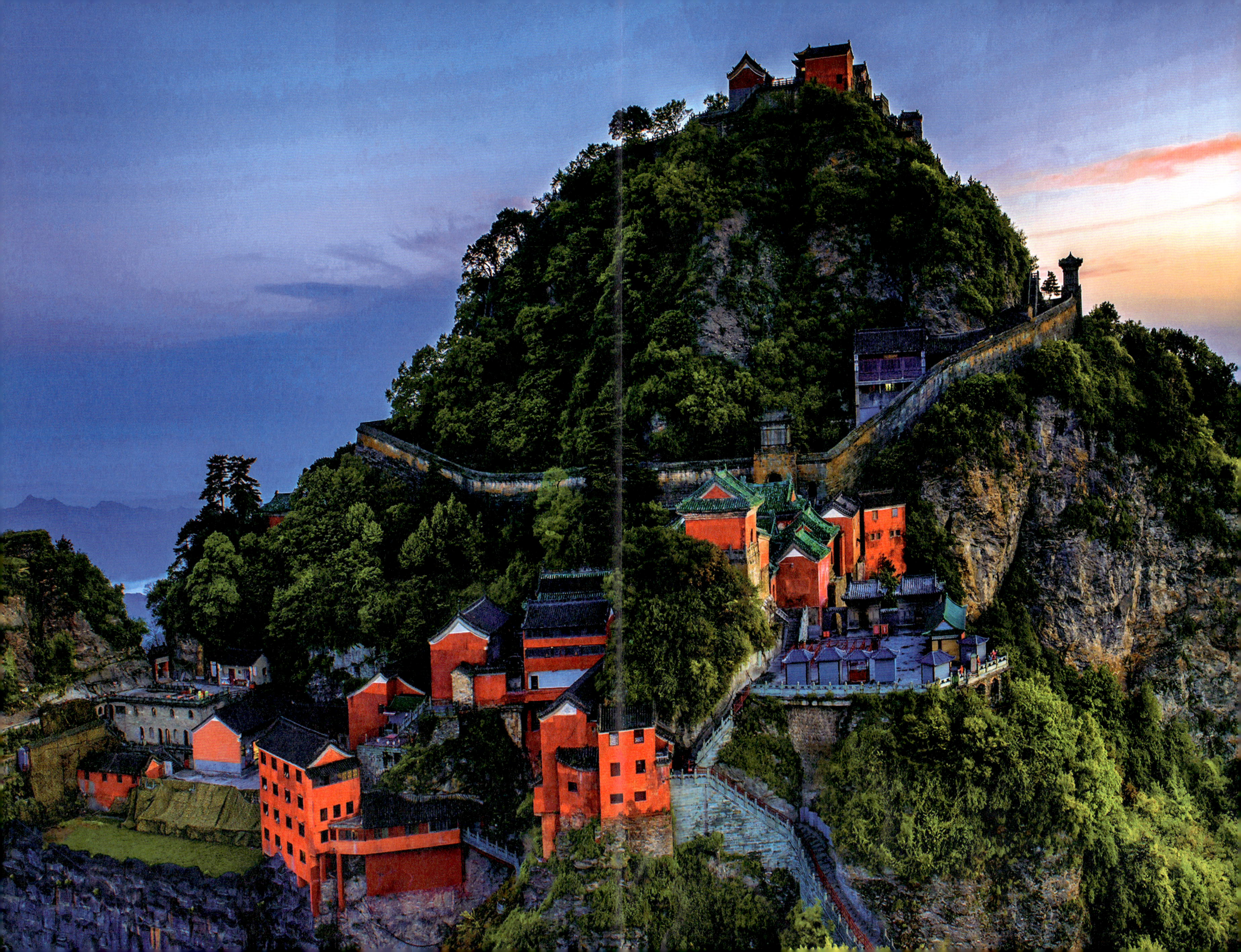

醉美

江流 楚天

JIANG LIU
CHU TIAN

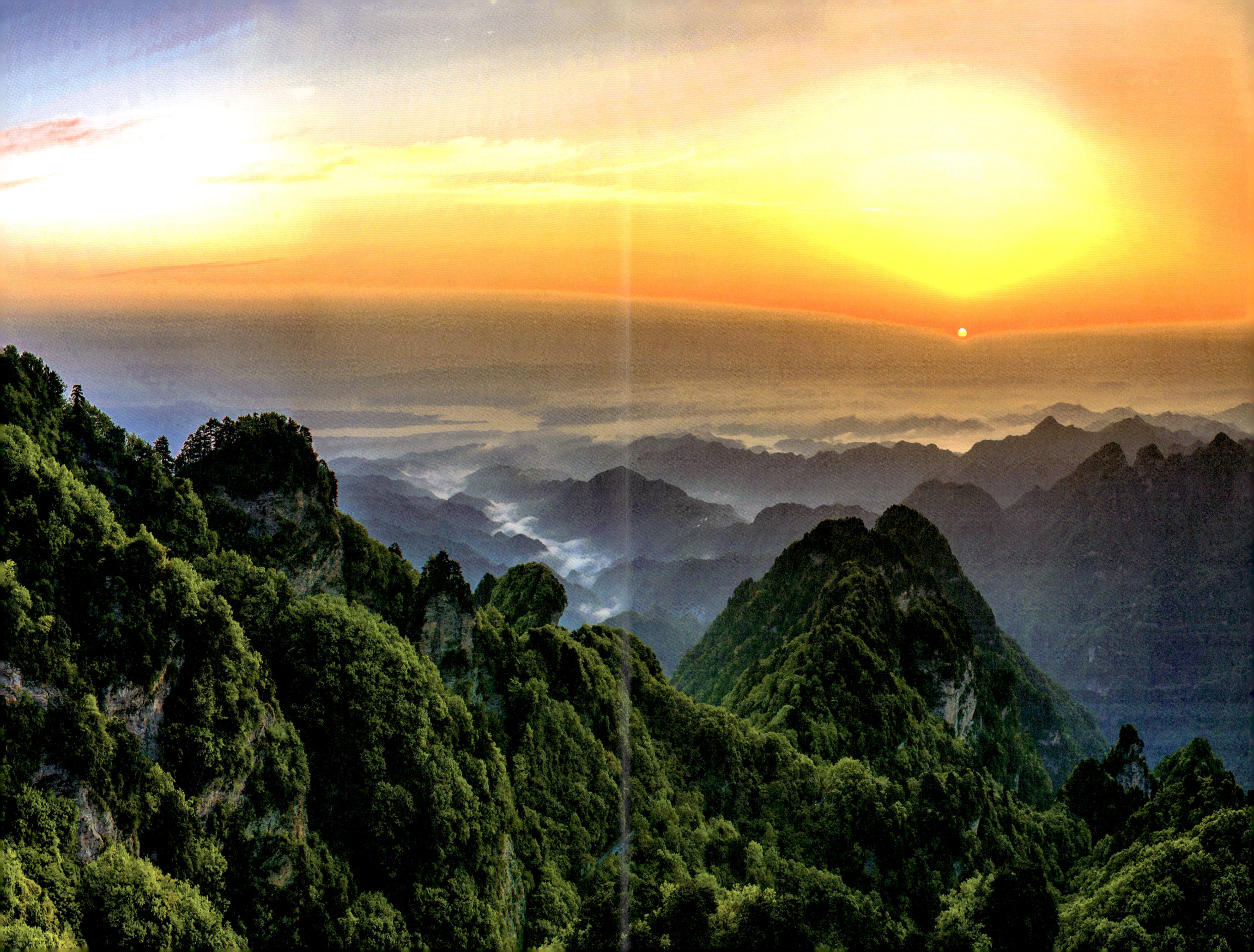

武当

江流
楚天

JIANG LIU
CHU TIAN

雄浑。沿街建筑中最引人注目的要数各地客商兴建的会馆，如山陕会馆、武昌会馆、黄州会馆。山陕会馆建于清嘉庆七年（1802年），同治年间重修过，是一座宫殿式气派雄伟的建筑，馆内装饰的砖雕、木雕、绘画书法作品被称为"三绝"，还有一口铸造于明弘治六年（1493年）的大钟，由此可以想见当年这里的繁华富庶。杨泗庙、元真观、城隍庙错落其间，还有20世纪初西方传教士建的天主教堂。满城参差高翘的女儿墙，黑瓦覆顶的屋脊，安谧幽深的街巷，仿佛一个悠远的梦境在古老城垣里延续。

火狮子是上津镇古老的民俗活动之一。相传明代中期，上津一带天旱无雨，瘟疫盛行，有一位老中医说，用硫黄配药能预防和治疗瘟疫，民间老艺人受此启发，用铁皮盔做成狮子头，玩狮子时喷撒火药（含硫黄成分），以示祛病消灾，后来上津的彩狮就变成了火狮，狮毛也变成了火红色。

郧西白龙洞猿人

常年云雾笼罩，岩穴幽深，林木葱郁，人们将这个位于郧西县城东十余千米的岭岗山地称为"神雾岭"。岭东麓有一岩溶洞穴名白龙洞，每当大雨过后，洞口就有化石暴露，附近村民便争相到洞口拣"龙骨"。1976年7月，郧西县文化馆文物干部王家政闻讯前往白龙洞进行调查，对群众采集的"龙骨"拣选鉴定，惊喜地发现其中有3枚古人类牙齿化石，伴生有许多哺乳动物化石。

1977年和1982年，中国科学院古脊椎动物与古人类研究所先后展开了两次发掘，共发现5枚人牙化石。加上此前1976年选拣出的3枚，共计8枚，其中前臼齿5枚，臼齿3枚。与之同存并出的还有大量动物化石和石器。学者将其命名为郧西猿人，这是湖北继郧县猿人后的又一重大发现。洞内动物化石堆积十分丰富，种类包括猕猴、河狸、豪猪、狐、貉、大熊猫、熊、鬣狗、剑齿虎、剑齿象、犀、鹿、牛等19个种类。

通过对郧西猿人动物群和白龙洞出土石器的综合分析，学者推断出郧西猿人所代表的时代为中更新世中期，晚于郧县猿人，大约与北京猿人时代相当。从时间上看，郧西猿人处于晚期猿人向早期智人的过渡阶段；从空间上看，郧西猿人无疑是北京猿人在中国南方的同属，填补了北京猿人生存时代南中国猿人生存的空白，从而弥补了中国南方人类进化史上的重要缺环。

郧县猿人和郧西猿人伴生的哺乳动物化石比较古老，距今约100万年至60万年。郧县和郧西均地处秦岭南麓，两地的猿人动物群化石又都基本相似，因而人们又习惯将二者统称为"郧阳猿人"。

▎竹溪古长城

汉水以南，苍茫鄂西北大山间，湖北竹溪与陕西平利交界处，两山对峙，一道中通，延伸而出的公路被一处关隘赫然截断。穿过门洞，抬头可见两个魏碑体大字"关垭"，当地人认为这是"楚长城"所在。

翻越过这段现代仿作的关隘，拨开丛生的杂草灌木，可以看到两侧残存的土墙斑驳起伏，数道残墙的组合依稀可见类似古城池的"瓮城"形状。探索者们在深山中用脚步丈量遗址，见到"古长城"的走向大致是沿陕西与湖北两省边界的山脊起伏延伸，大量荒山秋草间的石墙，低处不到一米，高处三五米，短则几十米，长则二三千米。文化研究者们从历史文献中爬梳蛛丝马迹，已知"楚长城"西始于湖北的竹山县，跨汉水辗转至河南邓县（今南阳邓州市），往北经内乡县，再向东北经鲁山县、叶县，往南跨过沙河直达泌阳县，总长将近500千米。

"想当年，金戈铁马，气吞万里如虎"，从地理位置看，这一道长城正好处在秦、楚边境地区，战国时期秦楚激烈对抗，楚国曾修建边防长城，关垭城堡可能即为竹溪县周边六处楚长城城堡遗址之一。城墙由石灰拌黏土夯筑而成，堡内屯兵，攻为据点，退为屏障。

然而，今天人们见到残留的城墙果真是春秋战国时期楚人修建的古城墙吗？

竹山县境内有一处保存下来较为完整的石砌城门，上有楹联"天开北阙人皆仰，马放南山鹤不惊"，城门面南背北，在白河县一侧（北方）可登上城门楼，而竹山县一侧（南方）则峭壁兀立、难以攀援。这表明当时人们在修筑城门时，是将竹山县一侧视作"外"，白河县这侧视作"内"的，即以白河县一侧为据点防御来自竹山县一侧的威胁。因此，仅就这处城门分析，这段城墙修建的初衷并非据楚抗秦。

事实上，仅在明清两朝这一区域就发生过多次起义军对抗中央王朝的战争。

明末卢象升在此地建寨立堡对付李自成、张献忠农民军；清初李自成余部郝摇旗、李来亨等在郧阳西部山区拥立"韩王"，坚持抗清；嘉庆元年（1796年），白莲教起义军占领了竹山县城后试图进入白河县，为抵抗白莲教入侵，

竹溪古长城

白河知县严一青与县内绅士、堡总商议筹集资金、计丁出夫，开始沿白河县南与竹山县交界的东、南、西三个方向的界岭修筑三道边墙；咸丰八年（1858年）陕西巡抚饬令在与湖北交界之处筑土当城抵挡太平军。

古长城循山脊起伏蜿蜒，隐现于群岭密林之中，它们是否是两千多年前楚长城的遗迹，历史上经过了多少次的建造，是否被后人在楚长城的基础上重修加固、再次利用？这些疑惑等待着人们去探寻。这些横亘于山岭之上的人工建筑静默地等待着有一天向世人讲述它们历经的晨岚暮霭、烟雨风霜。

汉调二黄

苍茫无际的群山砥砺山民吃苦耐劳的坚毅，蜿蜒奔流的河水浇灌人们爽朗洒脱的性格。鄂西北先民在为生计奔忙之余，喜爱热闹、向往美好的天性让他们搭建出一方风雨不侵的舞台，演绎帝王将相、英雄豪杰、痴情儿女的传奇故事，慰藉枯燥琐碎的日常，沟通起远方的人们和素未谋面的自己。这就是汉调二黄之于山民的意义。

2008年6月，以竹溪县为申报单位的汉调二黄被纳入第一批国家级非物质文化遗产代表性项目名录。这是湖北省尚在活动的9个地方稀有剧种之一，分布于竹溪县、郧阳区、丹江口市、房县、竹山县、神农架林区等鄂西北山区，属"皮黄腔系"地方戏曲剧种。

汉调二黄又称陕二黄、山二黄等，流行于陕南、川东和鄂西北等地，其唱腔

以西皮、二黄为主。西皮出自西秦腔演变的襄阳腔，俗称汉调；二黄由安徽经湖北溯汉水而上，与西皮融合而称"汉调二黄"。此外，它还吸收了昆曲、吹腔、高拨子等曲调，糅合了当地的民间音乐，并用方言演唱，逐步形成了自己的风格。

竹溪县汉调二黄起于清朝乾嘉年间，由黄州府迁徙而来落户鄂西北的移民带入楚调，与鄂西北方言语音、民间音乐、杂腔小调结合，长期糅合流变、融会贯通，逐步形成了独具地方特色、民众喜闻乐见的艺术形式。至清道光年间，各地艺人开始组班立社、挂衣登台，各班社阵容初具规模。民国年间，鄂西北各县相继有郧县万山学社、竹溪三亦社、新溪剧社、竹山三易社、房县三乐社等在舞台上活跃，且各地较大集镇也兴起了多个业余戏班，汉调二黄演出蔚然成风。

竹溪县汉调二黄戏种的基本内容主要包括剧目、声腔、表演三个方面。早期以坐堂清唱为主，多演唱传统折戏和本戏，以唱功见长；中期以传统本戏为主，有列国戏、唐代戏、宋代戏，常演剧目有"十大台""四大逼宫""四大人家""四大刺客""四大铡""四大征"和"四大姻缘"，相较其他皮黄剧种岳家戏和水浒戏较少。多数剧目取材于历史故事，所谓"常居二黄万字班，胜过一朝太史官"，反映民众关心的忠孝节义、善恶报应等主题。唱腔有西皮、二黄、唢呐二黄、反二黄、四平调等，均为板腔体，有时兼唱吹腔、杂调。表演的程式身段、行当等亦与其他剧种大同小异。竹溪县汉调二黄的区域特色主要是"郧阳官话"为主的地方语言、语音、语调造成声腔上的差别。如西皮腔本应是高亢激昂的，而汉调二黄唱西皮就显得比较平稳，唱腔更显平稳质朴、干净利落。

竹溪县汉调二黄剧团在传统剧目基础上，排演了多种现代剧目，现存剧目100多个，常演剧目30多个。有反映贴近现代生活主题的新编历史剧（基本戏）《断镯圆》《娘子县官》《爹爹你挂墙头》等，有配合"茶叶兴县"战略创作的山二黄小戏组合《村官拜师》《茶嫂招亲》《茶嫂择婚》，还有《贵客临门》《夜半锣响》《香油情》《如意梦》等十多台精品剧目。山二黄戏曲通过改革实践拓展了传统戏剧发展的空间。

▌竹山女娲传说

女娲是中华上古神话中的一位创世女神，她造人的功业不输亚当夏娃，智慧和创造力比肩雅典娜。她是传说中中华民族在襁褓时期的慈母，聚拢星辰般的山河碎片，抚平人类在苦难中前行的痛楚，在我们哭着降临世界时笑着走向永恒。

女娲神话在古文献中的记载较早见于《山海经·大荒西经》《楚辞·天问》《淮南子》诸多篇目。从考古上看，"女娲"这二字最早的古文字材料见于湖南长沙子弹库楚墓发现的战国中晚期楚国帛书，说明在战国时期伏羲女娲传说普遍流行，深入民心。从历史发展阶段看，女娲时代应是一个创世时代，大约在新石器时代早期或在母系社会时期，之后才是神农（炎帝）、黄帝时代。

女娲神话传说在鄂西北地区广泛流传，其依托的物质形态，有竹山县西80里的女娲山，"俗传女娲炼石补天即此，山下有女娲庙"；还有县南官渡河畔的伏羲传经洞、伏羲女娲阴阳双修摩崖石刻，以及中外闻名、全国最大的绿松石矿床，传说为女娲补天的五色石。

女娲神话存在于鄂西北地区大量的民歌民谣、民间故事以及"女娲娘娘"的民间祭祀中。发现于堵河源头、流布于鄂西北各地的民间丧鼓歌的代表作《黑暗传》，其第四部分"人祖创世"中，唱女娲的诗有500多行，融汇了大量女娲从出生到逝去的传说。

女娲山位于十堰市竹山县宝丰镇西南，唐代学者杜光庭《录异记》、明代徐道《神仙全传》、清代《康熙字典》"娲"字词条，均以先祖伏羲、女娲抟土造人、炼石补天的地方为竹山女娲山。女娲山景区有大小山峰22座，主峰海拔900米，上有女娲祭坛，仿八卦图形而建，女娲像高16米，主要景点还有双龙洞、打席场、女娲抟土造人处等。

作为文化英雄和母亲神，女娲最大的功绩就在于创造人类、化育人类。文献记载说她捏黄土造人，后来用绳子甩出星星点点的黄泥浆成为人；也有说女娲的肠子化成了十个神人。在人们遭受洪水泛滥、山火蔓延、猛兽肆虐、天崩地裂等巨大灾难时，女娲以无比的智慧和勇气，救民于水火，"炼五色石以补苍天，断鳌足以立四极，杀黑龙以济冀州，积芦灰以止淫水"，为民解忧的民本精神，使她在历代国家祀典和民间信仰中被无上尊崇。她创设婚姻制度，"职昏（婚）因（姻），通行媒，以重万民之判"，把远古时代乱婚、群婚改革为对偶婚姻，作笙簧导和民情，协调人际关系，促进了社会进步。

女娲是中华民族的文化英雄和母亲神，象征了中华民族用自己的双手来改造和发展自然的自强意识，她所具有的以民为本的博爱精神、大无畏的英雄气概、敢为天下先的创新精神、促进社会和谐的观念，形成了中华民族生生不息的精神内核。

学堂梁子遗址

晨光熹微的清晨，透过汉江河畔朦胧的雾气，拨开数十万寂静的尘埃，来到人类"只几个石头磨过"的小儿时节，在十堰市郧阳区青曲镇弥陀寺村学堂梁子旧石器时代遗址，遇见阳光下遥远的祖先的面容。

这是一处距今110万—80万年，集古人类化石、古动物化石和石制品为一体的旧石器时代遗址，出土的"郧县人"1号、2号、3号头骨化石，因其稽证起源、填补空白的重要性，分别入选"七五"期间"全国十大考古发现"、1990年度"全国十大考古新发现"和2022年度"全国十大考古新发现"。

1989年5月的一天，偏远的郧县因"郧县人"的名号霎时间名动海内外。一处平平无奇、名为学堂梁子的小山岗，两年间在同一探方、同一文化层内先后出土了两具完整的直立人头骨化石，分别被命名为"郧县人"1号、"郧县人"2号，同时还出土了丰富的动物化石及石制品。

2022年，一个关于"3"的奇遇悄然发生。在首次发掘33年后，距发现"郧县人"1号头骨化石35米处，学堂梁子遗址第六次考古发掘中出土了"郧县人"3号头骨化石。相比被挤压变形的前两个头骨化石，它的保存更加完好，直立人形态特点更为明确，保留了人类的解剖学特征。

现代考古科技的保驾护航，使此次遗迹的地层、埋藏、年代信息得到完整清晰的保存，为旧石器文化演进和文化序列的研究提供了重要资源。发掘过程中，高清三维矢量影像模型精准记录了遗存分布、遗存产状、沉积现象、土质土色，每一件标本均经三维轮廓打点记录坐标，这些信息资料与获取的大量沉积样品，为将来的科学研究留下了广阔空间。

生活在秦巴谷地、汉江中游岸边的"郧县人"群体，在繁盛茂密的丛林里，与熊、鹿、犀等十多个属种的动物们共同沐浴着更新世晚期温暖的阳光，他们的脑容量接近"北京人"，在1000毫升以上。他们从河滩上挑选砾石，锤击石片，打制着

学堂梁子遗址发现的古人类化石、动物化石和石器

砍砸器、刮削器、石锤、石斧、石镐，反映出阿舍利技术阶段的砾石石器制造水平。

在欧亚大陆古人类近200万年漫长的演化历程中，"郧县人"恰巧处于距今100万年左右这一关键节点上，这在中国乃至世界百万年人类演化史上可谓意义非凡，为探讨重大人类学课题提供了关键化石和文化证据。

学堂梁子遗址所在的秦岭及汉水中上游河谷是人类演化的甜蜜摇篮。约163万—115万年前的蓝田猿人、100万年前的郧县直立人、75万年前的梅铺（龙骨洞）猿人、50万年前的白龙洞直立人、10万年前的黄龙洞早期直立人，以及150余处分布在这一地带的旧石器时代各时段遗址群，呈现出人类百万年的演化廊道。在汉江之滨温暖湿润的生命廊道上，远古的人类先祖在这里往来迁徙、狩猎采集、栖息繁育。

郧县龙骨洞猿人

也许我们不能每一次都那么幸运，由一个完整的头骨了解我们的祖先，但经漫长的岁月长河淘洗后存留下来的数枚人类牙齿化石，已足够令人欣喜和激动。

十堰市郧阳区梅铺镇杜家沟龙骨洞，平日里在当地人眼中就充满了深幽隐秘的气息，高悬于距滔河河面约40米处。1975年5月，中国科学院古脊椎动物与古人类研究所的一支野外工作队来到这里，经过半年的勘查和发掘终于探明了它的真容，共获得人类牙齿化石4枚，伴随出的还有猕猴、鬣狗、小猪、豪猪、马、牛、犀牛、剑齿象、嵌齿象、大熊猫、熊、豺、狐、獏、獾、河狸、水獭、鱼鳖等20多种动物化石，以及一件有人工打制痕迹的石核。

这4枚牙齿的三个主人处于不同年龄段，但牙齿都较现代人更为硕大。4枚人类牙齿化石均为左侧牙，上内侧门齿磨蚀后略露出齿质，下外侧门齿严重磨蚀，齿冠磨耗三分之一，露出大片齿质，上第二白齿仅有轻微磨蚀。齿冠硕大，齿根粗壮，门齿呈铲形构造，底结节发达，尤其是前臼齿嚼面附脊发育，齿冠面积明显大于北京猿人，几乎是现代人的两倍。

古人类学专家认为："郧县的4枚牙齿和晚期猿人中的北京猿人、爪哇猿人的同类牙齿很相似，分类当归属于直立人之列。"这是湖北境内最早发现并经科学鉴定的猿人化石，通常称之为"郧县猿人"，生存时代为距今80万—70万年，是较早猿人向较晚猿人过渡的中间形态。郧县猿人化石的发现在中国人类进化史上具有重要的时空意义，在时间上，郧县猿人介于元谋猿人与北京猿人之间；从空间上看，郧县猿人居地不仅恰好位于元谋猿人与北京猿人居地间的中点上，而且也正好与蓝田猿人互为东西。

辽瓦店子遗址

汉江在柳陂镇辽瓦村来了一个任性的大幅度左向弯曲，回流后不屈不挠地折而北上。上游向西约1千米处即为汉江支流堵河的入口，江中的韩家洲守望着奔流不息的江水，也远眺着汉江南岸一个面积达20万平方米的独立台形盆地，默默等待着辽瓦店子遗址被世人瞩目的那天。

2005—2009年，武汉大学和湖北省文物考古研究所经过连续5年不懈的努力，发掘面积达1.2万余平方米，已知发掘堆积厚度可达3.5米，确认这里是一处堆积极为丰富、绵延时间较长的重要大型聚落遗址。辽瓦店子遗址保存了自新石器时代石家河文化一直到唐宋时期的遗存，涉及多个文化类型，如新石器时代的仰韶文化、屈家岭文化、石家河文化、龙山文化等，2007年被评为"全国十大考古新发现"之一，并被列为第五批省级文物保护单位。

辽瓦店子遗址的发现有重要的学术价值，有助于建立起汉江上游区域文化发展序列的标尺。该遗址的夏时期遗迹丰富，保存了较好的聚落形态，具备聚落考古研究的条件，并且首次在鄂西北地区发现典型的商文化遗存，对商代历史、文化、地理等方面的研究都很重要。

辽瓦店子遗址地处楚文化起源的核心地带，其中夏商时期遗存明显与北方中原同期文化相同。到了西周晚期，这里的文化面貌已经有了质的变化，以鬲盂罐豆为组合的典型楚遗存占据了主导地位，春秋时期几乎全部是典型的楚器。遗址中清晰的商、两周时期文化的演变关系，为探讨楚文化的起源和发展提供了重要线索，不仅从考古学上证明西周晚期楚人的势力已经到达了这里，而且说明此地已经成为楚人的一个重要据点。

在十堰地域的"古人类长廊"中，先后发掘出了旧、新石器时代古人类遗址及"郧县梅铺猿人""郧西猿人""郧县人"等古人类化石。但在这条清晰的人类演变链条中，却没有夏商周时期（约公元前2070—公元前256年）的文物实证，辽瓦店子遗址中出土的大量夏商周时期的遗迹遗物，弥补了这一"缺环"，有助于串起一部完整的华夏文明编年史。

郧阳区凤凰灯舞

凤凰，象征高贵圣洁、吉庆祥和，具有坚忍不拔、激越昂扬的精神特质。楚人尊崇浴火重生之凤，视凤为先祖祝融的化身，并将凤作为族群的象征尊崇。在各地出土的楚文物中，凤的形象千姿百态、瑰奇壮美，是生活在荆楚大地上的人们内心深处不可磨灭的文化基因。有"楚人崇凤活化石"之称的凤凰灯舞，将对凤的尊崇物化到日常娱乐活动中，生动地诠释了楚人崇凤之风。

湖北各地尤以十堰市郧阳区凤凰灯舞最具特色，其以优美的音乐、精湛的工艺造型、典雅细腻的拟人化表演，成为全国独一无二的灯舞表演形式，2014年入选第四批国家级非物质文化遗产名录。

凤凰灯舞集民间纸扎、绘画和乐曲、舞蹈于一体，当地人又称之为"玩凤凰""凤凰舞"。《丹凤朝阳》是凤凰灯舞的传统表演节目，分为"牡丹""朝阳"两大情节，表演流程为凤鸣、出巢、游园、寻花、戏牡丹、擦痒、理羽、打盹、朝阳、扑翅等，最后向观众"三点头"表示致谢，着力表现出凤凰"三爱"性格：爱静（表现为警觉性很高）；爱花中之冠牡丹；爱万物之灵太阳。

凤凰灯用竹篾和铁丝扎制骨架，用细布、彩纸裱糊剪巾，通身用五色彩纸装饰成绚丽的羽毛，从凤头到凤尾长约8米，两翼展开宽约2米，表演时双翅能扇动，凤尾亦可翘动，凤凰灯由两人分别掌持头、尾回环舞动，上下翻飞。另有4盏鲜花灯、1盏牡丹花灯和1盏太阳灯，分别由6人举着立于表演场地四周，并由地方花鼓、民歌小调和民间吹打的乐曲伴奏，激越欢快。每逢春节、元宵节等传统

凤凰灯舞

佳节，舞凤凰灯成为万众瞩目的焦点，烘托出热闹欢快、喜庆祥和的节日氛围。

凤凰灯舞确切的起源难以考述，在郧阳柳陂镇木龙嘴村财神庙壁画中，凤凰灯舞表演活灵活现，刹那的繁华被定格下来。民间传说凤凰灯舞起源与清末郧县城关镇进士王明德有关。王明德是清光绪九年（1883年）癸未科进士，辞官回乡后定居郧阳城，他每年元宵节都要派人在府门前悬挂竹篾扎制、五彩纸裱糊的凤凰灯，在头部和身体内放置蜡烛，颈部还可以活动，以示普天同庆、与众同乐，成为当地老百姓争相观看的景致。民间玩灯艺人受此启发，以之为原型放大尺寸，创制出凤凰灯的雏形。另一说满族人乌兰牧骑在1908年带着20余名民间凤凰灯舞艺人从河南省淅川县荆紫关镇迁徙至郧阳府，建造郧阳凤凰戏楼，舞起了凤凰灯舞，并写下了《凤凰谱》。

100多年来技艺精湛的民间艺人推动了凤凰灯舞的传承和发展，经过不断传承改进，凤凰灯在道具制作、表演程式和音乐曲调等方面日益成熟，形成现在凤凰灯舞的道具形制和表演范式，成为程式完整、独具特色的民间花灯舞。

人称"赵银匠"的赵培基，独创"烘"的绘制手法，以色彩晕染凤头（脸）、描画凤眼，经他烘出的丹凤眼，浓淡互渗、层次丰富。老艺人王春堂潜心观察"打鸡"（阉过的大公鸡）理羽、摇翅、打盹等生活形态，模仿运用到凤凰灯的表演中，总结出"脚眼手身法，心肝脾肺神"的10字表演艺诀，还运用戏曲曲调，增添了凤凰灯舞音乐古朴典雅、柔婉流畅的特色。最知名的传承家族要数"耿家凤凰"，耿家精通凤凰灯舞扎、裱、画的各个制作环节，同时能自行伴奏、表演，推动了凤凰灯舞的扎制与表演工艺。

尹吉甫遗迹及其传说

藏身于山坳间的房县榔口乡更名为尹吉甫镇，以"尹吉甫"这个熠熠生辉的名字标识山野小镇悠久的文化脉络。在镇上不大的纪念园中，尹吉甫手握一卷《诗经》的塑像伫立，穿越千年的风霜向我们走来。

宋代房县青峰镇曾出土一件青铜器"兮甲盘"，也叫"兮伯吉父盘"，上有铭文133个字，记述了尹吉甫的生平事迹。明清县志均载尹吉甫为房陵（即房县）人，食邑于房，死后归葬房县青峰山。房县万峪河乡有尹吉甫老宅，尹吉甫镇万峰山宝堂寺祭祀尹吉甫，青峰镇有尹吉甫的墓和墓碑，本地还居住着大量尹姓后裔。

尹吉甫实际上以兮为氏，名甲，字伯吉父，又作吉甫，全称为"兮甲吉甫"或"兮伯吉父"，是西周宣王时期（公元前827—公元前782年）的大臣，文能治国、武能安邦。他是我国第一部诗歌总集《诗经》的主要采集者，文化功绩彪炳千秋；他曾于周宣王五年（公元前823年）奉命率军出兵太原，征伐侵扰西周边境的北方游牧民族猃狁，《诗经·六月》赞颂他"文武吉甫，万邦为宪"，他的武功事业载于史册。

周王室设立专门机构、任命职业采诗官从民间采集歌谣。和风送暖、万物复苏的季节，一声声清脆的木铎声在乡野小路上回荡，溪水幽鸣的田亩间，锄禾犁地的农夫们聚拢到采诗官身边，他们歌唱伐木丁丁、剥枣获稻的农事生活，鸡栖于埘、羊牛下来的农家日常，也倾诉雨雪霏霏的悲苦和对硕鼠苛政的愤懑。采诗官一边凝神倾听，一边在竹简上记录。为了采集民间歌谣，尹吉甫走过许多地方并留下遗迹，这也许是河北沧州、四川泸州、山西平遥等地都争相自称尹吉甫故乡的原因。

众多尹吉甫传说在房县及其周边地区流传。《天官坟》用七言句式传唱了尹吉甫辅佐周宣王，征战猃狁，采编《诗经》，拜为太师，蒙冤被杀而得赐金头，十二棺椁葬天官的全过程；《石屋寺》传说"左狮右象""日月生辉"的地形，加之石窟烧不坏、沤不烂的特点使尹吉甫最终决定将石屋寺（宝堂寺）修建于万峰山上；《兮甲进贡》讲述房县"神农皇黄酒"得名的由来是兮甲（尹吉甫）代房国国君进贡"白茅"给周宣王,而"白茅"相传为神农氏所创。

尹吉甫传说整合了文化名人尹吉甫、数百年流传的民间故事、古建筑宝堂寺、特色产品房县黄酒等文化资源,构建起内涵丰富的地域文化景观。

武当山宫观道乐

在庄严肃穆、香烛缭绕的殿宇中,连绵流畅、细腻纤婉的旋律响起,一派玉宇澄清、纤尘不染的仙界景象伴随乐曲在修持者的意念中逐渐升腾。这种古老的仪式旋律在晨岚暮霭间已传布了千百年。

武当山宫观道乐是指在武当山开宗布道的各道教教派,运用并传承下来的道场科仪音乐,2006年入选第一批国家级非物质文化遗产代表性项目名录。传承中心主要是武当山琼台中观、太和宫、紫霄宫等道观和周边乡镇,包括谷城、郧阳等地区。

明成祖朱棣北修故宫,南建武当,功成亲撰《大明御制玄教乐章》,其中有"玄天上帝乐章""玄天上帝词曲"。永乐十六年(1418年)武当宫观建成之际,皇帝选派出家于苏州玄妙观的神乐观乐舞生张道贤任玄天玉虚宫提点。明代皇帝还钦赐乐器给武当山宫观,八宫二观和较大的庵堂均能配合祀典法事活动独立演奏道乐。武当道教在明代受皇室尊崇信奉的崇高地位,使武当山宫观道乐较多得到宫廷音乐的滋养,随着武当道教信仰在民间兴盛,道众间的往来沟通、各地香客的朝山信仰活动推动了武当道乐与其他音乐元素的交流互鉴。

道乐活动范围和演唱风格可分为"出家""在家"两大流派。出家派指武当山上宫观的道乐,演唱者以全真道道士为主,也有正一道道士,一般用于日常修行法事和祀典中,音乐风格庄严肃穆、沉静舒缓,有浓厚的宗教韵味和古典音乐气质。在家派即以火居道人为主体,主要活动在武当山周围的乡镇,在民间举行的仪式中演唱音乐风格较为欢快明朗,具有浓郁的世俗生活气息。虽然活动场合、功能与风格有差异,但两派音乐的常用曲目、乐器组合、表演形式大体一致。

武当山宫观道乐是密切配合宗教科范仪式使用的音乐,贯穿于法事活动中,起着烘托宗教气氛、渲染法事情节的作用。在修道法事、纪念法事和斋醮法事三种类型的法事活动中应用的音乐有所不同。修道法事是道士自我修持的日常功课,又称"早晚课"或"早晚坛",经文唱法有咏唱、念唱、吟唱三种,演奏的主要曲目有《澄清韵》《吊挂》等。斋醮法事的音乐环节主要有独灯、禹步、唱礼、音乐间奏。纪念法事的音乐演奏规模宏大,有特定的经文和演唱曲目。所使用的伴奏乐器(法器)有堂鼓、钟、吊锣、铙、钹、大木鱼等打击乐器。击乐全奏一般用于咏唱时,悠缓典雅的歌声与抑扬顿挫的击乐声共同营造出肃穆庄重的氛围。

武当山宫观道乐多数情况下是"歌乐一体",在"步罡踏斗"时又是"歌乐舞一体"。音乐体裁有韵腔和曲牌之分。韵腔是演唱各类经文的声乐曲,是武当山宫观道乐的主体,分阳调、阴调。阳调用于宫观里的在观道士演唱修道法事和纪念法事中的抒咏性韵腔,唱诵的对象是神灵和意念,乐韵典雅肃穆,旋律婉转回环,拖腔较长,多用衬字;阴调用于斋醮法事的抒咏性韵腔,歌唱对象为各类鬼魂亡人,内容为超度。曲牌有正曲、耍曲、法器牌子三小类,正曲多为具有宗教信仰色彩的专用牌子,如《木本经》《大五声佛》《白鹤翅》,少数从民间戏曲音乐曲牌而来,如《小开门》;耍曲主要用于法事科仪正式开始前和进程中,多为民间乐曲;法器牌子是指用各种打击乐器及朝拜祖师克制鬼蜮的器物演奏的器乐牌子。

宫观内外的修持、祭祀圣祖以及祈福谢恩、祛病延寿、祈晴祷雨、解厄禳灾、炼度赈济等法事,都蕴涵着关爱生命福祉、维系人际和谐的积极因素。配合这些活动使用的道教音乐是表达宗教信仰、宣扬教理教义、烘托宗教氛围、渲染法事情节的艺术手段,也是奉道者修身养性的重要行为方式,它纯朴、飘逸的自然风韵也给游客带来清远淡雅和超凡脱俗的体验。

武当山宫观道乐主要成分是古代宫廷音乐,亦受到成熟的民间音乐影响,在曲名、形态上形成了纯正的道教音乐类型,保留了古老纯真、庄重典雅的韵腔曲调,各类法器牌子俱全。风格既保留了道教全真派"十方韵"的音乐特色,又具有多教派音乐混融的风韵,保存了传统民族音乐的丰厚资源。

▎武当山朝山进香民俗

龙头香兀立在武当山南岩之上,凌空伸出盘旋飞舞的雕龙石梁约 2.9 米,宽仅 0.3 米,龙头上雕刻着端庄古朴的香炉。明清时期心怀宏愿的信众来到这里,不恤坠崖殒身的危险在此烧香祝祷以示虔诚。凝望金顶700余年的龙头香，抖落深秋空谷的寂寞，仿佛看见了古往今来风尘仆仆的人们满身满眼的诚恳和虔敬。

朝山进香是信教民众亲诣宗教圣地向所信奉的对象朝拜、烧香的习俗。武当道教崇奉的主神是真武大帝，早在唐代以前就有真武大帝的原型玄武神，其因职掌北方和司水、司命、司生殖等神性特征受到民间广泛奉祀；宋元以降，在道经宣传其捍灾御患、降妖除魔，皇室尊崇其为治世福神、玄天上帝后，民间更加虔敬地将其视为能察善恶、掌寿命、主超生、佑财富的神灵。以朝拜武当山真武神为主要目的的朝山进香民俗已传承了上千年，历经兴衰沉寂而延续至今。

历史上武当山朝山进香活动以明代最为兴盛，而朝武当亦是明代在全国影响最大的道教信仰民俗。明成祖举全国之力、毕14年之功修建了武当山33处宫观庵，"高甍巨栋，摩切霄汉。金碧绚烂，照耀山谷"，武当山真武神在皇室扶持下成为上起天潢贵胄、官宦士绅，下至贩夫走卒、白丁黔首都崇奉的道教信仰。朝堂内外共同塑造的"天真瑞应"等灵验故事更加激发了民众朝拜武当山真武神的热情，以致"岁时谒礼焚修之众，无问男女士庶，骈肩接踵，跂跂来归。偈铙呗诵之声，响震林谷。前驱后拥，靡寒暑昼夜间也"。

道经认为农历三月初三为真武诞辰、九月初九为真武得道飞升日，这时真武神会下降人间录善惩恶，受人供奉祷拜。还有春节前后、七月十五等特殊节日，武当山朝山进香活动最为集中，此外春秋两季较为活跃，有进"春香""秋香"之说。元明以来武当山香客来源的地域分布十分广泛，涉及北京、河北、辽宁、山东、山西、甘肃、河南、陕西、安徽、江西、江苏、湖南、湖北、广西、广东、云南、四川、浙江、福建，以及台湾、香港等20余个省市地区。

香客朝武当向真武神祈求消灾解厄、健康平安、福寿财禄、子嗣绵延，愿望愈迫切祈祷愈虔诚，并将这种虔诚寄寓在特定的仪式行为中，而且在习俗传承延续中形成了朝香活动的规矩、习惯和程序。进香前会斋戒沐浴，祭祀亡故的祖先并禀告；进香时着装整洁素净，途中多做好事、广结善缘；进山后神情肃穆，遇庙烧香、见神磕头，向真武神贡献的仪物以清油、净水、灯烛、鲜果、清茶、枣汤、黄白花为宜。

民间进香形式一般有个体进散香与香会团体进香两种。香会是由信众为进香自发聚合而成的民间宗教组织。据现存武当山进香碑记载，最迟在明嘉靖年间已有了香会组织，管理组织者称"会首""香头"，组织结构一般以地缘为纽带，一村或数村结成一社，香会代表多则几十上百人，少则数人不等，需缴纳会费由会首支配，用于购买礼神祭品和途中开销。香会进香的程序可分为准备、烧信香、起程、沿途、进山、朝顶、建醮、游宫、返程、接香客、刻石立碑等项。此外还有信徒通过实行残酷自我折磨以求神怜悯保佑的特殊进香形式，主要是为父母许下宏誓大愿，舍身添父母寿。

与朝山进香活动相呼应，在特殊节日或集中朝香活动时，宫观道士会举行祭神的大型法事活动，也为香客举行超度祖先、还愿祈福等法事服务，还有拜龙头香、信物开光、撞吉祥钟等事项。此外还有地方政府和民间团体组织的武当功夫表演、武当茶道表演、皮影戏、民间歌舞、地方戏曲、杂技、灯会等民俗活动。

武当山古建筑群

在峰峦叠翠、幽岩深壑的八百里武当山上，两万余间宫观庵庙金碧辉煌，回环往复、攀援而上的百里古神道，沿线的建筑组群匠心独具，"五里一庵十里宫，丹墙翠瓦望玲珑。楼台隐映金银气，林岫回环画镜中"。1982年，金殿、南岩宫等五处古建筑被列为全国重点文物保护单位，1994年武当山古建筑群入选联合国教科文组织世界文化遗产名录。

汉晋之世修仙隐逸、药石延年的隐者来到这山形独特、灵气所聚的山间，开始营建岩庙、修屋建桥。唐代贞观年间姚简祈雨灵验，帝王敕建庙宇由此开始，宋元续有建置。明代，成祖北建故宫、南修武当，建成武当山九宫八观、三十六庵堂、七十二岩庙、二十多座亭台和四十多座桥梁，使武当山成为全国规模最大的道教圣地。出于靖难夺嫡合法化和强化继统权威的政治需要，永乐九年（1411年）明成祖委派隆平侯张信、驸马都尉沐昕开始主持测量规划、征调民夫、储备物料事宜，永乐十年至十六年（1412—1418年）完成了五大宫及其他二十余处宫观庵庙等主体工程，永乐十七年至二十二年（1419—1424年）继续补充增建了一些小庵庙及大宫观附近的亭台围墙。明政府为修建武当山共征调十五个工种的工匠，湖广、江浙、河南、陕西、四川等地的夫役三十余万人，"用南五省之赋作之，十四年而成，此殆不可以万万计者"。

武当山古建筑

　　武当山古建筑群在空间上相互呼应，以大顶金殿为空间主轴，均州净乐宫遥对天柱峰，走东神道一路行进到玄岳门至遇真宫复见金顶，到南岩宫，其大殿中轴和龙头香均正对金顶，在山重水复的进山道路上构建起以金顶为尊的空间秩序，在一见再见三见的观览过程中营造出神圣奇绝、引人入胜的审美感受。上至太和宫仰视朝圣殿、南天门、金殿都位于建筑中轴线上，从金顶向西北方向遥望，从金殿侧面中轴线延伸出去，可以连接起南岩宫飞升台和五龙宫碑亭。让人不由惊叹此山营造经圣手擘画、仙笔点染，鬼斧神工，一气呵成。

　　在武当山工程建造过程中，明成祖明令"相其广狭，定其规制""太和山大顶，砌造四维墙垣，其山本身分毫不要修动"，确立了顺应自然、尊重环境的观念。宫、观、庵、庙、亭、台、桥梁、道路布局在峰峦崖涧间，顺应地貌形态和环境特点，疏密设置、规格大小与周围的地势、林木、岩石、溪涧相互融合，妙化无痕，巧夺天工。

　　武当山建筑景观根据玄帝修仙神话构建，将真武修真飞升的神话故事落实于建筑布局。明成祖敕建的五大宫中，五龙宫、紫霄宫、南岩宫皆为道经所载玄帝修炼之地，是在前代旧宫基础上翻修扩建，新创建的净乐宫、玉虚宫与玄帝出身

为净乐国王子、"玉虚师相"是玄帝尊号密切相关，因天柱峰为玄帝飞升之所而建金殿以示无上尊崇。

紫霄宫是现存武当山道教建筑群中保存最为完好的一座道宫，周围冈峦天然形成一把二龙戏珠的宝椅。基址位于山环水抱中央，背山面水，负阴抱阳，藏风聚气，自为奥区。在壮阔的山体上逐级抬升地布置着山门、朝拜殿、紫霄殿、父母殿，四重殿堂依山叠砌，观览者端拱仰视，顶礼膜拜的肃穆油然而生。紫霄殿依山耸立，三层丹墀拱卫，营造出神宫高峙的恢宏气度和庄严肃穆的宗教氛围。殿内屋顶饰以天花、藻井，内槽为八方藻井，外槽中心绘太极图，外围绘神仙人物图案和彩绘旋子流云的天花。殿外屋顶是重檐歇山顶，屋脊上装饰着19条镂空琉璃脊，脊上盘踞着正脊宝瓶及鸱吻、龙、凤、雄狮和麒麟等，翼角是展翅欲飞的琉璃凤凰，凤下有神仙人物，造型优美，线条流畅。以朱红色装饰墙面、门窗、柱子等处，檐下的阴影部分用蓝绿色相配，形成冷暖色调的对比。层叠稳固的力学支撑，精美绝伦的视觉装饰，体现了雍容典雅的皇家建筑风范，蕴涵着云外清都的悠远玄妙。

武当山金殿及殿内的神像供器等全部为铜铸鎏金，是中国古代最高规格的铜铸殿堂，代表了传统铜器铸造、装配、鎏金工艺的杰出科技水平。

武当山建筑群的选点布局、法式结构、装饰雕刻严谨有序、精致华美，充分表现出封建统治者和道教信仰所需的威严庄重和玄妙神奇的建筑性格。典型的道教建筑与奇异的自然风光完美结合，营造出"仙山琼阁"的优美意境，是中国传统建筑中天人合一美学思想的优秀代表，建筑规模的宏伟整饬和工艺的精美繁复，堪称世界级古建筑奇迹。

▎武当武术

在金庸小说中独步武林而心怀天下，超凡脱俗却一往情深的张三丰，是开宗立派、心系苍生的侠之大者。"北崇少林，南尊武当"，在中国传统武术的谱系中，武当武术旗帜高标，深受道家功夫的氤氲滋养。武当山在汉魏两晋已是修道者荟萃之所，道士在修炼中往往以武术为辅助手段。元明之际内丹道士张三丰在道家功夫基础上，吸收少林武术的长处，创建了功法、套路、格斗三位一体的武当内家拳。

张三丰曾在武当山修炼二十余年，明太祖、明成祖慕其道行高深，派人四处寻访未果后，于武当山建遇真宫崇奉。《明史·张三丰传》记载他俗称张邋遢，不修边幅，身量伟岸，龟形鹤背，大耳圆目，须髯如戟，一蓑一衲可度寒暑，民间流传着他一日可行千里，朝苍梧而暮北海的神异传说。

武当武术外柔内刚、行云流水的风格在武林中独树一帜。张三丰观看蛇鹊相斗而悟拳法的故事，阐述了以静制动、以柔克刚之理：天空中的鸟攻势凌厉，气势汹汹张牙舞爪地袭击蛇，地上的蛇却秉神凝息、伺机而动，待鸟精疲力尽时，蛇以迅雷不及掩耳之势发起致命攻击。这种"以静制动，犯者应手即仆"的内家拳术，与搏击术强调进攻和运动不同，侧重防守之静待，通过把握微妙的动态平衡，实现"以静制动，以柔克刚，顺人之势，借人之力"。

武当武术既有深厚的传统搏击技艺底蕴，也蕴含着精湛丰富的养生修心原理。张三丰以道家内丹修炼的原理为基础，将道教的气功炼养之旨融入拳法，讲究意、气、力的协调统一。道教内丹修炼讲究"性命双修"，使精神方面的"性功"修炼与形体方面的"命功"修炼相结合。"学太极拳为入道之基，入道以养心定性、聚气敛神为主"，张三丰主张"先性后命""以性统命"，使道教"内功"修炼与拳术"外功"相统一，将武术由抗敌搏杀的功能拓展至练功养生、防身保健。

武当武术从道法自然、太极阴阳等道教哲学理念中获得创生和习练的理论指导。太极拳的修炼主张动静相因、虚实结合，八卦掌将易学阴阳变化理论融入拳术。武术家们主张师万物、法天地，从自然现象的衍生变化中获得灵感和启迪，如通过模仿动物姿态创编出象形拳，如螳螂拳、蛇拳、虎拳、鹤拳、鹰爪拳；武术的练习讲究顺应自然界四季晨昏的变化，讲究练习者的生理心理状态与环境（季节、时辰、地点、方向）的配合。

武当武术文化保持着强大的文化凝聚力，人们对张三丰的尊崇和认同，超越了武当山地域的限制，明清以来社会流传的大多数太极拳流派都自觉划归武当武术流派，并且保留着比较清晰的传承谱系。武当武术主要包括太极拳、形意拳、八卦掌、武当气功、武当剑等拳法和器械术，在长期的发展过程中形成了许多拳种、门派。

武当武术具有技艺灵巧、刚柔并济、内蕴深厚、崇道尚德的特性，集技击健身、修养身心和艺术审美价值于一身。以太极拳为代表的武当武术是中华优秀传统文化的结晶，也深受世界各国人民喜爱。据统计，全球共有150多个国家和地区约5亿人习练太极拳。武当武术已成为中国对外交流的桥梁，世界由此了解中国文化、读懂中国，促进了民心相通、文化互通、文明融通。

伍家沟民间故事

伍家沟村是一个位于武当山西北麓、临近丹江口库区浕汉的闭塞偏僻的小山村，却成为联合国教科文组织纪录片的主角。20世纪90年代，"中国民间故事村"伍家沟通过纪录片《伍家沟故事村》向世人展示了它朴野刚健的面容。

"九沟十八洼，一百单八岔，岔岔有人家"，200多户人家散落在海拔300~500米的山丘梁岔之间，土地贫瘠、引水灌溉不便，人均耕地不到一亩，这是伍家沟民间故事的孕育环境。20世纪60年代丹江口水库建成、古均州城被淹没以前，这个村子与汉江水运重镇、南北交通要道均州城联系密切。南来北往的贩夫走卒会聚均州城的茶馆酒肆码头，带来了天南海北的奇谈怪闻；相距仅数十里的道教圣地武当山不仅常年吸引着来自大江南北的香客，而且神秘莫测的道教文化为民间故事增添了丰富情节和想象空间；此外这个村庄的居民多为明清时期外来移民的后裔，保留了诸多异地风俗的记忆，这些或许是伍家沟民间故事孕育和生长的沃土。

在很长一段时间里，这里对外交通交流相对闭塞，人们保持着古老的生产生活习惯和文化传统，使这里的民间文学形态得到较为完整的保留，如同奇花异草生长在远离闹市的深山野坳。"拍古经""拍瞎话"是这里的村民在农事

伍家沟故事村

劳作之余、茶余饭后消遣娱乐的首选。任它屋外天寒地冻，一家人围坐在哔啵作响的炉火旁，孩子在这些本土故事的滋养下获得对人世初始的认识，老人在口口相传的古话中寄寓平生的经验，朴素的生存法则和独特的文化密码在代际间传递，漫长寂寥又不免苦涩的乡村生活，在故事讲述中获得想象的滋润、人际的温暖和精神的慰藉。

据20世纪90年代的调查，这个800多人的村子，会讲故事、唱民歌的人约占总人口的十分之一，能讲50个故事以上的"故事篓子"有数十人，能讲100个故事以上的"故事家"若干。20世纪80年代中期至90年代中期，国家文化事业方兴未艾，"民间文学三套集成"工作如火如荼，经地方文化工作者的努力，伍家沟民间故事讲述和搜集整理工作掀起了一个高峰，呈现出"传统复兴"的态势。

村民登上舞台表演讲故事，争先恐后地向外界展示本村讲故事的传统习俗，表达对本地文化的高度认同和集体自豪感。民间文化和文学研究学者来到伍家沟村实地考察，撰写学术论文并向有关部门建言献策，引起国内乃至国际学术界的关注。人类文化的"活化石"、中国民间文学的"半坡遗址"等雅号，反映了伍家沟民间故事在民俗文化和民间文学中不可小觑的分量，2006年，伍家沟民间故事入选第一批国家级非物质文化遗产代表性项目名录。

现已出版的《伍家沟村民间故事集》一、二集，共收录故事400余篇，另有民歌1000余首，还有丰富的歌谣、谚语、谜语、歇后语等通俗语言艺术。参与伍家沟民间故事发掘的刘守华先生说："这些作品来自一个村的口头传承，具有民间文学古朴、刚健的本色，不仅散发出民间文学的泥土清香，尤其具有较高的文化价值。"

伍家沟民间故事的类型主要有神话故事、传说故事、动物故事、神鬼精怪故事和生活故事，其他地方少见而又最具特色的神鬼精怪故事，在伍家沟占有较大比重。这类故事展现出一个奇幻美妙的世界，獐子、蜈蚣、蚌蛤、老鳖等皆能化作人形参与人们的家庭生活，鬼灵都与人类社会中的善恶是非息息相关，善恶有报的逻辑主导着这些故事的结局，朴实生动的语言呈现出神奇古朴的风貌和丰富的内涵。相较于具有中原文化浑厚特色的河北耿村，伍家沟的故事"以染有神秘幽玄的道教文化色彩显现出自己的特殊魅力与价值"。

吕家河民歌

在武当山的后山峡谷间，弯弯曲曲的九道河与西河交汇处的狭窄平地上坐落着"汉民族民歌第一村"吕家河，沙哑粗糙的嗓音发出质朴铿锵的旋律，为这个偏远贫瘠的山村传唱出富饶的精神世界和昂扬的生命活力。

21世纪初的调查显示，在吕家河这个180余户、749人的村子里，会唱2小时以上民歌的歌手85人，占总人口十分之一以上，其中4人能唱千首民歌。2008年，吕家河民歌入选第二批国家级非物质文化代表性项目遗产名录（传统音乐）。

吕家河村隶属丹江口市官山镇，北距武当山天柱峰金顶仅25千米，前往武当山朝香者通常取道吕家河从南神道上山。明成祖大修武当时征调全国民夫三十万，太和山南麓的官山镇是民夫生活起居的后勤基地，武当宫观建成后由均州千户所军户二千至五千人不等承担日常维修任务，并发拨徙自外地的五百余佃户供赡宫观道士，官山镇即因保护武当山宫观被拨作官产加以封禁而得名。明代武当山的大修曾给周边地域带来了一波外来移民浪潮，以劳动人民为主的外来移民在这片狭小地域内会聚，带来了各地民间文化的因子。因真武信仰而来到此地的香客亦在数百年中加强了本地民俗与异地的交流互动，构成吕家河民歌的历史文化的近因。

吕家河地处古房陵，地方志记载西周时为宣王采诗的尹吉甫即房陵人士，中国第一部诗歌总集《诗经》源远流长，遥遥辉映并滋养了鲜活的民间口头文学。在春秋战国时期，此地居秦楚之间，大受楚地巫觋歌舞祭祀之风的影响。此后地处偏远的房陵在武则天时与中央王朝发生关联，成为唐中宗李显的迁居之地，据说李显的随从人马在此垦荒劳作时所唱民歌仍回响在本地"唐将班"的名号中。这些历史的遗响构成吕家河民歌在文化传统上的远源。

吕家河民歌内容可分为阴歌、阳歌、长篇叙事诗三类。阴歌也称孝歌、丧歌、待尸歌，是办丧事时在夜间唱的歌，因此也称"夜锣鼓"。阴歌分歌头、劝善歌、翻田埂、还阳歌四大部分，歌头与祭祀、招魂等仪式紧密联系在一起；劝善歌是教化听众感恩父母、践行孝道；唱歌进入后半夜，歌师与歌师之间对歌、赛歌称为"翻田埂";最后还阳歌伴随丧礼的终结。阳歌有喜庆歌、灯歌、劝酒歌、祝寿歌、劳动歌、私情歌、儿歌、谜语歌、牧童战歌等,人们在地里干活时要打"薅草锣鼓",办婚事唱喜歌"闹房",逢年过节时要唱歌"闹年",建新房要唱歌"暖房",唱民歌的习俗参与着老百姓红白喜事、岁时节令、劳作往还的大小节点,标记人生中最值得驻足凝望的时刻。长篇叙事指有故事情节的唱本词,吕家河流传下来的长篇叙事诗有 15 部以上。

吕家河民歌曲调多达 70 余种,兼容了北方俗曲、陕西秦腔、河南豫剧唱腔、西北中原音乐、江南小调、湖北其他地区民歌等丰富的外地民歌腔调,尤以江南音乐和西北音乐的材料为多。原曲调的曲体结构并未发生变化,但经过本地风土民情的濡染,在总体上呈现出"黄河音乐与长江音乐风格的交融形态"。民歌曲目中有见于唐代敦煌曲子词的《五更调》,有明清时期广泛流行的《剪剪花》《孟姜女调》,也有抗日救亡时期全国流行的《满江红》,还有解放战争时期流行的《秧歌调》,曲目腔调跨越了漫长时空而鲜活依旧。歌手演唱发音硬挺洪亮,音色坚实,吐字咬字清晰有力,强调字头喷口重音;句式节奏强调乐句乐节重音,句读分明,唱句短促,节奏顿挫铿锵,呈现出以北音慷慨阳刚为主的气质特色。

传唱民歌是农村人了解和接受各种知识的途径,民歌中涉及历史、文学、生产生活、伦理道德,发挥着口头文学在民间教育中润物细无声的作用。"聚众而歌"融合在人们生产生活的日常习俗中,构成一种生生不息的文化生态。如今,在现代文化的冲击下,这种古朴文化生态虽然有所削弱,却依然保持着最初的活力。

南水北调中线水源地

汉江从远古流淌而来,哺育了汉人、汉朝、汉文化,她的最长支流丹江,在丹江口投入了汉江的怀抱。南水北调中线输水工程从这里出发,"一江清水送北京",将南水北调的宏伟构想变成现实。

历史上,汉江中下游的水患灾害极为频繁,号称"三年两溃,十年九淹"。清道光年间湖广总督林则徐奏称"溯自十余年来,襄堤之漫溃冲决殆无虚岁",直到新中国成立以前汉江中下游沿岸的水患始终没有得到有效的治理。兴建丹江口水利枢纽工程,对防治汉江中下游水灾、确保数百万人生命财产安全意义重大。

丹江口水库

  1952 年，毛泽东视察黄河，提出"南方水多，北方水少，如有可能，借一点水来也是可以的"；1954 年，在长江、汉江特大洪水威胁下，中央决心除掉长江洪水这个心腹之患，同时考虑南水北调以解北方旱情；1956 年，丹江口水利枢纽工程列入国家第一个五年计划重点建设工程；1958 年，在极其艰苦的物质条件下，湖北、河南 2 省 17 县的 10 余万民工挑着干粮、扛着简陋工具，迎着风吹日晒，在这里建造了丹江口大坝，催生了亚洲第一大人工淡水湖——丹江口水库。

  2002 年，《南水北调工程总体规划》审议通过，工程正式开工。2005 年，南水北调中线水源工程——丹江口水库大坝加高工程开工。工程完工后，丹江口大坝由 162 米提高至 176.6 米，正常蓄水位从 157 米提高到 170 米，库容由 170 亿立方米增加到 290 亿立方米，由此确保自 2014 年开始，向北京、天津、河北、河南的 20 多座大中城市输送生产生活用水。

  随着南水北调工程的启动，移民搬迁安置和水源地生态保护成为事关民生安稳、事业成败的大计。1958 年至 1978 年，湖北、河南两省共计移民 43.6 万余人，21 世纪丹江口大坝加高搬迁移民 34.5 万人。近年来，国家已将丹江口水库生态建设纳入长江流域防护重点工程区，各地政府也把库区流域生态建设放在重要位置。丹江口大坝建成至今发挥着防洪、发电、灌溉、航运、养殖、旅游等综合功能，经济效益巨大。

  相传丹江因尧帝长子丹朱葬于此地而得名，库区碧波千顷望无际，湖光山色两相宜。而水库下淹没着楚国古都丹阳、均州古城，水库岸边出土了春秋战国古墓葬群，一江碧水从古到今孕育了灿烂的文化，在现代生活中仍发挥着巨大效益。

神农架

山色有无中

  一座被称为"华中屋脊"的山，横亘于江流纵横前的远方，山峰起伏绵延、重重叠叠，山色有无中；山谷中岩穴密布、神秘幽奇，近探迷离怅惘、世上已千年。

  亿万年沧海桑田的变迁，塑造了神农架雄伟瑰奇的地质地貌和丰富多样的动植物景观，成就了北纬30°线上的绿色奇迹。

  高山湿地间风姿绰约的湖泊仙子如梦似幻，令人心驰神往。剑斩恶龙、薛刚反唐的传说、"盐大路"的历史给仙境的宁谧增添了人间的沧桑。

  神农架的"四大名药"——江边一碗水、头顶一颗珠、七叶一枝花、文王一支笔，独特的名称来源于自然造化赋予的奇特外观，也源于崇山峻岭中人们与苦难斗争的艰辛，借神话与生活和解的智慧。

  神农架地区流传的《黑暗传》以盘古氏开天辟地结束混沌黑暗的一系列神话传说为中心，反映了民众对世界和人类起源的丰富想象和探索精神，传扬了文化英雄在洪荒时代艰难创世的功业。

  说它是梆，它有鼓的音韵；说它是鼓，它却有梆的特性。梆鼓在神农架存在了几千年，震撼人心的梆鼓声中，惊艳奇绝的幽谷、危岩壁立的悬崖、晶莹剔透的山泉、苍苍茫茫的林海、扑朔迷离的野人，呈现一幅幅动人心魄的画卷，展露出神农架的古老神圣、自然神奇与原始神秘。

神农架

神农架风景区

在北纬 30°线，大自然造就了诸多世间少有的神奇与瑰丽，正如联合国教科文组织人和生物圈保护区、世界地质公园、世界自然遗产地等世界级熠熠生辉的冠冕所昭示的那样，神农架是北纬 30°线上的绿色奇迹。

"山脚盛夏山顶春，山麓艳秋山顶冰。赤橙黄绿四时有，春夏秋冬最难分"，北亚热带季风带来的暖湿气流和大陆副高压的交替影响，以及高山森林对热量降水的调节，使神农架成为夏无酷暑、冬无严寒的天然气候调节器。亿万年沧海桑田的变迁，塑造了神农架重峦叠嶂、峡谷纵横、溶洞石林、冰斗槽谷等多姿多彩、雄伟瑰奇的地质地貌和丰富多样的动植物景观。

神农架秋色

仅一线之隔，气温却相差十几度，这种罕见的自然现象究竟是怎样形成的？神农架木鱼镇彩旗村的"冷暖洞"，不仅有一般溶洞里形状各异的石笋、石柱、石鼓和石帘之奇，更有在洞内一干一湿，干的这边热气腾腾、暖风拂面，湿的那边却是冷气飕飕、寒意逼人之奇。也许是洞内的奇特构造阻挡了冷暖两股空气的流动，抑或是洞底另有地热等玄机。另一个温度奇观发生在宋洛乡"冰洞"，只要洞外自然温度在28℃以上，洞内就开始结冰，石缝里的水沿洞壁渗出形成向下延伸10余米的晶莹冰帘，滴在洞底结成蘑菇状空心冰柱，而进入深秋时节冰却开始融化，到了冬季洞内温度就要高于洞外了。

适宜于海边生活、南飞北迁的候鸟金丝燕为什么会安居在神农架的洞穴里？悬挂在百丈峭壁上的燕子洞，随时有飞燕穿进飞出。神农架特异的地质气候保持了海洋的生态特征，使金丝燕成为大海留给神农架的最后一批遗民，金丝燕是地质变迁的活态标本化石。漆黑的洞内燕子数量巨大，但它们飞进飞出时却从不相撞，原来它们体内有一个类似超声波的敏度装置，不仅能探测障碍物，还可以辨别方位，准确地预测天气变化的每一丝气息。另一个生物奇观是"春雷鱼涌"。每年第一声春雷响过后，官封口暗河的出口就开始涌出大量鱼群，出鱼的时间最少两天，最长七天七夜，多时达数万斤。更神奇的是，官封鱼洞流出的鱼不仅一尾尾筷子长短、无鳞无甲、洁白如银，而且每条鱼的鱼腹里都生有一颗能疗疾的鱼虱，传说这是炎帝神农氏斩杀的毒龙心肝碎片所化。

一睹神农架金丝猴灵巧俊俏的身姿，是人们来到这里最期待的邂逅。神农架金丝猴是川金丝猴的一个独立亚种，在神农架以金猴岭和千家坪为主要栖息地。金猴岭海拔3019米，是神农架原始森林保护较好的地方之一，最险峻的螺圈套大峡谷古树参天，断壁横陈，人迹罕至。谷底海拔800米，阴峪河流过这里，为金丝猴的栖息和繁衍提供了良好条件。20世纪80年代，金丝猴刚在神农架被发现时仅500余只。1993年，神农架国家级自然保护区成立了金丝猴科考队。2005年，成立了大龙潭金丝猴保护研究基地。通过研发金丝猴饲料、人工繁育，金丝猴数量增加至1300多只，成为生物多样性保护的成功范本。

相传，中华民族始祖的炎帝神农氏曾来到这里，面对巍峨山峦，苍莽林海，他无畏无惧，"架木为梯，以助攀缘；架木为屋，以避风寒"，遍尝百草，日遇七十毒而不避。当炎帝"架木为坛，跨鹤升天"后，当地人民为纪念这位中华民族的伟大始祖，便将神农氏搭架升天之处称为"神农架"，还修建了神农坛，专供炎黄子孙缅怀先祖、祭祀神灵。祭坛内神农塑像高大雄伟，庄严肃穆，双目微闭。祭坛内方外圆，取天圆地方之意，外围五色石代表金木水火土五行，祭坛两侧八组壁画记录了远古神农氏的功德。

大九湖风貌及其传说

大九湖，又名九湖坪，是海拔1700多米的高山湿地，四周绵延的山峰曲折环绕，呵护着风姿绰约的湖泊仙子们。东西有九个森林密布的山梁，九条小溪犹如九条玉带从云雾中的山梁上飘举而下，平原上九个天然湖泊波光粼粼，一山之隔的小九湖由一条小溪串联起九个小湖泊，天造地设形成了大九湖、小九湖的绝美景观。

清晨阳光照射下，湖面上、枝叶上处处晶莹闪烁，明晃晃的光亮跳跃起舞；傍晚雾霭升腾，给水面罩上轻薄柔和的面纱，仿佛开启一个宁谧甜美的梦。树皮斑驳、枝干遒劲，经历了高海拔的筛选，能够在湖中生长的植物都有顽强的生命力，水生的野草在湖沼清浅的柔波里摇曳，增添了湖水的妩媚温柔。

令人惊奇的是，在大九湖平静的水面下有一个巨大的"漏斗"。大九湖湿地底部蕴藏着超过湖水体积五倍的丰富泥炭，山间的涓涓细流汇集到盆地，经过落水孔的渗漏，从白云岩层的缝隙中流淌而出，最终由竹山县海拔数百米的洪坪岩洞中奔涌到地面，成为汉江支流官渡河的源头。

传说古时候，大九湖是一片大湖泊，天上的仙女常常从南天门下凡到湖里洗澡，又驾着白云偷偷地回到天庭。后来，大九湖被九条恶龙霸占，他们相互争夺，把湖水搅成了一团泥浆，腥气冲天。从此，仙女们再也不敢来洗澡，周围三省九县的百姓不得安宁。后来有一位勇敢的年轻猎人，在神农氏和他的武士的帮助下，取得斩龙剑，消灭了九条恶龙。斩龙剑变成了现在的石剑峰，武士们变成了将军岩、刀枪岩。你看，大九湖边南天门下、巴东垭上有无数千奇百怪的石林，就是被斩断的巨龙的尸骨。

民间流传着唐朝一个叫纪鸾英的房州姑娘和薛刚屯兵大九湖的故事。鸾英因反抗权贵逼婚而聚众结寨，遇上反唐的薛刚，二人结为夫妻，创立十字号兵营，在大九湖练兵、垦荒、囤积粮草。当地将村寨按一至九字号兵营命名的遗俗至今尚存。

大九湖也是川鄂古盐道的重要中转地。明末清初战乱频繁，各地食盐奇缺，临近鄂西北的重庆大宁、大昌盛产川盐。为了

大九湖

控制食盐贸易，清政府在货运要道设卡缉私，迫使贩盐者"不行大路，不落客栈，夜宿岩洞或密林之中"。神农架山高林密，极其闭塞，是躲避官府缉查的理想通道。在数百年时间里，这条被当地人称为"盐大路"的川鄂古盐道成了"川广之要道，蜀楚之通衢"。在这条纵横于神农架原始山林中的盐道上，演绎出许多抢劫、黑店、拐带、仇杀的离奇故事。

神农架的四大名药

炎帝神农采药、尝药不畏艰险，在神秘瑰奇的神农架发现了很多药材，其中最有名的要数江边一碗水、文王一支笔、头顶一颗珠、七叶一枝花——民间称之为中医药的"四大名药"。人们将这些珍贵药草被发现的艰苦历程，与神话传说相联系，更增添了这"四个一"的神奇。

"江边一碗水"学名山荷花，独茎圆叶，形如小碗，碗边有锯齿，叶上开白花；在根茎的每一茎节处有一个小凹痕，凹痕中时常盛有水，能为采药人解渴，故得此名。又因其根茎为黄褐色，加之茎节处的凹痕，像古代兵器中的金鞭，故又名"金鞭七"。"江边一碗水"为多年生草本植物，5—6月开花，数朵淡黄色的花在茎顶婀娜摇曳。6—8月结果，果熟时是蓝黑色多浆球形，多生于海拔2200～2700米的山坡林下或沟边阴湿处。

"文王一支笔"属双子叶植物，外观似一种紫红色的菌类，茎秆似笔管，头稍大，圆而略尖，花序似饱蘸颜料的笔头，鲜艳美丽。它是一种寄生类植物，一

江边一碗水 　　　　文王一支笔 　　　　头顶一颗珠 　　　　七叶一枝花

般寄生在其他植物的根部，所以也叫它"借母还胎"。全株干燥入药，具有止血、生肌、镇痛的功效。在神农架林区海拔1000～2500米的山坡林下多有生长。民间传说周文王验算六十四卦时曾用这样一支笔来记录，它落地生根长成了一株奇花。

"头顶一颗珠"属百合科植物，在其茎的顶端生有3片轮生叶，花开后在三叶之上结一珠形果实，成熟后呈黑紫色，光亮圆润，仿佛一位肩披绿纱的亭亭少女头上戴着一颗宝珠，故得名。所结果实当地人称为"天珠"，椭圆肥大的根茎被称为"地珠"。"头顶一颗珠"果实和根茎入药，具有活血止血、消肿止痛、祛风除湿等功效。头顶一颗珠在神农架林区海拔2000～2900米的山坡林间及草丛中多有生长。传说古时，三位寡妇为避战乱逃进了神农架，丈夫和孩子均死于战乱中，三人哭干了眼泪，身躯合成了头顶一颗珠的茎秆，三颗心凝结成了天珠，眼泪凝结成了地珠，故有诗"诉尽人间头痛事，幻得翠草一颗珠"。

"七叶一枝花"为百合科植物，因其叶多为7～10片轮生于茎上，而花单生于轮生叶片之上。又因花的外轮花被片形大似叶，内轮花被片退化呈长线状，成熟时呈金黄色，故又名"重楼"。其根茎略似海螺，又称"海螺七"，圆锥形或圆柱形的根茎粗壮，表面有环状结节，下具多数须根，果实近球形，成熟时开裂，生长在海拔800～2300米的沟谷林荫下。

神农架神话史诗《黑暗传》

《黑暗传》是流传在鄂西南、鄂西北的神农架、兴山、秭归、宜昌、保康、房县、郧阳区、武当山一带，以叙说古代神话、历史为内容的一部民间长诗。人们在田间劳作时有唱薅草锣鼓的传统，神农架及其周边地区混杂的民间宗教信仰给神话艺术在民众日常生活中的延续留下了巨大空间，《黑暗传》就是在神农架构造出的奇丽鲜活的口头语言艺术作品。2010年《黑暗传》入选第三批国家级非物质文化遗产代表性项目名录。

《黑暗传》长达3000多行，从盘古开天辟地一直唱到明代，歌唱盘古开天辟地，结束混沌黑暗的伟业，由盘古出生、劈分天地、斩杀雾神、设置日月和死后化生万物五个母题构成。在作为口头传唱的"丧鼓歌"或"孝歌"而存续的同时，《黑暗传》以手抄本在鄂西南、鄂西北地区流传了几百年，20世纪八九十年代发现的手抄本有十几种。2002年，胡崇峻以7份抄本和曹良坤等十几位歌手的口述文本为基础将其整理出版。神农架周边县市的各种手抄本内容大同小异，是由歌师在成熟的母本基础上，融合远古神话、民间传说、历史小说，依演唱需要择取部分章节改编而成，采用适合于演唱的通俗白话诗体。

《黑暗传》产生于明代的可能性最大，是当地流行的"四游八传"长篇山歌中的一种，它们多据明代成书的通俗历史小说与神魔小说编成。其远源中有昆仑神话、洪水神话、蛋生人神话等远古神话的影子，具备完整的神魔互斗的结构系统、济世救人的伦理主题，存留着汉民族与少数民族神话互渗交融的印记，承续了儒释道三教融合的文化脉络。

《黑暗传》作为"孝歌""丧鼓歌"是民间祭祀活动中的仪式歌。因其是最古老最大的根古歌，主题严肃而重大，只有那些歌场中的胜利者才能唱，且是在那些有身份、功劳大的死者的葬礼上才有可能演唱。在大型的丧事活动中得以充分展开，可以连续唱上七七四十九个晚上。正是这种民间丧事风俗的盛行，使《黑暗传》获得了长久的传承。

历史学家冯天瑜认为："《黑暗传》不仅具有较为质朴的风格，而且其气魄之宏伟壮阔，意象之纵横时空，堪与世界各国神话精品相媲美。"《黑暗传》以盘古氏开天辟地结束混沌黑暗的一系列神话传说为叙说中心，反映了民众对世界和人类起源的丰富想象和探索精神，传扬了英雄在洪荒时代艰难创世的功业，是各族人民自古以来友好合作、共同开发南方蛮荒疆域的写照。其时空背景广阔，叙事结构宏大，内容古朴神奇，有力地激发着人们对中华历史文化的认同感。

神农架梆鼓

说它是梆,它却有鼓的音韵;说它是鼓,它却有梆的特性。它是介于梆和鼓之间的一种鲜为人知的打击乐器,在神农架被称为梆鼓。

梆鼓在神农架存在了几千年。原始洪荒时代,神农架山深林密,野兽出没,原始先民为防范野兽侵扰,在漆黑的深夜点燃篝火,并用木棒敲击木头发出响声以驱走野兽,这种木头的敲击便是最早的梆鼓。后来为了让木头发出的声音更加洪亮,人们将木头掏空。秋收时节,农民们用铳、鞭炮、锣鼓、芒筒,也用梆鼓来驱赶野兽,保卫他们一年的收成。随着人类防卫力量的不断增强,梆鼓驱赶野兽的功用逐渐废弃,逐渐成为青年男女传递情爱、倾诉心声的信物,最终演变为神农架人在喜庆的日子里调动情绪、渲染气氛的乐器。

神农架梆鼓有大有小,音色各异。小梆鼓形制轻巧、携带方便,音色清脆;由整筒原木挖空的大梆鼓,古朴笨重,适于固定放置,声音雄浑,传播面积大。早期的梆鼓鼓点没有固定的节奏,后期作为重要乐器,鼓点演奏手法多样,配合热情奔放、粗犷古朴的舞姿,形成了成熟的舞乐表演程式。经过神农架文化工作者的抢救、挖掘、整理、恢复、再造,古老的梆鼓成了具有强烈森林文化特征的神农架名片。

20世纪末,以神农架山民守秋为表现内容的《野山梆鼓》首次搬上了舞台,演出梆鼓是用夜蒿子木制成,声音脆响清亮,旋律是由山锣鼓《黄瓜花》演绎而来,乐声既高亢悲怆又婉转深沉,梆鼓的敲击像大山的心跳,表现出神农架神秘梦幻的氛围,显示出森林文化的无穷魅力。后来《野山梆鼓》被扩展加工成一台歌舞《神农架梆鼓敲起来》,展示出原始山民豪放不羁的万种风情。

《神农架梆鼓敲起来》全剧以声声梆鼓为主旋律,集中反映了神农架林区的历史文化、民风民俗,饱含着神农架儿女浓烈炽热的情感,闪烁着原生态文化的野性光辉。包括《神农》《野山》《天人》3篇12组歌舞,从历史文化、山野文化、人文特性三个方面,将鄂西北山民的野性粗犷、坚忍善良淋漓尽致地表现了出来。第一篇,混沌初开,梆鼓在万籁俱寂的天宇中回响,手持火炬的播火者将万物从睡梦中唤醒,人类从黑暗走向光明,从蛮荒走向文明。炎帝神农氏架木为梯,采

神农坛

尝百草，制造农具，教民稼穑，让沉寂的神农架显露出无限的生机。第二篇，健壮的小伙子、靓丽的山妹子载歌载舞，欢快、热烈的腊酒歌中，山妹子们将竹筒里的黄酒敬献给观众，让客人领略神农架人热情好客的情谊。第三篇，到了鸟鸣兽啼的秋夜，小伙子试探性地敲响梆鼓，山妹子小心翼翼地回应，两情相悦的人以梆鼓为媒，表达爱意、倾诉衷肠。

在震撼人心的梆鼓声中，惊艳奇绝的幽谷、危岩壁立的悬崖、晶莹剔透的山泉、苍苍茫茫的林海、扑朔迷离的野人依次出现，呈现一幅幅动人心魄的画卷，展露出神农架的古老神圣、自然神奇与原始神秘。

襄阳

水落鱼梁浅

汉江此时浩瀚雍容，王维赞叹襄阳无尽的好风日，良辰美景须付予醉饮忘归的山翁；孟浩然登临岘山，看见云梦泽深藏古往今来的风流与叹息，江面上只露出波澜不惊的鱼梁洲。

"自从嶓冢源头远，流入沧浪澈底清"，冲出崇山峻岭束缚的汉江奔腾至老河口，被两岸商贾辐辏的繁华富庶吸引，不由得放慢匆忙的脚步，侧耳聆听古朴典雅的丝弦乐，又欣喜地看见传统民俗中的木版年画仍然活力四射。

在谷城一个大幅度转弯前，汉江遥望狮子峰下寂静而神秘的承恩寺，千年古刹倒映着泉水，浇灌了一个美丽动人的故事，"寸心已谢隋宫艳，素质长甘泽国游"。

吸纳了诸多支流来水的汉江行到襄阳时江面开阔而浩瀚，显现出淘洗尽千古风流人物后的厚重和深沉。"三顾频烦天下计，两朝开济老臣心"，古隆中见证了诸葛亮三分天下事业的起点，成为后人追怀鞠躬尽瘁忠义精神的高地；"檀溪水深不见底，阿卢一跃三丈余"，真武山下湍急的檀溪水中的卢马惊险一跃，成就了刘备仁德之主、天命所向的通俗文学形象；"郡邑浮前浦，波澜动远空"，铁打的襄阳城，南船北马在这里分野，半壁江山以此为安危系之的屏障；"千古临池推逸名，九重拜石仰高风"，米氏故里增添了襄阳城的幽远墨香，米家山水描画了江南烟雨的飘逸朦胧；"习郁筑池起钓台""山公常醉习家池""四海如今习凿齿",以历史名人、山水园林、诗酒燕乐为内涵的厚重底蕴成就了习家池的千载风流;"江山留胜迹,我辈复登临",曾在岘山山顶耸立的羊祜堕泪碑远眺着汉江,深情纪念一位执政官。后来无数墨客骚人来到这里将生命短暂、时不我待的叹息诉向天际;"鹿门月照开烟树,忽到庞公栖隐处",以孟浩然为代表的襄阳隐士塑造了鹿门山的千年隐逸文化,当丰满的人生理想遭遇现实生活的困顿,人格的独立自尊成了"江河不废万古流"的坚守;"河汉清且浅,相去复几许",如果天上鹊桥的相会终难期许,那么芳草遍绿的穿天节时,江滩上穿孔的小石子可以帮你实现"有情人终成眷属"的心愿。

枣阳雕龙碑遗址新石器时代文化遗存,呈现出繁荣的"建造业"和"现代化"的建筑技巧让人有时空穿越之叹;"白水龙飞遗胜迹,紫微山拱护真垣",坐落于狮子山之巅的白水寺气度非凡,与白水龙飞的传说一同预示了"光武中兴"的伟业。

"后沔通河渭,前山包鄢郢",汉江小心翼翼地流过一个曾被辟为水田的普通小丘陵,这个楚皇城遗址使扑朔迷离的楚别都"鄢郢之争"日渐清晰。"武安南伐勒秦兵,疏凿功将夏禹并",不要小瞧一条看似普通的灌溉沟渠,它名为"白起渠",在风云际会时曾关系一城、一国存亡,灌溉千里沃野早于都江堰、郑国渠、灵渠;"摇落深知宋玉悲,风流儒雅亦吾师",没有人会不爱慕一位风流倜傥、才华横溢的文学家,故乡的人们至今守护着他的墓茔。

"城随山阜龙蛇转,花覆园林锦绣香",南漳县"古民居廊道"的雅号名冠鄂西北,至今近百处清末民国的古民居保存了岁月远去的回响。

"平原远而极目兮,蔽荆山之高岑",蛮河从这个因长满荆条而得名的山脉发源汇入汉江,荆山蕴藏着楚人筚路蓝缕开基立业的精神密码,也流传着"卞氏强献玉,两刖亦已痴"的伤感历史传说,卞和坚贞求真的意志如和氏璧一样光彩夺目;远古之时楚人曾用巫音沟通神灵,民间丧葬祭祀仪式上的沮水鸣音,遥接楚人对天地人神的肃穆虔敬,传承飘逸诡谲的楚声楚韵;穆林头考古遗址的发现,力证了新石器时期以江汉地区先民为创造主体的先进屈家岭文化,影响深入到荆山地区;荆山深处奇谲诡怪的峰峦,四季奔腾的清泉,神秘幽深的溶洞,婀娜多姿的飞瀑,嶙峋突兀的怪石和险峻奇绝的山寨等待着一场邂逅,"与子偕臧"。

老河口丝弦

清风吹拂的早晨，当红日的光辉洒满汉江的时候，老河口滨江公园丝弦乐队古朴典雅的丝弦乐曲便袅袅响起。

老河口丝弦最初是民间艺人、文人墨客、商旅行人操琴聚会、以琴会友、自娱自乐的一种消遣方式，在茶馆、商行、客室、庭院弹唱演奏，后演变形成具有浓郁地方特色的乐种，流传于当地民间。老河口丝弦在2008年入选第二批国家级非物质文化遗产代表性项目名录。

老河口市位于汉江中游东岸，交通便利，物产丰富，千里汉江至老河口豁然开阔，在此造就了一个扼鄂、豫、川、陕四省要冲，汇集四方客商的商埠码头。清末时老河口已为"商贾辐辏，烟火万家"物资集散地，素有"襄郧要道、秦楚通衢"之称。

由于河南经常发生水旱虫灾，许多难民流落到湖北老河口（原光化县）一带，促成中原文化在此地的传播衍化，老河口丝弦就于明末清初由河南传入。乾隆年间，黄河决口泛滥，开封禹县艺人来到老河口，将河南大调曲子带到此地。至清末，老河口丝弦演奏已成规模，演奏班子多达几十个，演奏人员近千人。光化县城大小百余家茶馆中五十多家经常有丝弦演奏，因而有了"学会太平年，喝茶不要钱"的俗语。商行和大户人家聚会，演奏老河口丝弦是必不可少的仪式和程序，宾主每人都会表演一段。

老河口丝弦演奏形式主要有三类：一是合奏，以弹拨乐器三弦、古筝、琵琶、月琴等为主，加上弦乐器二胡及洞箫、牙子板、八角鼓等；二是独奏，乐器以三弦、古筝、琵琶为主；三类是丝弦弹唱，弹唱以古曲牌为主，曲调、格式固定，结构严整，讲究对称性和规则性。

老河口丝弦演奏按乐曲速度和节奏快慢，分为快板、中板、慢板三类，一拍为一板，有板有眼。快板丝弦乐曲节奏明快活泼，每分钟80~130拍，表现出热烈激昂的情绪；中板旋律明快活泼，每分钟60拍，风格自然流畅、行云流水；慢板曲调深沉委婉细腻，每分钟30~40拍，烘托如泣如诉、忧郁哀婉的氛围。

老河口丝弦曲目丰富，曲风古朴、韵味典雅，旋律委婉曲折，优美动听，乐曲属于古典曲牌类。现有可弹唱的曲牌100多首，常演奏的曲牌有50多首。演奏流传的主要曲目有《苏武思乡》《陈杏元和番》《打雁》《山坡羊》《汉宫秋月》等，还有众多现代戏曲和歌曲。

老河口木版年画

老河口木版年画于2011年入选第三批国家级非物质文化遗产代表性项目名录，2015年赴意大利米兰、2017年在德国柏林展出，传统民俗在现代生活中重新焕发光彩。

老河口木版年画兴盛于清乾隆至光绪年间，产品远销陕西、河南、四川、湖南、江西等省及湖北其他地区，老河口成为鄂西北、豫西南地区木版年画制作基地。老河口木版年画的起源与中国年画发源地朱仙镇有密切关联。河南艺人迁居老河口带来了年画手艺，陈氏家族最早的传承人陈福兴于清朝末期在河南社旗向艺人"王蛤蟆"学习年画手艺，陈义文便是老河口木版年画的第三代传人。同时，受毗邻的均州地区（今丹江口市，武当山所在地）人员往来和民俗活动的影响，各地雕刻印刷艺术和节日风俗在道教圣地武当山的荟萃，推动了木版年画的交流和传播。

在老河口木版年画传承谱系中，有较高艺术造诣、影响较大的当数陈氏木版年画。雕刻所用的木板为质地坚硬且纤维少的糖栗木或梨木，工艺流程从画墨线稿、贴版、砧版、刻版到设套色、刻套色版、印刷，要经十余道工序，一种颜色一块版，一种年画一般5～7种颜色。颜料选用中国画颜料，以红、黄、绿、紫等明丽的色彩为主。

年画内容大多取材于戏曲小说、民间故事和传说，大部分画稿是祖辈和父

老河口木版年画

辈传承下来的，保持着传统年画的原汁原味。形式有神像、门神、喜画、中堂等20多种，也有适应需要刻制的农历、农事谚语、书法条幅等。神像有赵公明、灶王爷，门神有岳飞、郑成功、孟良、秦琼、尉迟恭、钟馗等，喜画的喜庆色彩浓厚，有福禄寿喜、一团和气、和合二仙，中堂有百寿图。

年画在表现技法上，构图饱满而层次分明，线条密实而清晰有力，颜色丰富而对比鲜明，均衡中力求变化。在创作方法上，高度抽象夸张，画面饱满、形态生动、比例适当，栩栩如生。

在民俗传统中，逢年节时木版年画是每家每户必备，既烘托着节日的祥和喜庆氛围，又寄寓了人们对新年平顺吉祥的祈愿，是民族文化的活态记载，也是民族精神与民风民俗的精美缩影。

承恩寺

谷城县东南五朵山北狮子峰下寂静而神秘的承恩寺，有令人流连忘返的"五绝"：省内最大佛像、省内最大铜钟、能养生的泉水、天然的氧吧以及美丽动人的传说。

承恩寺始建于隋大业年间，由朝廷拨款修建，取名"宝严禅寺"。唐广德年间唐代宗李豫派人维修，改名"广德宝严禅寺"。宋元多有兴废。明永乐二十一年（1423年）重修，天顺年间改为"承恩寺"，距今已有1400多年的历史。

寺依山而建，后据狮子岩，面对五朵山，峰峦拱卫，泉流环绕，茂林修竹，群山苍翠，是负阴抱阳、藏风聚气的宝地。人工营造与自然环境的有机交融，形成了有名的八景，如"牛池夜月"，明月倒映下汉白玉雕的老牛卧于澄净的水池中；"狮峰烟云"，寺后山峰远看如雄狮伏卧云端；"金山鹤舞"，日出之时山上金光熠熠，筑巢在此的仙鹤翩

承恩寺

翩起舞；"玉带神泉"，由龙池泉中流出来的泉水好似玉带环寺盘绕。

现存主要建筑有山门、天王殿、大雄宝殿、大佛殿和钟楼等。大雄宝殿为重檐歇山顶，通高19米，雄浑壮观。殿内大佛像塑造于明永乐年间，身高10米，头戴三佛三龙冠，慈眉善目，肩披袈裟，广袖长袍，腰束缎带，屈膝盘坐于莲花上。钟楼建于明成化十一年（1475年），内悬明宪宗所赐大铜钟一口，铜钟高约2米、重约万斤，铜绿色钟身铸"大明成化乙未年月日"等字，绘饰梵文和龙凤花纹，形制精丽。寺内还有明、清时期石碑数方，详述寺之兴废始末，其中以明襄宪王朱瞻墡所制的汉白玉碑镂雕最为精细。

民间传说故事的主角是隋炀帝的公主，她在此医治好了头疮并且秀发重生，隋炀帝大喜，就下诏在此修建寺院，公主晚年在此颐养天年，死后安葬在此地。至明朝中叶，明英宗为报答对他复位表示支持的叔父襄宪王，改"广德寺"为"承恩寺"，赐"大承恩寺"匾额并大力扩建，在寺南为襄宪王修建寿茔。嘉靖皇帝的父亲兴献王朱祐杬（追封恭睿献帝）于正德六年（1511年），将仇英手写鎏金珍品《金刚般若波罗蜜经》施舍给承恩寺，可见承恩寺与明皇室的深厚渊源。

▍古隆中

"三顾茅庐""隆中对策"的发生地古隆中，是三国时期杰出的政治家、军事家诸葛亮青年时期隐居之所，他在此躬耕苦读，广交名士，开始了崭露头角、风云传奇的一生。

诸葛亮幼年正值东汉王朝政治腐败、民不聊生。为躲避战乱，诸葛亮13岁时在叔父诸葛玄带领下来到襄阳投靠荆州牧刘表。亲身经受了豪强割据、军阀混战所造成的灾难，诸葛亮渴望安定统一，心怀消灭豪强、统一国家的远大抱负，在隆中躬耕苦读，广交名士，拜庞德公为师，"每自比于管仲、乐毅"，被称为"卧龙"。

207年，身处逆境而壮心不已的刘备因司马徽和徐庶的推荐，带着关羽、张飞来到隆中拜访诸葛亮。一顾茅庐，刘备偕关羽、张飞来到隆中，见隆中松柏交翠，风景秀丽，诸葛亮外出未归，刘备未得见面而返。二顾茅庐，正值隆冬时节朔风凛冽，不巧诸葛亮与崔州平一道外出闲游，刘备留下书信一封遗憾离开。刘备为

古隆中

表达诚意,三顾茅庐,离草庐半里就下马步行,在台阶下恭候诸葛亮午觉醒来。

诸葛亮感动于刘备的谦虚诚恳,且两人政治抱负契合,便从政治、经济、地理、人事等方面分析当时的形势,替刘备谋划了发展壮大力量、实现统一大业的方略,以先取刘表、次取刘璋,再与孙吴结盟为近期方略,以入蜀治蜀、北伐中原为长期方略,这次谈话的内容即《隆中对》。

208年,曹操率兵攻打荆州,刘备败走夏口(今汉口)。在败军之际,诸葛亮挺身出使东吴,缔结孙刘联盟,取得了赤壁之战的胜利,帮助刘备占据了荆州四郡,此后刘备占领益州,建立蜀汉帝国,诸葛亮任丞相。刘备死后,诸葛亮受命辅佐刘禅,总理国事,南征平叛,厉行法治。227年,诸葛亮组织北伐,上《出师表》。234年,诸葛亮病逝于北伐前线五丈原,享年54岁。诸葛亮虽然没能实现统一国家的夙愿,但为我国西南地区的开发和国家的统一作出了贡献。他的聪明才智和"鞠躬尽瘁,死而后已"的精神一直受到人们的尊敬和推崇,给后世留下了深远的影响。

为纪念诸葛亮,从西晋始,人们珍视隆中的遗迹,陆续修建了武侯祠、三顾门、三顾堂、古柏亭、抱膝亭等纪念建筑,又为与诸葛亮相关的一些重要遗迹拟定了名称，如躬耕田、小虹桥、六角井、抱膝石、梁父岩、半月溪、观星台、琴台等，逐渐形成了以"隆中十景"为主体的隆中文物风景区。因明襄简王朱见淑拆毁草庐修建陵墓，使隆中古迹遭到重大破坏。目前的纪念建筑是明清时期恢复和重建的。

马跃檀溪

《三国演义》广为流传的"刘皇叔马跃檀溪"的故事，发生在襄阳城西真武山北麓檀溪中段南侧，今有石壁刻篆字"马跃檀溪遗址"和"檀溪"处即是。檀溪得名始于晋代，据说此地檀树生长茂盛，有白、黄、紫多色，其中紫檀尤为名贵，除山上生长檀树外，就连流经山北麓的溪流两岸也檀树丛生，故称为"檀溪"。

刘备袭许都兵败后往荆州投奔刘表，屯兵新野，逐渐引起刘表猜疑和忌惮。刘表身边的蔡瑁、蒯越遂谋划除掉刘备，趁请他赴城外宴饮之机会，派兵围堵东、南、北三面归路，西面因有檀溪阻隔，蔡瑁等人以为就算是数万兵马也不得而过，因此未做防备。一场阴谋紧锣密鼓眼看就要得逞，幸而席上伊籍乘机通报，刘备得信慌忙驱策的卢马向城西奔来，眼见檀溪宽数丈，水流湍急，欲回马另寻他路，奈何身后烟尘蔽日、追兵赶来。刘备只得纵马下溪，才走几步，不幸马前蹄失陷，千钧一发之际，刘备加鞭策马，高呼："的卢，的卢，今日妨吾！"话音刚落，马从水中踊身而起，一跃三丈飞登对岸，刘备得以逃脱追杀。

《三国演义》中的这则故事，意在借的卢马表现刘备为仁德之士，进而表达"拥刘反曹"的政治立场。原来的卢马是刘备代刘表讨伐张虎时，夺得张虎坐下日行千里

马跃檀溪

的良马。因的卢马眼下有泪槽，额边生白点，相马者以为不祥。当伊籍告知刘备的卢是凶马时，刘备说："凡人居世，死生有命，富贵在天，岂可因一马而能妨吾哉"。与张虎降而复叛、掳掠人民，终被赵云斩杀的恶果不同，的卢在刘备命悬一线时帮助他摆脱危难，传达了仁德之士为天命所钟的立意。

刘表信的卢妨主而不敢骑，却忧疾而死、二子相争；刘备不信的卢妨主而骑之，乃战赤壁，跨有荆、益，成鼎足之业。刘表欲避祸而不能，实因无断；刘备不避祸却受庇佑，因其有德。说明命运不在的卢妨主与否，而在马的主人是否有才德。"马跃檀溪"的故事在通俗文学作品中经不断演绎，情节日益丰满，塑造了刘备的仁德形象和文化内涵。

檀溪不仅是有名的古迹，而且山水秀丽，景色宜人。千百年来，文人学士纷至沓来，发思古之幽情。孟浩然作《檀溪寻故人》："花伴成龙竹，池分跃马溪。田园人不见，疑向洞中栖。"表达了在檀溪幽静宁谧的环境中寻访故人时闲适的心态。另一位唐代诗人胡曾作《檀溪》："三月襄阳绿草齐，王孙相引跳檀溪。的卢何处埋龙骨，流水依前绕大堤。"反映春日芳草遍绿时仕女们在此处举行跳跃檀溪的踏青活动。这些诗歌不仅描写和赞颂了檀溪的优美景色，而且抚今追昔，寄寓怀抱，增添了此地厚重的历史文化气息。

襄阳古城

国家历史文化名城襄阳为"南船北马，七省通衢"之地，是千帆所聚、万商云集的南北交通枢纽和物资集散地，更是区域政治经济文化中心和历代兵家必争重镇。"借得一江春水，赢得十里风光。外揽山水之秀，内得人文之盛"，襄阳古城的独特魅力和丰厚底蕴令人神往。

襄阳地区从新石器时代即有人类活动，至迟在周代已有城市出现，西周邓城遗址尚存。190年，荆州刺史刘表将荆州州治从汉寿迁到襄阳，使襄阳从县治所成为州首府。

襄阳锁扼南北咽喉，在历史上多次影响了国家政治格局的发展进程。统一升平日，南船北马在这里分野；对峙抗争时，南方半壁江山以此为安全屏障。周秦以来几千年的历史长河中，以襄阳为中心的大小战役难以数计，著名的战例就有

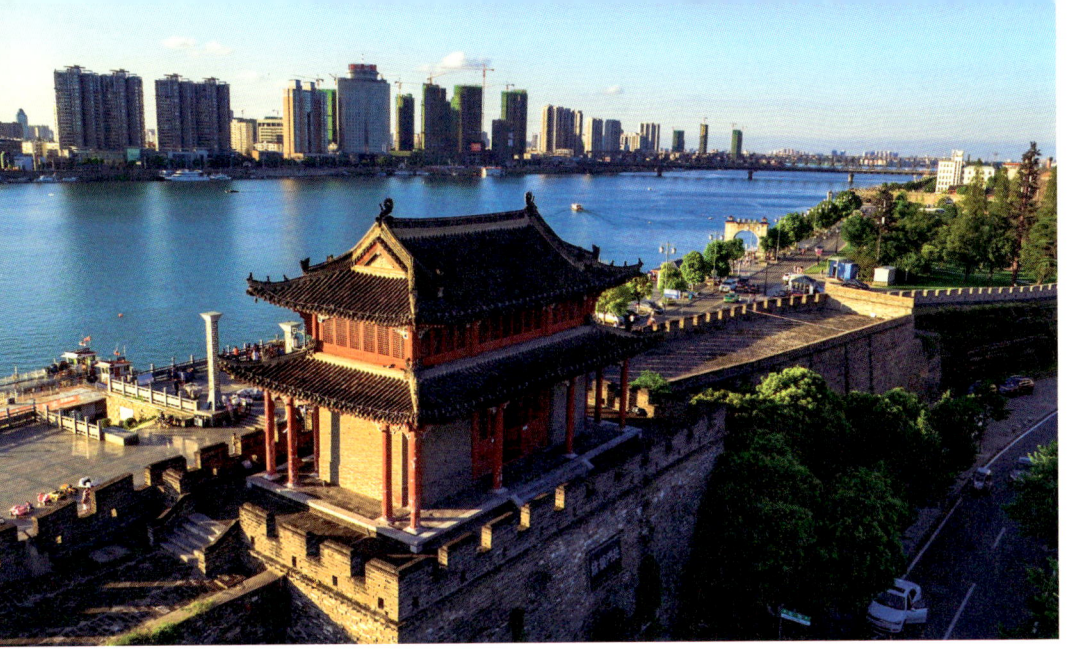

襄阳古城

关羽水淹七军、朱序抗苻丕、岳飞收复襄阳、李自成进占襄阳、张自忠枣阳抗日会战以及解放战争中的襄樊战役等。《三国志》86卷中有18卷写到襄阳，《三国演义》120回中四分之一的故事与襄阳有关，无数英雄豪杰轮番登场，在此上演了一幕幕惊天大剧。襄阳现存50余处三国历史文化遗址，是著名的三国文化名城。

"铁打的襄阳""华夏第一城池"的名号，说的是襄阳古城建筑防御体系完备，堪称中国最完整的一座古代城池防御建筑。现存襄阳古城城垣主体为明代建筑，清代进行过维修。明代襄阳城墙坚固高大，呈方形，周长7.7千米。内为夯土，外用护壁砖裹砌。城墙平均高10.84米，最低处7米，最高处11米。底宽13～15米，顶宽6～11米。襄阳城有东门、东长门、南门、西门、大北门、小北门等城门六座。明万历年间，知府万振孙为各门题额，分别是阳春门、震华门、文昌门、西成门（又称朝圣门）、拱宸门、临汉门，每一城门都有瓮城和门楼，城的四角有角楼。城垣上设城垛雉堞4210个，有屯军窝铺70间。清代修缮时，增炮台29座，以加固防守。襄阳的护城河北边利用汉江之险，东、南、西三面合长5060米，最宽处近300米，平均宽度约180米，为我国第一宽护城河。

襄阳千古风流荟萃，是文人、武将、名士、谋臣云集之所。名士谋臣有为曹操所用的蒯越，与诸葛亮齐名的"凤雏"庞统，蜀汉俊杰马良、马谡，恢复大唐社稷的宰相张柬之；武将有诸葛帐下的杨仪，刘表手下的蔡瑁，以果烈著称的廖化，有周瑜之风的韦睿，白莲教八路兵马总指挥王聪儿；文人名士有战国辞赋家宋玉，东汉文学家王逸、王延寿父子，建安七子之一的王粲，藏书家向朗，东晋史学家习凿齿，唐代近体诗的奠基人之一杜审言，山水田园诗人孟浩然等。襄阳亦是千古名臣诸葛亮与北宋著名书法家米芾的第二故乡。

米公祠

米公祠原名米家庵，位于襄阳西南柜子城头，汉江滔滔奔流而过，远望烟光凝紫，近视古祠清雅。祠前矗立的"米氏故里"和"米家山水"碑刻，标示出米芾父子书画艺术特色和这座古建筑的不同凡响。

米公祠最早是元至正年间在米芾故宅基础上修建的，至明代旧址荡然无存，清代康熙年间襄阳道召集米氏族人及地方士绅扩庵为祠。今天所见米公祠复建于清光绪元年（1875年），门额横匾"米公祠"三个大字是清文渊阁大学士、襄阳人单懋谦的手笔，"泪泪襄江流不尽米家山水，堂堂华胄最难忘宋代宗师"的楹联气势非凡。堂屋正中悬挂着一帧米芾自画石刻拓像，"千古临池推逸名，九重拜石仰高风""衣冠唐制度，人物晋风流"的对联抒写了后人对米芾的崇敬。

步入庭院，绕过一堵爬满藤蔓的镂空屏风，就会看见一片嶙峋怪石旁若无人地或坐或卧，以米芾"瘦、透、漏、皱"四字相石法看去，瘦的矍铄、透的闲旷、漏的别致、皱的沧桑，它们都是米公心头的宝贝。传说米芾每遇到奇形怪状的石头，都要整齐地穿戴官服，虔诚地三叩九拜，他的嗜石之癖堪与陶渊明之爱菊、林逋之好梅同为士林佳话。

穿过"墨园觅胜"门，人们的目光被一座檐角翼然、玲珑精巧的亭子吸引。亭命名为"洁亭"，此名与米芾有生活洁癖和精神洁癖大有关系。米芾一生个性孤高，艺术见解更是与众不同，"风韵潇远，趋向高洁"，凡写字绘画"未尝录一篇投豪贵，遇知己则不辞"。

祠内最让人流连的，应该是碑廊中镶嵌的45块碑刻了。这些碑刻是清雍正八年（1730年）由其后裔摹刻的米芾书法。近代战乱时期，米芾后人将这45块碑刻移埋于米庄老屋，1949年后，米芾后人挖出碑刻，献给米公祠。

米芾是北宋著名的书画大家，与儿子米友仁独创"米家山水"，创新了山水画的表现形式。他与苏轼、黄庭坚、蔡襄并称"宋四家"。他的书法风格"稳不俗、险不怪、老不枯、润不肥",苏东坡评价其"超逸入神",在中国古代书法中独树一帜。

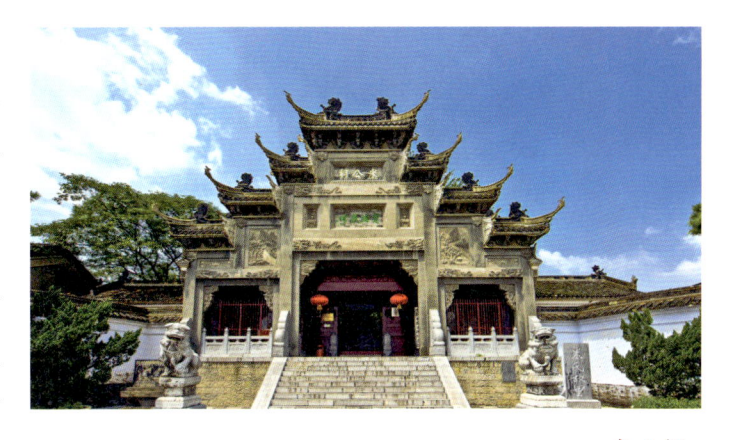

米公祠

习家池

习家池位于襄阳城南凤凰山南麓,三面环山,一面临水,北倚凤凰山主峰,西邻谷隐名寺,南接荆襄古道,东瞰滔滔汉江。

东汉建武年间襄阳侯习郁修筑池塘,引白马泉水,并"起钓台,置庐亭,造泉馆",逐渐形成园林式建筑群落,其中以池塘最为有名,故名习家池,后世亦称习郁池、习池。西晋,"竹林七贤"之一山涛的儿子山简为征南将军镇守襄阳,常在习家池饮酒游乐,醉后自喻"高阳酒徒",因而习家池又名高阳池。东晋,习郁后代习凿齿辞官后回到家乡襄阳故宅读书著史,写下《汉晋春秋》《襄阳耆旧记》,成为名垂后世的史学家,习家池因之益负盛名。

明代园林建筑学专著《园冶》将习家池奉为私家园林之鼻祖,评价它的择地和布局是得自然地势之便和山水林木之助:"郊野择地,依乎平冈曲坞,叠陇乔林,水浚通源,桥横跨水,去城不数里,而往来可以任意,若为快也。谅地势之崎岖,得基局之大小,围知版筑,构拟习池。"

习家池的主要景观有习氏宗祠、荷花池、芙蓉台、六角亭等。习氏宗祠位于习家池西北,是纪念习郁、习珍、习凿齿等习氏先祖、先贤的场所。习氏宗祠为二进四合院式布局,依次有牌坊式门楼、戏楼、拜殿和祖宗殿等建筑,两侧有看楼和厢房,具有明清时期襄阳民间建筑的风格,厚重而精致。荷花池是习家池最早的景点之一,也是习家池的文化之源。《襄阳耆旧记》记载习郁临终前令儿子

习焕一定要将他葬在鱼池附近，习焕依命在离池四十步的地方营建坟茔。池边高堤上种满竹子、长楸，池面上芙蓉、菱芡遍布，池、台、亭相映成趣，是文人官宦垂钓养性、饮酒赋诗的胜地。

习家池

后世文人墨客来到襄阳都会在习家池探幽访古，杜甫感慨"日有习池醉，愁来梁甫吟"，孟浩然追怀"澄波澹澹芙蓉发，绿岸毵毵杨柳垂"，曾巩道"我亦爱池上，眼明见清漪"，习家池成为以历史名人、山水园林、诗酒燕乐为内涵的底蕴厚重的历史胜迹。

堕泪碑

用一座山顶的丰碑纪念一位德高望重的执政官，是襄阳百姓对羊祜的一往情深。岘山山顶曾有一块著名的堕泪碑，就是为纪念西晋大将羊祜而立的。

羊祜（221—278年），字叔子，泰山南城（今山东平邑南）人，西晋时期著名的战略家、政治家、文学家。羊祜出身世家大族，从他起上溯九世，羊氏各代都有人出仕二千石（代指郡守）以上的官职。

司马炎受禅称帝后，决定对孙吴用兵，命羊祜坐镇襄阳，都督荆州诸军事，做伐吴的军事和物资准备。西晋咸宁二年（276年），吴国大将陆抗病逝两年后，羊祜上疏请求伐吴。咸宁四年（278年），羊祜病重去世。去世前，羊祜举荐有军事才能的杜预接替自己。两年后，杜预按羊祜生前的军事部署一举灭吴，完成了全国统一的大业。满朝文武欢聚庆贺的时刻，晋武帝司马炎流泪叹息追怀羊祜说："这都是羊太傅的功劳啊！"

从赤壁之战起，荆州成为南北各方激烈争夺的军事焦点，战火连绵六十年，人民流离失所，对战争深恶痛绝。羊祜到任襄阳后，并没有急于整军备战，而是将恢复生产和生活秩序作为要务，办学兴教，广施仁政，使襄阳百姓在战乱的年代能安享短暂的太平，因而深受江汉百姓爱戴。

襄阳和东吴边境接壤，羊祜以爱民为先，用道义争取东吴军心民心，他每次跟东吴军队交战，一定按照约定的日子，绝不偷袭，绝不布置埋伏。行军时经过东吴地界，士兵割了稻谷当口粮，他便派人拿绢折价赔偿。他和将官们一起出去打猎，一定郑重其事地嘱咐他们只准在自己的地界内；有时碰巧东吴将士也在对面打猎，双方各不相犯；如果有受伤的动物从东吴境内奔过来被逮住，他一定下令送还对方。即使东吴士兵过境掳掠被逮住，羊祜也不为难他们，愿意投降的便接受投降；不愿意投降的规劝一番便放回去。羊祜的所作所为给东吴的士兵和百姓留下了深刻印象，两国的边境逐步安定下来，出现了你不犯我、我不犯你、和睦相处的局面。羊祜去世后，人们在岘山为其建庙立碑，游人至此，望碑莫不悲泣，杜预称此碑为"堕泪碑"。

后世诗文中常见"羊公""羊叔子"的事迹。权德舆"令尹自无喜，羊公人不疑"之句，称颂羊祜的信义使得敌国将领信服。卢纶"军向东州问徐胤，羊公何事灭吹鱼"，所用羊公灭吹鱼的典故，是讲羊祜因嗜好捕鱼时常夜间外出，军司徐胤劝谏他应以安全为重，后来他就很少晚间捕鱼。羊祜身居高位但立身清俭，他的不朽业绩和高尚品格受到世人的敬仰和传颂。

堕泪碑

鹿门山

东汉初年，光武帝刘秀带领侍中习郁巡游苏岭一带，夜里君臣二人同时梦见苏岭山神前来护驾，习郁遂于苏岭修建寺庙，寺门左右各立石鹿一只，故称鹿门寺，苏岭山因庙得名鹿门山。

鹿门山峭壁苍翠，景色幽丽，与岘山隔汉江相望，历史上建有规模宏大的鹿门寺。鹿门寺历经魏晋南北朝至唐宋香火不衰，是全国著名的佛教文化圣地。现存遗迹有"庞公制药洞""浩然亭""三高祠"，以及记载着鹿门高僧名士事迹的宋、明、清碑刻百余块。鹿门山及附近岗峦上，有山门翠微、诗家遗风、鹿门隐居、沙丘点兵、香炉秋红5个景区，共32个景点。

在东汉到唐代的几百年间，前有汉代高士庞德公，后有唐代大诗人孟浩然、皮日休，三位文化名士相继在鹿门山隐居，史有"鹿门三高傲帝王"之说，"三高祠"正是为纪念三位先贤而建。李白、王维、米芾、曾巩等也先后在鹿门山留下了不朽的诗作和足迹。

汉末，刘表曾以封疆大吏之尊，数次宴请庞德公，庞德公婉言谢绝，偕妻隐居鹿门山采药为生。相传他夫妻二人双双得道成仙，鹿门山上的制药洞便是当年庞德公隐居之所。庞德公隐居不仕、啸傲山林的生活，历来受到读书人的推崇。躬耕于襄阳隆中的诸葛亮，非常敬仰庞德公，曾多次到鹿门山拜见并拜师求学。

孟浩然是出生于襄阳的杰出盛唐山水田园诗人，"红颜弃轩冕，白首卧松云"，概括了孟浩然隐居山林、闲逸自适的人生旅程。他早年在襄阳闭门读书，"少年弄文墨，属意在章句"。唐代以辞章取士，亦可以"温卷"形式预先获得声誉作为进身之阶。他曾入京赴举应试，入洛阳寻找机遇，但都没有成功，又因与朋友喝酒作乐，错失了韩朝宗推荐出仕的机会，却也毫不后悔。后来决定"扇枕北窗下，采芝南涧滨。因声谢同列，吾慕颍阳真"，不再出仕了。

虽然仕途上困顿失意，但在襄阳佳山秀水的怀抱中，孟浩然吟诵"鹿门月照开烟树，忽到庞公栖隐处。岩扉松径长寂寥，唯有幽人自来去"，鹿门先贤卓然高标的事迹给了他精神的滋养和心灵的慰藉，使他选择在鹿门山隐逸。

孟浩然为人耿介不群，不喜阿谀逢迎，他高洁俊逸的品格受到李白的赞誉和仰慕，"高山安可仰，徒此揖清芬"；亦受到王维的倾心爱慕，王维为孟浩然画绢本像，当日见者描绘画中神情风貌："襄阳之状，颀而长，峭而瘦，衣白袍，靴帽重戴，乘欵段马，一童总角，提书笈、负琴而从，风仪落落，凛然如生。"展现了一位骨貌淑清、风神俊朗、冲澹闲远的孟夫子，正如他的诗作，读来有泉流石上、风拂松下的逸致。

以孟浩然为代表的襄阳隐士，亦曾怀有凌云之志，在经受了主观愿望与客观现实矛盾的痛苦，认识了现实的艰险与丑恶之后，他们固守物质生活的贫苦困顿，冀求塑造一种独立而不媚世的人格，彰显了襄阳所孕育的隐逸文化的精神价值。

▍穿天节

穿天节民俗和节庆文化起于郑交甫逢汉水女神的浪漫故事。襄阳穿天节是农历正月二十一日，在这一天里，人们举行祭祀汉水女神、泛舟踏青、汉水采石等民俗活动。

西汉刘向《列仙传》载江妃二女出游江汉之滨，书生郑交甫不知她们是神女，一见倾心。郑交甫对他的仆人说："我想请她们取下佩饰。"仆人说："这里的人都擅长言辞，恐怕不仅不能得到还会无端遭受侮辱"。郑交甫执意不听，壮起胆子向二女问候："姑娘辛苦了！"二女回答道："客人辛苦！妾身何劳之有？"郑交甫赋橘柚诗求取游女之佩，二女赋诗回赠，并将佩饰解下给了郑交甫。郑交甫郑重接过来藏在怀中，快步离开了，走了几十步，再取佩而视，却空无一物，回望二女早已不见踪影。那时，常有灵妃姿容艳丽盛装出现于江滨，郑交甫见而动情，然而"鸣佩虚掷，绝影焉追？"

《襄阳耆旧记》记载万山北即传说中郑交甫逢汉水女神之处。万山出现这个传说的历史依据是周昭王南征丧生于汉水，他的两位侍女延娟、延娱"夹拥王身，同溺于水"。二女化为神女的传说，寄寓了善良的楚地人民对二女忠贞护主的同情和纪念。

唐代，"神女弄珠"的神话故事成为文人骚客吟诵不绝的话题。李白《岘山怀古》云："弄珠见游女，醉酒怀山公。感叹发秋兴，长松鸣夜风。"盛唐诗人张子容道："交甫怜瑶珮，仙妃难重期。沉沉绿江晚，惆怅碧云姿。初逢花上月，言是弄珠时。"

至迟在宋代，襄阳城的百姓会在正月二十一日这天不约而同来到万山脚下，乘船沿汉江而下，在鱼梁洲边上的沙滩相会。人们在沙洲上拾捡带着小孔的石头，用彩色的丝线把它们穿起来，然后佩戴在身上，以祈求吉祥幸福。互相心仪的男女也借此机会表白，建立恋爱关系。

穿天石，俗名又叫穿心石，是汉江洲滩上的一种乳白色小石头。这些石块儿

经过数百千米汉水的冲刷淘洗，杂质被溶解荡涤，到水势平缓、河道平坦的汉江中游襄阳段时，形态各异由天然形成穿透小孔的石头就在河床中留存下来，成了人们喜爱的穿天石。

穿天石

在民俗文化中，穿天节里的"穿"的意义为穿线，用红丝带穿过有孔窍的石子，是为穿连。穿天节这一天亦演变为男女恋爱婚配的节日，水滨郊游、交友进而交配，"穿天"有交合之意，是楚地巫风和浪漫天性的体现。此外，郑交甫与汉水女神邂逅的结局，或是汉水女神飞升上天，抑或郑交甫与汉水女神双双飞升成仙，"穿天"是穿越到天上之意，寓有浪漫的神话想象，表达了人们期盼有情人终成眷属的美好心愿。

雕龙碑遗址

遗址因附近曾树有一块刻有飞龙的石碑，故称"雕龙碑遗址"。位于湖北省枣阳市鹿头镇南，南临沙河，西靠小黄河，总面积4.5万平方米，文化层厚达3米。

1977年的春天，当地农民在耕地时发现了大量陶片和陶器，确认是古文化遗址后将其保护起来。1990年开始发掘，发掘面积1500平方米。发现新石器时代不同时期的房址、窑穴（或灰坑），以及成人土坑墓、婴儿瓮棺葬等遗迹，出土各种生产工具和生活用具2300余件。据碳-14测定，其年代为距今6000—5000年，是一处保存完整的大型原始氏族聚落遗址。

雕龙碑遗址文化风格独特，自成一体，繁荣的"建造业"和"现代化"建筑技巧让人有时空穿越之感。在雕龙碑遗址发现的房屋遗迹内壁，涂抹了一层0.3~0.5厘米厚的石灰泥，洁白、坚硬、光滑，居住地面也敷有一层0.5厘米厚的石灰泥。经标本测定，确定为经过人工烧制的石灰，是目前考古发现年代最早的人工烧制石灰，与现代房屋建筑材料中使用的石灰性质相同。具有水泥性能的建筑材料混凝土遗存，在雕龙碑遗址许多房屋建筑中都有发现，总面积达800余平方米，混凝土表层经过加工打磨后平滑、坚硬，其色彩、质量与现代建筑使用的水泥几乎无异。建筑遗存F19中共有7间屋和8个推拉门，门框与墙壁连成一体，门框在出入口两侧墙的内壁呈沟槽状，下框沟槽内侧筑有凸棱，酷似门槛，其沟槽形状与现代推拉门相似。

雕龙碑遗址地处著名的随枣走廊西端，是中原大地与江汉平原之间的交通要道。出土的文物表明，早在6300年以前，北方中原地区仰韶文化的早期先民就来到这里开辟家园，在5000多年前的文化遗存中，又发现仰韶文化西安半坡类型特征。在雕龙碑遗址晚期文物中，还发现有南方屈家岭文化早期遗物。从这些来自南北的文化遗物可以看出，枣阳雕龙碑遗址凝聚、融合了不同风格的文化，并塑造了自己独特的文化面貌。

雕龙碑遗址出土文物

▎白水寺

白水寺坐落于狮子山之巅，高台耸峙、气度非凡，寺外苍松翠柏蕴秀叠翠，山下白水似带明波映天。此地旧名春陵，是东汉光武帝刘秀的故里。

相传刘秀兵败，来到狮子山顶，人困马乏，好不容易寻到一口井欲饮水，却见井水浑浊。正在为难懊丧之际，一条青龙从井中飞出，井水由黑变白清澈起来，刘秀人马痛快饱饮，缓解了疲乏。正所谓"白水龙飞遗胜迹，紫微山拱护真垣"，

后人因而称之为白水井。刘秀平定天下后，于建武六年（30年）将故乡舂陵乡升级为章陵县，在此立宗庙。他在位32年间先后5次回乡祭祖，诏令免除章陵县的田租及各种差役。

白水寺景区汉文化广场设计灵感来源于汉代的龙形玉佩，白浪翻滚中一条龙腾空而起，表达了龙飞白水——一代帝王应运而出的含义。光武大殿内六幅彩色壁画分别为长安求学、舂陵起兵、昆阳大战、勤于国事、和衷共济、宴会乡亲，展现了刘秀一生中辉煌的历史时刻。

白水寺原名白水禅林，现存有明建清修古建筑。明宣德年间，主持真隆和尚将正殿改为供佛，以西偏殿祭祀光武。现有刘秀殿奉祀刘秀，殿前楹联"九月重阳，白水重光，重重照白水；三代尚文，真人尚武，尚尚唯真人"。

刘秀青年时在长安学习经学，后应时而起统率起义军南征北战。他注重延揽人才、笼络人心，软硬兼施收服各方军事力量，团结各地豪强大族势力；建立政权后重农兴教、偃武修文、柔道治国，实现"光武中兴"，开辟了东汉200年基业，堪称允文允武、重光汉祚。

白水寺

楚皇城遗址

楚别都"鄢"的所在地在很长一段时间一直扑朔迷离、充满争议，直到楚皇城遗址显露真容。

宜城市郑集镇皇城村的一片低矮岗地，东北距汉水6千米，西距蛮河10千米，这个看上去平平无奇的小丘陵，被当地居民辟为水田。当它被验明是楚皇城遗址的时候，人们才惊奇地发现那些小土包原来是先民们汗水的结晶——夯筑城垣。

从高空俯瞰，可以清晰地发现楚皇城有大小两座城垣，大城平面略呈梯形，西北角向西突出，东南角向东突出。它在当时是一座濒临汉水的城垣，布局明显受到了地形与汉水流向的影响。城垣周长6420米，面积约2.2平方千米。

城垣由夯筑的墙基、墙体和护坡组成。墙基上窄下宽，宽11～13米，基深1米以上，墙体残高2～4米不等，宽8米左右。两边护坡亦为夯土修筑，夯筑得非常坚固。城垣每边原来各有一大一小两个缺口，推测原来共有八座城门，其中有四座大城门、四座小城门。城垣四角，有人工土台显著突起，当地人称为"烽火台"或"观楼子"。台上原来应有高大的建筑，用以观察城内外情况，做安全防卫之用。城垣东南角一个宽达60余米的大缺口，据说是当年秦楚战争中，秦将白起引水灌城，城内人为排水而开凿的。

小城在大城东北角地势较高的台地上，当地人称之为"金城""紫禁城""小皇城"。小城面积约0.4平方千米，其北垣和东垣靠北的一段，与大城共用城垣，西、南和东垣南段另筑有城垣。其城垣夯土和城内地表中多见两汉遗物，说明小城修筑的年代晚于大城。小城南部有一高坡，人称散金坡或晒金坡。暴雨过后，人们有时兴奋地发现裸露在地面的小块黄金，这些小块黄金被称为柳叶金、豌豆金、荞麦金等，它们实际上是碎砑金和楚国的金币"郢爰"一类。城址南部，有一高大土冢，俗称金银冢，经考古勘探为汉代的砖墓。这也说明，大城在白起破城后即被废弃，小城是秦汉时期才修筑的。

在楚皇城遗址及其周边有较多东周楚墓，曾有大量玉器、青铜器出土，也发现有东周大型车马坑。此外，楚皇城遗址还有秦汉墓葬分布，所出土的高达53厘米的大铜方壶和错金嵌玉铜带钩造型精美，这表明这些器物的所有者具有很高的身份和地位。宜城楚皇城规模大、地位高，学术界主流观点认为大城可能是楚国的陪都鄢郢，小城可能是汉代的宜城县治之所在。

白起渠

"武安南伐勒秦兵，疏凿功将夏禹并。谁谓长渠千载后，水流犹入故宜城。"一条关系一城、一国存亡的长渠载入史册；一条早于都江堰、郑国渠、灵渠的长渠流淌千载，灌溉千里沃野。长渠，又称白起渠、百里长渠、荩忱渠，位于襄阳市南漳、宜城境内，距今已有2000多年的历史，是中国现存历史最悠久的引水工程之一。

公元前279年，秦昭襄王大举攻楚，白起率数万秦军直入楚国腹地，势如破竹，一直打到楚国西北重要门户别都鄢郢。白起在鄢郢遭到顽强的抵抗，于是白起决定以水代兵。他利用夷水（今蛮河）从宜城西山东南流向鄢郢的有利地形条件，命令秦军在西边百里的夷水上游筑堤蓄水，并修长渠直达鄢郢，然后开渠灌城，鄢郢城墙的东北角经水浸泡溃陷，城中数十万百姓遭受灭顶之灾，秦军就这样攻占了鄢郢。这是秦国灭楚进程中具有决定性意义的胜利，白起受封为武安君，南漳的武安镇由此而得名，长渠冷眼旁观了家破人亡的楚地人民刻骨铭心的亡秦必楚的仇恨。

战事结束后，人们将这一水淹鄢郢的战渠改造成引水溉田的灌渠，并把渠道与附近陂塘串联起来，使其灌溉面积扩大。白起渠在此后的1000多年里几经兴废，唐、两宋时期均经修浚，明代中期以后逐渐废弃。1939年，国民党第三十三集团军总司令张自忠将军驻防宜城，曾电请湖北省政府复修。1942年长渠复修工程破土动工时，张自忠将军已于宜城阵亡。为示纪念，人们以张自忠将军的字将长渠更名为荩忱渠。新中国成立后，宜城、南漳两县曾投入大量劳力修复长渠，有着两千多年悠久历史的长渠再一次发挥出重要的灌溉作用。

作为我国最早的长藤结瓜式的蓄水引水灌溉工程，白起渠灌区地形复杂，施

白起渠

工技术要求高。陂渠串联的水利工程系统增大了水资源的利用程度，增加了灌溉面积并提高了灌溉效率，在水利技术史上极具研究价值，堪与都江堰、郑国渠、灵渠比肩。

宋玉故里

宋玉是战国晚期楚国著名的辞赋作家，历来与屈原并列为"中国文学之祖"。宋玉在思想品格上虽不及屈原崇高伟大，但在文学艺术上，"宋玉比屈原，时有出蓝之色"。

宋玉出身于宋国一个没落的贵族世家，在宋被灭国后随家人流落到楚国鄢郢定居。他大约生于楚顷襄王元年（公元前298年），卒于楚亡之时（公元前222年），经历楚顷襄王、楚考烈王、楚幽王、楚哀王、楚王负刍五朝。楚顷襄王时，宋玉还很年轻，长得英俊漂亮，"体貌闲丽""身体容冶"，常常引起年轻姑娘的爱慕，邻家美女死心塌地追求他三年，宋玉也不曾动心。

宋玉做过楚顷襄王的文学侍从，不时随楚顷襄王出游，即兴作赋助兴娱乐。游兰台之宫"有风飒然而至"，作《风赋》提出"大王之雄风"与"庶人之雌风"的不同；游云梦之台见"须臾之间，变化无穷"的云气，作《高唐赋》将朝云暮雨的自然现象描绘为自由奔放的巫山神女；行云梦之浦"梦与神女遇"，又作《神女赋》摹画了神女盛装姣丽的形象。宋玉还常常与顷襄王及其他文学侍从如唐勒、景差等一起进行辩论，《登徒子好色赋》《对楚王问》《讽赋》《钓赋》《御赋》等一篇篇措辞巧妙、意味深长的谲谏文章，就是这样创作出来的。

宋玉辞赋构思精巧，辞藻华丽，韵散兼备，开创了极尽铺叙描摹之能事而意主劝惩的文体风格，昭示了赋体文学的兴起，推动了文学发展。李白赞颂宋玉的品格和才华说："宋玉事楚王，立身本高洁。巫山赋彩云，郢路歌白雪。举国莫能和，巴人皆卷舌。一感登徒言，恩情遂中绝。"

宋玉是楚国鄢郢人，其故里在今湖北省宜城市鄢城办事处腊树村，当地老百姓至今传唱着这样的歌谣："腊树园，城南角，古有宋玉墓和宅。宋玉本是楚大夫，《九辩》文章绝调歌，生养死葬在楚国。"据记载，宜城县宋玉墓封土高2.15米，东西长50米，南北宽19.5米，墓前尚存清嘉庆二十一年（1816年）陈廷桂

《重修宋大夫墓碑》的题字，"儒雅风流妙一时，左徒弟子少陵师。阳春白雪千人废，暮雨朝云万古疑。九辩至今欲绝调，一抔何处听微问。断肠我亦悲秋客，落日招魂为涕洟。"明、清两代宜城的地方官吏对宋玉墓的保护和维修很重视，文人士大夫常常凭吊宜城宋玉墓而抒怀咏叹。

人们喜爱这位风流倜傥、才华横溢的文学家。湖北有四处宋玉故宅，除襄阳宜城外，另外三处在归州秭归、荆州江陵、安陆钟祥；被称为宋玉的坟墓有三处，另外两处在河南唐河县、湖南临澧县。另外，宋玉的遗迹、纪念性建筑及其自然文化景观有20余处，分布在湖北、湖南、重庆、河南等地。

宋玉

▌板桥古民居

南漳县"古民居廊道"的雅号名冠鄂西北，至今保存较好的古民居有近百处，其中20余处被列为省级文物保护单位，板桥镇规模最大的冯氏民居、保存最完好的王氏民居是其代表。

鞠家湾冯氏民居是辛亥革命时期湖北军政府内务部长冯哲夫的故居，始建于明朝崇祯元年。冯氏民居共有房屋百余间，三进三出宅院分为3排，一排5个大门，10个小院各自独立，有前后两条通道由东向西贯通。所有院落之间均有封火墙分割，具有防火防盗功能。墙体用青石条砌筑，石条之间相互咬合，用桐油和石灰勾缝，其上再用青砖砌斗墙。据说冯家起屋造房前，曾雇了50个工匠耗时3年打造了10万块青石条备用。内室采用传统木架结构，屋面铺设布瓦，地面是青砖，数百年来主体结构完好无损。

古朴的构造难掩装饰的精细灵巧，屋脊上雕刻二龙戏珠、丹凤朝阳造型，盖瓦绘龙头凤尾图案，檐头分别饰有红色大理石灯笼、玉雕双狮以及石雕蝙蝠等。

大门上有福、禄、寿、禧四仙肖像木雕，门槛用青石打磨而成，饰有瑞鸟祥兽，室内门窗隔扇，均雕刻人物肖像及花鸟图案。

主人对文化教育的重视渗透在命名和陈设中，门前的山名"笔架山"，屋后的岭名"读书岭"，门前的堰塘名"洗笔池"；大院的各个门楣上都有风雅蕴藉的题匾，如"紫气东来""西山爽气""恢延荻画"等。

冯家湾王氏民居始建于清乾隆年间，民国时期曾是乡政府驻地，其楼房结构别具一格。院落坐北朝南，方形布局，占地面积550平方米，由四面房屋围合而成。建筑的正面为五开间二层楼房。正面明间大门对开，内为门厅，进深较短。挑枋托起二楼檐廊，与厢房及正堂檐廊相通，檐廊栏杆线条简约大方。堂屋面阔五间，与左右两边厢房均为二层土木结构楼房，内檐廊与前后楼房衔接，构成"口"字形廊道。

板桥古民居

王氏民居不仅房屋体量庞大，更让人称奇的是挺立在院落西南角的五层碉楼高达15米，墙体全部用黏土以干打垒的方式夯筑而成。它的底层墙体厚达0.53米，每上一层墙体厚度从内侧递减一寸，以减轻承重，确保了五层高的墙体稳固牢实。从第二层起，每层房间四面各设两个内大外小的倒八字形射击孔，在第五层顶楼正面中间设一从堡内向外挑出的哨亭。从它的精心设计和防卫目的可以想见主人对动荡环境的深深忧虑，也不难设想当它发挥功用时硝烟弥漫的场景。

辟在荆山

荆山，因满山生长荆条而得名，虽是荒僻之所，却又是楚人精神的圣地。"昔我先王熊绎，辟在荆山，筚路蓝缕，以处草莽，跋涉山林，以事天子，唯是桃弧、棘矢，以共御王事。"楚先王熊绎带领族人，身穿敝衣烂衫，举步维艰地拉着荆竹编成的柴车，在蛮荒草莽之地呕心沥血、开基立业。西周晚期，楚先民南迁到汉水以南，抬头远望古荆山高耸兀立于平原尽头，"平原远而极目兮，蔽荆山之高岑"，成为江汉沮漳之地的"镇山"。

荆山山脉呈西北—东南走向，北起房县青峰镇大断层，南至荆门—当阳一线，长约150千米；西至远安沮水地堑，东到荆门—南漳一线，宽20~30千米。西北部山高谷深，巍峨陡峭，沟壑纵横；东南部山低谷浅，坡度略缓，稍显开阔。主峰聚龙山位于保康，汉江支流蛮河源于山北，长江支流沮河、漳河源于山南。

荆山

楚人芈姓是祝融八姓之一，后来发展为楚族。商末周初之际，芈姓季连的后代已迁至丹水与淅水一带，以丹阳为中心。从鬻熊至熊绎历居丹阳，丹阳成为楚人立国后的政治、经济、文化中心。但丹阳并非一个具体的地名，而是一个地域的泛称，且经历了多次迁徙。鬻熊所居之丹阳在丹水之北，熊绎所居之丹阳为南漳县古沮漳上游河谷地带。

楚人筚路蓝缕，辟在荆山，先在今南漳、保康一带奠基，后在宜城平原建立根据地，楚国从此发展壮大，成为南方大国。襄阳是楚国立族、建国、创业之地，至迟在西周晚期，楚国就定都于宜城平原，春秋早期以后直至战国晚期，襄阳地区几乎全部纳入了楚国版图。

熊绎身为楚国国君，率众艰苦奋斗，凝聚人心，鼓舞斗志，使楚国上下众志成城，树立了开疆拓土的志向与信心。处在起步初期的楚国，向周王室进贡桃弧、棘矢表示效忠，以获取周王室的信任和支持。这时的楚国以卑弱的形象示人，韬光养晦，营造出相对和谐的外部环境，为积蓄实力创造了有利条件。

在800年的发展历程中，楚国从荆山起步，由"土不过同"的蕞尔小邦拓展为"地方五千里"的东方第一大国，筚路蓝缕蕴涵了楚人起步之初不畏艰险的顽强毅力和踔厉奋发的进取精神。条件险恶、物力维艰的荆山成为楚人人格锻造和精神塑形的圣地。

玉印岩

南漳县巡检镇苍莽荆山的环抱中，一处崖头傲立，峭壁如屏，浩然凌云，此崖即玉印岩，又称抱璞岩，是楚国一个伤感的历史传说——卞和献玉受辱的起点。

2700多年前春秋战国时期，楚人卞和在荆山采得一块玉璞，外表和普通的石头没什么两样，但实际里面藏着极为罕见的美玉。他兴致勃勃地跑到丹阳，向楚厉王进献，厉王让玉工来鉴定，玉工说："这只是块石头。"厉王以欺君之罪对卞和施以刖刑，砍断了他的左腿。楚武王即位后，心有不甘的卞和又拿玉璞献给武王，但悲剧重演，卞和再度因"欺君"失去了右腿。

楚文王即位后，卞和抱着玉璞在荆山脚下今天命名为抱璞岩的地方号啕大哭，据说一连哭了三天三夜，眼睛里都流出血来。文王得知此事，觉得蹊跷，便派人去查问："天下受刖刑的人多了去了，为什么唯独你如此哀伤？"卞和说："我不是为自己被砍掉的双腿而哭，我是为先王把宝玉当成石头，把忠贞的人当成骗子而感到悲痛。"文王于是令匠人剖开那块璞，果然得到一块稀世宝玉。玉工把这璞加工成璧，上好的玉材，精湛的玉工，成就了举世罕见、精美绝伦的"和氏璧"。

《史记》称和氏璧为"天下所共传宝也"，秦始皇令丞相李斯雕刻篆字"受命于天，既寿永昌"于其上，用作传国玉玺，被100多位皇帝视为至宝，传承时间长达1693年，直到后唐皇帝抱璧自焚后消失。

卞和取玉之处即玉印岩，玉印岩岩高百仞，上凿"玉印岩"三字，岩下悬空，有一天然石室，石室高6丈，原供有卞和像。右壁上有方形石穴，相传是卞和取玉的旧迹。由此岩再上百余步，有一石洞，可容200余人，洞顶有池，池旁有卞和庙，相传为卞和住宅旧址，岩东有卞和墓。

卞和一生坚守，付出了失去双脚的代价，终于让稀世美玉得以显现它的光辉。他一生执着献玉的哀伤故事和坚持求真的精神一如珍宝流传至今。

沮水呜音

呜音，原称为巫音，是远古时期巫术祭祀歌乐舞之总称。沮水呜音是巫音的民间变种，流传于荆山南麓沮水流域的保康、南漳、远安等地。

春秋战国时期，楚国盛行巫风，巫音是楚人与神灵沟通的语言。"躬执羽绂，起舞坛前"，楚子为巫长祭祀神灵，人们认为这种祭祀表演仪式，能够沟通天地神灵。巫音作为巫术与艺术的结合体，有事神与娱人的双重功能，多用于庆典祭祀以及丧葬场合。

沮水呜音，继承了先秦楚地的巫音传统，具有庄严肃穆的仪式感和诡谲幽暗的风格，用于民间丧葬祭祀活动，是歌、舞、乐的综合展现，有宗教法器的参与和巫术的表演，并使用传统的民间乐器演奏。沮水当地有"巫音可以吹到皇帝的金銮宝殿，也可以吹到小姐的绣花楼"之说。"响匠百家，呜音为大"，巫音乐师在靠大门的左边就位（楚人以左为尊）；呜音师傅又被称为"云台师傅"，可见山民心目中保留了对古老巫音的虔敬尊崇。沮水呜音的演奏程式包括开套、长调、迎客调。音乐采用宫、商、角、徵、羽五声调式，旋律递进舒展，跳音刚毅诡谲，节奏简朴稳健，充分反映了楚民族的尚武习俗。曲调上，除《靠锅》《叶叶落》两首乐曲专用于白事外，其他乐曲均可同时用于红事。逢喜事，叫人听后眉开眼笑；遇白事，让人听得悲怆而泣。

沮水呜音中使用的乐器，主要有长号、唢呐（俗称喇叭）、马锣等，其中以唢呐最为重要。唢呐比普通喇叭长而厚，发出的声音低沉、悠远，因此亦被称为"巫音喇叭"。巫音乐师还常常你吹喇叭、我摸音，两支喇叭同时吹，交换摸音，这叫换拇眼，难度极高。马锣的演奏炫人眼目，乐手在进行演奏时将马锣甩向高空，使之如飞碟一般旋转，再稳准地收回，配合着乐曲，曲调越长马锣甩得越高。

沮水呜音蕴含着楚地特有的思维方式、精神特质和文化特征，在历史学、民俗学、音乐学的研究中具有重要价值。荆山山地的民间音乐文化传统深厚，丰富的民歌、多彩的乐曲、奇特的舞蹈、古老的宗教，在韵律、结构、功能等多方面均受到巫音音乐的深刻影响，蕴藏着飘逸诡谲的楚声楚韵。

穆林头遗址

2018年，穆林头遗址的发现使我们对长江中游文明进程的认识上升到新高度，对于今后探究屈家岭文化时期高级别墓葬意义重大。

穆林头遗址位于湖北省襄阳市保康县马良镇，分布在重阳盆地东北部的紫阳台地上，面积约80万平方米，主要文化堆积属于屈家岭文化。出土了象征王权的玉钺以及象征天文历法的玉璇玑，二者是屈家岭文化首次发现象征权力和历法的玉器，表明穆林头的统治者已经掌握了王权与神权。墓中还出土了玉斧、玉管等玉制品。比起同时期的古城，穆林头遗址的规模不大，但从随葬品推测，墓主人应该为统领一方的最高首领。这个重要发现证明，屈家岭文化区域已经扩展到江汉平原北部的荆山地区。

穆林头屈家岭文化遗址共发现了22个长方形或梯形竖穴土坑墓，分布较为密集。各墓随葬品数量较多，主要以陶器为主，还有少量石器、玉器和骨器。其中，M26与M33为一对异穴合葬墓。M26号墓主人身高约180厘米，玉钺被压于墓主人右肱骨及背部下；玉璇玑置于右手掌上；玉斧1件，置于右小腿一侧；

象牙管1件，置于头部右侧。在M33号墓中，考古工作人员发现有人骨痕迹，人骨腐朽严重，左手臂下随葬有玉钺1件、玉璇玑1件，脖子处有玉管2件。同时复原陶器30余件，有鼎、盂形器、壶形器、罐、双腹豆、高足杯、碗及缸等。此外M34、M36也发现有石钺。

穆林头遗址高等级墓地系屈家岭文化考古的首次发现，对于屈家岭文化时期墓葬等级研究具有重大意义。这一发现也首次揭露了荆山地区屈家岭文化的遗存，表明荆山区域仍属屈家岭文化的控制范围。这些高等级墓葬及陪葬品，证明当时荆山地区社会文明相当发达。

九路寨

去过九路寨的人们形容那里有"张家界的山，九寨沟的水"。山脉纵横，沟谷相通，山峰耸峙，溪涧回环，是华中地区罕见的大型原生态旅游区。

九路寨是荆山山脉主峰之一，地处保康、宜昌、兴山交界处，隶属保康县歇马镇。九路寨三面为悬崖所断，一面与外界相连，古时只有九条小路，依靠青藤、绳索攀岩上下，因此得名。新中国成立前，当地土豪孙秀章据九路寨天险，结寨为霸，拉起了200余人的队伍，称雄一方，自号"九路国"。他堵塞了其中的八条路，仅在奇险无比的寨口"钻天洞"留下一条靠攀缘才能上下的通道，用以出入村寨，可见此地险峻奇绝。

九路寨由山、林、寨、洞、瀑诸景组成神妙奇幻、优美清丽的自然风光，属于典型的高山河谷自然景区。60余座山峰兀立，7条河流环绕；佛祖望瀑、王龙瀑、黄龙瀑三大瀑布飞流直下；黄龙洞、二郎洞、汪家寨三大溶洞别有洞天；田家冲、孙家冲、李家冲、谢家冲、古楼冲五冲古朴静谧；它们融于一体，成为九路寨的独特景观。九路寨还有大大小小的溶洞岩穴、山泉小溪以及大片的原始森林，是一个珍禽异兽栖息、珍稀植物繁茂的绿色资源宝库。

五道峡

五道峡位于荆山主脉中段，河谷纵深约7千米，面积达2万多亩，是荆山山脉腹地裂开的一道缝隙。峡内北侧有两道山梁，南侧有三道山梁，均由上而下延伸直达峡底，形成五道峡隘口，故曰"五道峡"。人们曾形象地以"五爪峡"来称呼这里，传说早年有人走过峡中"一线天"，行至"三岔口"前面豁然开朗，欣喜若狂地仰天长啸，却迎五座山劈面而来，恰似巨大的五指爪罩在头顶。

楚城楼大门上对联"崖上寨寨上崖马飞崖上，洞中瀑瀑中洞龙卧洞中"，是五道峡雄奇幽险景观的真实写照。峡谷两侧两山夹峙，峰峦奇谲诡怪，清泉四季奔腾，神秘幽深的溶洞、婀娜多姿的飞瀑以及形态各异的怪石，星罗棋布，相互辉映。

秋天的五道峡，隐映在一片落叶乔木、绿色灌木混合而成的斑斓色彩之中，犹如天地间一幅巨大的调色板，静谧又绚烂。峡谷中沟深林茂，两侧山峰时而轻缓，时而陡峭，不时有一挂小瀑布从山崖跌下，落入谷底，溅起水花，汇成溪流，不知名的鱼儿在水底悠闲地游弋，恍如世外桃源。

随州

一溪初入千花明

"一溪初入千花明，万壑度尽松风声"，一条条溪流跳跃的山谷间随处可见春天的明艳，千峰万壑的松林风声诉不尽历史的厚重。

涢水在大洪山、桐柏山二山夹峙护卫下，汇合大小支流，润泽了为"义阳、南阳之锁钥"的随枣走廊，向东流经江汉平原在汉口汇入长江。涢水西北与"夏道"连贯，成为沟通中原与长江中下游地区的主要运输通道。

曾国，一个在传世文献中鲜有记载的周代诸侯国，在20世纪以来随枣走廊的考古发现中，随着一个个惊艳出场的考古发掘文物及其铭文记载，逐渐向世人显露她的真容；曾侯乙编钟堪称中华民族文化艺术的瑰宝、世界音乐史上的奇迹；曾侯乙尊盘铸造工艺达到先秦青铜器制作技术的高峰。仅此两件珍宝可使曾侯乙墓的面世载入史册。

"环抱千山青霭合，划开一线法云明"，大洪山"九景五绝"的自然风光引人入胜，慈悲济世的佛教文化荡涤心灵；"圣启炎黄氏，灵钟㵐水涯"，炎帝神农是中华民族农耕文化定型的标志性人物和文化符号；随县厉山是神农文化的发祥地，当地至今流传着这位先祖的传说；"桐柏山中草木灵，淮源潏潏绕山鸣"，桐柏山区广泛流传着盘古氏在山里开天辟地，临终将自己的血脉化为淮河造福后世子孙的神话传说。淮河源是历代国家祭祀、世界华人寻根问祖的圣地。

随州

  岩画是我们认识远古人类社会的宝贵密码。史前的祭祀文化、生殖崇拜和太阳神崇拜，随县岩画用稚嫩朴拙的形式一一呈现出来。传世文献从没记载随州曾有一个鄂国，但鄂国遗址的震撼面世，使人们认识到随州安居的确曾是西周早期鄂国的政治中心所在。得天独厚的地理条件和便捷的水运交通带来繁荣的商业贸易和发达的街市建设，成就了安居镇"九街十八巷"和"小汉口"的美名。如果你想探访一方大山深处的古老家园，桐柏山深处这座依山而建的古老村落柯家寨，跨越400多年时光的风霜，如一幅古老的卷轴散发着悠远的墨香；如果你想通过一栋建筑感受晚清鄂北山区动荡不安的传奇风云，那么这座清代城堡式建筑戴家仓屋会是不错的选择。而融南北风格为一炉的多腔系剧种随州花鼓戏至今仍有旺盛的生命力。

  "北极星辰近，南关楚豫连"，桐柏山脉和大别山脉的交汇地，恰似两条巨龙摆尾相接处形成一道关隘。北屏中原，南锁江汉，扼控交通咽喉，这正是见证诸多历史风云的武胜关；"桃花流水窅然去，别有天地非人间"，看过了风起云涌，现代都市中的游子想慰藉缱绻的乡愁，就来桃源村吧，让潺潺的溪流、清冽的香茶、古朴幽静的石板路、百年的石头墙，带你重温中国传统的村居田园生活。"孤帆远影碧空尽，唯见长江天际流"，因思慕楚辞汉赋中云梦泽的神奇诡谲而来到安陆的李白，在这里饱尝了世事的艰辛，但纵横捭阖的才情和高傲自尊的气概却愈发喷薄，他的不朽诗篇和在佳山秀水间留下的足迹，让人们千载追怀；楚地的人们爱李白的浪漫，也爱杨涟的忠烈，家乡的人们痛惜这位惨死的先贤，将他从出生到屈死的一生用传说故事加以演绎，世代传颂他光昭日月的崇高气节。

曾国遗址

曾国，一个在传世文献中鲜有记载的周代诸侯国，在20世纪以来随枣走廊的考古发现中，随着一个个惊艳出场的考古发掘文物及其铭文记载，逐渐向世人显露她的真容。

已出土的曾国铜器铭文中有9位名号明确的曾侯，将曾国的历史逐步清晰地勾勒出来。铜器铭文串联起曾国从西周到战国的大致脉络。西周早期的，以叶家山墓地为代表，三座侯墓分别出有多件有"曾侯犺""曾侯谏"铭文的青铜器。西周晚期至春秋早期的，以枣阳郭家庙和京山苏家垄两墓地为代表，出土有"曾侯絴伯秉戈""曾伯陭铜钺"，部分铜器上铸有"曾侯仲子斿父"铭文；春秋中期至战国中期的，以随州义地岗和擂鼓墩墓地为代表，出土有"曾侯邸铜鼎"，一套有"曾侯與"铭文的青铜编钟与铜镐。此外盗掘文物中有"曾侯宝鼎"，襄阳梁家老坟楚国墓地出土了错金文字的"曾侯昃戈"，文峰塔墓地发掘了"曾侯丙"铜器，擂鼓墩墓地发掘有东周"曾侯乙"墓。

曾国的祖先南公伯适辅佐周文王、武王伐商，因安定天下有功而被封于南土，统治淮夷、监领江汉。后来在昭王时，南公伯适再度受命，昭王"赐之用钺"，确立了曾国在周人南土的统治中心地位和影响力，即"汉东之国随（曾）为大"的最初渊源。

2011年，湖北省文物考古研究所在湖北随州叶家山墓地共勘探出墓葬80座。其中，西周早期曾侯墓地现已发掘了63座墓葬和1座马坑，出土了珍贵的铜器、玉器、陶器、原始瓷器和漆器（痕迹）等文物，多达700余件（套）。此处应是西周早期曾侯家族墓地，这是继1978年随州曾侯乙墓发现之后曾国墓葬的又一次重要发现。此次发掘首次证实西周早期就有了曾国，曾国首都可能就在叶家山墓地南约1千米的庙台子遗址。这个遗址面积约30万平方米，经初步勘探，发现了环壕遗迹和城墙遗迹。

叶家山墓地在江汉地区乃至长江流域都是极为重要的一次考古发现，墓葬的保存之好、出土文物之丰、时代特征之明确都为湖北过去考古发现所仅有。墓地发掘所获大量的西周陶器、铜器和原始瓷器等器物群，是研究湖北汉水流域西周文化的重要标准性器物群，丰富了西周年代学研究的实物资料库。

曾侯乙墓

1978年夏，湖北随州市一个叫擂鼓墩的小山包万人瞩目，人们从四面八方聚拢而来，等待着目睹超级古墓的真容。这座战国早期的曾国国君墓——曾侯乙墓，出土了大量精美的青铜礼器、漆木器、金银器、珠玉器及各类乐器、车马器、兵器和服饰等，仅国家一级文物就达143件（套），其中国宝级9件（套）。墓葬的主人身份明确、地位甚高，出土文物数量众多，种类齐全且保存完好，在中国考古史上实属罕见。

出土文物中最令人瞩目的是一架宫廷青铜编钟，全套编钟共65件、重达2.5吨，分三层八组悬挂在曲尺状的铜木结构钟架上。除一件楚昭王赠送的镈钟外，其余64件钟均能奏出双音，全套编钟有五个半八度，十二个半音齐备，可以旋宫转调，音阶如现今通行的C大调，能演奏五声、六声或七声的乐曲。曾侯乙编钟是我国目前出土数量最多、重量最重、音律最全、气势最恢宏的一套编钟，堪称"编钟之王"。凡有机会耳闻目睹过编钟演奏的人，无不为此千古绝响叹为观止。它堪称中华民族文化艺术的瑰宝、世界音乐史上的奇迹。

编钟铸造采用了铜焊、铸镶、错金等工艺技术，以及圆雕、浮雕、阴刻、髹漆彩绘等装饰技法。在曾侯乙编钟上，高浮雕与浅浮雕铸出甬钟和铜人底座表面

曾侯乙编钟

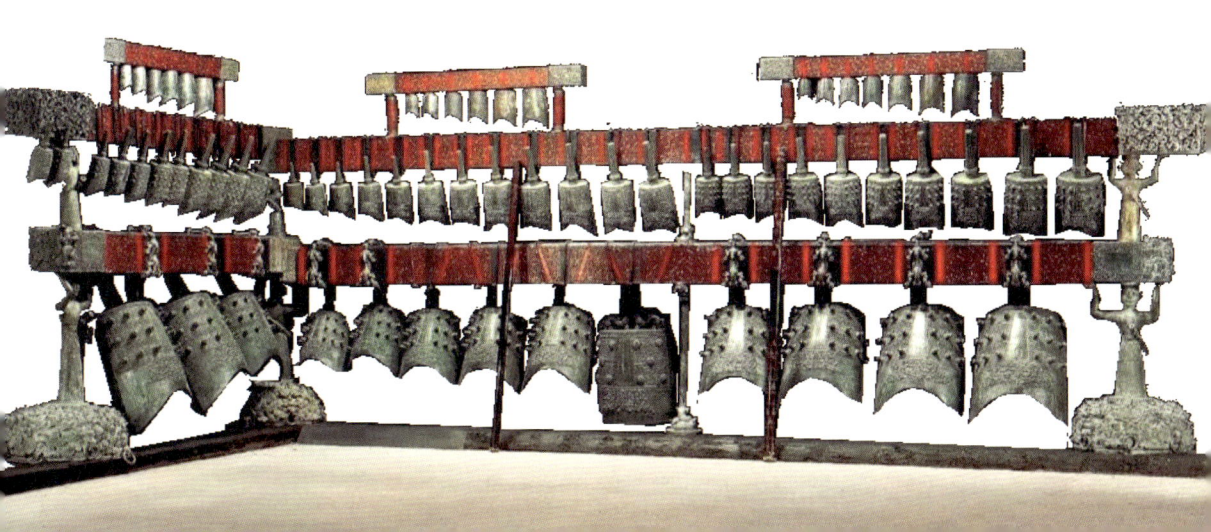

曾侯乙墓外棺

的蟠龙纹饰，层次分明，极富立体感；编钟钟架木质横梁铜套上的花瓣和龙首是镂空而成，龙首宛如游弋在花丛之间，兴味盎然；钟架立柱塑成人体形象，腰挂佩剑，双手向上，雄壮有力，仿佛托举千钧而仍神态自若；大甬钟甬部及衡面铸镶红铜纹饰，铜人底座上镶嵌绿松石。编钟甬青铜本色与衡部红铜花纹相间斗艳，铜人底座上金色与绿松石相映争奇。

与曾侯乙编钟同出一墓的尊盘，其造型高贵典雅，制作精良考究，纹饰繁缛华丽，堪称中国古代青铜器之珍品。尊盘由尊与盘两件器物组成，尊是盛酒器，盘则一般作水器用，出土时尊置于盘中，盘内"曾侯乙"的铭文系改刻而成，表明该器此前曾为曾侯乙的先君所用。这件尊盘共饰龙84条，蟠螭80条。尊与盘的口沿均饰以蟠虺镂空花纹，分为高低两层，内外两圈，错落相间。每圈有16个花纹单位，每个花纹单位由形态不一的四对变形蟠虺组成。表层纹饰互不关联，彼此独立，全靠内层铜梗支撑，而内层的铜梗又分层连接，这样就构成了一个整体，达到了玲珑剔透、层次分明的艺术效果。经科学鉴定，尊盘系用熔模铸造工艺（失蜡法）制作而成，其铸造工艺达到先秦青铜器制作技术的高峰。

青铜编钟和尊盘铸造装饰繁缛、密集、华丽、极尽精巧之能事的风格，突破了青铜器彰显尊卑礼制功能的需要，体现出楚文化体系中对艺术审美和感官享乐的炽烈追求。

大洪山

　　大洪山位于湖北省中北部，居湖北盆地与南阳盆地之间。这里四季风景变幻，春有樱花雪海，夏有栈道清泉，秋有银杏金叶，冬有净域灵山，山花古木相映，溪水奇石嬉戏，望利佛塔庄严，峰峦云海依偎。宝珠峰云海、状元台星空、白龙池倒影、凭簾居晚霞、山里自在牛、剑口一线天、奇幻两王洞、自在帝王杏、樵河古森林，处处胜景，人称大洪山"九景五绝"。

　　万山重叠，群峰竞拔，沟壑纵横，林海茫茫。主峰宝珠峰海拔1055米，号称"名山佳气郁重重，横亘西南压万峰"。主峰脚下有一棵相传近3000年树龄的古银杏树，树高38米，直径2.61米，树围8.2米，树冠面积400多平方米，堪称"华中银杏第一树"。每逢金秋时节，银杏树叶片金黄，与四周层林尽染的远山近峦相互辉映，似一尊顶天立地的金身大佛，耸立在色彩斑斓的世界里，引来无数的游客信众膜拜。民间传说，古时大洪山名大湖山，有九条龙经常在这里嬉戏打斗翻起滔天巨浪，是古银杏镇住了群龙。慈忍大师经常率弟子下山到古银杏树下打坐讲经说法，以感化巨龙。自唐末宋初起，以千年古银杏为中心，历代高僧大德圆寂后都在此周围建有塔林，寓意大洪山禅宗佛法与古银杏同在。

　　随州境内的大洪山以佛教文化为主题，营造佛教朝拜、祈福求助、修禅养心的文化景观。大慈恩寺居于大洪山山腰，背靠巍巍雄峰，南临飞瀑瑶池，崇台楼

大洪山

阁耸立，飞檐斗拱辉映，碧瓦精舍昂然矗立于万绿丛中。雄浑灵动的山水风光为禅寺提供了开阔的背景，正所谓"汉东地阔无双院，楚北天空第一峰"。

大洪山佛教的开山祖师是六祖慧能门下第三代弟子善信（慈忍大师）。善信和尚到大洪山时恰逢大旱，稻田龟裂，禾苗焦枯。山主张武陵带众乡人准备杀猪宰羊求雨，善信表示愿舍身代牲，遂到主峰北崖祷告，三日内果然雷雨大作，缓解了数百里旱灾。张武陵慨然捐出自己的山林，为善信修建庙宇。唐大和九年（835年）善信坐化之前割下自己的双足，以履行向龙神许下的以身代牲诺言。他的双足被后人传为镇寺之宝，名曰"佛足"。善信的善举被地方士绅奏到朝廷，唐文宗深受善信事迹感动，赐善信"慈忍大师"的法号，御书院额"幽济"禅院。后来寺庙改名为奇峰寺、灵峰寺。北宋末年，金兵南侵，随州成为战场，大洪山灵峰寺迁至武昌东十里的东山。人们将东山弥陀寺扩建后改名为"崇宁万寿禅寺"，并改称东山为洪山，今武汉市地名"洪山"就由此而来。

宋绍圣元年（1094年），少林寺报恩禅师建洪山寺下院，取名为"随州大洪山十方崇宁保寿禅院"（现在的洪山禅寺），使大洪山佛教达到鼎盛。到清代，大洪山更有"大洪山山连山山山相连，洪山寺寺接寺寺寺连接"之说。这里曾诞生了中国曹洞宗中兴之父芙蓉道楷禅师，其弟子道元法师将曹洞宗传至日本，大洪山成为日本曹洞宗的祖庭。

炎帝神农传说

炎帝神农和黄帝轩辕，作为中华民族的人文始祖，深受炎黄子孙的崇敬怀念。炎帝神农奠定了中国农耕文明的基础，在中国上古史中占据着重要地位。2008年，随州炎帝神农传说被列入第二批国家级非物质文化遗产代表性项目名录。

在《周易·系辞》等古代文献记载的古史系统中，炎帝神农是旧石器时代向新石器时代过渡时期的人物。作为中华民族农耕文化定型的标志性人物和文化符号，文献记载炎帝神农的八个功绩是：始种五谷为民食，创制农具利耕耘，遍尝百草医民疾，织麻为布御民寒，陶冶器物储民用，削桐为琴怡民情，日中为市利民生，剡木为矢安民居，重演八卦探天象。这些衣、食、住、医、乐、商贸、工具制造以及认识论等方面的伟大功绩和创造，使中华文明发展历程从原始狩猎和穴居的野蛮时代向农耕文明时代迈进，形成了具有远古文明划时代意义的文化形态。

神农氏代表了距今12000—9000年前农业起源阶段的农业发明，炎帝代表了距今7000—6000年前农业第一个大发展阶段耒耜时代。神农传说起源于楚地的可能性较大，炎帝既是祖先之名，也是部落部族之名。而炎帝与神农称号的合并经历了三个阶段：炎帝定位于南方与神农共处；南迁到汉水中游北部的姜姓周人崇奉炎帝，与土著崇奉的神农共尊；后来，炎帝与神农合并，在后世的认识中"神农"与"炎帝"的神学形象已经合一。

上古有厉山氏，也称烈山氏，东汉学者将之与炎帝等同，其活动地域厉山即今湖北随州。据此可以认为荆楚大地是神农文化的发祥地，大洪山与桐柏山之间的随枣走廊为神农部落提供了广阔的活动空间。随州流传着诸多神农传说，《水经注·溠水》记载民间流传厉山的一处洞穴是神农生活过的地方，在农历四月二十六日炎帝生辰这天，当地乡民会在此举行祭祀仪式。明代官方也积极支持本地的炎帝祭祀。1532年，随州知州范钦督修神农庙和神农洞遗址。1577年，知州阳存愚立炎帝神农氏遗址碑。随州还有多处地名与神农事迹相关，如药山因炎帝神农在此采药而得名，漂水河因炎帝神农采药后在河水中洗药而得名。神农架地名隐子坡、离子坪、望子山等源于神农之子柱的故事。

当代民间仍然流传着许多关于神农的故事。《烈山神农》流传于随州市厉山镇。故事讲述远古一个名厉的男孩，从小就有神奇本领，他的肚子是透明的，能看到百草在其中产生的作用。他从中辨别出了五谷和药草，还教人耕田种地，建"百草集"做买卖，百姓们深受他的恩泽。《神农架木城》流传于十堰市，讲述的是一个叫根娃的孝子来到神农架的神农木城寻找灵药为母治病，一个白胡子老人送给他一根萝卜大的党参救治了他母亲。此外，神农架流传的汉族长篇史诗《黑暗传》中有许多涉及神农

炎帝神农

的传说。

在民间口头文学中，人们似乎忘记了岁月的流逝，以为远古神农还住在神农架顶上的木城里，护佑着他的子民，人文始祖炎帝神农被后世民众以艺术智慧和敬爱的情感塑造成为一位神圣而亲切的祖先神，散发着历久弥新的艺术魅力与文化价值。

炎帝神农文化象征了中华文明的肇启时代，彰显了中华民族先民的创造开拓精神和聪明睿智，成为日后中华民族开拓创新、自强不息民族精神的源泉。其根脉效应具有凝聚中国力量的纽带作用，是助力中华民族伟大复兴的不竭文化向心力和精神驱动力。

桐柏山太白顶—淮河源

"比华山之险，与黄山竞秀"，桐柏山—淮源风景名胜区位于豫鄂两省交界的桐柏山脉中段，以南北气候交汇区自然生态和中原罕见原始次生植被为特色，集雄、奇、险、幽、秀于一身，以全国独特的淮源文化为内涵，兼有地质文化、盘古文化、佛道文化和红色文化，是壮丽河山的代表和人文内涵丰厚的胜地。

太白顶位于随县北部万和镇境内，为桐柏山主峰，海拔1100多米，为淮河的发源地。淮河是中国地理的一条重要界线，被华夏儿女尊为"风水河"，与黄河、长江、济水并列为我国古代"四渎"。公元前221年，秦始皇诏令祭祀名山大川，其川有二，曰淮曰济，遂在淮河源头始建淮祠，即淮渎庙。之后历代帝王尊封淮河之神为东渎大淮之神、长源公、长源王。淮祠庙宇规模愈发宏伟壮观，殿堂、楼、台、亭、阁及石狮、水兽、旗杆、华表等一应俱全。每年初春，朝廷钦差来祭淮神，在淮渎庙前文官下轿，武官下马，步行入内。庙院内碑碣林立，古柏参天。明太祖撰文

桐柏山太白顶

刻巨碑立于庙内，康熙御书"灵渎安澜"致祭，雍正书"惠济河漕"赐庙。独特的淮源胜景引名人骚客驻足，李白、杜甫、苏轼、蔡襄等都曾漫游至此。

太白顶山势峻峭，顶宽腰窄，景色奇秀，险峻壮观，是桐柏八大景之首。太白顶的北侧是犹如羊肠绕山缠坳的十八扭，十八扭外便是巨石嶙峋的悬崖陡壁，有一线天、龙宫庙等胜迹。山顶云台禅寺，是佛教禅宗白云系祖庭，寺内有祖师殿、大雄宝殿等宫殿，山门嵌有光绪三十二年（1906年）刻制的"云台禅寺"匾额。山门左右两侧是桐柏山脉水位最高的"大淮井""小淮井"，这两口井水质绝佳，久旱不竭，清澈见底，井台石砌六角，井栏雕琢玲珑。寺后有一状若猛虎蹲卧的巨石"卧虎石"，寺前石丛中有一盆大石臼，称"喂虎石"。寺东一山峰，顶平如台，青松葱郁，名"松月台"。峰东是千尺崖，东南为百尺天梯，迎面是东塔园，有塔6座，与西塔园遥相对应。寺南为访贤祠，相传是汉高祖刘邦访张良之所。寺西是小太白顶和撑天峰，小太白顶与大复山横梁相接，构成淮、澧（注入长江水系支流唐河）二水自然分水岭，故有江淮同源之说。

大小太白顶两峰相接处，有一巨石横跨曰飞玉桥，桥北为淮源谷。峡谷两壁的石洞尤为奇绝，一处高距地面20余米的天然石洞神秘幽邃，这就是号称天下"三十六洞天"之一的水帘洞。洞深约数丈，可容百人。洞壁有涓流细如发丝，悄悄地淌入一小池内，清流甘甜。后壁有一尊美猴王孙悟空石像居中而坐，一排汉白玉栏杆上40余个石雕小猴形态各异，栩栩如生。水帘洞外飞流直下，垂帘虚卷，滚珠翻雪，烟雾缭绕，正是"崖前珠帘晴飞雨，洞内石床暑亦秋"。

谷底巨石累累，流水淙淙，两岸岩石壁立，诸多石洞分布其上。西壁桃花洞，民间传为桃花仙女居住过的地方。桃花洞高丈余，深数丈，有积水名龙池，入洞壁沿登天梯可攀上峰顶。由溪涧上的石砌天桥可通东壁观音洞，洞内供石雕观音和十八罗汉像，其北有楼房洞，上下两层，纵深数丈；南有锣鼓洞，洞中击石，声如锣鼓；再南有霹雳闪电洞，逢暴雨天内有惊雷声传出。

太白顶自然保护区内层峦叠嶂，怪石林立，洞泉双奇。文人笔墨点染，民间想象传说又为山水秀丽之姿增添厚重韵味。桐柏山区广泛流传着盘古氏在桐柏山开天辟地，临终将自己的血脉化为淮河造福后世子孙的神话传说，与大量盘古遗迹、遗俗相互印证。桐柏山淮河源是世界华人寻根问祖的胜地之一。

随州岩画

岩画是处在人类童年时代的先民探索世界、表达自己的最初创作，它们朴拙稚嫩，却是我们认识远古人类社会的宝贵密码。

2015年开始，人们在随州市随县及其周边区域发现了数量丰富的岩画，2018年经实地勘察，有关部门加深了对该地岩画保存环境、岩画点分布及岩画基本类型的认识。已确认的岩画地点有7处，岩石计59块，岩画100余幅，岩画个体近2000个。岩画类型以圆形凹穴为主，双排排列较多。随州岩画总体上属于符号类岩画，从岩画画面角度可划分为两大类：第一类是单纯类符号画面，主要是凹穴多样性的排列组合画面；第二类是内容相对复杂的综合类画面。前者是随州岩画的主体，而后者虽然数量较少，但文化意义更为突出。

随州岩画的题材内容以凹穴图像为大宗，又以相对规范的排列组合式画面为主。凹穴岩画里有序排列组合的凹穴所占比例为74.4%，而散在无规律的凹穴，仅占全部凹穴的25.6%，成排成队的凹穴组合是随州岩画中最常见的画面。另外还有多排和梅花状的排列方式也在各个岩画点中多次组合出现。

除凹穴岩画外，随州地区还发现了两组人物类场景岩画、六处女阴符号及一处被赋予太阳神含义的人面像，体现了祭祀文化、生殖崇拜和太阳神崇拜的内涵。微腐蚀断代法的研究指出这批岩画创作时间的跨度较长，其中主要的、代表性的岩画创作时间距今约4500年。

鄂国遗址

鄂国，在商朝已经是一个重要方国。传世文献从没记载随州曾有一个鄂国，但随着鄂国考古资料在随州安居震撼面世，人们认识到随州安居的确曾是西周早期鄂国的政治中心所在。

西周时期鄂国迁到江汉地区，关于鄂国的地望，历来有西鄂说和东鄂说。西鄂说认为西周时期鄂国在今河南南阳，东鄂说认为在今湖北鄂州。这两种相持不下的说法，因西周早期鄂国遗址的发现再起波澜。

随州安居镇羊子山位于涢水北岸。1975 年，在农田建设中发现青铜器 4 件，其中一件尊底部有铭文两行八字"噩（鄂）侯弟历季乍（作）旅彝"，簋、尊的时代属西周早期。2007 年随州安居羊子山 M4 出土 27 件青铜器，墓葬的时代为西周早期，鄂侯提梁卣（盖内）、鄂侯罍（盖内）、鄂侯盘（盘底）有铭文"噩侯乍旅彝"，鄂侯方罍盖内有铭文"噩侯乍（作）厥宝尊彝"，鄂中方盖鼎盖内有铭文"噩中乍（作）宝尊彝"。从这些铜器铭文判断，4 号墓墓主人应该是鄂侯，说明此地为西周早期鄂国公室墓地。通常情况下，墓地离居地不会太远，因此西周早期的鄂国应在随州安居附近。

鄂侯驭方鼎铭文记载周王南征淮夷，在南征回师的路上受到鄂侯朝见，鄂侯驭方纳献于天子，周王加以赏赐，鄂侯作鼎铭记载以示感激。《禹鼎》铭文载西周晚期发生了鄂侯驭方叛乱，周朝十分震惊，周王发动西六师、殷八师前往征讨，下令无论老幼皆不放过，鄂国被灭。熊渠趁机出兵伐庸国、扬粤，并占领了鄂国，而后封二子熊红为鄂王，迈出了楚国开疆拓土的重要一步。而周晚期的鄂国更可能是在南阳，即西周早期和晚期间鄂国地望发生过变更。

羊子山东距叶家山约 25 千米，在这样近距离的范围内，出现有曾、鄂两个诸侯国。在今随州市区东西两侧的庙台子、安居，分别是鄂和曾两个国家的政治中心，距离相当之近。曾国与鄂国墓地的发现改变了周王朝南土疆界模糊不清的局面，为确定周王朝南土疆界找到了新的依据，使其疆界面貌的拼图日渐明朗起来。传世铜器中鼒和静方鼎中同时提到曾、鄂两国，并且静同时管理曾、鄂两国军队的记载得到了印证。

安居老街

有 1300 余年厚重历史的"九街十八巷"，与安居古镇"小汉口"的美誉交相辉映。安居古镇坐落在桐柏山与大洪山间随枣走廊的南部，自古为两湖地区与中原地区的交通枢纽，适宜的地理条件和便捷的水运交通推动了街市建设。

涢水与溠水交汇于安居镇西，然后一路向东流入汉水，古镇水运便捷使之成为过往人流的集散地。涢水河畔的漕运码头，带来了水运旅客、货运船只对食宿娱乐和集散转运的需求，推动了商品经济的发展。

明代客商汇集此地，商业的兴旺和商业会馆的建设极大地推动了街市的发展，陕西人建陕西会馆、江西人建江西会馆（万寿宫），外地商人携家带口，在此落地生根。陕西望族韩品三之子大财主韩富兴在老街开了两个大当铺，还建有五昌书院，供族人读书。清代初年，安居镇逐渐成为四通八达的商业集镇，乾隆年间商品经济发展达到鼎盛，古镇的建筑和街巷格局在此期间定型。整个商贸古镇沿河岸横向发展，其间出现多个商贸聚集点，九街十八巷呈现出商业聚集点随码头走势点状分布的趋势。

一条主街顺应地势贯穿东西，全长500多米，九街即分布在这条主街道上；与九街垂直有十八条巷子，其中有十条向南通向涢水河，便于货物运输人员通行；八条巷子向北，方便居民出行。街道地面铺着鹅卵石，街道两边门面房多数是杉树合门，逢热集时可下掉杉树门，敞开门面做生意，晚上再把门装上。富裕的人家修建的房屋进深三进，由后向前逐步升高，以砖木结构为主，墙体为片子砖或为三六九的青砖实砌，多数建有隔火墙。门楣上方雕梁画栋，屋脊两头搬爪，外墙上部画有墨画。

安居古镇设有多层次完善的防御体系。古镇东面和西面入口设置有上门楼和下门楼（在"文革"中被毁）。上门楼有三层楼高，是全镇最好的瞭望点。在九街十八巷的主街和各个巷道的末尾，都设有木质或铁制巷门。沿街建筑采用前商后住的模式，由于用地紧缺，形成了小面宽、大进深的格局。

传统街区拥有丰富的历史文化信息和景观资源，是典型的聚集型村落空间。作为优秀历史建筑、空间形态和景观节点，这些老街经历千百年的历史的沉淀，带来城市发展历史风貌的直观感受和丰富体验，是城市文脉传承的重要载体。

柯家寨古民居

桐柏山深处有一处依山而建的古老村落——柯家寨，如一幅古老的卷轴，跨

越400多年时光的风霜，散发着悠远的墨香和厚重的底蕴。2019年，柯家寨入选第五批中国传统村落名录。

柯家寨古村落房屋多为清代建筑，是典型的荆楚派鄂北民居，位于随县草店镇三道河村，距随州城区约75千米，占地面积200余亩。明朝崇祯年间柯氏始祖为躲避流寇之乱，举家从江西迁来随北，至柯氏五世祖在三道河南乡（即现在的柯家寨）建房定居。柯氏家族在此落地生根繁衍生息，一度人丁繁盛、家族兴旺，遂广置田园、架桥修路、修造房屋。柯氏村落初步形成于道光三十年（1850年），此后亦经陆续修造，虽然历时久远，但村落整体布局依然鲜明，保存下来的房屋基本完好。

柯家寨的选址布局遵循了天人合一理念和周易风水理论，村落坐北朝南，背倚大山，前绕溪流。村落中屋顶相连，院落相通，四周建有寨墙，护寨河紧紧环抱，围合成一个独立封闭的整体。柯家寨西南北各建有一座寨门，供村民出入劳作。这种村寨结构充分考虑了呼吸相通、守望相助、防范盗匪、保卫安全的功能。高大的南门是柯家寨目前保存最完好的寨楼。寨楼上面有三处瞭望口，在动荡不安的时候警惕地防范着外来侵犯，在如水的流年里温柔守望着村民的归来和离去。

步入寨子，映入眼帘的是一栋栋古老院落，每户门前蹲立着沉吟不语的石鼓、石墩、门楣，进口处以石条为基铺成三五踏步（台阶）。屋内是九檩十八柱结构，布满尘埃的画栋雕梁还讲述着它过往的热闹繁盛，染上青苔的青砖灰瓦淡然地散发着古色古香。

四合院坐北朝南，北为正屋，南为厅屋，左右为厢房，厢房的一侧伸出的廊檐连通着左邻右舍。石槽、碾子、石磙、古井随意地占据着一方角落，在不起眼处头角峥嵘。各个院落四周的排水沟前后左右相连，在寨子里蜿蜒，汇集各处水流后排入寨外的护寨河，保证了村寨中排水畅通。仓库建在村寨后山最高的位置，仓库墙壁的上半部设有通风口，守护粮食安全的同时预防粮食受潮变质。

推开门楣上标着"文明门"的一扇小门，就进入了一个幽静别致、别有洞天的花园。花园内设有学馆，是柯家寨子孙读书的地方，可见柯氏族人对于耕读文化的重视。寨内保存了两通清代的石碑，石碑记载了柯家寨发源承续的历史。在斑驳的文字之下流淌的是中国古代社会慎终追远以亲厚族众、克承先志以砥砺后人、积德修善以传承久远的深厚传统和美好愿望。

柯家寨古民居

柯氏族人讲述的柯家寨发家史是一个以女性为主角的神异故事：相传柯氏来草店定居时，一贫如洗，仅有两间草棚栖身。柯家有两个儿媳妇，大儿媳总欺负哑巴小儿媳，山神同情哑巴儿媳并被她的勤劳感动，于是变出金元宝来帮助她。柯家因这些金元宝而兴旺发达起来，哑巴媳妇成了柯家的大功臣。柯家后人至今供奉一条哑巴媳妇遗留下来的厚重棉裤。拨开这个故事的神秘面纱能看到的是，一位勤劳又含垢忍辱的女性是柯家发达的重要人物，她的功绩和勤劳品德被后人崇奉。

柯家寨古村落是栖居在大山深处的一方古老家园，是无数消失在岁月长河中古村落遗留的倒影，散发着一个远去的时代还未消散的悠长回味，讲述着一个家族一位女性艰苦创业、敦亲睦族的隽永故事。

戴家仓屋

如果你想通过一栋建筑感受晚清鄂北山区动荡不安的传奇风云，那么保存完好的清代城堡式建筑戴家仓屋会是一个不错的选择。

戴家仓屋位于随县万和镇新城仓屋村，以戴家老宅为中心向四周延伸，东西长600多米，南北宽300多米。沿村筑有十来米高的寨墙，围墙周边建有12个望楼，四周挖有寨壕，俗称"水围子"，东南西北各有寨门，并且架有供人出入的吊桥，形成了一个防御功能突出的独立村寨。目前，北门和东门遗址、西南和北面寨墙、南面和西面吊桥、南面望楼以及绕村大半圈的"水围子"保存较为完好。此外，还存有一栋经过改造的望楼和两处望楼遗址。

戴家是随州北乡旧族，戴曜堂对戴家仓屋的修建起过重要作用。随州北部为楚豫往来的交通要冲。清咸丰三年（1853年），太平军占据武昌，戴曜堂修葺附近的田王寨，出资囤积仓储、修整军备，训练乡勇数千名，使太平军往来不敢侵犯，田王寨屹然为汉东保障，颇受官方倚重。咸丰十一年（1861年）太平军占据随州，戴曜堂带练勇数百人驰抵城下，冲锋陷阵，不幸战死。民间传说戴家曾护送微服出巡的道光皇帝过境，在灾荒年代时常会开仓放粮救济灾民。因其功绩，戴曜堂被赐顶戴花翎，封千岁都司，准建"官亭"一座，赐"都阃府"匾额。如今"官亭"已拆毁，但字迹湮灭的匾额遗物尚悬挂于戴家仓屋老宅。

戴家仓屋

戴家仓屋坐落在四面环山的小片平原，按功能大致可以分为居住、储粮、防御、生产四个部分，村落布局也是围绕这四个部分依次展开。村落四周是土地肥沃的良田，整个村落秩序井然，自成一体。

戴家仓屋的主体院落从东到西依次为谦记、宏记、顺记、永记、祥记五组，以祖屋所在的宏记院落为核心，在纵向上形成多重院落组合。房屋平面基本形制为"一明两暗"及"一正两厢"型，正房明间为堂屋，面积相对较大，是会客、就餐、祭祀等活动的场所。承重结构多采用抬梁式木构架体系，围护结构则采用砖木混合的砖墙承重，这种方式是将木构架包合在山墙之中。墙体砌筑多使用青砖，局部使用石材及木材，在砌筑方式上较为讲究。墙体分四段进行砌筑，从下到上依次为卵石垫层、五顺一丁砌层、平砖加薄片砖错缝顺砌层、空心砖墙层，这一砌筑形式充分利用各种材料特性，在保证房屋稳定性的同时，又利于下部透气防潮和墙体的隔音隔热性能。其装饰主要分为砖作与砖雕、木作与木雕、瓦作与屋脊装饰、彩画四个方面，其中不乏十分精美的作品。建筑内部的装饰也较为讲究，轩棚曲线优美，隔扇花饰图案繁多。装饰风格体现出一种拙朴粗犷的乡土风格。

戴家仓屋保存了相对完整的历史遗存，折射出随北清末民初地方社会印记。直到今天，我们仍然可以通过抚摸遗留的建筑，感知清末的地方历史人物、社会生活方式、文化特色与建筑艺术。抗日战争时期，鄂豫边区第七纵队第三支队曾在此设立指挥部，1947年解放军桐柏军区司令部第一分部机关曾在此设枪械所。2014年，戴家仓屋被列入第三批中国传统古村落，2019年被列为第七批湖北省文物保护单位。

随州花鼓戏

"一人唱，众人帮，打起锣鼓咚咚锵"，这种以歌乐鼓舞娱乐众人的戏剧形式是随州花鼓戏，又叫地花鼓、花鼓子，2008年入选第二批国家级非物质文化遗产代表性项目名录。

花鼓戏属于民间小戏的一种，源于民间艺人走门串户、乞讨谋生的表演，后来发展为多人演唱的家庭小戏，主要流传于长江流域及其以南的地域。清代道光年间，随州花鼓戏已有四大声腔调式和表演形式，距今已有170余年的历史，主要分布于随州市全境及周边的京山、钟祥、襄阳、枣阳及河南省桐柏、信阳等地。

随州花鼓戏是融南北风格于一炉的多腔系剧种。历史上，随州花鼓戏艺人经常与汉剧、河南梆子、越调剧种艺人搭班唱戏。随州花鼓戏广泛吸收多种声腔演唱方法，并通过不断加工创新，将南北迥然不同的演唱艺术风格统一于随州花鼓戏声腔之中。随州花鼓戏剧目以创作、改编和移植为主，多爱情戏，兼演清官戏，题材取自农村生活，剧情简洁明快，曲调活泼流畅，多用方言演唱。有包括"四奋""四蛮""四调""五赠""四楼""三辞""三反""二画"等在内的传统剧目约200多个。

花鼓戏最初为一旦一丑等演唱形式，一般称为地花鼓，后来发展成"三小"戏，并逐渐出现故事性强的民间传说题材剧目，最终形成了艺术上比较完整的地方剧种。其演唱声腔分为蛮调、奋调、梁山调、彩调四大调式。奋调、蛮调、梁山调又有多种板式、多种不同行当的唱腔。随州花鼓戏的伴奏和表演地域特色浓郁，其伴奏乐器以大筒为主，配锣鼓、云板、唢呐、笙等，表演手段丰富多样，贴近生活。伴奏乐器根据配制不同，具体又可分为文、武场。随州花鼓戏表演特点突出表现在唱、做等生活小戏方面。其演出形式从独角戏、二小戏、三小戏，逐渐发展到六根台柱，即小生、小旦、小丑、二旦、青衣、老生等六个行当。

清乾隆年间，应城进士程大中在《随郢行记》中描述"男子抟鼓踏歌行陇浍间，女妇从后出曼声"，表明当地花鼓戏的风俗已十分流行。至今花鼓戏在随州仍有旺盛的生命力。

武胜关

"地展屏垣分两界，天留锁钥壮中州"的武胜关，位于河南信阳市与湖北广水市交界处桐柏山脉和大别山脉的交会地，恰似两条巨龙摆尾相接处形成一道关隘，北屏中原，南锁鄂州，扼控我国南北交通咽喉。

武胜关之名秦时已有，唐时改称武阳关，南宋以后又复称武胜关，与东边九里关、西边平靖关，合称"义阳三关"（信阳古称义阳）。古人以"车不能双轨，马不能并骑"来形容凿山为隘的武胜关之险要，关南关北一马平川无险可据，隘口两侧势如铜墙铁壁，为下鄂入豫的必经之路，历史上为兵家必争之地。春秋以后发生在武胜关有记载的大大小小战争有60多次。公元前506年，吴楚柏举之战中，吴军迂回攻楚，由淮河西进，首先占据"三关"，深入楚腹地，然后攻占了楚国国都郢城。

历史的烽烟散去，曾经交织着拼杀呐喊和跋涉叹息的官马驿道，已经让位给了京广铁路和京港澳高速公路。公路从上穿关而行，火车从下钻洞而过。武胜关除了是沟通中国南北交通大动脉的咽喉锁钥外，更因其众多的古迹和优美的风景而成为旅游胜地。

武胜关镇境内有武胜关遗址、守卫武胜关的屯兵地将军寨、黑龙潭瀑布群等风景名胜，还有著名的"孝子碑"等人文景点。顺着公路登上当年关城旧址，可以饱览雄关的气势。历史上两山之间筑有城垣，是商旅行人必经之路。关城南北长750米，东西宽500米，开有南北两门，门外设有吊桥，城内驻有重兵把守。因关南北山高林密，来往行人商旅必须到关城内居住，因此武胜关商业、旅店非常发达。1938年日本侵略军攻占武胜关后，焚毁关城，"三关"人民在日本侵略军铁蹄下生活达7年之久，被杀害的群众无数，武胜关上的万人坑，使人们永远不会忘记日本侵略军犯下的滔天罪行。

将军寨位于孝子店附近，据载北宋名将狄青曾在此屯兵扎寨，故得名。此寨处在一个四周高中间低的山窝里，整座寨子全由大片石构筑，长约700米，高4米，厚3.6米，上端每隔4米凿一插旗圆孔，四面各有一高出寨墙的券顶寨门。

黑龙潭风景区位于鸡公山东南侧，西南距武胜关10千米。黑龙潭瀑布位于瀑布群的最上游，自峭壁飞流直下，落差达 31 米，水声激越，蔚为壮观。

立在 107 国道孝子店大桥北的孝子碑记述了一个大孝子孙铎的故事：孙铎家境贫寒，双目失明的老母亲行动不便，他在母亲的床边置一铜锣。只要听到锣响，孙铎再忙再远也要跑回家侍奉母亲，数十年如一日。他的孝行上报朝廷后，咸丰皇帝钦赐"孝子碑"表彰，宣扬忠孝伦理。

桃源村石屋及民俗

拥有"十里花溪、百年石屋、千年柿树"靓丽景观的桃源村，位于大别山和桐柏山相交的峡谷中，在中国九大名关之一武胜关下。"一进柿子桃源冲，如同行走在画中。十里柳岸林荫道，雨过天晴起彩虹。百年石屋炊烟袅，男耕女采沐春风。千亩麦浪映桃花，万棵柿树十月红"，这首诗描绘了桃源村优美如画的景观环境和古朴淳厚、安乐祥和的民情风貌。

桃源村是有名的石头村，其主体为 200 多座石屋，这里的石屋大多有百年以上的历史，由就地取材的石头建造而成。大大小小的石头除垒砌成房屋外，还搭建起小院、打磨做桌凳、夯实为小道，以及稻场打谷的石碾，村头磨面的石碾，农妇挑水的石井，村民做饭的石灶，牛羊归圈的石栏，等等。平平无奇的石头，在村民们勤劳和智慧的浇灌下，营造起遮风挡雨、安居乐业的美好家园。不平整的石墙上突出的一些石块是当地的习俗，表达人们希望屋里的子孙能出人头地的心愿。

田野里和村庄间，2 万多棵柿子树星罗棋布，其中百年以上树龄的达 600 多株。一棵树干已成焦炭状的柿子树，经受了风雨雷电的洗礼，仍岿然屹立，展现出异常顽强的生命力。一片片茶园点缀在田野，郁郁葱葱，在蔚蓝的天空下随风传递着清冽的芳香。桃园水库大坝是桃源村核心景观区之一，坝上有回廊、风雨廊桥、茶亭、石墙、玉皇宝塔。坝下水质清澈，碧波荡漾，鱼翔浅底。四周起伏的群山，葱郁的古柿树，屹立的玉皇塔，雄伟的大坝，古老的风雨廊桥，蓝天和白云的倒影，不远处山顶上十几台风力发电机的风叶旋转，构成一幅美丽的田园山水画。

桃源村因相对偏远，民间煮酒、制醋、挂面、打豆腐、陶艺等手工艺依旧代代相传，民俗婚礼、祈福仪式等也保存完好。桃源村保留了非常完整的田园风光，

桃源村

中原的风和楚天的云，把这里熏染得山明水秀鸟语花香。桃源村俨然是一个"土地平旷，屋舍俨然""芳草鲜美，落英缤纷""黄发垂髫，怡然自乐"的世外桃源。

潺潺的溪流、清冽的茶香、古朴幽静的石板路、百年的石头墙，是传统中国村居田园生活的典范，慰藉了现代都市中游子缱绻的乡愁。桃源村也因此被列入第三批中国传统村落名录，入选第三批美丽宜居村庄。

杨涟墓及传说

"过路不打魏忠贤，生意买卖不赚钱"的民谚至今还在广水流传，传颂的是本地历史名人杨涟反抗魏忠贤的故事。今天人们还在广水东乡龙兴沟杨涟墓祭祀，追念这位忠心报国、英勇无畏的政治家。

杨涟（1572—1625），字文孺，号大洪，明末著名谏臣，"东林六君子"之一。杨涟的青年时代，正是"东林"方兴未艾的时期，他对顾宪成等人以天下为己任、不畏权势、敢于讽议朝政的气节非常敬佩。他与东林诸君子探讨性理之学，共商治国之道，成为东林党的后起之秀。万历三十五年（1607年），杨涟考中进士，任常熟知县，为了真实了解当地民情，他常常青衫布履深入民舍田间微服察访，"遍知闾里利病""举廉吏第一"。

明神宗病危时，杨涟力主太子朱常洛（明光宗）进宫服侍神宗。光宗即位后，他极力反对郑贵妃求封皇太后。光宗病重时，杨涟上疏力陈其过失，得以获光宗召见，受顾命之任。李选侍在光宗逝世后，欲挟太子朱由校（明熹宗）把持朝政。杨涟说服朝臣，挺身而出，闯进乾清宫，拥熹宗即位，并逼李选侍移出乾清宫，安定了朝局，累迁至左副都御史。

天启五年（1625年），杨涟因弹劾魏忠贤二十四大罪，被诬陷受贿两万两，逮押送京。途中群众夹道哭送，所过村市悉焚香建醮祈佑他生还。杨涟在诏狱审讯中被诸多酷刑折磨得遍体鳞伤，气息奄奄仍不屈服，在狱中写下《绝笔》，痛斥魏忠贤祸乱朝纲。他在临死前咬破手指写下血书，"欲以性命归之朝廷，不图妻子一环泣耳"，死时"土囊压身，铁钉贯耳"，惨不忍睹。忠心报国，力战"阉逆"，贯穿了杨涟一生的主要政治活动。史家评价他"为人磊落负奇节"。崇祯初年，杨涟冤案平反，追赠太子太保、兵部尚书，谥号"忠烈"。

杨涟的壮烈事迹与崇高气节可昭日月，他的故事经史家记述和文学作品的演绎早已流传全国，如清代蒲松龄《聊斋志异》中有《杨大洪》篇，即是对杨涟传说故事的传颂。而杨涟传说在他的家乡，不但从明朝末年他以清廉刚正著称于世时即开始流传，直至300余年之后的当今，依然为民众所称道。

杨涟的传说故事包括他从出生到屈死的系列传奇。《出世取名》《骑虎上学》《对对》《伍家父子》，讲述杨涟出生和求学时的神奇经历；《救护狐仙》《冤鬼闹考场》《报荒》《蛋汤案》《钻子堰》《求龙王开河》，讲述他在参加科举考试、主持县政时有鬼神相伴而奇迹屡现。另一组故事《抱太子登基》《过铜桥》《出殡》《照壁湾》《茅草人的来历》，则讲述了作为御史的杨涟因反抗阉党忠贞不屈而惨遭杀害的悲壮历程。

杨涟的传说故事在民间流传数量之多、范围之广，超过了应山县其他任何一个历史人物，其特殊魅力、广泛影响与历史文化价值形成了一种地域文化传统。杨涟传说于2011年列入湖北省第三批非物质文化遗产保护名录。

杨涟

江河楚天

十堰

襄阳

神农架林区

荆门

宜昌

荆州

恩施

第三章 郡邑浮前浦

汉江下游段

荆门

腊月江天见春色

"腊月江天见春色,白花青柳疑寒食",司空曙于大历五年(770年)左迁至荆门,驻足江边凝望,发现这里在岁末之时竟有白花与青柳吐露出春的消息。南望潇湘,北通川陕,穿境而过的汉江收集着荆门遗落的历史尘埃。

沉淀了泥沙碎石的汉江缓流至钟祥,静卧在莽莽逶迤的大洪山南麓,眺望藏身黛峦的明显陵,从"一陵双冢"的独特建制、天造地设的建筑布局中感悟明世宗的浓厚乡思,窥探明代建筑的辉煌成就。唐时王维泛舟至此,慨叹江湖相连的辽阔水域"楚塞三湘接,荆门九派通",如今汉江之滨的莫愁湖时有风拂,漾起万叠微波,偶有艇过,惊得百灵啁啾,萦绕着楚歌的清越之音,传扬着卢家莫愁的传说。"古木时栖鸟,幽岩静落泉",绝壁合围的娘娘寨隐现于延绵数里的古银杏林,鬼斧神工的大自然雕塑出神秘瑰丽的地下龙宫。

"继往瞻前事,凄凉遗古踪",汉江身姿蜿蜒似频频回

荆门

　　首，追忆绿林山古兵寨旌旗猎猎的浩大声势，侧耳辨听天然"石编钟"的标准音阶、险峡幽谷的飞瀑冷泉、溪涧漂流的惊叫欢笑。汉江因大洪山的阻隔停滞了流入京山的脚步，九曲回环许是仍想轻叩曾侯的门扉，询问"随侯之珠"的秘密，俯拾五千年前江汉先民播种的文明"稻粒"，感受长江中游地区空前统一的首次文化高峰。

　　象山东麓汩汩淌出的蒙、惠、顺、龙四泉畅流不涸，讲述老莱子的斑衣娱亲和陆九渊的听讼讲学；"将军一笑风云散，曾借巉岩寄宝刀"，由关羽以刀掇石得名的掇刀区，依稀可见荆襄古道穿行南北的商贾军旅。

　　缓流至沙洋的汉江已进入湖汊纵横的江汉平原，平缓的地势平添了江水的温婉沉静。拨开时间的雾霭，以文物碎片探悉屈家岭文化时期古城址的原始生活，从"郭店楚简"拼贴孔孟之间缺失的思想链条，自"战国女尸"窥望2000多年前先民的防腐技艺，由《迎宾出行图》复现先秦时期贵族出行和迎宾的热闹场景，随"凤鸟双连杯"感悟楚人的匠心独运与美好愿景。而在连绵的丘陵地带间，秩序井然的封土堆群封存着更多的楚国谜团。

明显陵

万景辉映的明显陵，凝聚明世宗朱厚熜的浓厚乡思，代表明代建筑艺术的辉煌成就。明显陵藏身于钟祥市蜿蜒起伏的山峦之中，与闻名遐迩的北京明十三陵及南京明孝陵相比，显得低调和神秘。

明显陵，一座修建于京城之外的帝王陵寝，占地183.15公顷，是明代规模最宏大、建筑规制最奇特的单体帝陵。2000年，其与清东陵、清西陵组成"明清皇家陵寝"项目，被列入教科文组织世界遗产名录。

正德十六年（1521年），明武宗朱厚照驾崩而无子，遵奉太祖"兄终弟及"的遗训，武宗之堂弟朱厚熜怀揣对家乡和双亲的眷眷之心北上京城，继帝位为明世宗。依照明代礼制，朱厚熜应先继统、后继位，即过继给伯父明孝宗朱祐樘并称其为"皇考"，再继承帝位。但明武宗遗诏中仅论及继位而未有继统的相关表述。明世宗欲追尊父亲兴献王以帝号，并将已修建的王墓扩建至帝陵规模。围绕此事，以张璁、桂萼为首的议礼派与以杨廷和、毛澄为首的护礼派展开了长达三年的激烈对抗，最终由明世宗朱厚熜以帝王之威强势平息纷争，明显陵便是此"大礼议"事件的产物。

明显陵是明世宗朱厚熜的父亲恭睿献皇帝朱祐杬和母亲慈孝献皇后的合葬墓，按照前朝后寝的建制布局，由内外罗城、内外明塘、下马碑、睿功圣德碑楼、石像生群、龙形神道、琉璃照壁、棱恩殿、东西配殿、方城、明楼、前后宝城与瑶台、宝顶、九曲河等30多处建筑群组成，还

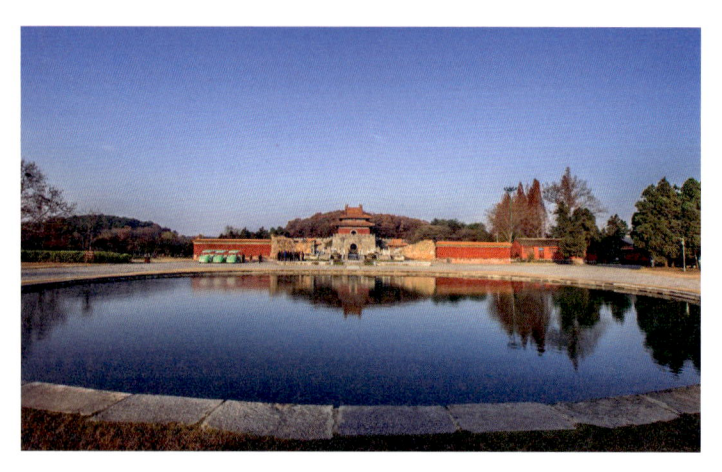

明显陵

兴建有元佑宫供皇帝返乡、皇室宗亲和州府官员朝奉显陵，或举行其他重大祭祀活动时使用。它不仅象征着中国封建王朝的伦理信仰和礼制秩序，而且在明代帝陵规制中具有承上启下的作用，代表着中国丧葬艺术的最高表现形式。

明显陵"一陵双冢"的建制可谓举世无双。"厚葬以明孝"，自明正德十四年（1519年）至嘉靖四十五年（1566年），明世宗在原兴献王坟的基础上持续扩建。据称，明世宗曾欲将显陵北迁至天寿山，但遭到众朝臣和生母章圣皇太后的反对。嘉靖十七年（1538年）章圣皇太后去世后，南祔显陵与恭睿献皇帝合葬。又因前宝城建制狭窄且地下水渗透，便决议通过地道将其父亲的灵柩移至新修的后宝城，既未破坏原墓，又实现了皇陵制式。缘此，明显陵成为帝陵建制中"一陵双冢"的孤例。

明显陵的建筑布局可谓体大思精，其所体现的明代建筑艺术成就兼顾规模之宏大与设计之巧思，金碧辉煌的"金瓶"状外罗城、巧夺天工的哑铃式新旧宝城、精美绝伦的琉璃影壁、宛若游龙的九曲河……皆与自然环境相映成趣，构成"天地为庐"的意境。其内外明塘的建制是其他明陵未有的，一方面满足陵墓的风水要求，另一方面具备消防的实用价值。排水系统更是匠心独具，利用山间台地的自然起伏，配合堤坝与御河将水排出城外。前后宝城则各以16个向外悬挑的螭首散水，堪称集审美思想与实用价值于一体的匠心之作。

明末，棱恩门、棱恩殿、东西配殿毁于兵燹，尤其是建筑的木构部分损毁殆尽，20世纪90年代部分建筑被修复。正如国家文物局提交给联合国世界遗产委员会的申报资料中所述，"它们基本保存完整，甚至避过了由于朝代变迁和社会动乱而不可避免的破坏与盗掘"。现今明显陵是钟祥市明显陵文化旅游景区的核心区域，地下宫殿与碑文亭、石像生群、瑶台与前后宝城、内外罗城、九曲河、龙形神道等重要建筑保存较完整，是窥见明代陵寝建制布局的密钥。

莫愁女与莫愁湖

"莫愁"自首次出现于南朝乐府中后，便频繁地现身于诗文和民间传说中，这使其身世更加扑朔迷离。古辞《莫愁乐》道，"莫愁在何处？莫愁石城西"，竟陵石城即今湖北省钟祥市。据考证，钟祥莫愁女应确有其人，且是其他莫愁女形象的历史原型。

莫愁女，姓卢，名莫愁，战国中晚期楚国郢郊（今湖北钟祥）人，歌舞家。其父卢公在汉江边以摆渡为生，母亲则在村中植桑种桃。她降生时啼哭不止，卢公安抚道："莫哭，莫哭，莫悲，莫悲，莫愁，莫愁！"语至莫愁时啼哭声竟戛然而止，因而取名为"莫愁"。

莫愁知音识曲，楚地民歌一学就会，婉妙之音清耳悦心。民间流传，莫愁因清越之音征入楚襄王宫，将楚地民间歌舞引入楚王宫廷。此外，她还与屈原、宋玉、景差交往甚密，在他们的指导下，歌唱技艺更加精湛。后将古曲融骚、赋和楚辞乐声，使楚辞和民间乐诗得以入歌传唱，创造了《阳春白雪》《下里巴人》等千古绝唱，对后世乐赋入歌产生了深远的影响。其出生地也因此由桃花村更名为莫愁村，沧浪湖更名为莫愁湖，矶头渡更名为莫愁渡。

莫愁湖现为国家湿地公园，位于钟祥市郢中城区北隅。公园集自然景观与人文资源于一体，有十里画廊、阳春白雪岛、下里巴人岛、军事野战岛等景点，百岛俊秀，水天一色。十里画廊呈喇叭状，由窄狭逐渐宽旷，游人在九曲回转间将美景尽收眼底。湖面沉寂如镜，时有风拂，漾起万叠微波，偶有艇过，惊得百灵啁啾。岸边红瓦农舍掩映于树林、花草之间，如诗如画。阳春白雪岛上，阳春台与白雪楼隔水相望，并称"郢中双璧"；兰台宫雕梁画栋，是楚王的避暑胜地。下里巴人岛保留了山民渔民的真实生活，展现了一幅独特的乡野民俗民情画卷。军事野战岛则根据岛屿的地形地貌，分设有巷战区、攻坚战区和丛林战区三种，可获得不同类型的战斗体验。

黄仙洞

步入迷宫般的黄仙洞，形态各异的钟乳石，令人目不暇接，它们展示着时间的层层堆叠，变幻莫测的洞天石林景观凸显了大自然的鬼斧神工。

黄仙洞，又名黄金洞，位于钟祥市客店镇的大洪山南麓，是大洪山风景名胜的核心景观。黄仙洞全长2500千米，蜿蜒曲折，迤逦不绝。洞内山石、支洞、河汊纵横交织，为典型的喀斯特地貌。黄仙洞拥有2万多平方米的云盆"瑶池"、四个世界级景观和十多个国家级景观，堪称地质奇观。

黄仙洞内的四个世界级景观可谓当世无双。边石池大厅，又名沧海桑田，经年累月的碳酸钙堆积形成了大大小小的边石池，宛如灵巧生动的梯田微观模型。丰水季数以千计的边石池一同溢水，白波涌动，蔚为壮观；枯水期水尽石现，如沟壑纵横的黄沙石原，又是另一番迥异的景象。钙膜片边坝因其莹白剔透和脆弱易逝、不可再生令人称奇，其面积之大更是世间罕见。石将军溶蚀石牙又名"黄仙守望"，因其历经千万年的冲蚀和磨蚀，似一男子行吟河畔，民间传说是黄石公的化身。三拱门景观为一处高12米、宽13米、厚4米的天然石拱门，犹如一道绚烂恢宏的长虹拔地而起。

黄仙洞宽阔处恍若置身神秘瑰丽的地下龙宫，逼仄处犹如巨石压来需俯身穿行，暗河涓涓不息，溶洞变幻万端。更令人叹为观止的是，自黄仙洞内天梯而出，眼前突然一片豁然开朗，似是跨入了桃花源。绝壁合围的娘娘寨，炊烟袅袅，溪涧遍布，古树参天。民间传说，观音娘娘下凡时曾至此寨，另一说寨中杨姓居民是唐玄宗贵妃杨玉环家族的后裔，因此以"娘娘寨"为名。

黄仙洞

钟祥蟠龙菜

剁肉为茸，裹以蛋皮，蒸熟后切片摆盘，若蟠龙静息，即随嘉靖皇帝由市井走进宫廷的"蟠龙菜"。清代诗人樊国楷赋诗赞道："山珍海味不须供，富水春香酒味浓，满座宾客呼上菜，装成卷切号蟠龙。"蟠龙菜，又称"卷切"，首创于安陆州（今荆门钟祥），为明朝宫廷御膳佳肴，炸食酥脆香郁，蒸吃鲜嫩可口，肥而不腻，味香绵长。

蟠龙菜缘起于明世宗朱厚熜的尊师重道。明正德十六年（1521年），明武宗朱厚照无子驾崩，遗诏堂弟朱厚熜继承大统。朱厚熜进京之前欲拜别恩师钱定，共叙旧情。老师闻之命厨师筹办家乡风味，为这位未来的皇帝践行。众人知朱厚熜自幼锦衣玉食，或许已腻烦山珍海味，便想让其"吃肉而不见肉"，方可显示别致之处。厨师为此绞尽脑汁、废寝忘食仍未果，幸而端午节龙舟竞渡的景象激发了灵感。他将肉膘、瘦肉、鲜鱼剁碎，拌以鸡蛋、葱姜末、淀粉、精盐等佐料蒸制，熟后切片摆于盘中，热气腾腾的菜肴犹如一条腾云驾雾的真龙。朱厚熜见状大喜，食后赞不绝口，并将制作菜肴的厨师带至皇宫，蟠龙菜由此成为明朝宫廷的珍馐美馔。

《潜江县志》记载的菜式做法，与民间传说所述并无二致。将瘦猪肉、肥肉膘、咸鱼片剁成肉馅，与鸡蛋、绿豆干粉、葱白、胡椒、食盐等拌和；以蛋皮包裹，蒸熟后切片旋成龙形；味道油而不腻，咸香味美。时至今日，蟠龙菜已成为钟祥各家各户餐桌上的传统特色菜，烹饪方法亦由蒸制发展创新到炸、烩、熘、滑、炒等，制作精细、色泽鲜艳、造型美观。

绿林山

"绿林好汉"一词可谓家喻户晓，而这个典故出自何处，或许，绿林山能够揭晓谜底。

绿林山位于京山市绿林镇，地处大洪山东麓，是大洪山风景区的核心景区，包含古老巍峨的绿林寨、别有洞天的空山洞、山光水色的美人谷、刺激浪漫的鸳鸯溪四处著名景点。

绿林寨遗址是西汉末年绿林起义地之一。西汉末，土地兼并剧烈。王莽代汉后推行社会改革，使社会矛盾进一步尖锐化。天凤四年（17年），汉江中下游地区的百姓因连年不断的自然灾害而苦不堪言，饥荒的降临将无数无辜的百姓推至死亡的边缘。为了生存，他们奔逃至大洪山南麓挖野菜充饥。因人多菜少，饥肠辘辘的百姓们经常为抢野菜而发生冲突。此时，总有王匡、王凤叔侄出面调停，二人逐渐成为灾民们的主心骨。后来，他们领导饥民发动起义，聚于大洪山支脉绿林山，起义军被称"绿林军"。绿林寨是绿林军起义的策源地，分为南寨和北寨，被誉为"神州第一古兵寨"，现存有古兵寨、古城墙、古汉梯田等遗迹。尤其是长约5000米的古城墙，蜿蜒盘踞山巅，气势巍峨雄伟。

苏家垄考古遗址公园

苏家垄国家考古遗址为西周晚期至春秋早期，位于京山市坪坝镇，是一处包括墓地、建筑遗址、冶炼作坊遗址在内的曾国大型城邑遗址。2013年，苏家垄墓群被国务院公布为第七批全国重点文物保护单位之一。2017年，苏家垄遗址入选"中国六大考古新发现"。同年，苏家垄国家考古遗址公园成功入选第三批国家考古遗址公园立项名单。

1966年，当地修建水渠时发现大批青铜器。经过发掘，苏家垄墓群出土了包括"曾（侯）仲斿父"九鼎七簋和"曾仲斿父"铭文壶等珍贵文物在内的97件铜器，其中10件刻有铭文。"曾（侯）仲斿父"九鼎七簋和"曾仲斿父"铭文壶，是在考古中首次发现的周代用鼎制度最高等级器用的实例。两件曾仲斿父方壶因精湛的制作技艺、典雅别致的造型、流畅独特的纹饰，与司母戊大方鼎、四羊方尊等被列为"中国十大青铜器"，是中华青铜文化的杰出代表。

2016年，考古人员在苏家垄墓群发掘了包括曾伯桼墓、芈克墓在内的大型墓地。此次发掘不仅发现了与墓地同期的大型曾国遗址，以及首次发现的同期大规模曾国冶铜遗存，还出土了"曾伯桼"壶与鼎、"夫人芈克"簋与鼎以及与古籍中"夜光璧""明月珠"相呼应的珠、璧等大量珍贵文物。曾伯桼壶上的铭文"金道锡行"与中国国家博物馆收藏的传世曾伯桼簋铭文相一致。铜器铭文中"金道锡行"和苏家垄遗址冶炼遗存的发现，不仅证实了在丝绸之路、茶叶之路之前，中国有一条被称为"金道锡行"的古老铜路，"金道锡行"即为青铜之路；还证实了湖北省境内姬姓曾国的存在，曾国在周王朝经营南方、控制铜锡原料运输路线中起到的关键作用。

屈家岭遗址及黑陶

5000多年前，长江中游地区的先民播种了文明的稻粒，也为今人埋下了揭开长江史前文明神秘面纱的契机。

首次发现长江中游史前稻作遗存的屈家岭遗址，是长江中游地区发现最早、最典型的新石器时代大型聚落遗址,位于京山市雁门口镇和屈家岭管理区屈家岭村,于1954年修建石龙过江水库时被发现。1988年被国务院公布为第三批全国重点文物保护单位,2001年被评为"中国20世纪100项考古大发现",2005年被列为首批100处大遗址保护项目,2021年被国家文物局公布为"百年百大文物考古发现"。

青木垱河、青木河水声,自大洪山南麓蜿蜒而出,至山地与江汉平原的过渡地带时,宛若袅娜少女牵手相拥,交汇处孕育的岗地,便是屈家岭遗址的所在地。20世纪后半叶,考古界对屈家岭遗址共进行了三次发掘,逐步厘清了屈家岭文化的内涵、特征与发展序列。首次发掘为1955年2月,由石龙过江水库指挥部文物工作队主持。第二次发掘为1956年4月至1957年2月由中国科学院考古研究所张云鹏主持,共发掘三个阶段的文化堆积。因其呈现出较多特有的文化特征,应属于一个新的文化系统,故而在发掘报告《京山屈家岭》中被命名为"屈家岭文化",它是长江中游地区史前文明探索的肇始。第三次发掘为1989年7月,由湖北省文物考古研究所与荆州博物馆联袂进行,于屈家岭遗址北部和东部新发现殷家岭遗址、钟家岭遗址、冢子坝遗址三个同时期遗址,由此可知屈家岭遗址实际为一个具有一定规模的遗址群。

21世纪以来,联合考古队对屈家岭遗址进行持续的勘探和发掘,破解了屈家岭遗址的一个个谜团,初步拼贴出一幅较为完善的新石器时代长江中游地区文化发展序列。

2007年,为助推大遗址考古公园的申报和保护规划的科学化,专家学者们再次通过地面调查、地下勘探、走访村民等途径,对屈家岭遗址及周边区域展开调查。此次网格式的勘探进一步了解了屈家岭遗址群的范围和面积,新发现了熊家岭、小毛岭、大禾场等8处同时期遗址或石器采集点,并测算出屈家岭遗址群的面积为2.36平方千米。同时,此次调查对于屈家岭遗址的聚落结构有了突破性的认识,首次发现遗址内的两处环壕系统:一为包含屈家岭、冢子坝、钟家岭三个遗址的大环壕系统;另一为仅位于屈家岭遗址南部的小环壕系统。加之屈家岭文化时期先民普遍以红烧土作为建筑材料,根据钻探情况推测出屈家岭遗址为该聚落的核心居住区。据此,明晰了屈家岭聚落群起源于屈家岭遗址北部,于油子岭文化时期形成大环壕系统,且并未有明显的等级体系;而至屈家岭文化时期

屈家岭考古遗址公园

聚落发展至顶峰，且可能形成了明显的等级体系。小环壕系统范围内的屈家岭遗址为该聚落的中心聚落，而周边呈环状分布的同时期遗址则为附属聚落。

屈家岭出土的黑陶

为配合屈家岭考古国家遗址公园的建设，湖北省文物考古研究所、荆门市博物馆和屈家岭遗址管理处于2015年至2020年，进行了进一步的考古发掘工作。此次发掘在屈家岭遗址首次发现了石家河文化遗存，这进一步完善了屈家岭遗址史前文化发展序列，即屈家岭遗址先后经历了油子岭文化、屈家岭文化和石家河文化，这一序列基本涵盖了江汉平原史前文明的主要发展阶段。于遗址群东北部熊家岭新发现的水利系统，由水坝、蓄水区、灌溉区和溢洪道等组成，是我国目前发现最早且明确的。深沟之中，掺杂黄土和根茎植物的坝体经反复拍打坚固厚实，是先民因地制宜主动调控治水理念的实证。

屈家岭遗址是屈家岭文化的命名地，由张云鹏在《京山屈家岭》中提出，并被学术界一致认可。屈家岭遗址的出土文物呈现出明显区别于仰韶文化、龙山文化的特征，是屈家岭文化最典型、发展程度最高的类型。遗址出土了大量应用于生产生活的石器和陶器。石器斧、凿、镰、锛等，形制规整、磨制精细；陶器以泥质灰陶和黑陶为主，同时有少量的橙黄陶和红陶。其中彩陶特色鲜明，因坯壁极薄被形象地称为"蛋壳彩陶"，尤其是制作精美的黑彩陶（又称黑衣蛋壳陶）其胎仅厚0.1厘米～0.2厘米。这表明屈家岭文化先民已经掌握了相当高超的高温黑釉烧陶技术。

屈家岭遗址的发现与探索，使长江中游地区史前文明的发展脉络舒展开来。新石器时代早中期，汉江流域大部分地区与北方文化分布区同属于仰韶文化系统，至新石器时代晚期，屈家岭文化即油子岭文化之后崛起于汉江下游，使长江中游地区的文化发展进入第一次高峰，并实现了空前的统一。加之仰韶文化进入消沉期，屈家岭文化一路北上，甚至影响到了黄河沿岸，为后来楚文化的繁荣奠定了基础。

2022年，屈家岭遗址被国家文物局批准为屈家岭国家考古遗址公园，通过聚落遗址点、河流水系、稻作景观、居民村落、展示馆舍等的接续展示，充分体现"稻缘·农魂"的主题，展示屈家岭文化的人文、历史内涵，为民众构建了一扇可以叩开的历史之门。

象山四泉

蒙、惠、顺、龙四泉自象山东麓汩汩淌出，四时畅流不涸，犹如明珠般镶嵌在文明湖畔，古往今来吸引着文人墨客流连忘返。蒙泉因象山原名蒙山而得名，潭边现存黄庭坚所题的"蒙泉"二字；惠泉是温泉，意为惠于人民；顺泉毗邻老莱子山庄，以其众所共知的孝亲事迹命名；龙泉之名源于开凿时发掘的石刻诗文"岁稔时和霖雨足，风云长静白龙宫"。1987年建成的以历史文化为背景集自然景观、人文景观为一体的龙泉公园，园内清泉石桥、亭台楼阁、青石碑刻掩映成趣，犹如一幅园林胜景写意图。

"老莱斑衣，侍亲至孝"，老莱子在古稀之年仍穿戴小孩的斑衣花帽，以滑稽之态博得双亲的欢愉，名列中国古代"二十四孝"。顺泉近旁的老莱子山庄相传为老莱子的隐居处，原山庄已废，尚存一道清乾隆立石碑，碑上刻有"老莱山庄"。1993年，老莱山庄于象山半腰复建，殿内陈列了二十四孝的蜡像。

龙泉书院因傍龙泉而得名，由清乾隆十九年（1754年）荆门知军舒成龙集资于书塾旧址兴建，后于道光、同治年间两次修葺。书院内有东山草堂、秋实馆、会心轩等建筑。光绪年间添筑文明楼、尺木楼，书院更具规模。龙泉书院现为湖北省龙泉中学校址。

象山东麓的象山书院，是宋代著名理学家、教育家陆九渊讲学布道的地方。陆九渊（1139—1193），因曾于贵溪象山讲学，时称象山先生。宋光宗绍熙年间，陆九渊任荆门知军。陆九渊为政期间革故鼎新、任贤使能、躬行实践，将荆门治理得政清人和，宰相周必大将其政绩称为"荆门之政"。他在象山东麓设立象山书院，"听讼于此，讲学于此"，为荆门官员、士人、吏卒、百姓公开讲学。书院建筑气势宏伟，办学主张独树一帜，因此声名远扬，引得"四方学徒大集"。后为纪念陆九渊，明孝宗弘治年间于象山书院旧址兴建陆夫子祠。陆夫子祠几经焚毁，后于清乾隆年间重建。现存的陆夫子祠为1993年依据清代的建筑样式重修，为石木结构的四合院式建筑，由门楼、大殿、南北厢房、后殿和花墙组成，1992年被湖北省人民政府公布为第三批文物保护单位。

▎荆门掇刀区

"将军一笑风云散，曾借巉岩寄宝刀。"相传，孙吴吕蒙偷袭江陵，关羽被迫从襄阳撤离，向刘封求援而被拒绝。关羽愤怒至极而以刀掇石，竟将青龙偃月刀直直插进石头中。后人遂将此石命名为掇刀石，荆门市掇刀区因此得名。掇刀区是楚文化、三国文化的重要发祥地之一。

掇刀区是三国时期著名的长坂坡之战的发生地。东汉献帝初平元年（190年）之后，各地割据势力互相厮杀，东汉王朝名存实亡，曹操在官渡之战后基本统一中国北方。建安六年（201年），刘备投荆州刺史刘表，备受礼遇却不被重用。其间，他三顾茅庐终请得诸葛亮出山。建安十三年（208年），曹操大军压境，刘表逝后次子刘琮继任，刘琮不战而降。随后曹军大举南下，刘备自知力量悬殊而南撤江陵以为权宜之计。不料曹操亲率精锐追击，于当阳之长坂（今荆门市掇刀区）相遇，刘军猝不及防而一击即溃。赤胆忠心、骁勇善战的赵云返回战场救回刘备妻儿。武艺超群、有胆有识的张飞断后，护送刘备、诸葛亮等人逃脱。

掇刀区有残存的荆襄古道约500米，位于掇刀石街道办事处双喜村。驿道以青石板铺就，石板保存有清晰的防滑印迹。荆襄古道连接荆州与襄阳，历秦汉、六朝至明清，不仅是三国时期刘备、曹操大战的重要战场，更是古代沟通南北的交通要道，乃兵家必争之地。

掇刀区的千佛洞森林公园集秀丽宜人的自然景观与历史悠久的人文景观于一体。公园由东宝山、将军山、大台山、何家山、庙山、罗汉山、青山等山体组成，森林覆盖率达85.3%，素有"城市绿肺"的美誉。景区内层峦叠嶂，绵延起伏，林木葱茏，山明水秀。园区内的人文古迹保存完好，有气势轩昂的东山宝塔，地势险要的虎牙关，幽静雅致的千佛洞，香火旺盛的千佛寺，源源不竭的品泉等。

马家垸遗址

马家垸遗址位于沙洋县五里铺镇显灵村，是一处新石器时代文化遗址，是我国中南地区时间最早、规模最大、保存较完整的古城址之一，2006年被国务院列为第六批全国重点文物保护单位。

马家垸遗址位于东港河古河道东岸，是新石器时代环壕土城聚落。城址边缘有环壕为护城河，东、南、西、北四面皆有城门遗迹，其中东西城垣各设一水门，城内西北—东南流向的水道与护城河、东港河贯通，水路交通便利。同时，宽阔的护城河与坡面外陡内缓的城垣相配合实现防御目的。环壕内则以土筑城，将城内高处作为居住地。可见在生产力水平有限的原始社会，城池已具有较完备的防御系统。

马家垸遗址出土的石锛、石斧、陶器等文物主要为大溪文化和屈家岭文化遗存。大溪文化陶片以泥质红陶为主，器形包含豆、鼎、碗等，纹饰有弦纹；屈家岭文化陶片以泥质灰陶为主，器形包含罐、盆、瓮等。

马家垸遗址在史前时代便容纳了超过5000人的人口规模。综合已发掘的环壕防御体系，推测这里为具有多种非季节性功能的聚落，是长江流域保存较完整的新石器时代城址之一。

纪山楚墓群

沙洋县纪山镇连绵的丘陵地带间，秩序井然的封土堆群醒目而神秘，2000多年前的楚人沉睡其中，将楚国遗留给世人的诸多疑团一同尘封地底。

纪山楚墓群位于沙洋县纪山镇，保护面积约50平方千米，包含纪山镇6个村和1个居委会，有杨家岗、曾家冢、郭店大小薛家洼等24处墓地，是东周时期楚国的大型墓葬群。1996年被国务院列为第四批全国重点文物保护单位；2000年与荆州楚故都纪南城一起被列为全国100处大遗址保护项目；2002年被列入世界文化遗产预备清单。

纪山楚墓群的墓冢数量繁多、分布密集、规模浩大，可谓国内罕有。其中有封土堆的墓葬达266座，无封土堆的墓葬更是难数。古墓依据冢子数量可分为独冢和多冢两类，分别以金牛冢和大薛家洼墓地为代表。金牛冢高11米，直径75米，是现存封土堆中最高大的一个冢。大薛家洼墓地地势南高北低，高大冢子与方阵式的陪葬小冢鳞次栉比，墓地东侧现存多层台阶，雄伟壮观，据考证可能为楚王的陵墓。

20世纪90年代，于纪山楚墓群中抢救性发掘出土的郭店楚简和战国女尸可谓举世瞩目。

1993年，郭店楚简出土于纪山镇郭店一号楚墓，共804枚，其中有字简达730枚，上书有13000多个典雅秀丽的楚国文字。竹简刚出土时宛若新鲜竹片，黄中带青，黑色字迹亦是清晰可辨。更难能可贵的是，竹简上呈现的分上下两栏抄写的格式和校正补抄文字的插入方式，这是以往出土的楚简所未见的。楚简所书包括4篇

楚国贵族家族墓地

道家典籍和 14 篇儒家典籍，其中的《老子》是 20 世纪发现的年代最早、文字最原始的道家著作，儒家典籍则补足了孔孟之间思想链条上的缺失。杜维明教授称，"郭店楚墓竹简出土以后，整个中国哲学史、中国学术史都需要重写"，郭店简被誉为"改写中国思想史的珍贵典籍"，是已发现的中国最早的原装书，弥补了先秦学术史的一段空白。

1994 年，战国女尸出土于纪山镇郭家岗一号楚墓，距今 2300 余年，是荆门市博物馆的镇馆之宝。出土时尸体匀称修长，四肢尚可弯曲，按压肌肉亦能回弹，是我国乃至全世界已发现的保存最完整、时间最早的一具湿尸，被称为"中国第一古尸"。

包山楚墓

已至约定好的会面之期，客人车马疾行赶路，主人出门远远相迎。"初行"，主人早早便备好马车，鸣雁拂柳之间，一行四人出门迎接贵客。"驱驰"，此时的宾客们正乘坐马车，一路疾驰，旌旗随风摇曳，随行的三位侍从身体前倾，衣角高高扬起，心情之急迫似要超过前方奔跑的马儿。主客双方相向而行，距离愈来愈近。"出迎"，主人到达迎接地点之后，便下车静立等候宾客的到来，一旁的侍者毕恭毕敬地站立，似乎是随时准备着迎接远方的客人。"相见"，随着马蹄声逐渐清晰，宾客一行人终于出现在主人的视野中，主人急忙迎上去，谈笑之间说的或许是一路的奔波与见闻。

环绕漆奁一周的漆画《人物车马出行图》，在长卷之中以柳树为界，分为"初行""驱驰""出迎""相见"四个单元，分别展现了异时异地的多重画面，以游丝描技法生动地描绘了先秦时期出行和迎宾的场面。这组被学术界誉为"动漫之祖""连环画之祖"的绘画，是目前全世界时间最早、保存最完好的纪实性通景漆画。

彩绘《人物车马出行图》圆奁出土地是位于荆门市沙洋县的包山楚墓。1986 年为配合荆沙铁路的建设，有关部门对包山楚墓进行了为期三个月的考古发掘。发掘表明，这里是楚国左尹昭佗的家族墓地，其中的二号楚墓是墓群冢中规模最大、位置最显著的，以其出土的四棺一椁及 6000 余件随葬品蜚声学界。

包山二号楚墓出土的竹简共444枚，其中有字简278枚，内容分为卜筮祭祷记录、司法文书、遣策三类，为我们了解楚国的助丧习俗、司法制度和社会结构提供了文字资料，弥补了先秦时期相关文献的不足。竹简中还明确记载了墓主人昭佗祭祀的祖先名单，为探寻楚人的先祖提供了切实有力的依据。

被誉为"最精美的古代婚姻合卺礼仪用器"的凤鸟双连杯亦出土于包山二号楚墓。凤鸟双连杯堪称楚人匠心独运的典范之作，它的造型是一只昂首翘尾、振翅欲飞的凤鸟驮着两个竹质筒形杯。凤鸟嘴衔一珠，遍饰鳞状纹，以腹部背负双杯。双杯外侧以雏鸟形足支撑，杯身绘有双龙，相互盘绕，龙头伸向杯底竹管连通之处。凤鸟双连杯精美绝伦，寄托着楚人对婚姻的美好愿景。

此外，包山二号楚墓还出土了号称"楚棺之最"的彩绘龙凤漆内棺以及折叠式木床、铜人擎灯、毛笔等随葬品。这些珍贵的出土文物是感知楚文化之博大精深无可替代的实物资料，被学术界誉为"楚文化百科全书"。

天门

千羡万羡西江水

"千羡万羡西江水,曾向竟陵城下来",西江水水声潺潺,在竟陵城边静静流淌,是茶圣陆羽朝思暮想的煎茶用水。它与汉江一衣带水,共同哺育了底蕴深厚、钟灵毓秀的"文化之乡"天门。

数千年前,文明的曙光似乎已驱散缥缈的云雾,照亮石家河那人头攒动的史前古城,却终因外来文化的强势冲击中断了文明进程的链条,寂寂消隐于山海。但作为中华文明起源的重要见证,石家河玉器堪称史前玉作之巅,陶器可谓呆萌可爱至极,足以令这一史前文化高地响彻寰宇。

"一汲清泠水,高风味有余",陆羽随智积禅师接受了茶的启蒙,品茗之余著就《茶经》,汲水之处犹可辨识;"鱼行鸟窝,鸟无着落",诠释了天门儿女彼时无奈流落异邦的艰苦;"渊静息群有,孤月无声入",描绘一幅万籁俱寂、孤月独照的宿地图景,应和了竟陵派"幽

天门

情单绪，孤行静寄"的文学审美情趣。

蒸菜出笼，淋上一勺热油，噼里啪啦作响，清新香气扑鼻，天门人民的热情好客之风随着腾腾热气涌上餐桌。天门蒸菜以其厚重的文化积淀、独特的风味和精湛的烹饪技艺屹立于中国美食之林，可谓为"中国蒸菜的根"；"吹糖人"一副糖塑担子走南闯北、过街串巷，将"吹"与"塑"巧妙结合，摆弄具有多元色彩的糖料，辅以小弹簧增添动感，挑的是妙趣横生、可以解馋的艺术品；区别于高原民歌的粗犷高亢，草原民歌的辽阔悠长，江南民歌的吴侬软语，天门民歌旋律优美抒情，曲调缠绵妩媚。

石家河遗址

数千年前，江汉先民延续着屈家岭文化的强盛和辉煌，文明的曙光似乎已经拨开缥缈云雾，光顾这人头攒动的石家河史前古城，却终因外来文化的强势冲击中断了文明进程的链条，寂寂消隐于山海。

石家河遗址，位于天门市石河镇大洪山南麓石家河与马溪河交汇处的垄岗状平原区，是我国长江中游地区迄今发现分布面积最大、延续时间最长、等级最高、保存最完整的都邑聚落遗址。1996年被公布为第四批全国重点文物保护单位，2021年被国家文物局公布为"百年百大文物考古发现"之一。

1954年冬，在京山县与天门县联合修建石龙过江水库干渠时，大量古代的石器和陶器首先掀动尘封千载的泥土，尝试诉说长江中游地区史前文化的发展情状。随后，湖北省博物馆、荆州博物馆、北京大学考古系先后对石家河遗址进行考古发掘，一座面积达120万平方米的史前古城于20世纪80年代初露峥嵘。此番发掘积累了大量重要资料，考古界对同类遗存的命名倾向于"石家河文化"。

自2014年起，为配合石家河国家考古遗址公园的建设，湖北省文物考古研究所、北京大学考古文博学院等单位组成联合考古队，再次深入石家河遗址探索。明确石家河遗址以石家河古城为核心，密集分布着三房湾、谭家岭、邓家湾、肖家屋脊、印信台等40余处遗址，分别承担生活、生产、祭祀、墓葬等社会功能，是屈家岭文化分布密集区的扩张或外延。本次考古发掘新探明的石家河古城城址由内城、护城河、外郭城构成，总面积为348.5万平方米，为长江中游同期最大城址，就规模而言可与长江下游的良渚古城相媲美。此外，蓄水水库、水门、拦水坝等水利系统的发现，更令世人惊叹，5000年前的江汉先民已然懂得如何管控和利用水资源预防旱涝灾害、灌溉稻田。

得天独厚的地理环境孕育了石家河遗址群，其文化遗存由大溪文化延绵至后石家河文化时期，形成了一个基本连续的文化发展序列，与浙江良渚遗址、陕西石峁遗址一样，是中华文明起源的重要见证。虽然，石家河遗址依然有许多待解之谜，但已出土的巧夺天工的玉器、典雅古朴的陶器……足以令这一史前文化高

地响彻寰宇。

　　玉器精美绝伦，堪称史前玉作巅峰。石家河遗址的玉器以不同类型的"美石"作为原料，经切割、雕琢、钻孔、抛光等技法，造型独特，精致小巧，共有人首雕像、兽面雕像、玉蝉、玉虎、玉鸟等各种类型，可谓异彩纷呈。现藏于国家博物馆的"中华第一凤"是其中代表，玉凤凤眼圆形，冠羽后卷，"团凤"造型优美，技艺精湛。考古学家们起初亦是难以置信，它竟与粗糙的土陶共存于同期的史前时代。天门肖家屋脊遗址出土的玉飞鹰可谓精雕细琢的佳作，身长仅1.9厘米，双翅相距4.2厘米，额上部至颈间的皮毛却雕琢得细腻逼真，圆润灵动，展翅之姿似要迎风飞翔。此外，谭家岭遗址的后石家河文化玉器首次出土了虎脸座双鹰玉牌饰品，两只鹰相向立于虎脸座上，与楚文化的代表器物虎座鸟架鼓的造型相似，似乎昭示着某种奇妙的关联。石家河遗址处于中国玉器艺术由原始走向成熟的时期，代表着史前中国乃至东亚地区玉器加工工艺的最高水平。

中华第一凤 　　　　　　石家河玉神人像

石家河遗址

石家河陶器浪漫瑰丽，呆萌可爱。陶土浴火重生，成就了石家河遗址数以千计的陶塑品，其造型或写意或随性，主要有动物和人偶两大类，饱含着江汉先民的天真童趣与工艺技巧。数量繁多的陶塑狗，或抬头翘尾，或警惕张望，或悠游自在，牵引着流传千载的超越物种的情谊。圆钝的线条塑造了各类动物最鲜明的特征，陶猪圆鼻微翘吸睛，陶兔双耳尖尖惹眼，陶羊两角卷曲夺目……简单的造型却以灵动传神之态尽显先民的慧心巧思。陶俑的形体则大体相同，皆是双膝跪地，神情凝重，手捧大鱼，似反映了某种宗教仪式。

石家河遗址无疑是长江中游地区史前文明的中心，它宛若一本厚重的历史读物，对于拨开中国上古史的迷雾，探讨多元一体民族国家的形成具有重要意义。后石家河文化时期，也许是长期的干旱气候影响了环壕的防御功能和水稻种植，也许是"禹征三苗"促使石家河文化走向消亡，但石家河文化大厦的每一块砖瓦皆交融进了后来的文明之中。

陆羽故里

陆羽一生嗜茶，精于茶道，是茶文化的奠基者，被誉为"茶仙"，尊为"茶圣"，祀为"茶神"。天门，唐时为竟陵，是陆羽的故乡。天门市内，与陆羽相关的遗迹比比皆是，以陆羽命名的建筑随处可见，陆羽的故事在天门尽人皆知。

陆羽（733—804），出生于复州竟陵（今湖北天门），后隐居苕溪（今浙江湖州），在中国乃至世界茶文化发展史上具有重要地位。"饮茶之事不自陆羽始，品茗之风实以《茶经》盛。"陆羽所著的《茶经》是世界现存最早的全面系统总结茶历史、茶技艺、茶文化的专著，被称作"茶叶的百科全书"，既凸显了茶学的科学价值，又创造了茶文化的美学意境。

陆羽于自传中仅道"不知何许人"，其出身只能从后来的资料中获知。据道光年间《天门县志》载："或言有僧晨起，闻湖畔群雁喧集，以翼覆一婴儿，收蓄之。"传说龙盖寺（后改称西塔寺）住持僧智积禅师晨起于西湖之滨被群雁鸣叫吸引，循声前往，在大雁翅膀之下发现一个婴儿，便收养了他。智积禅师以《易》自筮而得《渐》卦，卦辞曰："鸿渐于陆，其羽可用为仪。"陆羽由此得名。宋代于陆羽被发现处建桥，命名为"古雁桥"。桥南50米禅师初闻群雁鸣叫处，

陆羽园　　　　　　　　　　　西塔寺

名为"雁叫关"。

  陆羽幼时居住在西湖覆釜洲的西塔寺中。西塔寺位于竟陵城区西，始建于东汉，初仅为一茅庵，名为"青云寺"。西晋谓"龙盖寺"，后因智积禅师圆寂筑塔其上，更名为"西塔寺"。此处曾有多位佛学大师驻锡弘法，各具风采，支公好马，积公嗜茶，真公爱莲，常乐栽花，新民写作。而陆羽因智积禅师以茶参禅，在西塔寺完成了"茶启蒙"。

  经过历代僧人殚精竭虑，西塔寺渐成极具规模的建筑群，饶有禅意。西塔寺虽多次损毁，又屡次修葺。历经千余年，西塔寺成为集崇佛参禅、尊陆怀古于一体的文化载体。1988年，天门市人民政府于陆羽故里——西塔寺原址建成陆羽纪念馆，纪念馆为歇山顶式仿唐建筑。馆内陈列有陆羽木雕，以"鸿渐于陆""古井汲水""牛背读书""伶艺初露""火门拜师"等16个单元讲述"茶圣"陆羽的传奇人生。2003年，天门市择新址于西湖以北重修西塔寺。

  西塔寺中有一泉，俗称三眼井，系晋代高僧支公开凿，陆羽曾在此汲水煮茗。因陆羽被授予"太子文学"之职，更名为"文学泉"，又名"陆子井"，唐朝裴迪诗云"一汲清泠水，高风味有余"。三眼井后来曾数次湮没，直至清代乾隆年间挖出，时人建亭立碑，胜迹得以复生。

▍内陆侨都

  天门儿女在灾难深重的艰苦岁月流落异邦，靠着勤劳与智慧谋求生存发展、逐渐站稳脚跟，在中国华侨史上撰写了独具一格的篇章。据统计，天门旅居国外的华侨、华人共28万人，天门是中国内地最大的侨乡，也因此被誉为"内陆侨都"。

20世纪初，天门水患频发，泽国一片，"鱼行鸟窝，鸟无着落"的歌谣诠释了彼时天门人的生存境况。加之土匪猖獗、军阀压榨、赋税繁重，乡民们只得远赴他乡，谋求生存。与河北、山东、福建、广西等华侨数量庞大的省份不同，天门处于内陆，往往不能够假济舟楫，而是一路步行，曲折艰难。乡民或北上经华北、东北进入西伯利亚，辗转跋涉到达莫斯科、柏林等欧洲各地。或南下，途经汉口、上海、香港，至越南、泰国、印尼等地区和国家。

天门人民向海外迁移最早可追溯至17—18世纪，但大批量的出国则是在清代末期。他们以家庭为单位进行集体迁移，在中国人出国的历史中独树一帜。据调查，天门人民的求生之道以卖纸花、挑蚜虫和耍三棒鼓为主，具有浓厚的乡土特色。新中国成立后，华侨在异域的社会地位陡变，职业也发生了天翻地覆的变化。丹斯里拿督李三春、世界著名毒理学家鲁超、"中斯（斯里兰卡）友协"副会长张德焕等都是天门籍华人、华侨的优秀代表。侨居的天门人民坚韧顽强，不忘初心，持续不断地慷慨解囊，襄助祖国的革命事业和经济建设，担当祖国与世界各国建立友好关系的桥梁。

竟陵派

明万历年间，以钟惺、谭元春为代表的竟陵派继公安派崛起于文坛，领一时风骚。

钟惺（1574—1625），字伯敬，号退谷，又号止公居士，万历三十八年（1610年）进士，官至福建提学佥事，著有《隐秀轩集》。谭元春（1586—1637），字友夏，少慧而科场不利，今有《谭友夏合集》等存世。因两位代表人物均为湖广竟陵（今湖北天门）人，世称"钟谭"，他们所倡导的文学流派也被称为"竟陵派"。

竟陵派主张"真诗""性灵"，延续了公安派的文学论调，同时又所有差别。竟陵派提倡在学古中"引古人之精神，以接后人之心目"，即要学习古人的精神，以开导今人之心窍，与公安派不满于仿古蹈袭不同。此外，竟陵派还在总体上追求一种"幽情单绪,孤行静寄"的文学审美情趣,即诗歌要具有含蓄幽深、虚无缥缈、奇奥险怪之美,同公安派浅率轻直的风格相对立。钟、谭二人敏锐地发觉了公安派俚俗肤浅的创作弊病,企图另辟蹊径,绝出流俗,具有一定的胆识。

二人的诗文创作与文学主张相契合,如钟惺有诗:"渊静息群有,孤月无声入。冥漠抱天光,吾见晦明一。寒影何默然,守此如恐失。空翠润飞潜,中宵万象湿。损益难致思,徒然勤风日。吁嗟灵昧前,钦哉久行立。"描绘了一幅万籁俱寂、孤月独照、寒影默然的宿地图景,给人以幽寂凄凉之感。

钟惺、谭元春二人生前已是声名赫奕,钱继章《序友夏》有载:"钟谭一出,海内始知'性灵'二字。"竟陵派在当时的诗坛地位可见一斑。现天门市境内尚存钟惺墓,该墓位于李场公社黄家店南部鲁新大队,墓前有其弟钟快所书的石碑:"明福建学宪钟公伯敬之墓"。

皂市白龙寺

白龙寺,位于天门市皂市镇五华山,相传肇始于南朝,现仅存前殿、大雄宝殿及十余座石碑,为明代重建,清代修葺。昔时楼阁台榭,画栋飞甍,优游而常感"藏修者有清思,登览者有遗兴,憩止者有余怀"。

白龙寺因何而名?民间有两则与之相关的传说。

一为古时青白二龙于五华山附近兴风作浪引发水患,黄帝闻讯震怒,传令命二龙戴罪立功,引水入海。青龙迷而不返,被压于五华山下,龙尾外露,化为石山,名为龙尾山,在皂市西5千米处。白龙则东行穿越云梦泽、洞庭湖,将水引至东海。该地自此风调雨顺、江河安澜。白龙过处出现了一条弯弯的洲中小河,名为长汀河。民间盛传童谣"长汀河,长汀河,九十八道弯弯多,要问弯弯哪里来,白龙引水从此过。金满河,银满河,河水满满鱼虾多,要问鱼虾哪里来,

白龙寺

感谢白龙送给我"。人们为纪念白龙，于五华山北麓修建了祭坛。

二为南齐竟陵王萧子良筑而名之。我国最早的佛教寺院是东汉时建于河南洛阳的白马寺。萧子良笃好释氏，以"白龙"立寺与"白马寺"相对，是为"礼佛"。此外，《贵义》有载："帝以甲乙杀青龙于东方，以丙丁杀赤龙于南方，以庚辛杀白龙于西方……"萧子良之父齐高帝立国号齐，都建康，竟陵郡位于建康以西，萧子良建寺并以"白龙"命名，亦可解为"敬亲"。

白龙寺重檐斗拱，雕栏玉砌，峥嵘轩峻，为抬梁式建筑结构，殿式级别极高。殿宇檐平脊正，以"宝剑插鱼"装饰主殿屋脊，寓意趋避火灾。寺内佛像造型各异，遍体金身，富丽堂皇。自1973年始，湖北省文化部门先后四次修缮白龙寺，复原后保留了历代的建筑艺术风格。

天门蒸菜

天门蒸菜

蒸菜出笼，淋上一勺热油，噼里啪啦作响，清新香气扑鼻，天门人民的热情好客之风随着腾腾热气涌上餐桌。天门蒸菜以其厚重的文化积淀、独特的风味和精湛的烹饪技艺屹立于中国美食之林，可谓为"中国蒸菜的根"。

石家河文化遗址出土的甑极大地延展了蒸菜的历史，很可能千年前的江汉先民已然领略了蒸菜的醇美。据文献记载，天门蒸菜起源于王莽时代。王匡、王凤于竟陵起义，遭官兵追击致军粮匮乏，仅能依靠野菜充饥。当地农民知晓后，纷纷献出自己的粮食，但依然不能填补食物的空缺。起义军只得将粮食磨制成粉，拌着野菜蒸制，原为充饥却出乎意料的可口。蒸菜帮助起义军渡过了难关，也由此流布民间。

不仅如此，天门蒸菜还与寺院有着难解难分的缘分。或许是蒸菜与生俱来的清淡引得僧人倾心，据说居于西塔寺的高僧支遁钟情于当地的蒸菜，将其引入寺院并流行开来。相传,茶圣陆羽与其师智积禅师缘湖而居,喜食湖藕,亦热衷于清新爽口的藕蒸菜。

年深岁久,天门蒸菜随着一代代天门厨师,飘进了大江南北寻常人家的菜谱中。天门蒸菜以"滚、淡、烂"为基本风味,逐渐形成了包括"九蒸""素三蒸""荤三蒸""荤素混蒸"等技法及各种调料相佐的、完善的蒸菜制作体系,原汁原味,造型优美,淳厚雅致。2021年,随着"天门蒸菜"区域公用品牌发布启用,天门蒸菜迈上了品牌化、产业化的发展道路。

天门糖塑

"吹糖人"一副糖塑担子走南闯北、过街串巷,挑的是妙趣横生、可以解馋的雕塑艺术。天门糖塑,又称"吹糖",以麦芽糖为原料,经吹、拉、扯、搓、捏、压、挑、剪等技艺,辅助剪刀、木梳、小篾刀等工具塑制成形。2008年被列入第二批国家级非物质文化遗产代表性项目名录扩展项目名录。

民间艺人称呼自己为"气憨子",以与"水盘子"(糖画)相区别,并将元

天门糖塑

末明初的刘伯温奉为祖师。相传，刘伯温在一次战役中，以涂满蜜糖的稻草"糖人"破解了敌方的"蜜蜂阵"攻击。实际上，糖塑应由传统祭祀所用的"糖供"演化而来，起源于唐而兴于明。

"吹""塑"结合令天门糖塑花样精巧。天门糖塑与其他糖塑相较，因"吹"与"塑"的巧妙结合而别具一格、自成一体。天门糖塑在吹糖人口手配合下不断翻新出奇，飞禽走兽、器物用具、神话传说、人物故事皆是其题材，主要可分为祈福纳祥、驱灾辟邪、传统戏文、寓言哲理四大类，是民间吉祥语汇的另类表达。

天门糖塑以多元色彩呈现出丰富的肌理变化。天门糖塑以红、绿、黄、黑为原色，还能根据造型需要调和成多样的间色和复色，使糖塑色彩醇和、鲜艳醒目。不同颜色的糖料按照不同比例糅合，经搓、拉、揉、捏，可形成并置、渐变、混合等多种效果，色彩纹理复杂多变。此外，艺人还利用木梳等工具在糖料上压制印痕，可塑造疏密有致、变化丰富的肌理细节。

天门糖塑还以小弹簧增添糖人动感，可谓点睛之笔。糖塑除吹塑主体部分外，还可以捏造小的部件，并以细铜丝圈成的小弹簧衔接，集色、形、动于一身，摇摇摆摆，惟妙惟肖，栩栩如生。然而大醇小疵，天门糖塑以麦芽糖为原料，极易融化变形，不可长时间保存，是美中不足。

天门民歌

"洪湖水呀浪呀嘛浪打浪啊，洪湖岸边是呀嘛是家乡啊，清早船儿去呀去撒网，晚上回来鱼满舱。"一曲洪湖水，将血雨腥风的峥嵘岁月隐遁于柔美悠扬的旋律，而这首让人耳熟能详的"革命抒情歌曲"便是由天门民歌《襄河谣》《月望郎》改编而来。

区别于高原民歌的粗犷高亢，草原民歌的辽阔悠长，江南民歌的吴侬软语，天门民歌旋律优美抒情如行云流水，曲调妩媚缠绵、纯朴甜美、委婉动听。天门民歌是楚地音乐的一个重要分支，同时又独具江汉平原水乡地域特色，是天门乃至整个江汉平原众多艺术的母体。2011年入选第三批国家级非物质文化遗产代表性项目名录。

天门位于湖北腹地江汉平原，受到邻近省份的熏染微乎其微，天门民歌因此常被圈内人视为保留了纯正的湖北民歌精髓,在湖北民歌中具有举足轻重的地位。天门民歌体裁分为"号子""田歌""小调""灯歌""宗教歌""儿歌"六大类,内容涉及宗教、历史、劳动、生活、爱情等诸多方面,衬词有"金梭""银梭""羊儿梭""一呀一枝梅花"等一百多种。

新中国成立以来,经蒋桂英等一批歌唱家及民间众多歌唱者不遗余力的演绎推介,《幸福歌》《小女婿》《薅黄瓜》等天门民歌代表作在全国广为传唱。加之许多词作者吸收融合了现代流行歌曲及外来音乐素材,创作出层出不穷的令人民群众喜闻乐见的新民歌,天门民歌至今仍有较强的文化魅力。

潜江

驿楼宫树近

在被誉为"江汉油城"的潜江浸染肥虾丰稻的幽香，观摩层台累榭的章华台，邂逅曹禺萦怀一生的故里，领略气势磅礴的草把龙、轻快悠扬的潜江民歌、婉转动人的荆州花鼓戏、戏绎人生的江汉平原皮影戏。

"鱼鳞屋兮龙堂，紫贝阙兮朱宫"，别馆离宫外激流飞扬，回廊飞檐间歌舞悠长，楚人的文化性格铸就了雕梁画栋、层台累榭、错落有致的章华台。气势恢宏的大型层台式宫殿群体重见天日，令世人对"天下第一台"的瑰丽想象有据可依，亦使学界对于"章华台"地望的争论信而有征。

"明月故乡晓钟，远隔千里心同，今日不知何处，犹在相思梦中"，潜江是曹禺先生一生从未涉足的故土，但远隔千里的小家萦绕着潜江味道，一袋袋故乡美食捎带的潜江气息，营造了一个专属的微型家乡场域。

潜江

  浸润着稻花香的小龙虾，经水与火的洗礼，与香料碰撞交融，激发令四方食客垂涎欲滴的独特风味。汉江淙淙，与酣畅淋漓的食客一同沉醉于这场席卷全国的"红色美食风暴"。

  "云骈驾兮风旗招，神之归兮天路遥"，金黄的稻草经由结扎拼接，塑龙之形；喧天锣鼓助威其欢腾旋跃，拟龙之势。汉江南岸的潜江人民每逢岁时节令表演草把龙，借以消灾驱邪，纳福人间。

  "逢人驻步看，扬声皆言好"，惊采绝艳的楚文化滋养了曲调优美的潜江民歌，潜江人民踏歌劳作，将这一楚歌遗风的代表唱响汉江南岸，更有起源于楚辞的荆楚恋曲，诞生于原野的悠扬田歌，汇成荆州花鼓戏婉转动人的旋律。

  一匹布，一盏灯，一叠影子，一方天地。江汉平原皮影戏以其细腻高亢的唱腔艺术、圆润舒展的雕镂工艺、即兴演绎的口头表达于方寸之间戏绎人生。

龙湾国家考古遗址公园

龙湾章华台遗址

龙湾国家考古遗址公园位于潜江市龙湾镇。2022年被公布为第四批国家考古遗址公园。

在漫长的地质时间里,地球历经沧海桑田,人类的生存发展始终与自然息息相关。自新石器时代始,龙湾遗址所在地便备受人类的青睐,至东周时期,更是留下了浓墨重彩的一笔。

龙湾遗址西北距楚故都纪南城遗址55公里。时代上限为距今5000余年的新石器时代,是一处以东周楚文化遗存为主的重要遗址群。2001年,龙湾遗址获"2000年全国考古十大新发现",被国务院公布为"全国重点文物保护单位"。

其核心区域为盛楚文化代表——楚王离宫建筑群（章华台）,是我国目前发现最大的春秋战国时期楚国王家园囿宫殿遗址,总占地面积为100.9平方公里,分东、西两部分,东部为放鹰台遗址群,西部为黄罗岗遗址。放鹰台遗址群被认定是公元前540—公元前535年楚灵王修建的离宫——章华台宫囿群落遗址。遗址内出土的二十二座夯土基址是迄今发现的东周时期建造规模最大、规格最高、延续时间最长、建筑形式最独特、保存最完好的楚国宫殿建筑基址,开创了我国王家宫囿建筑园林化的先河。

章华台因拾级而上须休憩三次方可登顶又名"三休台",因"楚王好细腰"又名"细腰宫"。章华台工程之浩大,可谓"单珍府之实"。章华台自楚灵王即位始,举全国之力,历时6载方修建完成。作为由宫室、台榭、寝陵组成的庞大园林式建筑群,章华台遗址总面积达280余万平方米,是北京故宫的4倍。其中的主体高台式建筑章华台共有4层,高度与现今的10层楼相当。在我国古代人工建修道路中首次发现的贝壳路更是精巧高雅、浪漫华美,为楚人之独创。

章华台技艺之高超,可谓"穷土木之技"。章华台将夯土台基与木构紧密结合,并以榫卯结构连接各木质框架,建筑主体呈现"层台累榭"的形态,美观且牢固。不仅如此,考虑到楚地多雨的气候条件,2500年前的楚国离宫便已设计了完备考究的城市排水排洪系统，包含排水管、排水沟与城内河道、城濠。其中，排水管由两块筒瓦扣合而成，年代早于"秦砖汉瓦"，属楚人之首创。章华台凝聚着楚人的劳动与智慧，集中体现了楚国高超的建筑技术。

章华台形式之独特，可谓"土木之崇高，彤镂为美"。章华台在当世便以其首屈一指的建筑装饰艺术名扬天下，后世的《左传》《国语》《战国策》《史记》《太平寰宇记》等数十种文献中皆有记载，多加赞赏。章华台布局与我国传统的以南北向中轴线东西对称的建筑模式相区别，其布局错落有致，动静相宜。东部为三层台建筑，西部为两层台建筑，台周曲廊环绕，台内曲径贯通，外围或为空阔平地、回廊庭院，或有蜿蜒河流、碧波湖水。穿行廊间得闲适之趣，登临高台可极目远眺。

龙湾遗址的考古发掘让世人对楚国第一台的瑰丽想象有据可依，亦使学界对于章华台地望的争论信而有征。20世纪八九十年代，考古工作者考古发掘出放鹰台遗址群，令一座规模宏大的大型层台式宫殿群体重见天日，为著名历史地理学家谭其骧教授认为章华台"故址在潜江县西南"的论断提供了实证。此次发掘首次发现的贝壳路，与伟大诗人屈原所述"鱼鳞屋兮龙堂，紫贝阙兮朱宫"相吻合，考古分析其春秋晚期至战国早中期的使用年代与文献记载相一致。考古发掘的实物资料与文献记载相互印证，"潜江说"在"监利说""沙市说"等一众章华台遗址地望观点中脱颖而出。

复原的章华台遗址

章华台和兵马俑一同为泱泱华夏的两大文化奇观，存世250余载终湮灭于战火，长埋于地下。现如今，以22个夯土台基的楚宫殿基础群为基础的龙湾国家考古遗址公园建成开放。龙湾国家考古遗址公园包含龙湾遗址博物馆、章华台基址展示馆、放鹰台遗址群展示区、古河道、古楚湖等景点。遗址公园将夯土台基与复原生态环境相结合，利用微缩模型、全息成像、三维建模、VR、3D等"活化"技术重现章华台的修筑场面、结构、规模与布局，竭尽所能地拉近世人与辉煌历史的距离。在这里，人们既可身临其境地领略新石器时代文化的原真古朴、章华台建筑的恢宏气势与楚文化的悠长余韵，亦能体味清池微风、瑶台轻舟的闲情逸趣。

▍曹禺故里

　　"明月故乡晓钟，远隔千里心同，今日不知何处，犹在相思梦中"，晚年时，曹禺情系故里，曾写下此篇吐露萦绕心头的乡愁。虽然曹禺终其一生未涉故土，但相隔千里的小家萦绕着潜江味道，一袋袋故乡美食捎带的潜江气息浸润其间。每被问询，曹先生必答："我是潜江人！"

　　曹禺（1910—1997），原名万家宝，生于天津，祖籍湖北潜江，是中国现代话剧的开拓者和奠基人，被誉为"东方莎士比亚"。曹禺自幼便与戏剧结下不解之缘，可谓为天生的剧作家。自孩童时期，曹禺便随继母欣赏传统戏剧，青春年代又于"中国话剧运动的摇篮"南开中学积蓄舞台实践经验，大学阶段更是广泛地接触西方戏剧，孜孜不倦地探索戏剧艺术。他创作了《雷雨》《日出》《原野》《北京人》等经典剧作，使中国现代话剧剧场艺术得以确立，并为广大中国观众所接受，中国现代话剧由此走向成熟。

　　曹禺的处女作、代表作《雷雨》集中于客厅场景，以一天的剧幕时间，展现了跨度达四十年的故事，讲述了八个人物之间错综复杂的情感纠葛，借助中国式大家庭的悲剧阐释人性的沉沦与挣扎。这是曹禺先生的第一个戏剧结晶，亦是现代话剧成熟的标志。

曹禺

　　曹禺生前深深地眷恋着故土，远隔千里仍格外关注家

曹禺故居

乡的建设和文艺事业。1989年，故乡人民为表敬慕、感激之情，兴建了"曹禺著作陈列馆"，其中珍藏有曹禺的亲笔信《我是潜江人》，"大约是我婴儿时，父母的声音容貌，我们家乡带来的食物，或者是家庭中那种潜江空气，使我从小到大认为自己是地地道道的潜江人。"1996年曹禺与世长辞，翌年他的骨灰被迎回故里，长眠于松柏掩映的曹禺陵园。

潜江倚借文学大家之名，成为众多戏剧文化爱好者的朝圣地。曹禺文化旅游区由曹禺公园和梅苑两大景区构成，有曹禺公园、梅苑、曹禺祖居博物馆、曹禺大剧院等著名景点，兼具戏剧创作交流与休闲娱乐功能。曹禺公园内楼台亭榭，曲径通幽，小桥流水，碧波荡漾。花团锦簇的曹禺纪念馆脱胎于曹禺著作陈列馆，收藏陈列的相关资料不胜枚举。曹禺祖居博物馆则依历史文献重建，采用江南园林式建筑风格，融合水乡民居的穿堂院落特色，墙檐粉黛，梅枝绽绿。此外，自2004年始，潜江市分别以"我是潜江人""风雅潜江·百年曹禺""惊世《雷雨》·潮涌潜江""经典曹禺、文化潜江"为主题举办了四届"曹禺文化周"，以曹禺戏剧文化为依托，融合旅游、非遗等元素。

潜江小龙虾

浸润着稻花香的小龙虾，经水与火的洗礼，与香料碰撞交融，激发令四方食客垂涎欲滴的独特风味，堪称一场席卷全国的"红色美食风暴"。民间盛传"世界小龙虾看中国，中国小龙虾看湖北，湖北小龙虾看潜江"的美名，潜江市被誉为"中国小龙虾之乡""中国虾稻之乡""中国小龙虾加工出口第一市""中国

小龙虾

各种口味的小龙虾

小龙虾美食之乡"。

潜江市的小龙虾声名远扬，旺季时慕名而来的食客可谓络绎不绝、摩肩接踵。干冰氤氲的全虾宴，是视觉味觉的双重享受。新鲜的小龙虾经"七刀"清洗干净，可制作成油焖、蒜蓉、麻辣、清蒸、椒盐、冰镇、卤、炸八种风味。嗦口壳，浓郁的汤汁、独特的香味顿时在唇齿间萦绕；"恰"口肉，香辣鲜美在舌尖绽放，爽嫩肉质令味蕾倾倒。

珍馐百味的影响力源自养殖技术的创新和产业体系的建立。潜江小龙虾经历了野生寄养模式、虾稻连作模式、虾稻共作模式和复合养殖模式四个阶段。2000年，潜江市积玉口镇宝湾村农民刘主权利用低湖田农闲养殖的小龙虾引起了水产部门的关注。经技术团队的多方调查和研究实验，于2004年创新虾稻连作模式，初步完成规模化应用推广，并在2013年完善升级，形成虾稻共作模式，提高了龙虾产量。2019年以来，"潜江龙虾"的区域公共品牌价值逐年攀升，消费需求的增加助推潜江市探索产值更高的复合养殖模式。

不仅细腻虾肉之味绝，虾稻共生之景美，潜江小龙虾的虾壳更是无可置疑的奇珍异宝。虾壳中提取的动物性高分子纤维素——甲壳素，被欧美学术界称为"第六大生命要素"。倏忽之间，传统龙虾产业中的废弃物竟摇身一变，成为远销欧美的保健品。

草把龙

金黄的稻草经由结扎拼接，塑龙之形；喧天锣鼓助威其欢腾旋跃，拟龙之势。草把龙逢岁时节令表演，借以消灾驱邪，纳福人间。潜江草把龙是潜江市龙湾镇世代传承的以舞龙祈福禳灾为主的民间传统风俗，2014年被列入第四批国家级非物质文化遗产代表性项目名录扩展项目名录。

潜江草把龙作为楚人崇龙、尊龙意识及后世民间多神信仰复合作用的产物，亦是长江中游稻作文化标志性的民间文化现象。其源头尚无文字可考，据文献可知清光绪年间已于民间流布。《潜江县志》载明"云骈驾兮风旗招，神之归兮天路遥"，并配以草龙图，可知潜江草把龙至少已有一百多年的历史。民间关于草把龙的溯源之说极具神秘色彩，相传古时一条苍龙行云布雨，行经此地不慎坠落，百姓闻之纷纷以稻草遮护龙身，草把龙由此演化而来。

潜江草把龙灯的制作工艺相当考究。龙头以工字形结构制作，连接手柄并支撑龙头的各个部位；龙身须用稻草、篾片、木头和麻绳等材料，经由理草、扎把、铡草、旋盘等多道工序，以一条主绳贯穿龙身，遍扎草把，后修剪成圆柱状；龙尾亦用竹篾扎制，其上裱糊黄色纸，再以红布搭配，画上鱼鳞纹。草把龙外形原始古朴，威严粗犷，舞动时栩栩如生，煞是好看。舞龙的传统仪式严谨细致，出行前须以龙尾沾水、龙首朝岸，寓意"蛟龙出水"，舞龙伊始要焚香化纸为"龙神"净身祭拜祖师殿，仪式完成后于水边焚烧谓之"送龙归天"。不同的祭祀对象和心理诉求则对应不同的舞龙套路，求神降雨舞"黄龙盘柱"，驱魔镇邪舞"龙门阵"，百姓求子舞"长蛇阵"，起屋奠基舞"拜四方"……千姿百态，精彩纷呈。

国家级非遗传承人张金盘自幼酷爱篾扎技艺和草把龙表演艺术，十五岁时便跟随父亲张文海学习，因有儿时耳濡目染的基础，经5年便学成出师，系潜江草把龙的第三代传承人。他熟练掌握各种舞龙表演技艺、祭祀礼仪及内涵，是集扎

草把龙

制、舞龙、组织草把龙各项仪式活动的全能型代表性传承人。如今，耄耋之年的张金盘已经舞不动了，但他积极通过各种方式教授学徒，毅然坚守初心，并借助非遗进校园、进社区等多样形式，继续传承与发扬这一存续古老荆楚遗风的非物质文化遗产。

潜江民歌

在纵横交错的河渠湖泊之间，总有一小群光着屁股的小娃，各自举着竹竿，用棉球或小虫子钓青蛙。他们抖动竹竿，让诱饵在水面上一上一下地跳跃，等青蛙好奇地张开嘴试探，便将其收入囊中。在潜江，这样童真烂漫的景象变成了一首活泼灵动的儿歌《得央硌蚂》。潜江市劳动人民喜爱踏歌劳作，在劳作、生活中创造了千姿百态的潜江民歌，《得央硌蚂》便是其中的代表之一。潜江民歌内容丰富、题材广泛、品种多样、风格独特，带着楚声楚调的神韵，可谓当地人民斗争的武器、劳动的号令、抒情的载体、娱乐的工具。2008年被列入第二批国家级非物质文化遗产代表性项目名录。

潜江曾是楚文化的中心地带，惊采绝艳的楚文化滋养了潜江民歌这一楚歌遗风的典型代表。周代，潜江民歌归属于《周南》诗歌体系，位列十五国风之首，是雅乐、燕乐的主体；战国晚期，屈原、宋玉津津乐道的《扬（阳）阿》即是潜江民歌；《四面楚歌》唱的亦是潜江的《鸡鸣歌》；汉代的"楚歌曰艳"、魏晋的"西曲歌"，皆有潜江民歌的影子。

潜江民歌题材丰富、曲调优美、形式多样，因劳动地域的差别分为两种不同的类型，呈现出"两块一线"的分布格局，主要有号子、田歌、小调、儿歌、革命历史民歌、新民歌等类型。号子与劳动关联紧密，在修堤筑坝、打硪、榨油等多人协作的重体力劳动中一唱众和，即兴作词且多衬词，节奏鲜明，气势豪迈。田歌是农民在田间劳作时唱的歌，千姿百态，在民歌各类型中数量最多。小调也称小曲，是潜江妇女在室内绣花、做鞋，或是在田头稻场歇工乘凉时所唱，通俗生动，婉转细腻。儿歌贴近儿童生活，以方言声调依字行腔，浅显易懂，最受孩童欢迎。

史籍中多有对潜江民歌的盛赞，《淮南子·说山训》载"欲美和者，必先始于《阳阿》《采菱》",《江陵乐》道"逢人驻步看,扬声皆言好"。潜江地处江汉平原腹地,其语言独立性较强,声调特征鲜明。潜江民歌脱胎于潜江方言,尚保留"兮""些"之楚语遗风,具有极强的地域性特征。其属于三音列民歌,四种三音列原型或如和声转位般变形,或自由交替、相互渗透,令民歌音乐更加丰富多彩。代表作有《数蛤蟆》《十许鞋》《崔咚崔》等。

荆州花鼓戏

起源于楚辞的荆楚恋曲,诞生于原野的悠扬田歌,汇成荆州花鼓戏婉转动人的旋律。

荆州花鼓戏,旧称花鼓子、天沔花鼓戏,是明末以后基于江汉平原三棒股、踩高跷、采莲船等民间演唱形式,不断吸收其他剧种的剧目、声腔和表演逐渐发展起来的一种乡土戏曲,流行于原荆州所辖各地区,波及邻近的鄂南、湘北等地。2006年由湖北潜江申报,荆州花鼓戏被列入第一批国家级非物质文化遗产代表性项目名录。

荆州花鼓戏脱胎于田园,历经"田园时期""草台时期""乡村台戏时期""新生期""定型成熟期"五个时期,从演出内容到形式,从剧本到舞台,从音乐到舞美,汇集众家之长,渐次出现令人耳目一新、难以忘怀的艺术作品,成为江汉平原广大人民的重要精神寄托。其题材广泛,剧目众多,且以家庭生活、婚姻爱情故事、民间传说故事为主,其中的代表性剧目《站花墙》《白扇记》以绘声绘色、真切深挚的故事动人心弦。

荆州花鼓戏的角色行当现主要有小生、生脚、正旦、花旦、丑五个,表演灵动活泼,充盈着浓郁的地方情调和民间生活气息,摘花、带彩、咬碗等特技每每令观赏者拍案称奇。"摘花"是借助拉藤、卷帘、扑蝶等身段,空手魔术般地摘出各色鲜花,双手空中齐出花,异彩纷呈,令人目不暇接。"带彩"之"彩"即是"血",将浸染红色颜料水的棉球置于口中,见机而行,形象逼真。"咬碗"则是将碗咬出缺口,带有杂耍意味,引人发笑。

时移世易,荆州花鼓戏经长期劳动生活和艺术实践的淘洗,形成了主腔和小调两大类唱腔。"高腔"婉转高入云,"圻水"多变叙事详,"四平"起承转合稳,"打锣"悲怆且还魂。除此"四大主腔"外,单篇牌子、专用曲调、插曲三类小调乐曲短小,节奏明快,旋律优美。传统的荆州花鼓戏演唱时,多为"一唱众和,锣鼓伴奏",唱腔高亢朴实,曲调音域宽阔,男女唱腔皆是本音假嗓交叠,演唱风格别具一格。

江汉平原皮影戏

一匹布,一盏灯,一叠影子,一方天地。江汉平原皮影戏是一种利用灯光照射呈现牛皮雕制形象而演绎故事的戏曲形式,是中国南方皮影艺术的代表,流行于湖北省中南部的潜江、天门、仙桃、监利等市县。2006年被列入第一批国家级非物质文化遗产代表性项目名录。

江汉平原皮影戏的艺术魅力在唱腔、雕镂和口头文字方面展现得淋漓尽致。

江汉平原皮影戏的源头尚无文字可考,但清代中期已然盛行,民间祭祖谢神、红白喜事均演唱皮影戏,且日久成俗。清道光年间,潜江皮影戏艺人陈国壮从外地引进"筒子腔皮影"。之后"筒子腔皮影"逐渐与民间小调融合。而在清末时形成的"歌腔皮影"发音细腻、行腔高亢、婉转悠扬。二者于民国时期合流,经多代艺人的传承与发展,现今的江汉平原皮影戏唱腔以歌腔和渔鼓腔为主。歌腔源于楚地的"鸡鸣歌",堪称我国传统音乐的活化石;渔鼓腔,又称筒子腔,出自旧时艺人的乞讨唱曲,调式丰富多样,乡土气息浓郁。

皮影戏在全国范围内皆有流布,皮影的制作程序大同小异,皆需经过选皮、制皮、画与刻、过稿、镂刻、上彩、发汗、熨平、缀结合成等工序。江汉平原皮影戏通常以上等牛皮为原材料,注

江汉平原皮影戏

重运用不同的色彩纹样表现不同的角色和人物性格。雕镂工艺讲究圆润，兼具装饰美和浪漫主义特质。据田野调查，江汉平原皮影戏的雕镂艺术，源于"汤格"和"郭格"，尤以图案精细、圆润舒展、人物造型逼真生动和影大见长。

江汉平原皮影戏的剧目数量丰富，达300多个。但这些"剧本"实际上仅有条文，演唱时主要靠艺人依据历史故事即兴创作，唱、做、念、打浑然一体。相同的剧目因艺人不同而变化多端、不拘一格，是口头文学艺术的独特魅力所在。

仙桃

沔彼流水，其流汤汤

"沔彼流水，其流汤汤"，浩荡的汉江从被誉为"江汉明珠"的仙桃奔腾而过，亦"折腰"于云蒸雾绕的沔阳三蒸、文韬武略的江汉先英、文化荟萃的回族小镇、点草成金的麦秆剪贴和刀尖生花的雕花剪纸。

以烈火之功，润秀水之气，笼屉中催化的香味随蒸汽升腾，令品尝者的味蕾蠢蠢欲动，源起于元末农民起义的民间传说为软糯香甜的沔阳三蒸增添了些许传奇色彩。而谁也未曾料想到，来自仙桃的一个渔家小儿成为这场农民起义的领导者，几乎埋葬了威震世界的元朝统治。

"湖水平桥近古城，红莲好花镜中明。亭亭不受污泥染，花与濂溪心共清。"每至盛夏，沔城近千亩的莲池满覆菡萏，香飘十里，圆叶田田，碧绿连天，声名远扬的沔城藕诠释着"美

仙桃

　　食不可辜负"的生活态度。这座具有千年历史的文化古城内，武侯读书台寄寓了一段智者的爱情佳话，沔城清真寺牵引着回族人民的宗教信仰。

　　点草成金，执秆生画，一幅幅麦秆画记录着匠人的矢志研思，熨烙出荆楚大地的广博文化；一笔意外订单催生了一城的工业，"无纺布之乡"的美名离不开仙桃人民敢作敢为、百折不挠的精神品质；刻刀流转，指尖生花，尊龙崇凤的荆风楚韵、鱼戏莲动的水乡风情、细致入微的历史人物跃然纸上，赋予寻常纸张以灵动生气。

沔阳三蒸

缓缓揭开笼盖，蒸汽瞬间如白雾般弥散，香味随之升腾，品尝者的味蕾从此刻便已开始蠢蠢欲动。"沔阳三蒸"制作技艺被列入湖北省第三批省级非物质文化遗产名录，是湖北美食中的一颗明珠，在中国名菜系中占有重要一席，仙桃也因此被称为"蒸菜之乡"。

"沔阳三蒸"是指以米粉为主要佐料，蒸制而成的鱼、肉、蔬菜，以烈火之功，润秀水之气，最大限度地保留了食材的色、香、味。蒸菜已经刻在仙桃人的基因里，逢年过节、婚丧嫁娶、招待亲朋，仙桃人的热情好客潜藏在热气腾腾的蒸菜里。在仙桃，有"不上蒸笼不成席"之说。

"沔阳蒸菜"的诞生与沔阳的地理环境有关。据记载，"一年雨水鱼当粮，螺虾蚌蛤填肚肠"，历史上的沔阳是水乡泽国，寻常人家很难得到大米，只能将杂粮磨成粉末，裹着鱼虾、藕、野菜等蒸熟食用以充饥。经年累月，便发展成了一道闻名遐迩的特色菜肴。

民间有许多关于沔阳三蒸的传说，赋予了其深厚的文化内涵，亦增添了些许的传奇色彩。

传说"沔阳三蒸"起源于元朝末年，陈友谅在沔阳领导农民起义时，大量起义军因饮食不佳而患消化道疾病。随军管理后勤的罗娘娘聪颖伶俐。她体察军情后，借鉴民间的蒸菜做法，将鱼、肉、蔬菜等裹上大米磨成的粉末加以蒸制，入口软糯，香甜可口。起义军改善了饮食后，士气大涨，屡战屡捷。

另有传说乾隆游江南时，品尝了"沔阳三蒸"后，赞叹其美味，使此烹饪技艺进入御膳房，还诞生了"珍珠丸子"

沔阳三蒸

等名贵菜肴。珍珠丸子是将肥瘦相间的猪肉和鱼肉配以佐料,揉捏成团,裹上粒粒分明的糯米,放置于笼屉中用水蒸气慢慢催化香味。蒸熟的丸子香甜软糯,外层的米粒颗颗饱满,晶莹剔透,宛若珍珠。据说"沔阳三蒸"声名远扬,武汉、北京等多地均开有"湖北三蒸菜馆"。东北军少帅张学良在大饱口福后拍案叫绝,情绪激昂之际在店门口题下对联"一尝有味三拍手,十里闻香九回头"。

如今物质生活丰富,沔阳三蒸的食材大大扩展,涵盖了畜禽、水产和蔬菜三大类食材,烹饪技法也愈发多样,包括清蒸、扣蒸、花样造型蒸、粉蒸等。沔阳三蒸散发着水乡生活的悠悠清香,于每一缕滚滚蒸汽中赓续传承。

陈友谅故居

元末之时,谁也未曾料想到,沔阳的一个渔家小儿,竟成为"大汉"政权的建立者,几乎埋葬了不可一世的元朝统治。

陈友谅出生于沔阳的一个渔民家庭,少时略通文墨、膂力过人,曾两度中榜进士,是

陈友谅故居

远近闻名的文武全才。他目睹元末民不聊生的社会状况,萌生了灭元兴汉的宏大志向,毅然决然地投奔起义军。运筹帷幄间,陈友谅逐渐确立起领袖地位,并成为长江以南最强的势力,成就了"三分天下陈有其二"的传奇人生。

然而,随着疆土愈广,势力愈强,陈友谅逐渐权欲熏心,于江州(今江西九江)称王,并设置王府官属。建立了大汉政权之后,他继续进行反元斗争的同时,率军与朱元璋领导的起义军激烈地争夺地盘。但因其生性多疑,且部下多为旧臣,军心涣散,终不敌朱元璋,在鏖战中被流矢所伤,命丧鄱阳湖。太尉张定边将其葬于蛇山之麓,"大汉陈友谅墓"坐北朝南,依山而建,茂林环绕,庄重肃穆。

陈友谅逝于鄱阳湖,亡于九江,葬于武汉,而他出生、成长的故乡则是沔阳。他的故居位于沔城回族镇南门,有一观十殿,气势磅礴,颇具规模。明朝初年,

沈友仁受明太祖朱元璋的指派，为消弭陈友谅在当地民间的影响力，将其改建为玄妙观。清代又因避康熙帝玄烨之讳，更名为元妙观。令人惋惜的是，1941年，元妙观毁于战火。

1984年，仙桃人民为纪念这位江汉英豪、荆楚枭雄，集资于原址重建陈友谅故居。院内共有四殿三亭，陈列有陈友谅石刻像、明清石刻碑、拴马石等。武汉大学李国平教授题写了"大汉陈友谅故居"，此匾悬挂于门楼上，门楼下方书有"元妙观"三字。建筑于14级台阶之上的大殿，层楼叠榭，飞檐重宇，雄伟壮观。院内的雷祖殿、观音殿等宫殿亦是各具特色。

2013年，沔街九十墩的陈友谅纪念馆正式开馆，对民众免费开放。馆舍为三层仿古建筑，一二层为展厅，三层为办公区。纪念馆汇集大量陈友谅的相关信息，分起义反元、逐鹿江南、推行屯田、历史记忆、后裔觅踪五个部分进行展览，还陈列有陈友谅雕塑、沔阳三蒸、激战安庆场景等，是了解一代枭雄的不二场所。

沔城

自南北朝始即为历代州、府、郡治所的沔城，荟萃了汉津古渡、洗马池等三国文化和普佛寺、玄妙观、东岳庙等宗教文化，武侯读书台与沔城藕更是别有一番妙趣。

武侯读书台寄寓了一段智者的爱情佳话。诸葛亮隐居隆中之时，关心政治动向，因此广交名士，常执经叩问。尤其与沔南名士黄承彦交往密切，诸葛亮常自隆中至沔城居住，短则三月，长则半载。黄承彦膝下仅有一女，相貌平平却颇有才学，尤擅制木器机械。据传说，诸葛亮一次于睡梦中惊闻黄小姐帮助乡亲拼接木牛，弹指间木牛竟摇头晃脑，如承仙气。诸葛亮择妻轻貌而重才，黄小姐的出众才学和好友黄承彦的主动提亲促成了这段姻缘。二人不久便成亲，婚后可谓琴瑟和鸣、举案齐眉，还一同撰写了《益州山水物座图》《三分天下图》。人们为纪念诸葛亮这个沔城女婿，在夫妻二人挑灯夜读的地方修筑了读书台，飞檐翘角，广植松柏。如今遗址尚存，一派阶柳庭花、古朴幽静之景。后主刘禅还令建武侯祠于沔城西门，规模宏大，遗憾的是这座武侯祠已于纷飞战火中损毁殆尽。

沔城藕诠释着"美食不可辜负"的人生态度。每至盛夏，沔城近千亩的莲池

沔城

满覆菡萏，香飘十里，圆叶轻举，碧绿连天。明代卢滋有诗云："湖水平桥近古城，红莲好花镜中明。亭亭不受污泥染，花与濂溪心共清。"池底深厚的淤泥孕育了声名远扬的沔城白藕，白藕生食甘脆可口，鲜嫩无渣；熟食粉糯鲜甜，余香满口。以沔城藕搭配猪肉或牛肉煨煮，其汤香醇可口，实为不容辜负的珍馐美馔。

观其历史，沔城是一座拥有千年历史的文化古城；察其现在，沔城是湖北省唯一的区级回族镇。明清时期，沔城原建有清真东寺和清真西寺。明洪武年间，清真东寺建于沔城七里城，建筑呈品字形，布局严谨，典雅雄浑。望月楼中悬梆鼓，击时掷地有声；朝真大殿飞檐翘脊、气势雄伟；院内遍植名贵花木，清新雅致。至清嘉庆年间，清真西寺建于红花堤，其建筑亦蔚为壮观，可与清真东寺相媲美。两寺皆藏有大量自唐宋以来的典籍、碑文，是伊斯兰文化的缩影，却终未能避免战乱的破坏而化为灰烬。

新中国成立后，在党和政府的帮助下，沔城的回族穆斯林再次拥有了简易的活动场所。1987年，沔城成为湖北省唯一的区级回族镇，后经多年筹划，重建了颇具规模的沔城清真寺。该寺不仅是穆斯林举行宗教活动、学习民族宗教知识的地点，亦为游人观览宗教文化提供了平台。

麦秆剪贴

麦田由绿渐黄，收获的喜悦来源于金灿灿的麦浪，而对于麦秆剪贴来说，金

麦秆剪贴画　　　　　　　　　　　　　　　麦秆剪贴画《清明上河图》

色的麦秆才是焦点。点草成金，执秆生画，一幅幅麦秆画记录着匠人的矢志研思，熨烙出荆楚大地的广博文化。

仙桃麦秆剪贴，又称"邓氏麦秆剪贴"，是以麦秆为主要原料，运用刻刀、烙铁、蜡盘、剪刀等工具，经"撕、剪、刻、抢"等特殊工艺，制成图画的一种剪贴艺术。2014年，仙桃麦秆剪贴被列入第四批国家级非物质文化遗产代表性项目名录。

仙桃麦秆剪贴的工艺繁复，共包含12道工序：选料、剪段、熏蒸、漂白、剖秆、刮平、贴块、绘图、刻像、熨烙、贴画、装裱。构图以刀痕烙印线条见长，兼具雕花剪纸、烙画、工笔国画、浮雕等诸多艺术表现手法，平面雕刻与半立体乃至立体工艺皆有，作品呈现清晰的层次、合理的透视和自然的光景，鸿篇巨制，高雅富丽。

麦秆剪贴的历史最早可追溯至明代中叶的麦秆团扇蕊剪贴，至清代发展为独立的特色工艺。邓氏麦秆画则大致形成于清同治年间。据《邓氏族谱记载》，沔阳举子邓绰堂进京殿试，候榜时盘缠将尽，只得取麦秆制画出售以维持生活，最终得以进士及第。他告老还乡后，在祖籍仙桃将研磨完美的麦秆剪贴技艺秘传于世，逐渐形成了适应当地民俗和审美习惯的邓氏麦秆画。

中国工艺美术大师邓友谱是邓氏麦秆剪贴的第六代传人，1990年他婉拒多方聘请，坚定地踏上了弘扬日渐式微的邓氏麦秆剪贴的苦旅。幸而天遂人愿，2018年邓友谱以一幅14米长、1.1米高的麦秆剪贴浮雕《清明上河图》和500幅麦秆画《鸟巢》《福娃》献礼奥运。如今，在邓友谱儿子邓小军的多渠道推介下，邓氏麦秆剪贴画逐渐被更多人知晓、喜爱、珍藏。

▌无纺布之乡

一次从天而降的意外成就了一城的工业，无纺布业的勃兴离不开仙桃人民敢作敢为、百折不挠的精神品质。位于武汉城市圈西翼的中心城市仙桃，2016年被中国纺织工业委员会授予"中国非织造布产业名城"的称号，被称为"无纺布之乡"。

"无纺布之乡"的美誉应从那似布而非布的无纺布说起。无纺布，又称非织造布，是炼制石油产生的副产品经高温熔融、喷丝、排列、黏合等工序制成的片状物、纤网或絮垫。因无须纺织却具有布的外观和某些性能而称为无纺布。它柔韧透气，价格低廉，可循环利用，加之能够广泛应用于隔音、隔热、口罩、服装、电热片、医用等行业，可谓为20世纪末难能可贵的替代纺织品。

仙桃市的非织造布产业经历了兴起、强盛、萎靡、崛起四个发展阶段。兴起是以20世纪90年代一笔意外订单为发端，仙桃人民的目光锚定了非织造布行业的广阔前景。强盛是禁塑令、医疗物质的大量需求催生的契机，仙桃的非织造布产业厚积薄发、乘势而上，稳稳立于时代发展的潮头。萎靡是循规蹈矩的非织造布行业产业体系缺环，研发能力不足，在外部竞争中陷入迷惘慌乱，不少企业提前冬眠。崛起是在政策牵引、市场反逼双重作用下的觉醒、突围和跃迁，积极开展科技联姻，大力推进转型升级，着力构建完善成熟的产业体系，打造品牌形象，逐步在国际上拥有了话语权、巩固了出口定价权。仙桃非织造布产业的发展史，是无数仙桃人民迎难而上、百折不挠的创业史、奋斗史。

▌仙桃雕花剪纸

刻刀流转之间，尊龙崇凤的荆风楚韵、鱼戏莲动的水乡风情、细致入微的历史人物跃然纸上。原是寻常的纸张，刀笔生花之际，竟变得灵动而有生气。

仙桃雕花剪纸，又称"沔阳雕花剪纸""花样子"，是由艺人用刻刀和白纸在蜡盘上雕刻出绣花纹样的手工艺术品，雕刻时一般可重叠一二十层白纸。所用工具多由自制，刻刀系闹钟发条和手术刀加工而来，白蜡则由置于小木圆盘中的

仙桃雕花剪纸

牛油、菜油、白蜡、杉树木灰及香炉灰的合成物构成。2008年被列入第二批国家级非物质文化遗产代表性项目名录扩展项目名录。2009年作为中国剪纸艺术的一部分被列入联合国教科文组织非物质文化遗产名录。

  沔阳越舟湖新石器文化遗址出土的石铲上的穿孔和陶器上的刻纹，可窥见剪纸镂空与雕刻工艺的肇始。唐时，李商隐作诗云："镂金做胜传荆俗，剪彩为人起晋风"。明末清初，《沔阳县志》载录沔阳剪纸已成风格，构图均匀、雕工纤细。《长埫口区志》中的相关记述亦是其悠久历史的见证。清朝中叶长埫口的杨保清雕花剪纸技艺超群，门徒遍及天（门）汉（川）沔（阳）三县，被推举为"天汉沔花样同业工会"会长。至1994年，成立"仙桃市剪纸学会"，出版了《沔阳雕花剪纸》《仙桃剪纸集锦》《仙桃雕花剪纸教程》等书籍。

  "沙湖沔阳州，十年九不收"，仙桃原名沔阳，自古为水乡泽国，人稠田寡且水患频繁，昔日民众多以串村过巷卖"花样子"维持生计。纹样多为"喜鹊登梅""龙凤呈祥""鹿鹤同春"等吉庆祥瑞图案，可做帽子、枕头、涎兜、帐帘等的刺绣纹样。乡民们在艰难困苦的日子里，借雕花剪纸这一民间艺术样式表达对美好生活的向往。

沔阳雕花剪纸有阳刻、阴刻、隐点隐现三种雕刻形式，构图繁茂完整，黑白虚实分明，刀法流利工整，破工精细严谨，点划秀美匀称，线条舒展圆润，图案丰满均衡，还吸收借鉴年画、国画、花鸟画、装饰画、书法的形式和方法，形神兼备、灵巧生动、清丽俊巧，是楚文化在民间装饰美术中的活态见证。寒来暑往，仙桃雕花剪纸融汇新鲜血液，不仅有原生态的"花样子"，还创新形成了单色剪纸、套色剪纸、填色剪纸、染色剪纸等丰富多彩的剪纸艺术形式。其中，中国民间工艺美术家陈由明与长埫口镇剪纸艺人杨长发合作制作的彩色剪纸作品《八仙图》，构图严谨，雕工精细，享誉中外。

孝感

桃花流水窅然去

"桃花流水窅然去，别有天地非人间。"李白漫游出蜀，寓居安陆，在此娶妻生子，以文会友，干谒求仕。孝感，南起江汉，北接中原，因董永"卖身葬父"、黄香"扇枕温衾"、孟宗"哭竹生笋"等一众"孝感动天"的孝行闻名于世。

"一剪之巧夺天工，美在人间永不朽！"孝感雕花剪纸这一荆楚大地民间艺术瑰宝融合南北艺术之精髓而自成一体，或"剪"或"雕"，映射出"民多俭朴，士喜学问"的民俗风情，镂刻下剪纸技艺历史车轮的印迹，荟萃了传承人踵事增华的匠心。

澴水自营盘山潺潺而至，带着革命先辈们运筹帷幄、纵横捭阖的往昔岁月和景致各异的风物卷轴汇入府河。褪去战争硝烟的大悟县遗留革命年代的青砖瓦屋，描画着往昔的峥嵘岁月，诉说着那波澜壮阔的铁血年代。"巾子峰头乌臼树，微霜未落已先红。"姹紫嫣红的乌桕林海与湖光山色、白墙黛瓦交织，一树一形，一步一景，勾勒出一幅幅风格迥异的金秋油画。罅隙间的青斑是流光的痕迹，墙壁上的污迹是岁月的斑驳，风韵犹存的古民居牵引着游人，在快节奏的时代拨慢游走的时针，远离喧嚣尘俗，享受一趟难得的时光逆旅。

府河自大洪山淙淙而出，裹挟着点彩水墨勾勒的诗仙名篇、讽刺幽默和千年简牍呈现的法治建构、平民日常汇入长江。"酒隐安陆，蹉跎十年。"白兆山因李白蹉跎于此而被文学的绮绣萦绕，山川风物

孝感

　　皆满载诗仙的飘逸风姿。点彩水墨勾勒出的简易漫画，阐释人生哲理，描绘地域风情，叙述人文历史，雅致中蕴含讽刺与幽默。2000年前辛劳半生写就的云梦睡虎地秦简，勾勒出繁密务实的法制建构图景；纷飞战火间代笔的"中华第一家书"，记录了秦时底层士兵的悲戚告白。"三尺生绡作戏台，全凭十指逞诙谐"，皮影戏艺人以十指拨弄光影，伴随着鼓乐之音，隔帐讲述四时景象、人生百态与世事变迁。

　　汉北河自王家岭泠泠而来，领略了膏都盐海的沁人心脾和方寸之间的慧心巧思汇入汉江。"地底烁朱火，沙旁歊素烟。"诗仙李白眷念雾笼云蒸的汤池温泉，留下脍炙人口的诗篇。"寇深日亟已无家，策马洪山踏日斜。"一批批进步青年经汤池训练班的淬炼，奔赴抗日前线渐成中流砥柱。堆山积海的原材料储量成就应城"膏都盐海"的美名；善书先生唇齿开合间勾勒波诡云谲；残碎陶片砌成的墙壁倾吐马口窑作为"中国民窑之首"的繁华往昔。

中华孝文化名城

天真烂漫的七仙女趴在云边,侧耳探听凡间的故事。汉代末年,山东人董永为躲避战乱,与父亲一同历尽艰难险阻翻越大别山,在江夏郡安陆县毛陈渡汤家老屋(今孝感市董永村)落脚。父子二人在王母湖边开荒耕田,勉强维持生计,却不想被疾病打破刚刚安稳的生活,不久父亲便撒手人寰。董永没有能力购买棺椁墓地埋葬父亲,只得将自己变卖给一家有钱人为奴,贷钱将父亲安葬。七仙女听闻始末,被董永的孝行感动,私下凡间与其成婚,帮他织锦还债赎身。天神王母娘娘知道了七仙女违反天条天规的罪行,将她遣回天庭,董永和七仙女不得不在绿槐树下挥泪分别。

人间现实和瑰丽想象共同创造的这一流传千载的董永故事,最早载于汉代刘向的《孝子传(图)》,后经三国曹植《灵芝篇》和东晋干宝《搜神记》的加工,情节逐渐完整。这一则民间传说与大众祈求长治久安和婚姻幸福的情感需求相契合,深受后世民众的喜爱。2006年,"董永传说"经湖北省孝感市申报成为国家级非物质文化遗产,其后陆续有山西省万荣县、江苏省东台市、河南省武陟县3个地区申报获批拓展项目,各地与董永孝子相关的民俗、遗迹与感天动地的孝文化是一笔珍贵的文化资源。

董永传说的发生地即是"孝感",孝感地区的许多风俗、文物、碑、村落、地名都无声地讲述着这一段美好的传说。孝感市内自市中心至双峰山景区串联起一条长达40千米的董永传说遗迹带。董永劳作起居的裴家巷、董家湖,七仙女织锦的仙女池、理丝桥,二人成婚别离的槐荫树、三岔路,明清年间修建的孝子墓、孝子祠……寄寓着后世对于董永的怀念与推崇。不仅如此,孝感地区的众多非物质文化

董永和七仙女

遗产皆是董永传说的载体，如楚剧《槐荫记》《百日缘》《天仙配》、善书《卖身葬父》、剪纸《槐荫记》、皮影《孝行感天》等。

董永传说在流传过程中因人们的附会演绎而渐趋丰满，各地的版本亦各具地方特色。董永为何许人尚无定论，但这一民间文学故事在孝感的流播，令"孝"文化浸润了世代孝感人民，涌现了一批以孝闻名的人物。孟宗、黄香作为其中翘楚，二人的身世与事迹皆有案可稽，均被收录进《二十四孝》。他们的故事广为流传，他们的踪迹被世代追寻。

孟宗哭竹生笋

黄香"扇枕温衾"的故事妇孺皆知，江夏安陆（今孝感云梦）是其故里。黄香9岁丧母，因忧郁伤心而面容枯槁，被乡亲们赞誉为"至孝"。日常生活中他对父亲体贴入微，夏季执扇为凉席降温，冬季亲身暖和被褥。琐碎微小的日常行为，见证了黄香的孝心。江夏太守刘户得知后，举荐他为孝廉，后官拜尚书令、魏郡太守，黄香的言传身教造就了名扬天下的安陆黄氏家族。为纪念黄香孝行，云梦县义堂镇修建了黄香文化园，由黄香文化馆、黄香墓、黄氏宗祠、孝廉馆四个部分组成，是一个集汉代建筑精华与古典园林景观于一体的大型复古建筑群。

孟宗因"哭竹生笋"的故事名垂后世，江夏䣕县（今孝感孝昌）是其故里。东汉时，孟宗幼年丧父，与母亲相依为命。母亲年迈生病时称想要喝笋汤，孟宗立刻收拾工具前往山间。他不顾山涧湍流、小径陡滑，奔至竹林静心观望才发现时值凛冬，白雪覆盖的竹林哪里会有竹笋呢？想着无笋可挖，又念及与母亲二人贫苦的生活，孟宗不禁放声痛哭。突然，土地涌动，竟裂开一条缝隙钻出几棵嫩笋来。孟宗赶紧抹掉眼泪，挖去竹笋带回家中，母亲食后多年的顽疾竟痊愈了。孟宗也因其行被举为孝廉，后官至司空，他的故事也经世人反复演绎发展成"母贤子孝""南阳求学""为令兴吴""庐墓三年"等系列孝行故事。如今，在孝昌境内，孟宗墓傲然屹立于葱茏草木间，孟宗雕像巍然耸立于红梅寒树中，成为孝文化的标识。

孝感雕花剪纸

郭沫若先生曾题写过一首诗："曾见北国之窗花，其味天真而浑厚；今见南方之刻纸，玲珑剔透得未有；一剪之巧夺天工，美在人间永不朽！"称赞由源远流长的孝文化滋养、孕育、繁衍出的孝感雕花剪纸这一荆楚大地的民间艺术瑰宝。

孝感雕花剪纸融合南北艺术之精髓而自成一体，或"剪"或"雕"，多使用染色宣纸，质地、颜色则依据创作者的需要而有所差异。它植根社会，取材民间，题材广泛，内容朴实，表现手法奇特，各种流派和风格迥异的作品争奇斗艳，映射出"民多俭朴，士喜学问"的民俗风情，堪称珍贵的民间艺术宝库。剪纸作品图外有形，形中有景，构图均衡，疏密有致，形神兼备，线条圆润，刀法流利，主题鲜明，清新活泼，古朴典雅，具有独特的美学价值和艺术价值。

孝感地区的雕花剪纸以其"雕"法最负盛名，"破刀"这一独门刀法，精妙入微，挺拔有力，工而不腻，纤而不繁。此技法要求"握刀要正，下刀要顺，行刀要匀，开片要严"，从而达到"运刀胜笔"、连而不断、断而不连的艺术效果。

孝感雕花剪纸镂刻下剪纸技艺历史车轮的印迹。云梦睡虎地出土的秦汉漆器上，有银铂镂刻的花纹图案，可见孝感剪纸艺术早在秦汉时期已初现端倪。西晋时期，正月初七被定为"人日"，人日剪纸成为习俗。南朝梁宗懔著《荆楚岁时记》有云："正月初七为人，以七种菜为羹，剪彩为人，或镂金为人，以贴屏风，亦戴之头鬓。"至明代，剪纸艺术渐趋成熟。清代有所发展，出现了小刀镂刻这一新方式。1952年"孝感县雕花剪纸艺人协会"和"孝感县雕花剪纸研究会"先后成立，孝感民间创作的高质量作品被选送到欧亚十多个国家展览展销。

孝感雕花剪纸荟萃了传承人的匠心。醉心于雕剪艺术研究的池福新屡屡斩获大奖，专门从事丧葬剪纸的管俊高作品远销海外，技艺娴熟的家传艺人张秋屏随心出样，堪称"神手"。在集约化生产不断压缩个体手工劳动者生存空间的今天，一代代从艺者潜心钻研技艺，融汇时代风情，为雕花剪纸技艺摆脱青黄不接、后继乏人、濒临失传的困境贡献了宝贵力量。

新五师司令部旧址与中原军区旧址

战争的硝烟已经褪去，宁静祥和的大悟县皓月当空，月色从田间曲径、青砖瓦屋、苍松翠柏中悠然洒落，李先念等老一辈革命者运筹帷幄、纵横捭阖的往昔岁月似在昨日。

白果树湾曾是抗日战争时期新四军第五师的师政中心，宣化店曾是解放战争时期中原军区司令部所在地，两处全国重点文物保护单位，标示着它们在战争年代独特的地位。

名不见经传的白果树湾缘何成为新四军第五师师政机关的驻地？一是因为此地峰回路转之，一夫当关、万夫莫开，可谓是天然的防御屏障，对开展游击、歼灭敌人大有裨益。二是因为早在1939年，李先念就曾率新四军豫鄂独立游击大队驻扎于此，已经打下了坚实的群众基础。而且新四军第五师的将领大多生于此、长于此，对当地的风土人情深谙于心。多方考量之下，白果树湾是新四军第五师师政中心的最佳选择。

初来之时，新四军第五师即设置了秘书处、情报处、作战处、参谋处、军需处、医务处、经济处、管理处等"八大处"，不仅是新四军第五师军事行动的指挥中心，还兼顾豫鄂边区的发展，可谓是"麻雀虽小，五脏俱全"。在新四军第五师帮助下，这里成立了银行、医院、学校、毛巾厂、印刷厂……改善了豫鄂边区的经济问题。不仅如此，第五师还组织当地群众如火如荼地开展大生产运动，成果丰硕，修筑的"千塘百坝"时至今日仍可使用，

新四军五师司令部旧址

造福了一方百姓。抗战期间，新四军第五师先后对日作战1200余次，抗击日军15万、伪军8万，消灭日伪军4万多人。到1945年这支部队已经发展至5万正规军、30万民兵武装，紧紧拖住了侵华日军集结在武汉的六成兵力，有力地支持了友军作战。他们孤悬敌后，独立作战，在中国人民抗日战争中立下了不朽功勋。

日本侵略者被逐出中国大地后，中原解放区在党中央的指示下迅速发展成为全国六大解放区之一，据险地而扼要冲，阻碍了蒋介石抢夺胜利果实，被视作"眼中钉"。蒋介石企图以铁壁合围的战略，一举歼灭中原军区部队。1946年停战令下达后，国民党军依旧不依不饶地持续进攻与蚕食，中原军区的战略活动空间逐渐被压缩至以宣化店为中心"方圆百里"的狭窄区域内。同年6月21日，30余万优势装备的国民党军队重兵压境，而中原军区仅有劣势装备的5万兵力，处境极其险恶，武装突围有如箭在弦上，不得不发！经过商议，李先念立即致电请示中央，23日毛泽东以中央名义回电称："所见甚是，同意立即突围，愈快愈好，不要有任何顾虑，生存第一，胜利第一。今后行动，一切由你们自己决定，不要请示，免延误时机。望团结战斗，预祝你们胜利。"

然而，如何在国民党军队长期围困、美蒋代表密切跟踪的情况下使5万人马神不知鬼不觉地突围？李先念协同王树声、张体学一起在中原军区上演了一出惊心动魄的"空城计"。

皮定均率领的一旅以马拖树枝扬尘，营造出千军万马向东紧急撤离的假象，这一绝妙的佯行，果然引诱了大批国民党军在东面集结。26日拂晓，一旅3个团与国民党军在泼陂河、白雀园一带展开殊死搏斗。而此时的宣化店表面上一如往日，秩序井然，实则早已暗流涌动。26日晚，李先念与王震指挥军区直属机关进行隐蔽集结，踏着军区礼堂宴请美蒋代表的锣鼓声，中原军区主力借着"演习"的名义向西突围。李先念等师领导也于当日午夜率领中原局、中原军区机关和警卫机关，悄无声息地撤离了宣化店。经过一旅连续三天的奋勇阻击，我军主力越过平汉铁路的封锁线向西挺进。随着中原军区顺利完成战略转移，解放战争的大幕缓缓拉开。

如今，散布于孝感市大悟县境内的红色资源被唤醒，星罗棋布的革命旧（遗）址被发现和修缮，成为全国热门的党史学习教育"打卡地"。白果树湾镇的新四军第五师司令部旧址占地100平方米，房屋为砖木结构，外间是正厅，中央有一天井，上房为司令部办公室，下房为会客厅。天井后部为任质斌同志宿舍、李先念休息室、办公室和警卫人员宿舍。其北部还建有纪念馆，陈列了大量抗战时期的图片、说明和文物。宣化店镇的中原军区旧址群由中原突围史陈列馆、中原军区旧址、国防教育园、纪念广场等组成。其中，中原突围纪念馆分序厅、战略坚持、中原突围、敌后烽火、外线转战、战略进攻、精神永存和尾厅8个部分，再现了中原军区部队的革命历程，系统展示了中原突围战役的历史贡献，揭示了中原突围的重要意义。

回望那段决定中国命运的战争传奇，无数先烈在世界反法西斯斗争史中熠熠生辉，大悟境内的新五师司令部旧址和中原军区旧址见证了各方代表的迎来送往，如今保存旧貌安立原址，投射着往昔的峥嵘岁月，诉说着那波澜壮阔的铁血年代，激励着一代代人奋勇向前。

大悟红叶与十八潭

每至霜降过后，秋意渐染林海，五彩斑斓的乌桕树叶与湖光山色、白墙黛瓦交织，一树一形，一步一景，宛若一幅幅色彩绚丽、风格迥异的金秋油画。大悟县境内遍布乌桕树，多达450万株，是全国闻名的"乌桕之乡"。

云烟缭绕间，秋日暖阳惬意地透过红叶，点点光斑翩跹起舞。万千草木争

大悟红叶

绿意，绮艳冷丽的乌桕傲立其间，却是一番"微霜未落已先红"的独特景象。漫山遍野的乌桕树呈现出深红、橙红、赭红等多种色彩，远看万山红遍，层林尽染，美不胜收；近看千姿百态，娇艳欲滴，婀娜多姿。

乌桕树身姿曲折婀娜、躯干古朴苍劲、果粒洁白密集、红叶纷繁耀眼，缀合绿水青山、阡陌梯田、农家小院，景致相异而各有千秋。夏店片区的乌桕倒映在静谧无波的梯田水面，定格红叶胜景的浮光掠影。在四姑片区，你可纵情驰骋于蜿蜒起伏、高低错落的卡丁车赛道间，遥瞻五彩斑斓的乌桕林海漫溢天际。新城片区的乌桕树点缀在荆风楚韵的青砖黑瓦间，弹奏出一曲田园牧歌的悠扬旋律。彭店片区的乌桕缘湖而生，营造出烟波浩渺、闲远雅致的诗韵画境。

金秋好时节，大悟赏红叶。漫步姹紫嫣红的乌桕林海，游客可在一呼一吸间，忘却俗世浮华，遁入一草一木编织而成的世界。

而毗邻信阳市鸡公山的十八潭景区，原生态的深山峡谷景色堪称现实版"绿野仙踪"，寻幽探胜间，景幽意闲，安之若素。

大悟十八潭，位于孝感市大悟县三里城镇护岭村，得名于悟峰山白马潭、黑龙潭、虎啸潭、响水潭、弥勒潭等18个形态各异的深潭。潭水或飞溅而下，肆意倾泻；或积流成渊，波澜迭起；或舒缓平坦，流水潺潺，真可谓"青山无墨千年画，流水无弦万古琴"。山涧沁出涓涓小溪，沿溪而行，动人心弦的瀑布、参差披拂的古树、清耳悦心的林涛、鬼斧神工的奇石、变幻莫测的云海奇观，尽收眼底。飞架于深山峡谷之间的玻璃桥，宛若天宫仙人悬空而立，鸟瞰万斛飞泉苍峡奔雷，守云开，绕石径，俯察绝涧危峰幽谷天围，连腔峒，叠翠微。

十八潭

古民居

罅隙间的青斑是流水的痕迹，墙壁上的污迹是岁月的斑驳，古老的村落牵引着游人，在快节奏的时代拨慢游走的时针，远离喧嚣尘俗，享受一趟难得的时光逆旅。

大悟双桥古镇依山傍水，古巷两旁墙壁上泥砖的排列组合清晰可辨，崎岖不平的青石小路令游人步履之间拥有更真切的触感。古木古窗，石柱石墩，筒瓦青墙，条石院落，已逾百年却风韵犹存。

双桥古镇始建于清代，因南北两端澴水上各有一座单孔石桥而得名，主街道全长240米，宽4米，自主街向澴水河畔延伸出三条支巷，长约35米，宽约2米，用以防火、分户，由此形成了"一街三巷"的格局。古镇的中心是一座具有巴洛克风格的基督教堂，被当地人称为"洋房子"。每至农历双日（初一、十五两天），方圆20里的居民们因习俗缘小巷形成简易的小集市，售卖瓜果蔬菜，自给自足，安适惬意。此外，大悟双桥镇不仅仅是一座古香古色的百年古镇，更是"红四军双桥镇大捷"的发生地，流淌着振奋人心的红色记忆。

藏匿于深山的八字沟古民居位于大悟县宣化店镇铁店村，建于清光绪十五年（1889年），为五排古式建筑房屋。前四排的样式规模皆相同，后排两边各建有一座炮楼，内设有土炮。屋前有一方形门场，紧挨着一半月形水塘。其遵循"四水归堂，八柱落脚"的原则建造，墙上、门楼上皆雕刻有人物、鸟兽、花草等图案，雕梁画栋，精美绝伦。门楼与门楼间对称讲究，错落有致，以今时之眼光审视其布局结构，亦是科学合理。据传，该防御性民居聚落为华氏族人修建，成为族人在动荡年代的庇护所。

明清时期的孝昌小河商贾云集，店铺林立，是鄂东北地区的商贸中心，素有"小汉口"的美誉。由古朴的红山大桥进入，三三两两的年长者在房前或聊天，或择菜，或小憩，一派岁月静好。古街两旁的双层明清风格建筑，以泥砖、条石、木材建造，一层为基石，二层为阁楼，两层以狭窄的木梯相连，这样别具一格的设计是居民们为扩大使用空间而生发的巧思。楼与楼之间同山共脊，彼此相连，

大悟双桥古镇

一损俱损。也许正是因为相互牵制，长 1600 米的古街原貌才得以保存至今，成为湖北省内保存最为完整的明清古街。

除此之外，青砖黑瓦的九房沟古寨堡、古柏掩映的小悟项庙村……亦是古香古色，风韵犹存。漫步在这一座座历经千年风霜的古民居间，眼前的光影随着太阳的轨迹悄然改变，时间仿佛也放慢了脚步。它们犹如一首首意蕴丰富的古诗，每一个缥缈破碎的意象，都潜藏着不为人知的故事。

观音湖与双峰山

水因山而绿，山缘湖而青，乘舟穿行在观音湖的层峦叠嶂之间，微风皱起的层层涟漪，与日光相拥漾起粼粼波光。每每似到水穷处，循山绕水却又是另一番天地，坠入碧绿澄澈的潭水之中随行舟摇晃。

观音湖位于孝昌县小悟乡，实际是一座人工水库。湖光山色、云卷云舒、奇峰竞秀、渔舟唱晚，是孝感市的璀璨明珠。

云隙间迸射的霞光，宛若大自然的神秘面纱，笼罩着若隐若现的群山碧水。湖岸犬牙交错，漫步其间，景致各不相同。山水一色的观音湖不仅风光旖旎，还积淀着丰厚的文化底蕴。环湖的小悟山是历史悠久的佛教圣地，可领悟博大精深的佛教文化；亦是现代史上闻名遐迩的鄂豫皖革命根据地，景区内的抗日军政大学第十分校、新四军党校、兵币厂、被服厂、刘震将军故居、刘震将军墓等旧址，诉说着不朽的英雄史诗，铭刻着往昔的峥嵘岁月。

观音湖

观音湖之名源于古老神秘的神话传说。相传远古之时，此地山秀林茂，百花争春，鱼翔浅底，鸟鸣溪涧。神秘莫测的崖洞间竟生出狮、龙、象、蛇、龟、鹊、猴、狐等 8 种精怪作恶人间。它们吞食人畜，所到之处生灵涂炭。当地百姓不堪其扰，请观音下界降伏八精，才恢复了原来的祥和景象。后人感念观音之恩，在一片大岩石上修建了观音庙，因而此地初称为"观音岩"。1965年因在观音岩修筑大坝，流水积蓄形成九岛十八汊的观音岩水库，也称观音湖。

孝昌境内还有一座奇峰幽谷、泉水淙淙的森林公园，亦是得名于婉丽美好的民间传说。董永与七仙女坚贞不渝的爱情历经百年传颂不绝，二人生离的切肤之痛亦引得世代人民悲戚惋惜，寄寓为"在天愿作比翼鸟，在地愿为连理枝"的瑰丽想象和美好愿景。民间流传，董永、七仙女二人"仙化"成为双峰山，终以峰之形长相厮守。双峰山位于大别山南麓，森林公园内怪石林立、千岩竞秀、草木繁茂，古时被称为"仙源"，现以鄂东北景点最多、面积最大的国家森林公园之名享誉中原。

寻古，有唐代起义领袖黄巢屯兵打仗的白云古寨；探幽，有深不可测的天然溶洞——青龙洞；览胜，有清代乾隆皇帝亲笔御赐的"天下第一泉"……双峰托日、峡谷探幽、回龙晨钟、书院听琴、凉亭看花、林海听涛、白云晓月、农家社火、古寨烽烟、达海洞天、万兽朝圣、沧海泛舟12个景区各得其宜又交相辉映，宛若人间仙境。清香的云雾绿茶，野生的名贵药材，大山的馈赠滋养着人民的繁衍生息；古今交叠，虚实相生，胜景名迹于无声处见证着历史的更迭。

▌李白酒隐安陆

"天生我材必有用"的非凡自信，"安能摧眉折腰事权贵"的孤傲人格，"千金散尽还复来"的洒脱气度，是李白其人的徽记。发兴无端的瑰丽想象，浩瀚诡谲的壮观奇景，自然天成的明丽意境，是李白其诗的标识。李白的魅力，即是盛唐的魅力！李白的诗作赋予了荆楚山川风物永恒的文化魅力，而钟灵毓秀的荆楚大地亦滋养了他的艺术生命。

25岁的李白漫游出蜀，仗剑天涯。他畅游洞庭、庐山、金陵、云梦、襄阳等地，遍览四时之景，看尽世间繁华。至开元十五年（727年），在士族观念仍旧相当浓厚的唐代，或许是士族谱系混乱无序和相府家道中落，为李白与已故宰相许圉师的孙女成婚提供了契机。

27岁尚无声望的李白以布衣与客籍之士的身份与安陆许府成姻，从此寓居安陆（今湖北安陆市）。结合当世时家大族开门招婿而"夫随妻居"的习俗，李白成为赘婿，寄室妻家。在寓居安陆的十多年里，李白大多时间皆是游历在外，妻家则为李白的漫游提供物质保障。然而，李白先后闯李长史、求裴长史、颂韩朝宗，诗文异彩纷呈，却终未成就其仕途。开元二十七年（739年），许氏尚未等到丈夫功成名就便因病去世，李白无所依傍，移居东鲁。李白再回忆起安陆的光景，只道："酒隐安陆，蹉跎十年。"

李白在安陆时的家庭生活如何？文献未有记载。但如"闺情"诗中所述："月寒江清夜沉沉，美人一笑千黄金。垂罗舞縠扬哀音，郢中白雪且莫吟，子夜吴歌动君心。动君心，冀君赏。愿作天池双鸳鸯，一朝飞去青云。"李白与许氏应是一对璧人，早年的婚姻生活亦是颇具浪漫色彩。以至于许氏病故后，李白多作悼亡之词，抒发刻骨思念之痛。

"山不在高，有仙则名。"白兆山因李白蹉跎于此而被文学的绮绣萦绕。老干虬枝的古银杏，四时不涸的洗笔池，娟娟不竭的白云泉，浮岚暖翠的笔架峰……满载诗仙的飘逸风姿。李白有诗《山中问答》云："问余何意栖碧山，笑而不答心自闲。桃花流水窅然去，别有天地非人间。"其中所吟之"碧山"即为今日之白兆山，位于安陆市西北，是李白抚平少年盛气的闲逸之处。白兆山不仅是李白娶妻生子之所，亦是以文会友、干谒求仕之地，留下了李白读书台、太白堂、白兆寺、太白林等18处遗址遗迹。历来文人墨客对此心驰神往，希冀追寻天才诗人的踪迹。

如今，白兆山李白文化旅游区崖壑幽深、层峦叠嶂、怪石嶙峋。园区内无论身处何地，抬头仰望，皆可见全国最高的花岗岩李白像傲然挺立于群山之巅。东坡的李白纪念馆飞檐斗拱，肃穆沉郁，以"一代诗仙，永远的李白"为主题，运用图片、文物、场景、多媒体互动等多种形式，陈列"盛世李白""安陆李白""魅力李白"三大主题。白兆山下，古香古色的诗仙小镇亦是旅游度假的诗意栖居地。

安陆水墨漫画

点彩水墨勾勒出的简易漫画，雅致中蕴涵讽刺与幽默，在中国漫画界独树一帜。安陆是众多水墨漫画爱好者的汇聚地，是《人民日报》《讽刺与幽默》唯一的水墨漫画创作基地，还是多届"全国水墨漫画理论研讨会"的召开地，被文化和旅游部六次命名为"中国民间文化（水墨漫画）艺术之乡"。

一次打破常规的约稿，开启了安陆水墨漫画的发展壮大史。1987年底，刚刚建市的安陆在筹备"首届安陆漫画作品展"时，向漫画大家、《人民日报》文艺部副主任、《讽刺与幽默》主编英韬发送了约稿请求，竟破天荒地收到了一幅漫画作品《清一色》。1989年，刚成立的"安陆漫画学会"再次邀约，虽未收到漫画作品，却迎来了英韬先生。漫画大家英韬吸引了安陆小城众多的漫画爱好者，极大地鼓舞了这群初出茅庐的漫画小匠。

日来月往，安陆市不仅是水墨漫画的创作地，更成为水墨漫画的理论深化地。安陆分别于2009年、2012年承办了两届"全国水墨漫画理论研讨会"，并在2017年第四届研讨会时将历届研讨成果结集出版，收入中国美术家协会文献资料库。不仅如此，在一次次研讨中，水墨漫画的发展理路逐渐清晰。

水墨漫画取材于生活，蕴含着漫画家对于生活的个人感悟，融合漫画的构思与传统笔墨的运用，营造了一种幽默与诗意并存的意境。在1995年伊朗德黑兰举办的第二届国际漫画大赛上，安陆水墨漫画代表人物张文斌的作品《无题》，与其他众多参赛者将主题"书"与"自由"各自为画的形式不同，以"漫"的构思方式将两个主题巧妙地串联起来。森严的围墙之内，犯人们不约而同地望向监狱长翻阅的时间巨书。时间具象化为日历的形式与主题"书"相融合，于牢狱之中的犯人而言，这本时间巨书中的每一页，都象征着被禁锢的时间，而监狱长"翻页"这一动作代表的时间流逝，寄托着他们对自由的渴望与向往，

安陆水墨漫画

形式简洁、幽默诙谐而意蕴深远。

"有一个用水墨展示漫画的地方叫安陆"，水墨漫画已然成为安陆市的文化名片之一。以水墨漫画阐释人生哲理，描绘地域风情，叙述人文历史，水墨流转间，不仅吸引了大批游客参观，亦激发了更多人进行水墨漫画创作。

云梦睡虎地秦简

云梦睡虎地秦简在传世文献的罅隙间，勾勒出囊括政治、法律、经济、文化、医学等多方面的秦时生活图景。它作为我国迄今发现年代最早、内容最完整的法典享誉中外。它出土于孝感市云梦县，是湖北省博物馆的"镇馆之宝"，被列为新中国成立50周年全国十大考古发现之一。

1975年11月，正忙于修建排水渠的村民张泽栋一锄头下去，新开的渠道中竟出现了一段青黑色的泥土。他敏锐地发现了这与两年前云梦大坟头古墓的泥土相同，便急忙上报了县文化馆。由此，发掘云梦睡虎地秦简的序幕揭开了。省博物馆的考古工作者从古墓葬中发掘了竹简1155枚，这是我国首次发现的秦代竹简，著名历史学家李学勤参与确定了竹简的基本内容。

云梦秦简竹简长23.1～27.8厘米，宽0.5～0.8厘米。简文近似小篆秦隶墨书，内容主要分为《秦律十八种》《效律》《秦律杂抄》《法律答问》《封诊式》《编年记》《语书》《为吏之道》和甲乙两种《日书》十部分。其中，《编年记》可视为墓主人喜的个人自传。喜，南郡安陆（今湖北云梦）人，生于秦昭王四十五年（公元前262年），历任掾史、安陆御史、安陆令史、鄢县令史、鄢县狱掾，还曾随军外出作战。所记之事明确了云梦秦简的撰写时间，应为战国末期至秦始皇时期，即秦国统一六国的阶段。

云梦秦简中的法律文书填补了传世文献中秦朝法律的空白，可谓耳目一新。以往的古典文献中，秦朝法律仅有一些不成体系的片段，无法了解全貌，而云梦秦简中一半以上的内容皆关于法律，对于法律史、秦文化的研究可谓"具有划时代的意义"。

《秦律十八种·田律》是古代最早、最完整的生态保护法规。先秦时期生态保护意识已然在《逸周书·大聚》《礼记·月令》《荀子·王制》等文献中出现，而《田律》则是最早将这一行为和理念通过强制性的法律加以规定。春时不能砍伐树木，不可堵塞河道。若因逝世需要伐木制作棺椁的，则不受季节限制。七月前，不可烧草萃肥，不得捕捉幼兽、鸟蛋和幼鸟，不能采摘刚发芽的植物……何时何事不可为，何种情况如何处理，细枝末节处皆有涉及，详尽入微令人称奇。

《为吏之道》是我国目前所知最早的官箴和宦学道德教材。融会法家、道家、儒家、墨家等诸家的政治思想，对官吏职能权力的行使与自身的道德修养皆有具体的规范和要求，以作为国家行政管理的外在权威的代表，为普通老百姓树立道德模范。不仅如此，就文学成就而言，《为吏之道》的出土，使原为传世孤品的《荀子·成相》不再形孤影只。《为吏之道》格律讲究，韵脚细密，堪称同时期出土简牍韵文中的佳作。

秦国是怎样"重农抑商"的？云梦秦简亦有涉及。其中的"农本"思想体现在以法律保障和监督农业生产的各个环节上。以生产资料为例，耕牛作为自然经济社会先进的生产资料，繁殖和饲养皆受法律保护。若十头成年母牛中有六头不产子，饲养的啬夫与佐则要分别被罚没一个盾牌的钱；耕牛腰围每减瘦一寸便要笞打主事者十下；辖域内的耕牛数量锐减的，吏、徒、令、丞皆有罪。铁器是鼓励农民发展农业生产的另一方式。在铁制农具尚未普及的时代，秦国官府以宽厚的态度鼓励百姓借用，若因农具本身之破旧而损坏的，也只须交予书面报告而无须赔偿。耕牛和铁器这两类重要生产资料的保障，配合劳动力、水利设施的保障，助力秦国一跃成为战国时期最为富庶的诸侯国。

云梦秦简不仅包含直接摘录的秦律，为后人提供直观的感受，而且载有解释律文的《法律答问》，如一个个案例小故事，详细注解了两千年前的秦代法律。其中有载："甲乙雅不相智（知），甲往盗丙，觅（才）到，乙亦往盗丙，与甲言，即各盗，其臧（赃）直（值）各四百，已去而偕得。其前谋，当并臧（赃）以论；不谋，各坐臧（赃）。"意思是说："甲乙二人本不相识，甲前往丙处盗窃，乙紧随其后也到丙处盗窃。两人有过短暂的交流后便分别盗窃，赃物各值四百钱，且在离开丙处后同时被拿获。若两人交谈时提前合谋了，赃物应合并论处；若没有则各自依赃数论罪。"与秦律条文不同，《法律答问》所书多设置当事人和犯罪情境，与现今法学教材中的案例并无二致。

以秦隶书写的千枚竹简，抄录年代早于李斯以小篆统一六国文字前，可谓石破天惊。历代书法界大多认为隶书应为汉隶，秦以前尚没有隶书，即使已有，秦隶也应为《秦诏版》的专利。然而，云梦睡虎地秦简中的简文，用笔圆润，随意赋形，极具俊雅之气，为篆书与隶书之间的过渡性书体，使这一众口同声的观点不攻自破。

2000年前，云梦县的基层官吏就着微弱的灯光，在窄窄的竹简上抄录秦律。可以想见，正是众多如喜大人一般兢兢业业的小人物，共同铸就了帝国崛起的宏伟大业。而喜大人辛劳半生写出的云梦睡虎地秦简，不仅仅功在当世，其影响力更是延绵至两千年后，仿佛在不可逾越的时间之墙上凿开了一个小洞，使今人得以真切地窥见秦朝的法治运作！

中华第一家书与中华第一长文觚

1975年，两件木牍出土于云梦县睡虎地11号秦墓，共计527字，是兄弟"惊"和"黑夫"两人寄至故乡的两份家书，静静地呈放在哥哥"衷"的棺椁中。

其中一件木牍长23.4厘米、宽3.7厘米、厚0.25厘米，保存完好。信中汇报战争近况，热切地对亲友嘘寒问暖，询问授予爵位的文书是否送到……语言简洁沉静，字里行间蕴藏着对远方家人的思念和牵挂。

另一件木牍长16厘米、宽2.8厘米、厚0.3厘米，略有残缺。正面书有秦隶五行："惊敢大心问衷，母得毋恙也？家室外内同……以衷，母力毋恙也？与从军，与黑夫居，皆毋恙也……钱衣，愿母幸遣钱五六百，布谨善者毋下二丈五尺。……用垣柏钱矣，室弗遗，即死矣。急急急。惊多问新负，妴皆得毋恙也？新负勉力视瞻两老……"

背面亦书秦隶五行："惊远家故，衷教诏妴，令毋敢远就若取新，衷令……闻新地城多空不实者，且令故民有为不如令者实……为惊祠祀，若大发毁，以惊居反城中故。惊敢大心问姑秭，姑产得毋恙……新地入盗，衷唯毋方行新地，急急急。"

信中提及："母亲的身体还好吗？我与黑夫安好，只是因快要投入淮阳之战，希望母亲赶紧寄些夏衣和钱财，否则可能无法活命。姑姊等亲朋好友还好吗？"2000多年前的"惊"在写下这封家书时，应会思念故乡的田野山涧、慈母柔妻、总角之好……

战事吃紧，后勤供给告急，寄送第二封家书的兄弟二人已没有更多的耐心与精力关心家中亲友，六个"急"字裹挟着战乱现场连天的烽火和将士们直面死亡的惶恐与无措。战乱年代，家书如一根缥缈的线，牵起了各在天一涯的家人。母亲或许已经潸然泪下，只能将木牍摁进怀中，空空地望着小儿离别的方向。留守家中照顾的哥哥"衷"或许只能垂头叹气，祈望弟弟们平安归来。

据考证，这两封家书的书写年代应在战国末期，秦楚之间的淮阳之战期间，家书上朴素散淡的秦隶应为他人代笔。这是我国迄今发现的最早的家书。这两件木牍现陈列在湖北省博物馆的《书写历史——战国秦汉简牍》展厅内，哀叹着2000多年前战乱年代人民的悲苦生活。而在那个年代，这两封家书如何跨越连绵战火和山川湖海，传送到故乡亲人手中？这封家书之后回信如何？兄弟二人是否凯旋？都成为无从窥探的谜题。

2021年，云梦县楚王城城址东南郊的郑家湖墓地出土了同处战国末期的简牍，其中的一块木觚长33.6厘米、宽3.6厘米、厚1.7厘米，作为迄今发现时代最早、文字最长的木觚享誉中外，是名副其实的"中华第一长文觚"，2021年被公布为全国十大考古新发现。

觚，是简牍中的一种，通常为呈三面的多棱体，而郑家湖墓地出土的长文觚的形制则是其中特例，是由一截圆木纵剖，将弧面削成7个约0.6厘米的棱面制作而成。木觚周身书有秦隶约700字，书法为篆隶交融，收放有度，质朴自然。全文首尾连贯，讲述了战国后期一位东方谋士"筴"劝说秦王寝兵立义的故事，

中华第一长文觚

劝谏秦王满足于"地广、兵强、人众、物丰"的现状，止兵以使民众安居乐业。其体例、文风与《战国策》《战国纵横家书》相似，且内容不见于传世记载，对探究春秋战国之际的历史事实具有重要意义。

云梦皮影戏

刀尖与牛皮的碰撞，光束与皮影的邂逅，皮影戏艺人以十指拨弄光影，伴随着鼓乐之音，隔帐讲述四时景象、人生百态与世事变迁。云梦皮影戏是用皮、纸、塑料片等材料雕刻成人物、动物、景物的侧影，并用灯光映射在纱幕上由艺人操作、说唱的一种民间艺术形式。2011年被列入国家级非物质文化遗产名录。

云梦皮影戏的历史可追溯至清中叶，迄今已有200余年。最初，云梦皮影戏的戏班大多由4~5人组成，一人于前台演唱、操纵皮影，其他人则在后台负责锣鼓梆和起、落腔，被称为"号子合唱"。清代末期为适应茶坊坐馆表演的需要，演变成两人表演，是"二人班""一肩担"的艺术。前台操纵皮影、演唱曲调，后台击乐伴奏，这样的表演阵容被称为"戏剧轻骑"，并延续至今。

云梦皮影戏以说史见长，往往将流传民间的传说与故事编写成书，由艺人演唱。一般以长篇书目为主，故事绘影绘声，情节跌宕起伏，一本戏曲甚至可以连续演上两个多月，《杨家将》《包公案》《三国演义》《西游记》等都是远近闻名的作品。旧时云梦皮影戏的演出活动多配合民俗节日，如每年7月演"盂兰会""歇伏戏"，10月后演"平

云梦皮影戏

安戏""谢土戏",春节期间则演灯戏,时令不同,演唱的内容亦有所区别。新中国成立后,时移俗易,云梦皮影戏的演出则以集镇茶楼为主。现今云梦县文化主管部门设立了专门的皮影戏演出馆,艺人们有了固定的栖身之所。

"三尺生绡作戏台,全凭十指逗诙谐。"皮影大师秦礼刚创造的巧妙机关令人瞠目结舌,可谓一绝。秦礼刚是国际木偶联会会员、国家级非物质文化遗产代表性项目皮影戏代表性传承人,从事皮影戏表演已有30余年。他可演绎的剧目上及《封神演义》,下至道光皇帝,数不胜数,若一年演出364天,5年才轮回一次。不仅如此,他未在创新之路上驻足片刻,在皮影制作时创造性地设置各种机关,使影子在表演时嘴可张、眼可眨、耳可扇,甚至能够像川剧变脸一般瞬间换头,叫人拍手叫绝。此外,秦礼刚于1985年修建的梦泽影戏馆,位于云梦县城东正街,拥有200座的演出空间,至今已接待超过134万人次的观众。

汤池温泉及陶铸训练班旧址

"地底烁朱火,沙旁歇素烟。沸珠跃明月,皎镜涵空天。"伟大的浪漫主义诗人李白寓居安陆时,曾专程游览汤池温泉并留下了脍炙人口的诗篇。藏匿于湖北应城的一处人间瑶池汤池温泉,矿物质含量丰富,储量充沛,水质温和,是国内罕见的保健型温泉。

汤池温泉镶嵌于葱郁群山之间。置身风格各异、大小不一的温泉池内,清新怡人的空气、湛蓝如洗的天空、葱翠欲滴的山峦,在一呼一吸之间,宛若遁入仙境。其中的108个温泉池,功能不尽相同,有追求宁静禅意的日式温泉,美容养颜的民俗沐浴桃花池,独具本地特色的矿盐浮浴池,治疗身体酸痛的石膏保健池……无论你缘何而来,皆可尽兴而归。

雾笼云蒸之间,汤池镇不仅仅是躯体的舒缓地,更是灵魂的激荡地。卢沟桥事变后,随着北京陷落,上海、南京相继失守,日寇的铁蹄逼近武汉。当时国民党培养的农村合作事业指导员不干实事,甚至将原属于农民的"贷款"中饱私囊,时任湖北省建设厅厅长的石瑛想改变现状。因此,当旧时的好友董必武来到武汉后,他便前往拜访,与其商讨希望由我党派人去培养一批为抗日做实事的干部。两人虽然信仰不同,但对于祖国的满腔热血同样鲜红,加之我党认为这是培训骨

陶铸训练班旧址

干,开展抗日救亡斗争的有利时机,双方很快达成共识。经商定,湖北省农村合作事业委员会农村合作人员训练班,地址即设在汤池。其经费由建设厅提供,国民党进步人士李范一担任训练班主任,省委宣传部部长陶铸同志以半公开的身份负责主持汤池日常工作,学员毕业后由建设厅分配至各县担任合作指导员。

在汤池镇一个破旧的祠堂里,坚硬的稻草通铺,难以饱腹的素菜饭食……无不显示着生活学习环境的艰苦。但这些全然没有影响有志青年们的昂扬斗志。陶铸同志个子不高但目光炯炯。他铿锵有力的讲演中,有合作社贷款业务的知识,更有大量党的建设、农民运动、统一战线、游击战争等课程。自1937年12月20日开始,汤池训练班先后开办了四期,学生大多为北京、天津、上海等地的流亡知识青年和武汉大学的学生,后期还吸收了一大批当地的知识青年。

汤池训练班的革命声势日渐高涨,民间流传已是"红了半边天",因此引起了国民党当局的注意。石瑛一边继续为汤池训练班提供经费支持,一边顶住了国民党特务的强压。汤池训练班一直开办至省政府被迫撤往大后方前夕才结束。在短短不足一年的时间内,培养了600多名抗日干部。他们作为湖北省各个县市的合作指导员,以"发放农贷"等工作为敲门砖,接近群众并开展统战工作,宣传抗日,在群众基础、干部培养和党的组织建设等方面为发动抗日游击战争做足了准备。

"寇深日亟已无家,策马洪山踏日斜。风自寒人人自瘦,拼将赤血灌春花!"陶铸等革命先辈如拂晓刺破黑夜的第一缕阳光,唤醒了京、津、沪、鄂的进步青年,他们经过汤池训练班的淬炼,奔赴抗日前线成为中流砥柱。汤池,这一鄂中小镇,因此而成为鄂豫地区敌后抗日战争的重要战略支点。如今那幢播撒抗日与革命火种的房屋修缮一新,陈列室、烈士祠、陶铸旧居、李范一旧居等建筑焕发出红色革命的独特光彩,成为著名的爱国主义教育基地。

膏都盐海

200年前,应城城南芦家庙村的一名男子,披星戴月地在田间劳作。晚间星辰初上,他扛着锄头返回家中,简单地吃饭洗漱,便拖着疲惫的身体来到床榻边,嘴角微微的弧度源自视线所及的膏雕狮枕。20世纪90年代,在芦家庙村一栋明末清初的宅基地下挖出的膏雕狮枕引人遐想,很久以前的乡民们或许已十分中意应城膏雕。

膏雕色泽晶莹冰洁,视之明澈如玉,触之凉爽宜人,是我国众多民间雕刻品类中的一朵奇葩,迄今已有400多年的历史。因石膏"乃大寒之药,能清热解火"的性能,雕刻艺人常常将石膏磨制成两头高、中间低的枕头及方形坐板,用以清除内热目赤、神经亢奋、心烦神昏,并因疗效甚佳而颇受欢迎。

应城石膏雕刻的成就得益于当地堆山积海的原材料储量。应城境内的石膏储量达13.83亿吨,其二水硫酸钙含量大于95%的一级品纤维石膏约占总储量的82.4%,占全国优质纤维石膏储量的50%以上,居亚洲之首。所谓"膏洞为盐洞之母,先有膏而后有盐",应城的盐矿储量亦是惊人的丰富。岩盐矿床分布约140平方千米,储量280亿吨,在我国中部地区堪称绝无仅有。应城亦因此被誉为"膏都盐海"。

应城石膏岩盐的开发迄今已有500多年的历史,可谓年深日久。《湖北通志》有载,明嘉靖年间河水与山洪冲坍了团山的一个山头,裸露出的青白叠生的石膏开启了应城的石膏开采史。当时,应城一直食用淮盐,白石膏上下两层的青石膏也被当作废渣丢弃。直到日积月累形成的青石膏小丘在大雨的冲刷下汇成盐水,涌流至附近的农田"烧"死了禾苗,应城的盐矿才闯入乡民的视野。加之咸丰二年(1852年),太平天国革命军进驻武汉,淮盐入鄂通道被阻塞,应城盐方才

应城国家矿山公园

走进人间烟火。

新中国成立后，应城的膏矿、盐矿一改曾经漫长的岁月里作为原矿出售的状况，由低端加工转向高附加值生产。一手抓石膏系列产品开发，生产石膏粉、石膏工艺品、石膏装饰板等各种类型、不同档次的石膏产品；一手抓盐化工业基地建设，兴建化工厂、制盐厂、磷肥厂、化肥厂等盐化企业。

如今，应城国家矿山公园坐落于团山北麓、凤尾湖畔，矿洞遗址、晒盐台遗址、膏盐生产工具等矿业遗迹，融合清雅秀丽的自然景观，浅吟低唱旧日的繁华。园内的中国石膏博物馆是全国首个以石膏为主题的博物馆，分为"中国石膏""中国膏都""创业史诗""膏都新貌"四大板块，通过雕塑场景、馆藏展示、文字图片、多媒体演示等方式，使传统与现代相结合，全方位展现一座古老矿山曲折壮美的创业史。

汉川善书

醒木落桌，观众的眼光如一簇簇光束自四面八方聚焦至善书先生，唇齿开合间勾勒波谲云诡的海市蜃楼。

汉川善书简称"善书"，又称"未开言"，是广泛流行于湖北汉川、天门、沔阳、潜江、孝感等地的曲艺说书品种。2006年被列入第一批国家级非物质文化遗产代表性项目名录。

所谓善书，即劝善之书，旨在劝人为善。其形成于明末清初，最初为"圣谕"的宣讲活动，是朝廷进行民间教化的一种演唱形式。道光年间渐为民间宣讲"孝敬父母、和睦家庭、友善邻里、救难济急、恤老怜贫、设立义学、设立义渡、修桥补路、施茶施药、施舍棺木"的"十全大善"所取代。后逐渐流传于民间，用以还愿、祝寿、祭祖。汉川善书的讲唱，或在固定的书场或茶馆中，名为"场书"，堪称老年人群体日常娱乐聚会的不二选择；或游移于乡野民间，专为乡民庆祝诞辰、婚丧嫁娶、请愿还愿，名为"台书"，堪称一场场群体性狂欢的节日盛宴。

汉川善书所述的故事主要有两类，可谓各有千秋。一为"案"，取材于官府审理判定的案件，如《四下河南》《一口血》；二为"传"，取材于民间故事，如《吉祥花》《萝卜顶》，善书先生通常将两者合称为"案传"。汉川善书原为一人说讲，后发展为两人或多人同台宣讲。一人"讲"，即叙述案传故事中的散文部分，故事何时、何处、如何发生皆由主讲先生交代；其他人"唱"，即演唱案传故事中的韵文部分，宣词先生直接扮演角色，以特定的曲牌唱腔演绎人物的喜怒哀乐。

汉川善书涂抹了徐忠德的人生底色。他自幼酷爱善书，中年时毅然决然地辞职追随北派第四代传人卢维琴学艺，于2017年被认定为国家级非物质文化遗产项目汉川善书代表性传承人。白面、描眉、红唇，鹤发松姿的善书先生徐忠德登上一方讲台，舌生花、口生香、脸生色、目生光，酣畅淋漓的讲演不时引得观众动容。徐先生以一己之力推动汉川善书的传承与创新。在他之前，汉川善书多为平铺直叙的流水账式故事，他大量阅读文学书籍，创新了诸多层次巧妙、矛盾交织的善本，提升了汉川善书的文学性。并且潜心搜集、仔细回忆，敦促徒弟熊乃国整理了小曲腔、梭罗骂腔等11种少用但经典的宣腔曲牌。不仅如此，妻子亦被他拉入了善书先生的行列，乡亲们惊讶之余由衷地称赞"哭（唱）得好"！

汉川善书的唱腔具有浓郁的地方色彩，与乡民们的欣赏习惯不期而遇。如今，善书先生放眼望去，却多是行走趔趄、头发花白的老人们。为挽救这一国之瑰宝，使之不仅散布于每年开春的乡间地头，更长期驻留在汉川人心中，汉川市文化馆设立了善书宣讲室，期盼着汉川善书早日迎来门庭若市的一刻。

汉川马口窑

汉水之滨，汈汈湖畔，残碎陶片砌成的墙壁沉默但坚毅地屹立着，院落一隅废弃的坛坛罐罐缄口但恣意地舒展着，似乎在倔强地向世人证实"中国民窑之首"并非无根无源的夸饰之语。

马口窑，兼具传统风格与地方特色的民间陶窑，位于汉川市马口镇，相传其因关羽而得名。东汉时期，蜀汉骁将关

汉川马口窑

羽曾在征战曹操途中宿营于此，并将赤兔马系于石柱，故称"系马口"，后逐渐简化为"马口"。

码头边商人们自船舱连绵不断地涌出，街头巷口摩肩接踵，来往行人络绎不绝，商户们的谈论声、搬送陶器的碰撞声、工人们的呼号声……此起彼伏，热闹非凡。这一番繁华的景象发生在汉川马口镇，彼时汉水江面帆影无边，各类陶器源源不断地运往江汉平原、武汉三镇等地，甚至远销至东南亚。据《汉川县志》记载，马口窑的陶器制造业始于明隆庆年间，至清末，马口窑以生产陶器维持生计的多达两三千人。马口陶能够盛极一时与当地的地理环境息息相关。在当地沿地表向下挖掘一米便可获得红黏土，土质细腻密实，是烧制陶器的绝佳原材料。周围湖泊边遍布的芦苇，则为烧陶提供了充足的燃料。陶土与芦柴两项资源可谓得天独厚，加之马口镇濒临汉水，为陶器的出售提供了便捷的交通方式。

马口窑手工烧制陶瓷的工序繁复非常，须先将精泥、窑子泥、红陶泥、黄泥等拌熟拉坯，成形后晾干至60%~80%，附之以化妆土后烘干雕刻，最后将上好釉色的陶器晒干放入龙窑内烧制三天。马口窑采用柴窑烧制手法，对于烧制的火候和雕刻的手法皆有较高

汉川马口窑

的要求，极考验烧陶师傅的技艺与审美。马口窑的陶器主要为坛、壶、缸、罐、盆等日常器皿，釉色古朴厚重，造型古雅大方。

在全国陶器中，马口陶尤以装饰器物的"刻花"最为出彩。待成形的陶坯晾至半干后，在表面浸上一层化妆土，烧干后用牙签快速勾线，然后用铁刀剔除纹饰以外的化妆土，露出坯体的赭红底色，留下阳刻图案。整个过程需用力均匀、刻花迅速，剔除时更要干净利落、厚薄均匀。手技精湛的老艺人们甚至能够一气呵成，在一笔之内勾画出栩栩如生的鸟鹊，被誉为"一笔鹊"。马口陶上雕刻的纹饰种类繁多而不尽相同，并且随陶器的功用而变化万千。一为自然元素，将花、蝶、鸟、瓜等随机组合，寓意瓜瓞绵绵、人丁兴旺；二为人物，如三国演义、天仙配、水浒传、西游记等故事人物；三为依诗附景，是一种附庸风雅的诗画形式。而在众多的类别之中，以婚嫁用的礼坛纹饰最为复杂，"八仙坛"最为经典。

1956年，由龙窑与众多作坊合并组建而成的汉川马口陶瓷厂，是孝感地区第一家国有企业。陶瓷厂在原有基础上进行了技术改革，变烧柴的龙窑改为烧煤的隧道窑、倒焰窑，提高了烧制效率。至20世纪80年代末，马口窑在社会发展的大潮中被淹没，失去了往日的繁荣景象。如今，马口窑的制造技术与当初的已大不相同，仅有年岁较高的老工人尚记得马口陶的烧制技艺。然而，作为"中国民陶之首"的马口陶不应被尘封，建于汉川市马鞍乡黄龙湖畔的黄龙湖马口陶文化传承基地，集发掘、传承、研发、体验于一体，复建有喻集龙窑、马口窑，兴建了大师工作室、马口陶体验工坊，是展现马口窑陶艺、传播马口陶文化的交流聚集地。

江河堪楚天

十堰
襄阳
神农架林区
荆门
宜昌
荆州
恩施

第四章 大江东去

长江中游下段

武汉

唯见长江天际流

"孤帆远影碧空尽,唯见长江天际流。"李白目送孟浩然翩然东去的风帆消失在天际,借滔滔江水倾吐无限眷恋与浩荡思绪。早在3500年前,长江中游一座煌煌商邑盘龙城便拔地而起,文明的曙光划破了漫长的黑夜。长江和汉江的热情相拥,将武汉一分为三,赋予了武昌、汉阳、汉口三镇鼎立、厚重多元的人文禀赋。

"春风三十度,空忆武昌城。"1800年前,东吴之主孙权筑城江畔,屯兵数万,武昌城自此奠基。"黄鹤一去不复返,白云千载空悠悠。"黄鹤楼前江流与帆影往来,悠悠白云千载未老。东湖犹如一颗绿色宝石镶嵌在江城之心,成为这座古老城邑的天然氧吧。湖北省博物馆层台累榭的外观尽显楚国建筑风格,稀世珍宝展露千年荆楚文明精粹。及至近代,武昌城的一声枪响划破静寂的黑暗,武昌首义拉开2000多年的君主专制走向终结的序幕。

迎着朝阳的金黄,渡轮横跨江面,从武昌驶向汉口。因有九省通衢之利,汉口凭借着高度发达的商业经济,跻身于"四大名镇"之列。它是闻名于世的"东方茶港",外国列强在此营建租界,南来北往的商贾汇聚,成就了摩肩接踵的繁盛。江汉路步行街、历史风貌区、咸安坊是近代汉口城市发展的缩影,一砖一瓦保存了悠长的历史记忆和多彩的江湖传说。

"一桥飞架南北,天堑变通途。"20世纪50年代,一座沟通南

武汉

北的世纪大桥连通龟、蛇二山，武昌、汉阳自此心手相连。汉江投入长江的臂弯，开启东流入海的壮阔旅程，将伫立于南岸嘴的江汉朝宗之景尽收眼底。"汉阳人"是中华民族的古人类，旧石器时代的武汉是人类繁衍生息的乐土；伯牙子期高山流水的故事，将这座城市里江湖儿女的深情厚谊尽情挥洒。汉阳铁厂汉阳造凝聚着波诡云谲岁月里荆楚人民寻求民族工业发展的不屈斗志，至今深仍嵌于城市的每一寸肌理。

奔流不息的长江水，汇聚了南北各地的文化菁华，以开放包容、兼收并蓄的襟怀润泽了多元的宗教文化。这里既有古色古香的归元寺和欧亚混融风格的古德寺，又有惊艳三绝的道教丛林——长春观，它们在嘈杂的尘世中守护着一分波澜不惊的宁静。木兰传说、汉剧、楚剧、湖北小曲、汉绣等诸多传承久远、蕴藏丰厚的国家级非物质文化遗产，春风细雨般滋润着城市的每一处角落，浇灌着人们心灵的沃土。

武昌古城

千载流光如白驹过隙，纵使饱经沧桑，屹立于蛇山之麓、长江之畔的武昌古城依旧魅力无限，与时俱进。

1800年前，因屯兵御敌的军事需要，东吴政权首领孙权在蛇山修筑夏口城，这是武昌城的历史起点。经明代洪武年间再次扩建，武昌城正式定型，共有汉阳门、平湖门、文昌门、望山门、保安门、中和门、大东门、小东门、武胜门等九座城门。明清以后，武昌城作为湖广总督、湖北省、武昌府以及江夏县四级官府衙门所在地，人称"湖广会城"。1896年，张之洞督鄂期间为修建粤汉铁路，新开通湘门，湘门成为武昌城的第十个城门。20世纪20年代，仅中和门尚存于世，其余九座城门皆被拆除。

武昌"首义之城"的别称标识了它在中国近代史上举足轻重的地位。1911年10月10日晚，武昌发生的一场旨在推翻清朝统治的武装暴动，在中国历史上具有里程碑式的重要意义，它的最终胜利使封建帝制在亚洲率先终结，是中国走向民主共和的开端，武昌由此被誉为"首义之城"。新中国成立后，为纪念武昌首义的历史性胜利，中和门更名为起义门，为第七批全国重点文物保护单位。此外，中央农民运动讲习所、中国共产党第五次全国代表大会会址均位于古城之内，武汉是最早创建中国共产党早期组织的城市之一。

矗立在武昌首义广场的孙中山铜像

千年古城不仅历史底蕴深厚、精神内涵丰富，在现代文明的激流中亦是文化交汇和创新创造的重要舞台。在古城核心区的闹市之中一处幽丽静穆的乐土——昙华林，素有"一部活的武汉近代史书"的美誉。中国近代第一所私立大学——文华书院、第一个公共图书馆——文华公书林、第一座室内体育馆——翟雅阁皆在此诞生……有人说，昙华林的名称源于"花"，清末时家家户户一坛一花，蔚然成林，便取其谐音命名；也有人说，其名"昙华"出自《妙法莲华经》中的"优昙钵花，时一现耳"，是为昙花一现之意，清中叶这里曾出现过名为"昙华林"的佛寺，其名便是源于这座佛寺。在这条长达1000多米的历史古街上，多处百年历史老建筑鳞次栉比，美、意、英、瑞等国传教士曾在此传道办学，逐渐形成了中西交融的独特建筑风格。昙华林经百年人文积淀、风雅沃灌，成为人们来到武汉感受人文底蕴的宝地，亦是年轻人聚会娱乐的热门打卡处。

武昌古城是一座历经时光洗礼而愈发熠熠生辉的文化名城，它曾经见证了中华民族追寻伟大复兴的历史脚步，如今又以蓬勃的朝气和无限的创造力迎接光明未来。

黄鹤楼

"昔人已乘黄鹤去，此地空余黄鹤楼。黄鹤一去不复返，白云千载空悠悠。晴川历历汉阳树，芳草萋萋鹦鹉洲。日暮乡关何处是？烟波江上使人愁。"崔颢的一首《黄鹤楼》冠绝古今、流传千载，黄鹤楼随之声名远播，成为荆楚大地的文化地标。

黄鹤楼

屹立于武昌蛇山的黄鹤楼已在物换星移间走过了1800个年头，与湖南岳阳楼、江西滕王阁并称为江南三大名楼。1800年前，魏、蜀、吴三国争霸，暗流涌动，孙权在此筑城，建楼瞭望。至唐朝，黄鹤楼因毗邻滚滚长江，江楼互映，水天一色，为往来骚客所钟爱。他们登高楼，俯江流，望楚天，文思泉涌，笔若生风，留下了许多脍炙人口的千古名篇。据统计，历史上共有900多位诗人曾至黄鹤楼，留下超过1400首诗词，造就了这一方人文荟萃的胜地。

在历史长河的风云变幻中，黄鹤楼屡毁屡建，古代最后一座楼建于同治七年，毁于光绪十年，此后近百年未曾重修。如今矗立于武昌蛇山的黄鹤楼，是1985年以清末造型为蓝本，在距旧址近一千米的蛇山峰岭之上复建的，为钢筋混凝土框架仿木结构。楼高五层，层层飞檐画栋，面面金色琉璃，通高51.4米，底层边宽30米，顶层边宽18米。主楼檐下四面悬挂匾额，正面"黄鹤楼"为书法家舒同所题，其余三面的"南维高拱""楚天极目""北斗平临"，笔势遒劲、意蕴深远。主楼之外有铸铜黄鹤造型、胜像宝塔、牌坊、轩廊、亭阁等建筑，在衬托主楼之雄伟高大的同时别有意趣。

现代声光电技术益发烘托出黄鹤楼是万里长江的夺目明珠，沉浸式光影秀随着季节、天气、日夜等环境转换会使它的英姿发生绝妙变化。动画、音乐、投影、激光等手段的加持，使园内山体、水池、楼阁、亭台动感十足，堪称传统与现代、历史与未来的美妙邂逅。

"万里长江横渡，极目楚天舒"，黄鹤楼虽然多次重建，但作为武汉的文脉标识，它既吸纳了荆楚山水的自然灵韵，又存续了钟灵毓秀的人文精粹，它的魅力历久弥新。

放鹰台遗址

诗仙李白在安陆成家后，期望继续求取功名，便外出拜访名人以寻求帮助。一天，李白来到江夏，专程探访李邕故居，但李宅已空无一人，问及旁人方知李邕死后，因家境贫寒，他的儿子只得去寺庙做了和尚。李白闻之伤感万分，作《题江夏修静寺》缅怀李邕："我家北海宅，作寺南江滨。空庭无玉树，高殿坐幽人。"

他走进宅中，看到墙上悬挂着李邕的题字"学我者死，似我者俗"，下笔有神，气势不凡。但李白不解其意："为何字虽好却学不得呢？"思考片刻后，李白恍然大悟："对！依葫芦画瓢，虽能形似，但意境却大相径庭！"思及李邕生前高官厚禄，却因正色直言而惹人非议，以致后代衣不蔽体、食不果腹。但若为功名利禄一味迎合他人，不仅丧失了文人风骨，更有违自尊的本性。处此两难，李白心绪纷乱、不知所措地离开了李宅。

李白沿着洪山北麓一路东行，在湖边瞥见一处土台子，芳草萋萋，绿树成荫，景色怡人。突然，草丛中似有异响，他走近拨开绿草，一只被猎人用网套住的小鹰映入眼帘，小鹰惶恐不安却还微昂着头颅。李白急忙上前解开网套，放飞了这只小鹰。小鹰在近空徘徊良久，似是感激致谢，而后便翱翔天际。李白望着小鹰身影消失后的朗朗晴空，顿时豁然开朗："与其沉浸伤悲之中，不如像这小鹰一般轻松自在的好！"随后不由得仰天长吟："寄言燕雀莫相啅，自有云霄万里高！"这个土台子因此被当地人称为"放鹰台"，成为水果湖畔的独特一景。据说，正因李白在此放鹰，也吸引了许多苍鹰在此聚集盘旋。

　　李白放鹰的故事使放鹰台广为人知。事实上，这里还是武汉地区重要的历史遗址。在1965年、1997年两次考古发掘中分别发现新石器时代、周代和宋代三个时期的历史遗存。新石器时代历史遗存为屈家岭下层文化、屈家岭文化及石家河文化；西周时期的历史遗存出土遗物主要为陶器、石器、青铜器；宋代的历史遗存出土遗物则主要有釉陶器、青瓷器、黑瓷器、陶器、铜器等。放鹰台遗址的考古发现将东湖的人文历史推至数千年前，力证了武汉城市文明的重要发端。

放鹰台

▍东湖生态旅游风景区

　　东湖，犹如一颗绿色宝石镶嵌在江城之心，湖面岛屿星罗棋布，山水秀美，鸟语花香，堪称武汉城市美景之最。东湖以大型自然湖泊为特色，应气候变化而呈现万种风情：春时，草长莺飞，杨柳依依，粉樱飘零；夏日，微风徐徐，荷香扑鼻，蝉声阵阵；金秋，残蝉噪晚，雁过留声，秋叶斑斓；冬季，光影交错，银装素裹，唯美静谧……它曾是中国最大的城中湖，湖水面积33平方千米，最

东湖国家湿地公园

深 6 米，岸线长 110 多千米，2014 年因武汉中心城区扩大而退居汤逊湖之后。

纵览历史，许多文人墨客、风流人物曾在此留下足迹，共同书写东湖的文化记忆。宋人袁说友有诗《游武昌东湖》云："只说西湖在帝都，武昌新又说东湖。一围烟浪六十里，几队寒鸥千百雏。野木迢迢遮去雁，渔舟点点映飞乌。如何不作钱塘景，要与江城作画图。"以武昌东湖与杭州西湖相媲美，摹写了秋季东湖烟波浩渺、鸥雁齐飞的美景。相传，楚庄王鸣战鼓在东湖鼓架山督战，屈原于东湖行吟，李白在湖畔放鹰题诗……毛泽东同志亦对东湖赞誉有加，新中国成立后，他曾多次来到东湖，接待外国政要。2018 年 4 月，习近平主席与印度总理莫迪在东湖会晤，东湖再次迎来举世瞩目的外交高光时刻。

东湖之畔蜿蜒环绕的绿道在冬日暖阳下洋溢着闲适而活跃的光辉。它是国内首条城区 5A 级旅游景区绿道，全长 101.98 千米，被联合国人居署列为"改善中国城市公共空间示范项目"。百里绿道贯穿听涛、磨山、落雁和吹笛四大特色景区，漫步其间，可遍览江城之美。

听涛景区位于东湖西北部，有行吟阁、九女墩、湖光阁、长天楼、寓言雕塑园、碧塘观鱼等人文景观散布其中。西北岸中部的小岛，四面环水，建有纪念伟大的爱国主义诗人屈原的行吟阁，其名取自"屈原既放，游于江潭，行吟泽畔"（《楚辞·渔父》），由文学家、历史学家郭沫若题写。阁前伫立着通体洁白的屈原塑像，复现了屈原"高余冠之岌岌兮，长余佩之陆离"的鲜活形象，四周花卉垂柳簇拥，井然有序，典雅庄重。九女墩是晚清与清军激战而牺牲的九位太平天国女英雄之墓，侧面有董必武、宋庆龄、郭沫若等人题写的碑文。湖光阁屹立于湖心小岛，通过十里长堤与湖岸相连，原为纪念蒋介石寿辰而建，初称"中正亭"，阁为三层六面，登临俯瞰，水天澄净。

磨山景区居东湖中心、揽水天一色，因形如磨盘而得名。中国最大的楚文化游览区即坐落于磨山北面，楚市、祝融雕像、楚天台、凤标、离骚碑、楚才园等均是根据典籍记载、故事传说所创建的仿古建筑，荆风楚韵浓厚。13个集科普、游览、研究于一体的植物专类园则分布于磨山之南，花团锦簇、各展风姿。其中，梅园是中国梅花研究的重镇，樱园更是世界三大赏樱胜地之一。樱园内最珍贵的78棵樱花树是日本前首相田中角荣为缅怀周恩来总理而赠送给邓颖超的，是中日友谊的象征，享誉海内外。磨山景区还因十大不明飞行物事件之一的树倒之谜而引人瞩目，1999年6月22日19时35分，700株大树被连根拔起或拦腰折断，数量之多、规模之大，闻所未闻。目前该遗址已建成景点，但这种现象为何发生仍是待解之谜。

落雁景区兼具自然风光和人文风韵，是武汉市古树名木最为集中的地方之一，得天独厚的山水优势吸引了种类繁多的走兽飞禽在此栖息，形成人与自然和谐共生的美妙图景。景区内有清河古桥、鹊桥相会、雁洲索桥、芦洲古渡、赵氏花园、古树奇观、雁栖坪沙、芦洲落雁、乌龙潭、乌龙井等十大景观，每处景观均融入地方故事传说、民俗风情等文化元素。

吹笛景区以森林和湿地等生态环境良好为突出特色，是武汉城市的"天然氧吧"，其间梅花、桃花、竹林、紫薇、杜鹃和红叶李等观赏林地可谓争奇斗艳。相传，在春秋战国时期，欲成为诸侯霸主的楚庄王曾在此激战，姜太公、赵子龙、朱元璋也曾在这里驻足，留下美丽动人的传说故事，为东湖增添了几分厚重和神秘。

湖北省博物馆

东湖之畔的湖北省博物馆陈列着楚地千年间所孕育的文明珍宝，诉说着荆楚大地的沧桑变迁、兴衰更替。湖北省博物馆好似一座古老而神秘的楚国宫殿。老馆区由三座高台建筑组成，多层宽屋檐，大坡式屋顶，搭配着蓝色琉璃瓦，从远处看，仿佛千年前楚国的层台累榭就在眼前。与老馆毗邻的是倒梯形的新馆，与老馆的梯形外观相呼应，二馆合为一体，状如"簋"形，典雅大气。

  这座荆楚文物荟萃的殿堂是中央与地方共建的八家国家级博物馆之一，亦是2018年中印元首外交的"国家文化客厅"。常设曾侯乙、越王勾践剑特展、曾世家——考古揭秘的曾国、楚国八百年、梁庄王珍藏、天籁——湖北出土的早期乐器等六大展览，近四十万件（套）藏品神采各异，上千件国家一级文物古朴雅致，"十大镇馆之宝"更是冠绝群芳。

  曾侯乙编钟是曾楚两国世代友谊的象征。2000多年前，吴王阖闾率兵攻破楚国国都，楚昭王慌忙逃至随国，曾侯迅速调遣兵力护卫楚昭王，迫使吴王退兵。楚昭王的儿子楚惠王为纪念曾侯的救父之恩，于公元前433年为曾侯乙锻造了一件镈钟，成为曾侯乙编钟中最独特的一件。

  曾侯乙编钟出土于随州曾侯乙墓，是中国迄今发现的数量最多、音律最全的编钟。全套编钟共六十五件，分三层八组悬挂于铜木结构钟架上，每件钟均能演奏出双音，整套编钟音域可跨五个半八度，钟、架及钩上刻有铭文3755字，除了少量记事外，多用以记录编号、音律及其理论等，彰显了中国先秦礼乐文明与青铜器铸造技术的最高成就，在考古学、历史学、艺术学等多个领域产生重大影响。2002年，被国家文物局列入《首批禁止出国（境）展览文物目录》，可见其珍贵。自1978年出土以来，曾侯乙编钟仅奏响三次，1978年8月曾侯乙编钟原件奏响了《东方红》的世纪之音，后又在新中国成立30周年、香港回归时两次奏响。而今，湖北省博物馆开设编钟演奏馆，配以专业演奏团队，重现编钟的历史遗韵。千年前历史文明随着镈钟的敲响而复苏，余音绕梁，令人心醉神迷。

  1965年，在湖北江陵望山一号楚墓，一把旷世宝剑重见天日，在剑身与剑格交接处，刻有"越王鸠浅自作用剑"的鸟篆铭文，人们才发现那就是越王勾践的随身佩剑。越王的自作用剑何以出现在楚地墓葬之中？战国初年，越灭吴，形成楚、越对峙之势。面对强大的楚国，越国不得已选择以和亲的方式向楚国求和，越王将自己的女儿嫁给楚王，并以作为君王象征的佩剑赠予楚，以表达和平友好的诚意。越王勾践剑长55.6厘米，宽5厘米，剑首为圆盘形，内铸11道精细的同心圆，剑身呈黑色菱形纹路，剑格用蓝色琉璃和绿松石镶嵌。其工艺精湛、装饰精美，在出土时仍然寒光闪闪，历千年而不朽，代表着春秋时期短兵器制造的最高水平，无愧"天下第一剑"的美誉。

传说祝融为楚人先祖，为凤之化身，因而楚人崇凤。虎座鸟架鼓是楚国乐器的典型代表，也是荆楚凤文化的鲜活载体。2002年，虎座鸟架鼓出土于湖北枣阳九连墩2号墓，底部为两只昂首卷尾、呈屈伏状的卧虎，虎背上各站立一只引吭高歌的鸣凤，二凤背向而立，中间为一面大鼓，由凤冠牵引，另有两只小兽后足蹬在凤脊，前足托住鼓腔。虎座鸟架鼓通体髹黑漆，运用红、黄等颜色彩绘。其虎上凤下的组合形象，既反映楚人崇凤之俗，又体现楚文化的浪漫气息。整体上看，造型别致古朴，以超脱的想象力和高超的漆技水平将楚人崇凤的理念及幻想羽化登仙的浪漫思想表现得淋漓尽致。

此外，湖北省博物馆还藏有曾侯乙尊盘、元青花四爱图梅瓶、云梦睡虎地秦简、郧县人头骨化石、石家河玉人像、崇阳铜鼓、彩绘人物车马出行图等"镇馆之宝"，均享誉海内外。湖北省博物馆殿宇高阔、楚风浓郁，将荆楚地域文化宝藏尽收其中，是人们探源中华文脉、寻根大国文明的重要遗产宝库。

越王勾践剑

■ 首义之城

近代以来，九省通衢之武汉是一座充满革命气息的城市。百余年前的一个夜晚，一支武装小队埋伏在武昌城一角，静静地等待着行动时机的到来。突然，"轰！"的一声刺破暗夜的沉寂，所有人马猛地冲向中和门附近的楚望台军械所，缴获了步枪数万支，大炮数十门，子弹数十万发。武昌城内外的革命党人闻风而动，三日内，以迅雷不及掩耳之势光复了武汉三镇。这就是著名的"武昌首义"。武昌城振聋发聩的一声巨响，拉开了中国推翻两千多年君主专制制度的序幕，是一场具有划时代意义的革命起义。武昌起义的胜利，迫使清政府走向灭亡，建立起亚洲第一个民主共和国，是中国近代革命史上的一座巍然屹立的里程碑，武汉也因之被称作"首义之城"。

辛亥革命博物馆

蛇山南麓，阅马场北端，苍松翠柏，绿草如茵，掩映着一座二层小楼。该楼因红瓦红砖，被当地人亲切地称为"红楼"。这便是武昌首义的精神圣地——鄂军都督府旧址（辛亥革命博物馆）。红楼周边还有湖北咨议局界碑、孙中山铜像、十八星旗花坛、黄兴拜将台、彭刘杨三烈士雕像等。彭刘杨路对面，一座"走向共和"大型群雕和烈士祠牌坊映入眼帘，再往前走，则是辛亥革命博物馆，这是武汉市纪念武昌首义100周年而兴建的专题式博物馆，与红楼、孙中山雕像、黄兴拜将台等建筑同处一条轴线。博物馆外形独特，在造型设计上采用极具对称美感的双坡屋顶造型，以荆楚红为底色，彰显武汉"敢为天下先"的首义精神。

武昌首义孕育了武汉"敢为人先，追求卓越"的城市精神。在近代百年反封反殖的复兴历程中，武汉勇立潮头，曾多次引领革命风潮，影响历史走向，为中华民族实现伟大复兴作出了突出的贡献。

京汉铁路是贯穿河北、河南和湖北三省，连接华北和华中的交通命脉，具有举足轻重的政治、经济和军事意义。1923年2月1日，京汉铁路工人在河南郑州聚集成立京汉铁路总工会，却遭到军阀吴佩孚的武力破坏，总工会决定举行罢工抗议，并转移到武汉江岸办公。2月4日，约三万名工人举行大罢工，并游行示威，上千千米的铁路瞬间瘫痪。2月7日，吴佩孚在帝国主义的支持下，调动兵力镇压罢工工人，史称"二七惨案"，罢工坚持到2月9日结束。京汉铁路工人大罢工是中国共产党领导的第一次工人运动高潮的顶点，扩大了党在全国人民心中的影响，并且彰显了工人阶级的强大力量。为纪念这场工人运动，1958年在汉口建成二七烈士纪念碑，由毛泽东亲自题写碑名。纪念碑周边是复现二七运动的用红色花岗岩制成的雕塑群，四周配以松柏绿林，肃穆庄重。1984年，武汉二七纪念馆建成，胡耀邦题写馆名，该馆如今已是全国爱国主义教育示范基地。

100 多年前的清明时节，红色鲜血染满武汉街头。蒋介石发动"四一二"反革命政变，大肆屠杀共产党人，政治局势复杂，瞬息万变。为了应对险情，中国共产党于同年 4 月 27 日至 5 月 9 日在武汉召开第五次全国代表大会，全党党员希望借助这次会议厘清主要任务并形成清醒认知，找出应对之策。这次会议，确立了民主集中制的组织原则，建立较为严密的党的组织体系、工作制度以及监督检察制度，以党章的形式明确了行动基本原则和组织系统，对党的发展成熟具有重要意义。三个月之后，为总结大革命失败的经验教训，纠正陈独秀的右倾投降主义，在共产国际的帮助下，中共在汉口召开中央紧急会议，史称"八七会议"。在这次会议上，毛泽东首次提出了"政权是由枪杆子中取得的"论断，确定以土地革命和以武装反抗国民党反动派为党在新时期的总方针，是拯救党和革命的重要转折点。1976 年，八七会议会址纪念馆成立，位于汉口鄱阳街，是武汉市重要红色文化资源。2007 年，在武昌都府堤正式建成中国共产党第五次全国代表大会会址纪念馆。

"辛亥、北伐、抗战，这三个历史时期，将造成中华民族复兴的大业。"周恩来曾如此强调武汉的地位。随着国民政府迁都武汉，中国共产党也于 1926 至 1927 年陆续将中共中央军事部、农委、宣传部、组织部、妇女部、秘书厅等机关单位迁往武汉，武汉成为大革命中心和国共合作的重要政治舞台。位于汉口胜利街的中央机关旧址纪念馆，是大革命形势由高潮走向低潮逆转的见证者，它是中国共产党的"心脏"，许多重要会议在召开，许多重要的历史事件在此发生。武汉会战于 1938 年 6 至 10 月在武汉外围沿长江展开，战线横跨皖、豫、赣、鄂

武汉中共中央机关旧址纪念馆

四省,武汉成为全国抗战中心。这场会战是抗日战争防御阶段规模最大、时间最长、歼敌最多的战役,大大消耗了日军的有生力量,武汉会战的结束标志着抗日战争进入战略相持阶段。

一百多年来,一往无前、百折不挠的首义精神激励着一代又一代的江城人民拼搏奋斗。新中国成立以来,武汉在多个领域独占鳌头,从"万里长江第一桥"——武汉长江大桥到屡创奇迹的武钢,从"天下第一街"——汉正街到世界最大的光纤光缆研制基地——中国光谷……武汉人民将首义精神发挥得淋漓尽致,体现了中国精神、中国气魄、中国力量,向世人展示着英雄城市的非凡魅力。

▎长春观

碧瓦红墙的长春观屹立于大东门双峰山南麓,屋宇千间,访客络绎,香火繁盛,是全国著名的十方丛林之一,为历代道教活动的重要场所。

长春观之名源于丘处机的道号。800年前,成吉思汗远征时,古稀之年的全真道龙门派创始人丘处机穿越万里风霜觐见成吉思汗。丘处机见其大肆杀戮,屡屡劝诫:"你要得天下,就不能一味杀人屠城!"成吉思汗问之缘何,答道:"想掌管天下,必须礼敬上天,爱民为本啊!"丘处机返回北京后,凡遇为奴者便以文书救之,被后世传扬为"一言止杀"的功德。丘处机被尊为神仙圣人,一夜之间成为道教的风云人物。人们为缅怀丘之功绩,将每年农历正月十九设为长春真人诞辰,并举行盛大的丘祖会。随着元代的统一,全真教影响自北方辐散至南方。为此,丘处机创设道教十方丛林制度,特派门下弟子南下武汉创办道教丛林。弟子在双峰山修建长春观,崇奉长春真人。

长春观

明清时期，长春观曾数次扩建，庙宇之大，香火之盛，与北京白云观、西安八仙宫、沈阳太清宫相媲美，并称为"四大十方丛林"。

历史上的长春观屡遭战争破坏，现存建筑主要是清代同治年间所建。经1931年的大规模修整后，形成了依山而建、布局完整的建筑群，包含左、中、右三路主体建筑。楼台阁宇古朴庄重，砖木殿宇雕梁画栋。

长春观有闻名于世的"三绝"。一是全国仅存的"天文图"碑，高207厘米，宽82厘米，上刻有"谕旨"二字，是极其宝贵的天文学文物。所谓"人法地，地法天，天法道，道法自然"，道教认为遵循自然事物之规律是亘古不变的法则，素有"夜观天象"之传统，旨在探索宇宙规律，管窥天地万物的演进逻辑。"天文图"碑是以北天极为中心的圆形全天星图，为三垣、二十八宿、众星官体系，星图四角有"长、春、璇、玑"四字，正下方有《天皇宝诰》。二是我国唯一藏族和欧式风格并存的道教建筑群。清代修建佛教建筑的官员及工匠多为满族人，崇信藏传佛教，多以藏族大象、藏红花等元素装饰其上，同时受西来文化的影响，修建时融合中国传统式样与欧式风格，形成举世无双的道教建筑特色。三是道藏阁前乾隆帝亲书的"甘棠"二字，旁有"乾隆癸巳"落款，是道教建筑中为数不多的帝王题词。随着时代发展，长春观所研发的"仿荤"素菜成为当代又一绝，它采用面筋、腐竹、豆腐皮、中药等仿照鸡、鸭、鱼等荤菜而制，味道鲜美，绿色健康。

长春观建筑群历史悠久，装饰风格独特，收藏有珍贵的道教文物和丰富的道教资料，是全国开展宗教活动的重点道观之一，亦是修身养性、感悟自然的游览胜地。

武汉长江大桥

长江如一条绵亘蜿蜒的巨龙，穿过群山峻岭，生生不息。长江"龙腰"处，八座巨型石墩拔地而起，伫立于波涛汹涌的江面之上，架起长江上第一座沟通南北的大桥，从此"一桥飞架南北，天堑变通途"，其历史意义极其巨大。

新中国成立前，万里长江上没有一座桥，三镇之间隔水相望，武汉人民只能通过轮渡过江。1949年9月，李文骥、茅以升等一批桥梁专家向国家递交了《筹

武汉长江大桥

建武汉纪念桥建议书》，提议修建武汉长江大桥来纪念新民主主义革命胜利。同月，毛泽东在北京主持召开第一届政治协商会议，会议通过建造武汉长江大桥的建议案，开始了长达三年的筹备工作。1953年7月，铁道部携长江大桥设计图纸及有关资料赴莫斯科，请求苏联专家对修造方案进行研究和完善，苏联派出二十余位桥梁专家到中国给予技术支持。1955年9月1日，长江大桥正式动工，于1957年10月15日建成并正式通车。长江大桥坐落于龟、蛇二山之间，是新中国第一座横跨万里长江的公路铁路两用桥，将原京汉铁路和粤汉铁路相勾连，合并为京广铁路。武汉长江大桥不仅真正解决了武汉三镇相隔的历史性难题，而且改变了以往列车仅依靠轮渡过江的局面，是中国交通史、水利史上的伟大工程，具有里程碑式的时代意义。

武汉长江大桥全长约1670米，其中主桥全长约1155米。大桥共两层，上层为四车道的公路，宽22.5米；下层为双线铁路，宽14.5米。主桥上的两侧护栏采用花、鸟、鱼、虫等动物以及各色植物为装饰，细节丰富，寓意深沉。大桥两端建有极具中国特色的庭式桥头堡，共7层，内部设电梯和楼梯供路人通行。引桥延续中国传统桥梁风格，采用拱形结构，共计9孔。从远处看，它立于长江之上，宏伟开阔、造型独特，是长江上的一道亮丽的风景，每当夜幕降临，灯光秀上映时，大桥犹如万里长江中的一顶桂冠，光影摇曳，熠熠生辉。1956年，毛泽东到武汉视察，惊叹长江之壮阔，大桥之巍然，即兴创作《水调歌头·游泳》，描绘了新中国成立初期的大好河山，憧憬着美好可期的未来图景。

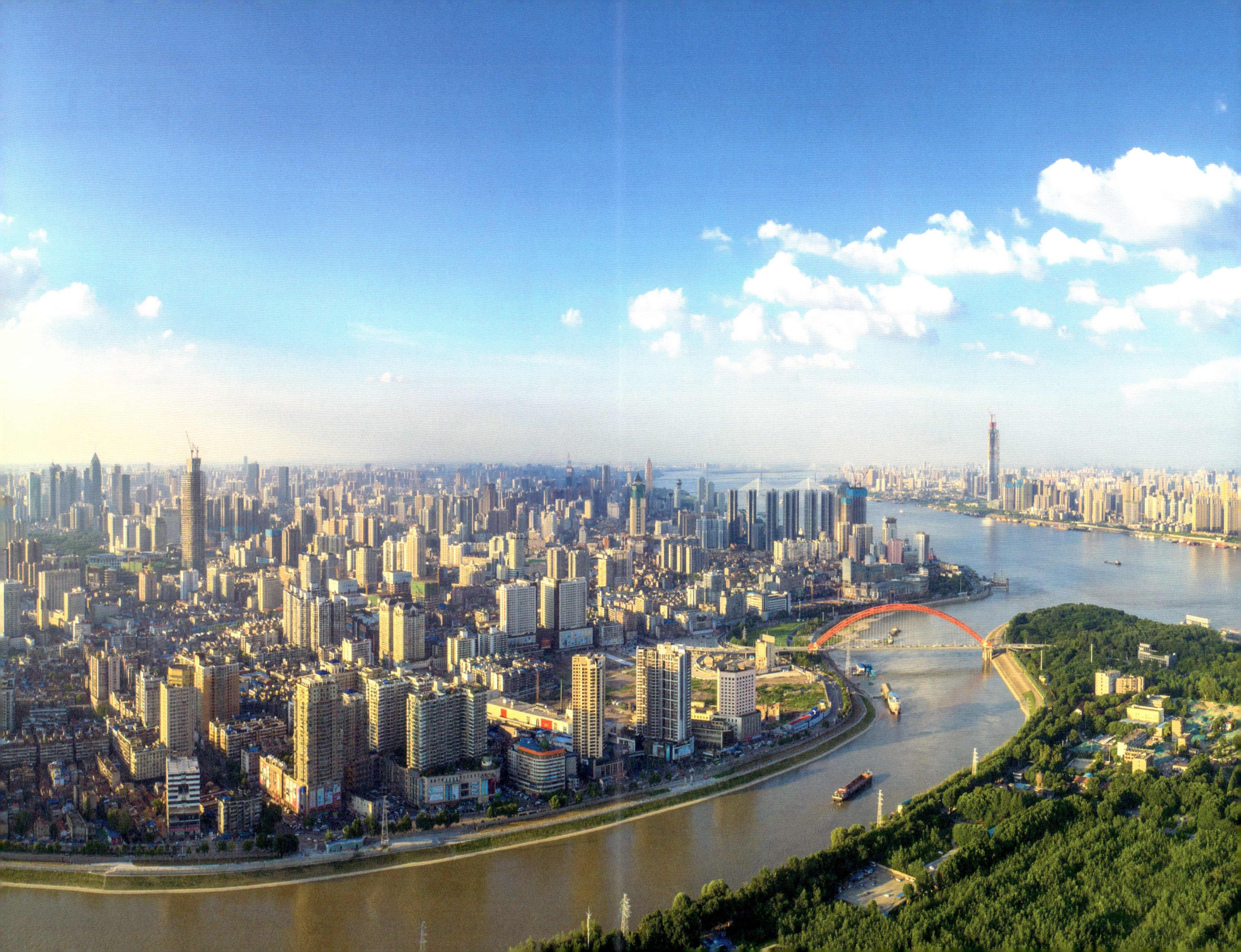

两江

江流楚天

JIANG LIU CHU TIAN

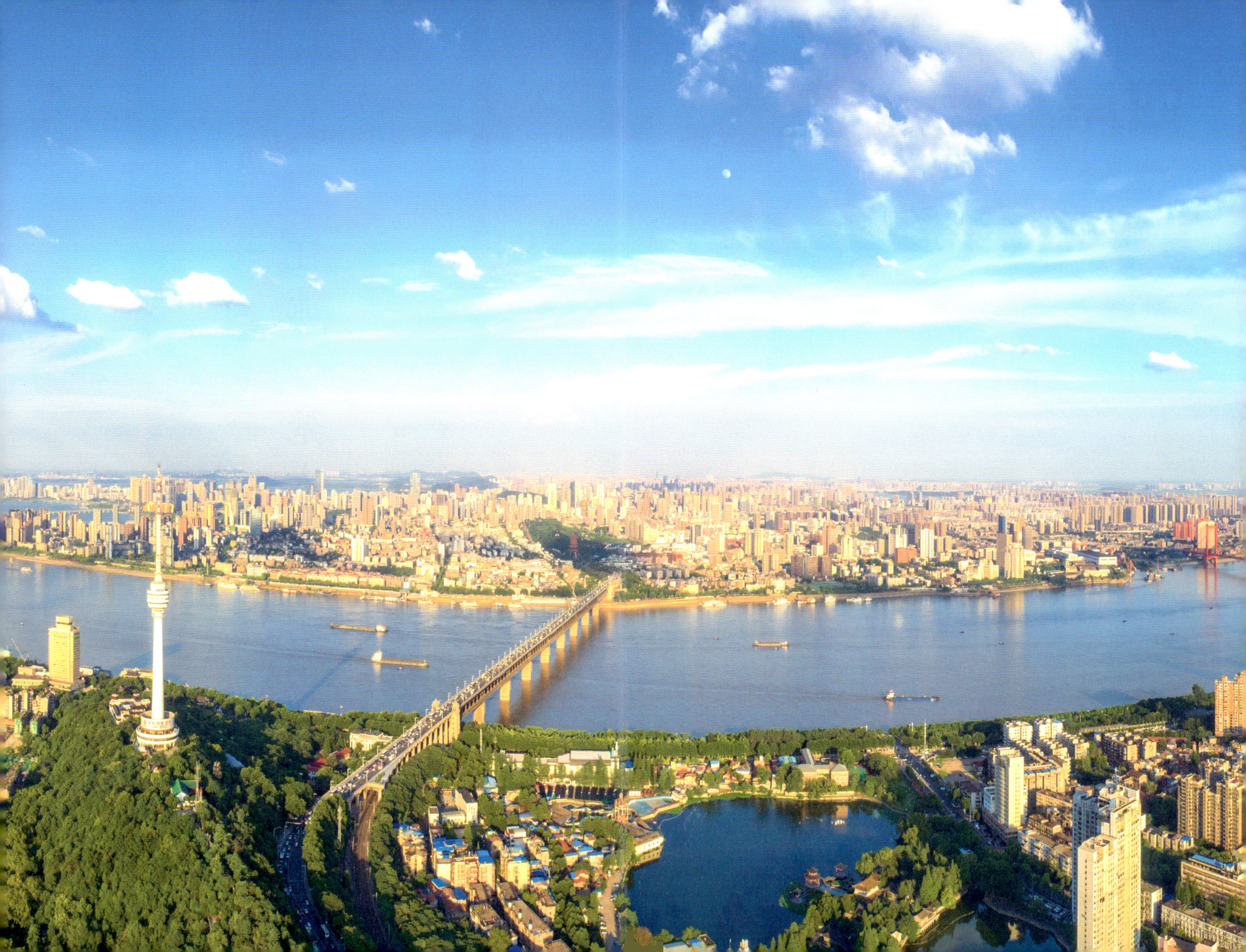

四岸

江流
JIANG LIU
CHU TIAN
楚天

为纪念长江大桥通车，1957年，由铁道部大桥工程局、武汉大桥工程局、铁道部勘测设计院等单位联合发行了武汉长江大桥建成纪念章；同年10月1日，国家邮政局发行首套以桥梁为主题的邮票——武汉长江大桥的纪念邮票1套，共2枚；1959年10月1日，为庆祝新中国成立十周年，发行套装邮票，其中有4枚是武汉长江大桥；1962年发行的第三套人民币，武汉长江大桥作为贰角纸币的正面图案……

截至2023年底，除首座长江大桥外，武汉已营建了军山大桥、沌口长江大桥、白沙洲大桥、杨泗港长江大桥、鹦鹉洲长江大桥、武汉长江二桥、二七长江大桥、天兴洲长江大桥、青山大桥、阳逻大桥等大桥，共计11座，赓续着武汉"敢为人先，追求卓越"的城市精神，延续着中国式现代化的桥梁奇迹。

▎汉口历史风貌区

茶，是中国人情有独钟的保健饮品。宋人将点茶与焚香、插花、挂画并列为风雅"四艺"。久而久之，茶成为中华礼仪的载体，每当贵客来访，主人家总要奉茶以表敬意。一碗茶既代表着人类与自然相处之道，又是调和心理的生活方式。

巴公房子

因有九省通衢之利，近代以来，武汉成为中国茶叶贸易的主要集散地。1861年，汉口开埠后，南方各产区茶叶经水路运送到此，经加工包装后，再向北输送。最鼎盛时，中国茶叶约占世界茶叶贸易量的86%，其中江汉关茶叶的贸易出口量高达200万担以上，占国内出口茶叶的60%，远超上海、福州、九江等口岸。在19世纪末至20世纪初，茶叶成为汉口创收的重要来源，汉口被认为是万里茶道始发处，是东方最大的茶叶加工、集散和转运口岸，是当时世界茶叶的贸易中心，被赞誉为"东方茶港"。

随着汉口成为世界茶贸中心，来自各国的客商纷至沓来，收购茶叶、开办茶厂。俄国人最早进入汉口茶港从事贸易。远在汉口开埠前，他们就已取得在汉口进行茶叶贸易的特权，并在此后主导中国茶叶贸易出口数十年。19世纪70年代，俄国茶商在武汉开办了顺丰砖茶厂，这是我国近代第一家使用蒸汽机制茶的工厂，成为武汉近代工业开启的重要标志。1906年，京汉铁路开通后，汉口大智门火车站成为中国茶叶出口的主要铁路车站，俄国茶商从这里将南方各地的茶叶运送至中俄边境，又从莫斯科、圣彼得堡转运到欧洲其他城市。

汉口虽因茶而盛，但这与近代中国水深火热的时代形势密不可分。1840年，鸦片战争的爆发标志着中国进入近代社会，半殖民地性质逐渐形成。中国被迫与西方列强签订种种不平等条约，多地通商开埠，以至于外国资本渗入中国经济的各个领域，新的生产力、生产关系、管理制度给中国传统的经济、文化带来极强的冲击，造成翻天覆地的变化。1861年，汉口对外开埠通商，此后相继设立英租界、俄租界、法租界、德租界和日租界，先后建立12个外国领事馆和约30家外资金融机构，这些西式建筑被誉为"万国建筑博物馆"。

洞庭街和黎黄陂路堪称"街头博物馆"，百栋租界历史建筑鳞次栉比，整齐有序。洞庭街贯穿英、俄、法等旧租界区，在英国旧租界内保留有中国实业银行、英商麦加利银行、平和打包厂、保安洋行等；在俄国旧租界内保留有巴公房子、信义公所、李凡诺夫公馆、俄国巡捕房、俄国领事馆原址等；在法国旧租界区保留有法国领事馆原址、英商赞育药房、立兴洋行等。

黎黄陂路与洞庭街、鄱阳街、胜利街相交，1897年辟为俄国租界区，1925年以前曾称阿列色耶夫街、夷玛街。因两任民国总统黎元洪是武汉黄陂人，遂改名黎黄陂路。除位于与洞庭街相交地带的建筑外，还有中华基督教信义大楼原址、美国海军青年会原址、高氏医院原址、基督教青年会、顺丰洋行、邦可花园、惠罗公司、首善堂和万国医院原址等，哥特式和洛可可式为主要建筑风格。随着咖啡店、茶馆、酒屋等休闲场所入驻，如今的黎黄陂路已经成为青年体验"慢生活"的聚集地。

20世纪初，作为颇具规模的国际大都市，汉口商业经济繁荣，而租界区则成为汉口政治、经济、文化中心。这里的旧址建筑是百年前外商在汉口的生活缩影，也是近代汉口贸易盛况的历史见证。当我们徜徉在这片历史建筑之中，便能感受百年汉口所经历的沧桑和蕴含的人文底蕴，这是汉口永不褪色的江滨底色。

江汉路步行街

江汉路，一条充满烟火气息的老街，地处汉口中心地带，北起解放大道，南至江汉关，全长约1600米。19世纪中叶，在隆隆枪炮声中，汉口向世界开埠，英国在此创设租界，改土路为碎石路，名为太平街。20世纪初，"地皮大王"刘歆生填土筑路，形成歆生路。1927年，中国政府收回英租界，太平街与歆生

江汉关

路合并，改名为江汉路，并沿用至今。

百年前的江汉路是租界与华界的分界线。街道东北区为万国租界，多为洋人开设的金融银行、公司和商店，南片区为民国时的华人生活区，多为民族工商业者开办的店铺和作坊。江汉路两侧，江汉关、日清银行、日信银行、实业银行、四明银行等13栋武汉历史优秀建筑依然伫立在原址，恢宏高大，涵盖欧陆、罗马、拜占庭等多种风格。漫步在江汉路，犹如畅游在百年建筑博物馆中，古典怀旧与时尚新潮在这里并行不悖。尽管岁月匆匆流逝，但透过这些文物建筑，百年前的兴衰荣辱仿佛就在眼前。

江汉路南端尽头，一座钟楼端庄地伫立，它是100年前建造的江汉关大楼，是中国现存最早的三座海关大楼之一。它的主楼共4层，钟楼高约23.1米，是典型的英国钟楼建筑式样，具有极高的艺术欣赏价值。楼内开办有江汉关博物馆，在此可以纵览百年江汉关的沧桑变化，这里不仅是近代汉口文物、文献史料收藏、展示和研究的重要场所，而且是管窥近代汉口乃至武汉百年沉浮的文化空间。钟楼上有座直径4米、指针长1.5米的时钟，于1924年1月18日启动，每日整点采用《威斯敏斯特》报时曲敲钟。如今，它已成为老武汉的地标建筑，在声声回响中，唤醒着城市居民的江城记忆，也寄托着游人对江城的向往。

21世纪初，武汉市将江汉路改建为集购物消费、休闲旅游等多重功能于一体的步行街，与北京王府井、上海南京路、天津和平路、哈尔滨中央大街一道称为中国大都市的"五朵金花"。武汉市第一座高层旅馆——汉口大旅馆、第一部电梯——汉口大旅馆电梯、汉口最大最早的百货商店——国货公司……如今的江汉路依旧如同多年前那般繁盛，彰显着武汉包容多元、融合创新的城市品质。

咸安坊

在汉口南京路、胜利街的交界处，车水马龙，熙熙攘攘，热闹非凡。而在这闹市一隅，已逾百岁的咸安坊静观江城的历史变迁，存留武汉人民共同的城市记忆。它的建筑风格融合西式低层联排住宅与中国传统四合院，是近代汉口开埠通商后中西文化交流以及社会生活的历史缩影，是汉口著名的老里分。

1915年，为盖建高档住宅卖给周边洋买办和华人白领，棉花商人黄少山在此处投资，请兴汉昌、袁瑞泰、阮顺兴、永茂隆等四家共同营建。这些房子既设计有中式建筑的传统天井，又安装有落地彩色玻璃门和磨石地板，新意十足，颇受人们青睐，后经不断增建，形成了一定规模的建筑群。黄少山将其取名为"咸安坊"，意为富贵平安、安康宁静。后来，咸安坊周边新添同仁里、德永里、启昌里，整个里分由64栋小楼组成，巷道纵横交错，成为汉口高级住宅区，而黄少山则将最初建起的那套楼房留给自己，即咸安坊15号。

咸安坊是国内保存最完好的石库门建筑群，在武汉市现存的优秀历史建筑之中，其是唯一受到"一级保护"的里分。一方面，它建筑风格独特，既有石库门联排特征，又在楼栋之间形成单元列次，每个里分、每条街巷有着鲜明的差异化特色；另一方面，由于此地曾为高级住宅区，来自各行各业的社会名流，如药业大王陈太乙、汉剧大师陈伯华、轮船巨头卢作孚、著名作家萧红都曾居住于此，蕴藏着深厚的人文底蕴。特别是在咸安坊巷口的拐弯处，两墙以灰色圆弧状护角相接，传统的直角因空间狭隘被匠人的巧思抹圆。民国时期的建筑少有统一规划，巷与巷的交接处往往狭隘难行，直角墙角时常刮伤路人。为了解决这些问题，民间工匠将建筑技术与生活需要相结合，在建造时将直角抹去，使尖锐墙角磨平圆滑，久而久之，成为民间建筑的传统习惯，成语"拐弯抹角"便是由此而来。

如今，咸安坊经重新修缮后，面目焕然一新。在尊重坊巷原格局的基础上，以"老房+产业"

咸安坊

为思路，着力打造"慢生活"的休闲场所，引进饮食、服装、娱乐等现代文化消费业态，全力激活历史文化街区的文化记忆。游客可以穿梭在咸安坊的街巷楼栋间，摒弃浮光掠影，安静祥和地体悟城市肌理。

古德寺

喧闹的城市一角，重重高楼之间，一座寺庙遗世独立，静谧而庄重。远看似是一座西式教堂，近看却又别有洞天。与中国传统古寺黄瓦红柱、飞檐翘角的建筑风格不同，古德寺仿照缅甸阿难陀寺建造，由隆希创建于1877年，原名古德茅蓬，乃汉传佛寺。20世纪初，辛亥革命爆发，时任住持昌宏曾率领寺众对武昌起义军进行救助，得到国民政府嘉奖。1914年，时任民国副总统黎元洪将其改名为古德寺，意为"心性好古，普度以德"，并亲自为之题写寺名。

古德寺外观浑然一体，似乎是一座单体建筑，但细细观察就会发现其实它是一组建筑群。寺庙整体规模不大，主要由圆通殿、天王殿、净亭、观音殿等组成，融合了欧亚宗教建筑的异域风格，又将大乘、小乘及藏密佛教建筑造型融为一体，被称为"汉传佛寺第一奇观"。

圆通宝殿是古德寺的主要建筑，它以南传佛教的群塔形建筑为基础，融合吸收了汉传佛教、古希腊建筑、哥特式建筑、伊斯兰建筑等多种文化要素和建筑风格。从外部观察，圆通宝殿仿佛是一座哥特式宫殿，有回廊、立柱、尖拱、

古德寺

大圆窗、长窗、浮雕等西方特色元素，廊间立柱是一大二小的尖形拱券，在拱尖之上又有一大二小的圆形窗户，大窗以圆圈花纹装饰，小窗则是八卦纹饰。

宝殿顶部是九座佛塔，大小不一，代表五佛四菩萨。从地面向上观看，无论哪个角度，均只能看到其中的七座佛塔，传言是暗合道教中的北斗九星七现二隐的意头，设计巧思可见一斑。此外，佛塔四周还有花卉、狮头、象头以及金翅大鹏鸟等纹饰，再现了印度佛寺的建筑风格。顶楼还有96个莲花方墩和24尊诸天菩萨，尽显庄重肃穆。与中国一般寺庙不同的是，圆通宝殿内部供奉了25尊圆通菩萨，相传这是因为在佛教中菩萨比罗汉地位高。

在圆通宝殿门前，有一尊四面佛，是1997年由张紫珊出资从泰国请到古德寺的。四面佛是小乘佛教供奉的诸佛之一，也是泰国信众认为最为灵验的诸佛之一。佛的四面分别代表慈悲、仁爱、博爱及公正。相传，四面佛法力无边，无法供于寺中，只能供于庙宇之外、天地之中。四面佛前周边系满了祈福带，寄托着信众虔诚的心愿。

这座混合了欧亚风格的百年古刹坐落于汉口闹市之中，见证了历史的沧桑和世间的轮回。每当夜幕降临，月光星辉洒落在廊间立柱之上，古寺在一片宁谧中仿佛庄严地与天地星辰对话。

江汉朝宗

"舳舻衔尾连千里，江汉朝宗尽八荒"，长江与汉水在龟山背面交汇，奔流向前，气势阔壮，恢宏不凡，武汉两江四岸、三镇鼎立的城市格局得以构筑，塑造了全国绝无仅有的城市江景——江汉朝宗。

明嘉靖年间，朱衣编纂的《汉阳府志》将江汉朝宗列为汉阳十景之一；清同治年间，建朝宗亭，在亭中绘制江汉朝宗图；明清两代，在武汉地区的沿江河的税赋关隘以此四字命名……位于长江、汉江交汇处的南岸嘴被誉为"中国第一角"，它是二江碰撞而产生的冲击地带，踱步在南岸嘴可纵览泾渭分明的水文奇观。

依托长江流域主轴的区位优势，如今的江汉朝宗已成为国内首个以长江游览为主题的城市景区。1000多处楼宇建筑、20多座跨江大桥和游船码头耸立两江四岸，随着夜幕降临，美轮美奂的沉浸式光影秀逐渐拉开帷幕。长江首部漂移式

江汉朝宗

实景剧《知音号》在此上演，以20世纪初民生公司"江华轮"为原型，取材于当时城市风情、长江风光，形成了独有"汉味"的文旅地标，供人们欣赏娱乐。

长江之畔，怪石嶙峋，波涛汹涌。为抵御天灾，上古时代大禹带领民众跋山涉水、风餐露宿，一心只为社稷万安，"三过家门而不入"的感人事迹代代相传。他是炎黄子孙心中的伟大英雄，亦是中华民族的精神象征。传说在治水时，大禹偶遇水怪作乱，数年攻克不下，幸得灵龟相助得以降服水怪、治水成功，使长江、汉水融汇，奔流入海。而后灵龟在此化身为山，龟山由此得名。世人为了纪念大禹的功劳，将今洗马长街中段长江边的矶石命名为禹功矶，与蛇山的黄鹄矶相对，呈现"龟蛇锁大江"的壮阔景象。

禹功矶之上，与武昌蛇山隔江相望的一处藏纳着古典建筑、历史文物和自然风光的宝藏博物馆流光溢彩，即大禹文化博物馆，是大禹治水传说的起源地。禹稷行宫、晴川阁、铁门关是其三大主体建筑，配以禹碑亭、朝宗亭、楚波亭、荆楚雄风碑、诗词碑廊、山高水长碑、颙昻碑等附属建筑。其中，禹稷行宫是纪念大禹、弘扬治水精神的场所，始建于南宋绍兴年间，张体仁在龟山山麓修建禹王庙，明朝天启年间改名禹稷行宫，增加后稷、八元、八恺等18位先贤遗像。清朝同治二年，重建禹稷行宫，保留至今。行宫由大殿、前殿、廊庑、天井组成，是清末留存至今具有代表性的木构建筑。大殿中还有大禹雕塑，背衬为《禹迹图》，是由宋代石刻扩大绘制的山川地图，彰显大禹功绩。

有"楚天晴川第一楼""三胜楚景""千古巨观"美称的晴川阁，与蛇山之上的黄鹤楼夹江对峙，明"公安派"学者袁宏道将之与黄鹤楼、岳阳楼、仲宣楼并称为"楚四名楼"。它始建于明朝嘉靖年间，至今有400多年历史，为汉阳知府范之箴所修。明清两代，张之洞、孔尚任等名人墨客都曾登临此地，吟诗作画，留下诸多脍炙人口的名篇雅句。晴川阁的建筑设计体现了"依山建台、依台建阁"的楚风遗韵，两层重阁飞檐四角饰有铜铃，随微风鸣响。与北方建筑有异，晴川阁屋脊使用"鱼龙吻"，表达辟邪、镇火的祈望，体现南方水乡民俗的独特地情。

由于晴川阁建筑多有木雕装饰,主楼底层正面大门的六扇门板上雕刻着八个人物,是八仙过海的神话寓意,背面门板则雕刻着渔樵耕读的故事。

"晴川历历汉阳树,芳草萋萋鹦鹉洲",古色古香的晴川阁与黄鹤楼隔江相望,交相辉映,鹦鹉洲已淹没于滚滚江涛,而芳草佳木年年春来绿遍江岸。

"汉阳人"头骨化石

聚光灯下,一件古老的头骨化石引人注目,其头骨轮廓清晰,纹路奇特,那就是在汉南纱帽古文化遗址发现的"汉阳人"头骨化石,属旧石器时代。

1997年的一天,生活在汉南纱帽山的毛凑元悠然地行走在江滨。忽然,沙滩边两块奇异的石头引起了他的注意。毛凑元走近一看,才发现是两块造型独特的化石。他拾起化石将之拼接起来,竟是人类头盖骨的形状。回到家后,毛凑元用胶水把头盖骨粘贴起来,并小心翼翼地安放在书柜的显眼位置,以供观察。妻子下班后推门而入的瞬间大惊失色,询问后才得知缘由,但她总觉得头盖骨放在家里惹人不快,便催促毛凑元扔掉。而毛凑元认为它极具研究价值,断断不肯。直到有一天,毛凑元在报纸上看到江夏人关毅在长江下游江滩拾到牛骨化石的新闻报道,他才幡然醒悟,急忙与湖北省文物考古研究所的李天元研究员联系,邀请他来家中考察那块头骨化石。当看到这件头骨化石时,李天元十分激动,向毛凑元分析了此件物品的奇特之处,并经毛凑元同意后,将其带回考古研究所做进一步分析。经研究,这是年龄约在30岁的女性个体的头盖骨,保存有额骨和左右顶骨,枕骨沿人字缝失落,骨质纤细,形态特征比现代人原始,但较北京人进步。

1997年4月10日,李天元带着头骨样本亲赴北京,请教中国科学院、中国地质博物馆、北京大学等单位的专家学者。他们对标本的原始特征极为关注,通过对比资阳人、山顶洞人和现代人头骨的模型,认为纱帽山遗址的骨化石应是处于晚期智人的较早阶段。晚期智人,也称为现代智人、新人,

"汉阳人"头骨化石

他们额部垂直，眉脊微弱，身体较高，脑容量大，会制造石器和骨器，学会钻木取火，接近现代人。而毛凑元发现的这件头盖骨的体征则与之十分相似。当年7月15日，《光明日报》刊载了《湖北省首次发现更新世晚期古人类头骨化石》的新闻报道："今年年初于武汉市汉南纱帽镇发现的古人类头骨化石经初步研究，确认所处年代为距今1万至5万年的更新世晚期，属晚期智人类型，是湖北省首次发现的这一时期人类头骨化石。"由于这件头盖骨的发现地纱帽镇原属汉阳县管辖，遵循传统的命名原则，学界将其命名为"汉阳人"。

"汉阳人"与北京山顶洞人、四川"资阳人"所处年代相当，因此同被视为中华民族古人类祖先。尽管武汉是历史文化名城，但在此之前，它的历史仅能从3000年前书写。而"汉阳人"头盖骨化石的发现，说明在5万~1万年前的旧石器时代，武汉已存在人类繁衍生息的迹象，将武汉历史向前推了1万年，对湖北古人类学领域的研究具有重要的学术价值和历史意义。

古琴台

人生难得一知己，千古知音最难觅。自古以来，知音被视作深厚友谊的代名词，若觅知音，如高山流水；若失知音，如伯牙绝弦。而这知音文化便源自伯牙子期"高山流水觅知音"的民间故事。

春秋时期，楚人伯牙奉晋国君主之命出使楚国。有日，夜色正浓，伯牙见月光皎洁，便拿出心爱的古琴，悠然弹奏起自己的得意之作《高山》，心中逐渐浮现出自己登顶太山之情貌。忽然，有一个声音在旁轻声说道："你弹得太好了！仿佛巍峨的高山就在眼前！"伯牙大惊，发现是一樵夫在侧，微微笑之以待。伯牙心中喜悦，遂又弹起《流水》，那人又赞道："弹得太

古琴台

美了！仿佛看到了汪洋的江河！"伯牙见自己的琴技和曲艺得到他的欣赏，便与其谈论琴理，其对答如流，酣畅淋漓。伯牙喜不自禁，放声说道："你真是我的知音啊！"此"知音"正是钟子期。临走时，伯牙与钟子期约定来年再至钟家拜访，二人相谈甚欢，十分投机。

后来，钟子期患病过世，伯牙悲痛欲绝，认为这世间再无值得他抚琴之人了。于是他把琴摔碎，弦扯断，终生再未弹琴。伯牙和子期之间的深厚友谊传唱为千古佳话，后人将心意相通、有共同喜好的朋友称为知音，高山流水也成为知音的文化象征。

为纪念这段友情，北宋时便有人在汉阳龟山始建古琴台。清代嘉庆年间，由湖广总督毕沅复建，1956年又在原有基础上进行修整。古琴台大门后，有清代道光皇帝御笔的"印心石屋"石壁，往后是历代石刻和复修琴台的牌碑，琴堂屋檐悬挂"高山流水"的匾额，院内还有汉白玉筑成的方形琴台，据传为伯牙抚琴之处。中间立有一块刻着"琴台"二字的石碑，伫立着伯牙和钟子期的雕像。

知音文化的精神灵韵深深嵌入了城市肌理。相传，汉阳钟家村曾是钟子期的隐居之所，琴断口是伯牙断琴之处，蔡甸街马鞍山凤凰咀的钟子期墓则是知音文化的重要遗存。流传千载的知音故事所传扬的是普世的人类情感，心心相印的美好使荆楚知音文化享誉海外。

▍工业重镇

江城三镇临江而立，因工业而兴，若要论说武汉的工业历史，那么汉阳应是首屈一指。1889年12月17日，武昌江岸汽笛长鸣，一位身着官袍的老者自船舱而出，他眺望着三镇的旖旎风光，怅然若思。他就是清朝的湖广总督——张之洞。或许在那一刻，他心中已经铺展开了武汉发展的蓝图。在督鄂期间，张之洞首开风气之先，推行"新政"，通过引进西方先进技术，大力发展中国本土工业，率先在全国掀起了工业化浪潮，使武汉成为中国近代工业的发祥地。

1911年10月10日夜划破武昌城静寂夜空的一声枪响，拉开了辛亥革命的帷幕，而吹响这声推翻清王朝的冲锋号的步枪便出自汉阳兵工厂。其初名汉阳枪炮厂，1894年建成，于1895年开始制造军工兵器，是晚清规模最大、设备最先

张之洞　　　　　　　汉阳兵工厂旧址

进的军工企业之一。汉阳兵工厂最初打造的步枪原型为德国1888式委员会步枪，由于该枪存在容易炸膛的隐患，后来德军将之弃用，而改用毛瑟1898式步枪，并将1888式步枪转售给中国。汉阳兵工厂建成后，便利用德国步枪的设计图稿和机械生产该类型的步枪，并加以改造，定名为八八式步枪，俗称"汉阳造"。该枪口径7.92毫米，全长955毫米，枪体全重为3.166千克（不含刺刀），枪管长为442毫米，表尺射程为1800米。至1944年，汉阳造步枪在中国前后生产近50年，是中国历史上生产时间最长的轻武器，从辛亥革命到新中国抗美援朝，它都在中国军事史上留下了浓墨重彩的一笔。

若要追溯近代中国钢铁工业的源头，张之洞亦是当之无愧的开创者。为修筑南北铁路，张之洞在汉阳创办了大型炼铁厂——汉阳铁厂。此厂于1893年建成投产，它既是中国近代最早的官办钢铁企业，又是当时最大的钢铁联合企业，与大冶的铁矿、江西萍乡的煤矿联合组建了汉冶萍公司。汉阳铁厂涵盖生铁厂、贝色麻钢厂、西门士钢厂、钢轨厂、铁货厂、熟铁厂等大厂和机器厂、铸铁厂、打铁厂、造鱼片钩钉厂等4个小厂。如今，汉阳铁厂虽已销声匿迹，但张之洞与武汉博物馆保存着它所遗留的大量文物、史料，使近代武汉的工业雄姿得以为人熟知。在19年的督鄂生涯中，与其说武汉成就了张之洞，不如说张之洞赋予了武汉追求卓越的伟大工业精神。在他的擘画下，汉阳铁厂、汉阳兵工厂、汉阳火药厂、汉阳针钉厂、汉阳官砖厂陆续投产，"汉阳十里工业长廊"就此形成，蔚为大观。

近代以来，武汉因工业而兴起，正是有着雄厚的工业基础和生产经验。新中国成立后，"一五计划"确定的武钢、武重、武锅、武船等七大工程选址武汉，占全国重点项目投资的四分之一。如今，这些"武"字头企业已成长为武汉冶金、机械、纺织三大产业和食品、化工、电子等产业门类的支柱，武汉因此成为华中地区最大的制造业中心。"敢为人先"的武汉城市精神灌注于武汉工业的毛细血管之中，随着改革开放拉开帷幕，以汽车、光纤为代表的新型制造业正在成为武汉靓丽品牌。

近代武汉孕育并传承下来的宝贵工业遗产，以焕然一新的时尚面貌融入现代都市生活。如位于龟山脚下的汉阳造艺术区是以汉阳兵工厂和"824"工厂的一部分废弃工业厂房为基址，重新定位、设计、规划和改造的文化创意产业集聚园区，聚集了广告、画廊、书店、摄影等创新创业企业，这里的公共文化空间成为人们休闲娱乐、拍照打卡的旅游景区。"汉阳造"是中国百年工业崛起的重要标志，而时尚艺术区借汉阳造之名及其旧址，使近代的百年沧桑和民族工业精神熔铸焕发出生生不息的活力。

归元寺

晨光熹微，翠微路侧，一声声钟响唤醒了沉睡的万物。在路的尽头，古色古香的归元寺宁静地伫立着，静待着香客披露踏霜而来。朱红色的大门、明黄色的墙壁和青黑色的屋瓦使得这座古寺格外庄严。

民间有俗语："上有宝光，下有西园，北有碧云，中有归元。"这是对归元寺的无上称赞。作为全国佛教重点寺院，它与宝通寺、莲溪寺、古德寺并称为"武汉四大丛林"。佛教经典《楞严经》有语："归元无二路，方便有多门。"归元寺的"归元"二字取材于此，内涵丰富，智识精妙，意为在生活中跳出"非此即彼"的二元对立，探索和择取多元的道路而终归大道之本。归元寺以弘扬佛法为本职，是数百年来佛教信徒参禅修身的圣地。

归元寺始建于清顺治

归元寺

年间，原为晚明王章甫的葵园，距今约300年历史。藏经阁、大雄宝殿、罗汉堂三组建筑奠定了归元寺主体架构。藏经阁内收有各类佛教经典七千余册，是研究佛教的重要文献资料。此外，阁内还藏有1935年缅甸佛教徒赠送的玉雕释迦牟尼像，这是当前国内保存最好的玉佛之一。大雄宝殿供奉释迦牟尼的金身，供寺内外僧人、信徒参拜。寺内南边是著名的罗汉堂，里面所供奉的五百罗汉是黄陂民间手艺人王氏父子耗时九年所塑。罗汉身形大小如同真人，站立坐卧、抱石问天、研读佛经，脸上神情各异；或威武，或可爱，或慈祥，罗汉群像栩栩如生。民间习俗：信众至归元寺，通常会先到罗汉堂，选一尊自己钟爱的罗汉，根据自己的年龄数字，从选定的罗汉开始往后数，与自己年龄相同的罗汉像即为本命罗汉。据传，根据罗汉形态、神情，可预判信众的祸福吉凶。1954年，武汉暴发洪灾，江水滔天，归元寺亦一片汪洋，但洪水退去后，五百罗汉像竟毫发无损，伫立在原地，颇显神异。

每年春节前后，一元复始，万象更新，众多香客来到归元寺朝圣祈福。大约正月初六、初八至十五盛大隆重的庙会在这里举行，佛教文化、民俗文化、商贸文化、饮食文化交融出新，丰富着人们的精神文化生活。归元庙会于2011年列入第三批国家级非物质文化遗产代表性项目名录扩展项目名录。

槐山矶石驳岸

槐山西麓江夏金口街的滨江之处，清澈的江水激荡起滚滚浪花，拍打着岸边的礁石。礁石之上，狭长的槐山矶石驳岸犹如一条正在酣睡的巨龙傍江而卧，它是长江上唯一尚存的古代航运建筑设施。

金口，古称涂口，因金水河在此汇入长江而得名，自古以来就是长江流域的贸易集散地，素有"黄金口岸"和"小汉口"的美誉。伫立在驳岸一角，不由得让人遐想当年来自浙江、江西、湖南、四川等省的商旅络绎不绝，是怎么样的一种航运盛象？

驳岸修建以前此处江流湍急，矶石兀立，暗礁密布，过往船只难以上行和停靠，故名惊矶头。不时出现的浪涛无情地吞噬了许多船夫的生命，船妇们便来到这里寻觅亡夫尸体、哭诉和祭奠，长此以往，人们也把这里称为"寡妇矶"。在

槐山矶石驳岸

传说中，驳岸是为了不让悲剧重演，由当地寡妇集资兴建的。但根据学者的考证，它应是地方政府出资修建，主要为了给过往船只停靠和拉纤提供便利，同时防止槐山山体受到河水猛烈冲击。

驳岸始建于明代嘉靖年间，依山而建，从远处看，仿佛是一段层叠耸立的城墙。驳岸均用花岗岩条形巨石堆砌而成，全长200余米，平均高度约7米，为三级台阶式，底层和中间层高约2~3米，宽约2~2.3米，上层高约2.3米，宽约5米，高度随山体坡度调整，行走时缓如坦途。驳岸石壁凿有圆形石柱孔，以便撑篙系缆。底层和中层各有一圆形拱状涵洞，宽约1.3米，高约1.8米，深约10米，两洞相通，用于山体排洪。驳岸上有小道直通槐山顶的留云亭，此亭为民国时重建，古称达摩亭。当地民间流传有"一苇渡江"的故事。梁武帝信奉佛理，相传他与西域达摩论说佛理，因意见不同，达摩主动告辞离去。后来梁武帝懊悔不已，派人追赶。达摩至江边，见有人追来，便在江边折了一根芦苇投入江中，化作扁舟，自己则悠然渡江。

槐山矶石驳岸作为保障长江航行安全的人工建筑，是保存至今的大型水利工程的标志性成果，充分体现了古代水利工程的劳动智慧和修建水平，具有极为重要的观赏和研究价值，已成为国家重点保护文物单位。

盘龙城遗址博物院

考古发掘使煌煌商邑盘龙城得以重现它昔日的光辉。3500多年前，一座商代城邑在此拔地而起，成为当时南方的政治、军事和经济重心。盘龙城是商代南扩至长江流域建成的重要城市，坐落在武汉市北郊，是长江流域已知等级最高、遗存最丰富的商代前期遗址，被誉为"武汉城市之根"。

2017年，在原址上建成盘龙城遗址博物院，以建筑景观一体化为主要思路，采用"半嵌入式"的规划设计，将遗址本体作为最大的展品。博物院外墙采用仿夯土材质的石材，土黄色的墙纹肌理仿佛是苍老文明的时间印记。作为开放型城市空间，盘龙城遗址博物院既能集中地观察、欣赏珍贵的遗址宝物，又能使人在其中感受城垣遗址的历史气息和人文魅力。

夏商之际，各地文化如满天星斗般交融呼应，盘龙城即长江流域青铜文化的典型。盘龙城遗址规模巨大，包含宫城区、李家嘴、杨家湾、杨家嘴、王家嘴等多处，总面积为3.95平方千米。宫城区有3座大型宫殿基址，已发掘1号、2号基址，宫城外还有居民居住地、手工作坊、贵族墓葬等诸多遗迹。自1954年发现以来，对于盘龙城遗址的考古发掘工作持续不断，陆续出土了青铜器、陶器、玉器等遗物3000余件。

当前，杨家湾是盘龙城遗址发掘比较充分的区域之一，其间出土的生产生活用具拼贴起一幅幅盘龙城先民的生活图景。11号墓的青铜大圆鼎，用以祭祀时盛放牛、羊肉，通高85厘米，三尖锥足鼎形，是我国目前发现的年代最早、体量最大的青铜圆鼎。其颈部装饰有神秘而庄重的"饕餮纹"，上古传说龙有九子，其一为"饕餮"，象征贪食之意。17号墓出土的青铜带銴觚形器是国内独一无

盘龙城遗址博物院

二的青铜酒具，整体器型兼具觚、斝、角等酒器的特征，足以体现夏商先民饮食种类之丰富。同墓出土的绿松石镶金饰件以兽面纹的绿松石为主体造型，黄金作眼、牙、眉的装饰材料，是当前中原文化系统中所见的最早的成形金器。这些巧夺天工、造型独特的宝贵文物，彰显着商代青铜文明的鼎盛状貌，是当时社会经济和科学技术高度发达的鲜明标志，令人惊叹不已。

盘龙城因地利之便和铜铁之丰而成为长江流域早期青铜文明的中心，犹如一块巨大的翡翠，镶嵌在繁华的江城之中。从 1954 发现至今，盘龙城遗址考古发掘面积尚未超 2%。2021 年，入选中国"百年百大考古发现"。相信在不久的将来，随着考古工作的持续进行，这颗沧海遗珠的真正面目终会被人们所熟知。

木兰故里

"雄兔脚扑朔，雌兔眼迷离；双兔傍地走，安能辨我是雄雌？"千百年来，南北朝时期的这首长篇叙事民歌《木兰辞》与《孔雀东南飞》合称"乐府双璧"，刻画了英姿飒爽、勇毅果决的木兰形象，朴素明快的语言，强烈的艺术感染力，使木兰故事在湖北民间广泛流传。武汉黄陂是木兰故里，也是木兰传说流布最为集中、内容最为丰富的地区之一。2008 年，木兰传说入选第二批国家级非物质文化遗产代表性项目名录。

相传，在汉文帝时期，朝廷大举征兵抗击匈奴入侵，木兰之父亦在应征之列。但父亲年事已高，又终年抱病，木兰实在不舍年迈的父亲上阵杀敌，而家中又无其他男丁可以代替，木兰便决意女扮男装代父从军。十余年间，木兰南征北战，与其他士兵出生入死，同吃同住，竟无一人发现其女儿身。木兰久经沙场而幸得凯旋，凭借卓越的战功被赐封将军，但她淡泊名利，坚决辞官返归故里。

完整的木兰传说主要包含"木兰出世""少年木兰""替父从军""塞外征战""立功凯旋""辞谢封赏""返乡团聚"等故事情节。木兰是古代的巾帼英雄，她为国尽忠、为父尽孝的行为，展现了中华儿女勇敢坚毅与高尚纯洁的美好品质。木兰传说融合了历史人物、地方建筑、物产风俗等多个方面，传播广泛、影响深远，在历史学、民俗学、文化学等诸多领域有重要的研究价值。

武汉黄陂为木兰故里，有木兰山、木兰湖、木兰天池、木兰古门、清凉寨、

木兰草原　　　　　　　　　　　　木兰天池

木兰草原、农耕年华、云雾山等"木兰八景",形成了独具特色的木兰文化区。其中,木兰天池、木兰草原久负盛名。传说木兰天池是木兰外婆家的旧址,小时候的木兰在此读书写字、习武练剑,留下诸多动人故事。这里以"浪漫山水""高峡人家""森林公园"为主题,山势峻峭,风景如画,犹如一幅绝美的天然画卷。潺潺小溪在山脉间纵横交错,奏响乐曲优美悦耳,每逢雨季,这里烟雾缭绕,仙气飘飘,别有一番风味。在壮丽的大自然中,木兰草原如同一颗翠绿的明珠镶嵌在山谷之间,绿油油的草原与湛蓝的天空相映成趣,置身其中,仿佛回到了千年前木兰征战沙场的热血岁月。

马应龙眼药制作技艺

中华老字号,每每见到这个称谓,人们便觉值得信赖,它以悠久的历史传承和独特的工艺传统赢得顾客的信任。在武汉,有这样一个品牌,家喻户晓,品质始终如一,经久不衰,那便是马应龙眼药。它起源于明朝万历时期的河北定州,距今有400多年的历史。

因定州地处华北平原,每至春秋二季,气候干燥,尘土飞扬,由此导致眼疾高发。为解除百姓的眼疾之困,一位名叫马金堂的医者经过长期钻研,摸索并总结了一套眼药医方。此方以牛黄、麝香、冰片、琥珀、珍珠等八味名贵药材研制了"八宝眼药",外人称之为"定州眼药"。他悬壶济世,施医赠药,远近称道。后来,他的继承者马应龙设店于定州北街,将眼药正式改名为"马应龙定州眼药"。

清光绪年间，马万兴掌舵，他志向远大，眼光长远，为突破地域限制，将药铺迁至北京城内。虽然创业之初艰辛异常，但因祖传工艺精湛，疗效突出，逐渐获得老百姓的青睐，在当地流传有"身穿瑞蚨祥，脚踩内联升，头顶马聚源，眼看马应龙"的歌谣。1919 年，马岐山南下武汉，并在长沙、安庆、柳州等南方地市设店，形成以武汉为中心的南方供药网络。

在普通老百姓心中，马应龙眼药乃"万应灵药"，不仅质量上乘，且价格十分亲民，因此成为最早向海外出口的"中国制造"之一，在东南亚地区销量极盛。20 世纪 20 年代，美国商人葛思德到中国采购货物，因长期患青光眼，四处寻医问药竟无改善，谁料以马应龙眼药医治便康复了。葛思德从此对中医药产生了浓厚兴趣，并从中国购买了大量医书，方才有了后来的美国第二大东方文献图书馆。

新中国成立后，马惠民担任马应龙制药厂（后改为"武汉第三制药厂"）厂长，遵循制药古法，生产、销售眼药、痔疮膏等多类药品。历经十五代人的传承发展，马应龙眼药制作技艺日趋成熟，治疗眼病效果极佳。2011 年，马应龙眼药制作技艺入选第三批国家级非物质文化遗产代表性项目名录扩展项目名录。

马应龙眼药采用的原料选材严格，药材种类繁多、品质上乘，含甘石粉、麝香、珍珠、熊胆、生硇砂、冰片、硼砂、琥珀等多味药材，能够明目止痛，止溃消炎，主治眼部红肿刺痒、迎风流泪、火眼暴发、眼边赤烂。同时，眼药的炮制具有严格的流程规范，包含飞水、鉴别药材品性、分离吊浆、捣药、漂筛、称量入药、鉴别成色等主要工艺流程。

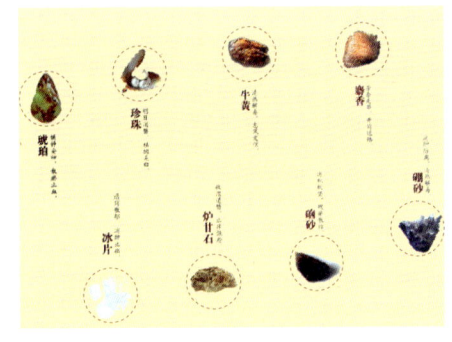

马应龙八宝古方

马应龙眼药是马家世代传承的心血，它的制作工艺细致入微，有药到病除之奇效。由于其核心技艺对外保密，数百年来从未被冒牌假药所影响。

戏码头

自古以来，交通、区位等地利之便造就了武汉得天独厚的文化生长环境，随着人口的迁徙流动，五湖四海的文化在此地交融互鉴，孕生出诸多独具一格的文化精粹。戏剧，如同一面镜子，既反映历史传奇的万千面相，又折射出饱经沧桑的生活印记，百态人生自戏中得以管窥。

清末至民国，伴随着汉口开埠通商，各地人口流入，许多戏剧在这里融汇、生根，武汉逐渐成为与北京、上海齐名的戏码头。汉剧在这里生成和发扬光大，楚剧从乡野小调的"哦嗬腔"唱进都市，更有黄梅戏、花鼓戏、豫剧、越剧等数十种剧种在此交集，迸发出多彩的魅力。

汉剧初称楚调、汉调，又名楚腔、楚曲。明末清初，秦腔经襄阳南下，与江汉平原民间小调相结合，形成名为"西皮"的新腔调。而鄂西北民歌中一唱众和的民间小调博采众长，广泛吸收了昆曲、弋阳腔以及徽调等艺术形式而创造了"二黄"唱腔。"西皮""二黄"的交融演化，成为汉剧的主要腔调。在长期的发展过程中，产生荆河、襄河、府河、汉河等四支流派，远及湖南、河南、四川、陕西、广东、安徽、江西、贵州、陕西等省份。它的角色行当完整，分为末、净、生、旦、丑、外、小、贴、夫、杂等十行，风格各异的行当代表着各具特色的人物性格。汉剧剧目相传有八百出，其中至今流行的约三百出，代表性剧目有《宇宙锋》《打花鼓》《双尽忠》《两狼山》《审陶大》《斩李虎》，多取材于传说故事，情节曲折多变，故事情节跌宕起伏。根据故事情节，再配以胡琴、月琴、三弦、鼓板、笛子等伴奏乐器，场场引人入胜。

清末，米应先、余三胜、王洪贵、李六、谭志道等湖北汉剧艺人进京，加入徽班演出，使汉、徽二调融通互鉴，"徽汉合流"具有里程碑式的时代意义，为京剧国粹发展奠定了基础，尤其是湖北罗田人余三胜的《李陵碑》开创了京剧反二黄的唱腔史。新中国成立后，吴天保、陈伯华等人成为汉剧代表，在全国影响极大。其中，陈伯华被称为汉剧艺术大师，她的唱腔既保留了传统程式，又大胆

武汉戏码头　　　　　　　《宇宙锋》

融合创新，根据剧情和人物形象，设计出别有新意的唱段，她是跨越了两个世纪的汉剧艺术家，开创了"陈派"唱腔，声名远播。

大约在同一时期，哦嗬腔与鄂东一带的山歌、高跷、道情、竹马等多种形式融合成为特色剧种，名为楚剧，旧称哦嗬腔、黄孝花鼓戏和西路花鼓戏。如今主要流行于武汉、孝感、鄂州、荆州、咸宁、宜昌、黄石等湖北地级市以及湖南部分地区。代表人物有沈云陔、高月楼、关啸彬、李雅樵、熊剑啸等。楚剧角色主要分为生、旦、丑三类，其余行当由三者兼演。唱腔主要有迓腔、仙腔、应山腔、四平、十枝梅等，伴奏乐器为胡琴、京二胡、二胡、三弦、钹、大小锣等。楚剧剧目约五百出，其中流行的有二百余出，代表性剧目有《秦雪梅吊孝》《银屏公主》《赶斋》《杀狗惊妻》《三世仇》《吴汉杀妻》等。楚剧讲求贴近自然与生活，不仅采用湖北民间音乐元素，搭配巧妙的人物形象和动作，还构思出跌宕起伏、引人入胜的剧情，观众可以从中感知湖北的地方文化魅力。

武汉之所以被称为"戏码头"，还因为数百年来许多戏剧名家曾聚集于此。出生于武汉江夏的谭鑫培是中国京剧谭派的创立者，一生创造了许多令人印象深刻的艺术形象，形成了独树一帜的戏剧风格，有"伶界大王"之美誉。国学大师梁启超亦赞曰："四海一人谭鑫培，声名廿纪轰如雷！" 1905年，谭鑫培主演了中国的第一部国产电影《定军山》，成为首位涉足影坛的戏曲艺术家。中国京剧大师梅兰芳亦曾驻足武汉六次，在武汉大舞台出演《霸王别姬》等剧目，被热情的江城戏迷感染，赞誉武汉是和京、沪齐名的"戏码头"，其间还与吴天保、陈天华等在鄂地方汉剧名家相互切磋、交流经验，极大促进了中国戏剧的交融创新。

时至今日，这座"戏码头"呈现出全新的气象：以《汉口女人三部曲》为代表的武汉现代京剧在全国戏曲界打响品牌。截至2022年，中华戏曲艺术节已连续举办十届，101位梅花奖得主185次绽放江城。"戏码头"各类戏剧戏曲活动花团锦簇、声名远播，为中华优秀传统文化创造性转化、创新性发展注入全新的艺术活力。

▎汉绣

丝线纤纤绕指柔，万千景致在手中。刺绣，中国古老而又浪漫的指尖艺术，

汉绣

它似一幅生动细腻的油画,色彩艳丽,构图丰富,无不彰显着女子娇柔似水的妩媚。唐人胡令能就曾写下诗句:"日暮堂前花蕊娇,争拈小笔上床描。绣成安向春园里,引得黄莺下柳条。"歌颂绣娘们飞针引线,于掌心之间将天地万物勾勒得栩栩如生,精巧灵动。受区位环境、地域文化影响,中华刺绣类型多元,内涵丰富。

作为荆楚艺术瑰宝,汉绣素有"指尖上的传奇"之美誉。它起源于汉代,兴发于唐代,盛行于清代,是流行于湖北荆州、武汉、洪湖等地区的民间传统刺绣。凭借着技艺精巧、内容丰富以及色彩鲜明,汉绣曾一度与苏绣、湘绣、蜀绣、粤绣"四大名绣"齐名,石首的绣林镇、洪湖的峰口镇和武汉的绣花街都以汉绣著称于世。2008年,汉绣入选第二批国家级非物质文化遗产代表性项目名录。

武汉素有"九省通衢"之称,特殊的区位条件为汉绣的生长提供了得天独厚的条件。一方面,汉绣以楚绣为基础,吸收南北绣法之所长,以铺、压、织、锁、扣、盘、套等为主要针法,以平金夹绣的工艺体系为表现形式。汉绣下针果断,讲究由外向内,先绣外围,再层层向内走针,可灵活采用垫针、铺针、散针、游针、关针等数十种针法以表现图案的清晰纹路,体现"花无正果,热闹为先"的美学理念。另一方面,汉绣的创作对象多取材自民间生活,以人物花鸟、祥瑞神兽为主,辅以红、黄、白、黑等数种颜色,绚丽多彩,浮夸张扬,尽显荆楚浪漫、神秘的地域特色。汉绣成品主要包括四类,一是衣服、鞋子、枕头、头巾、披风等生活用品;二是与戏剧有关的衣、鞋、帽、旗等舞台用品;三是屏风、壁挂等场地装饰品；四是佛教、道教等宗教用品。

每件工艺品的背后，都倾注了能工巧匠的耐心、专注和坚守。作为中华刺绣艺术的一朵奇葩，汉绣的延续和创新离不开传承人的付出和努力。年近九十高龄的任本荣老先生系中国首届刺绣艺术大师，12岁拜入胡品阶门下，精通汉绣全套工艺流程。虽在一段特殊时期不得不放下手中的绣针，但在业余时间他仍在收集文稿资料。退休后，任本荣老先生花费近二十年的时间，抢救性修缮了两百多件汉绣精品和四百多张汉剧服饰图纸。同时，他还自发筹集几十万元去往苏州购买布料、绣花线，搜集大量清代汉绣残片，并加工整理出两千多种汉绣样式。

欣赏汉绣，是一场与美的邂逅。汉绣那细致入微的描摹线条与绚丽多姿的色彩构图，充满强烈的视觉冲击力和情感渲染力，是荆楚大地上绽放的绚丽烂漫。目前，汉绣传承发展卓有成效，以汉绣为核心的文化创意产品风靡全国，已成为长江流域流光溢彩的艺术明珠。

武汉杂技

杂技表演者在舞台之上旋转翻飞，如有双翼御风而行。他们精湛的技艺融合勃发的力量与美感，是中华民族古老而独特的身体艺术。

长江之滨的武汉交通便利，商贸发达，人口聚集所带来的娱乐需求催生了民间娱乐业。武汉杂技起源于清朝民间，《汉口竹枝词》以"走索车坛尽女娃""猴子狗熊玩棍棒"等文字记录武汉杂技的兴盛景象。民国初期，全国数十个杂技班在汉口民众乐园登台演出。1953年，武汉杂技团正式成立。1992年，武汉杂技厅建成。武汉杂技自此走上系统性传承发展之路。

中国著名杂技表演艺术家夏菊花是武汉杂技的国家级传承人，在杂技界素有"杂技皇后"之美誉。她将杂技由街头引入艺术殿堂，创造"顶碗旱水转""单手顶""脚面夹碗""双飞燕拐子顶"等极具美感且难度极高的杂技动作。她的成名杂技《顶碗》荣获1957年第六届世界青年联欢节金奖。2019年，她入选"2018中国非遗年度人物"，在国内外有着重要的影响力。钟灵毓秀的荆楚大地既为我国杂技发展提供了文化沃土，又孕育产生了极具地方特色的杂技表演，发展至今已成为荆楚文化的重要品牌之一。20世纪90年代初，中国武汉国际杂技艺术节在武汉举办，武汉作为"东方杂技艺术大赛场"受到世界瞩目，走向国际舞台。

2014年，武汉杂技列入第四批国家级非物质文化遗产代表性项目名录。随着武汉杂技晋升"国家队"，近年来表演剧目着力在传统中寻求突破。代表性剧目之一的《飞轮炫技》结合了蹦床、蹬技的特点，以"旋转三节抽梁""大旋转蹬人连翻两周""旋转三人抛接720度上肩"等高难度动作诠释了武汉杂技中力量与美感的完美结合。原创抗疫剧目《英雄之城》更是将杂技与汉剧、歌舞等传统元素融合，配合声、光、电等高新技术，展现了英雄之城的伟大气魄。

武汉杂技是中国传统文化宝库中的一颗璀璨明珠，它表层的柔情似水与内里的骨劲肌丰，嵌入武汉城市发展的脉动之中，拨动着代代江城人民的心弦。

湖北小曲

戏曲，如同一幅徐徐展开的卷轴，生动细腻地描摹人们的喜怒哀乐，欢乐时喜上眉梢，哀伤处泪如雨下，极富情感渲染力。数百年间，湖北小曲在长江中游传唱，它宛如楚地山林的脉搏，应和着生活的节拍，充满浓郁的乡土气息。

湖北小曲源于明清民间俗曲，由汉滩小曲和天沔小曲组成。汉滩小曲又称外江小曲，一般流行于武汉汉口、沙市、宜昌等长江流经地区，主要以联曲体的结构形式演唱故事情节相对复杂的单折杂戏。天沔小曲亦称内河小曲，流行于天门、沔阳、汉阳等地，以单曲体的结构形式，通过敲碟子演唱抒情小调。经过长期的发展，两支小曲逐渐交汇合并，新中国成立后统称为湖北小曲，2008年列入第二批国家级非物质文化遗产代表性项目名录。

湖北小曲将说、唱结合，形式灵活，不仅可以由一人独自拉唱，而且可以由二、三人拉唱，坐唱、站唱、走唱皆可。一般而言，以两人坐唱的形式较为多见。表演者分生、旦行当，一人拉琴，一人击板。唱词有七字、四字、十字的上下句结构，夹杂着五字、长短句。据统计，湖北小曲唱腔曲牌共有约三百个，流行至今的有一百余个，大致分为南曲、文词、滩簧、西腔、杂牌小调等五类。演出曲目十分丰富，流传至今的约有200个，主要来自传奇、杂剧和民间故事，既有歌颂爱情、追求自由的题材，又有反对封建礼教压迫的内容，也有富含生活趣味的小段子。《抢伞》《西京词》《苏文表借衣》等均是湖北小曲的代表性作品。

"坐皮沙发，喝香片茶，听何忠华。"这是老武汉人20世纪的生活写照。有"小曲皇后"美誉的何忠华是湖北小曲的代表性传承人，她曾师从盲艺人张正浩学习小曲和表演技艺。后来，她又拜喻义和、程德荣为师，勤学苦练，开拓创新，造诣颇深，有《南包公·选妃》《碧血丹心》《石破天惊》等代表佳作，斩获多个国家级大奖。她也曾赴奥地利、德国等国家出演小曲，将荆楚文化推向国际舞台。

湖北小曲表演形式多样，融合说、唱、弹、演等多种艺术技艺，全面且生动地展现故事核心情节，为观众带来视觉、听觉的双重感官享受。作为荆楚民间文化精华的集成，湖北小曲不仅丰富了人们的业余精神生活，还发挥了传承弘扬地方传统文化的重要功能。

木雕船模

泱泱华夏，水域纵横，江河交错。舟，古老而质朴的交通工具，无论是水天一色的海域，还是碧波荡漾的江流，都能见到它的身影。早在数千年前，中国人凭借着生存经验和生活智慧发明了舟，《易·系辞下》："刳木为舟，剡木为楫，舟楫之利，以济不通，致远以利天下。"人类文明的进步客观上促进了造船技术的升级，也推动着造船模型的出现。《金史·张中彦传》："舟之始制，匠者未得其法。中彦手制小舟才数寸许，不假胶漆而首尾自相钩带，谓之'鼓子卯'。"

武汉，地处万里长江的"龙腰"，汉水、长江交汇，湖泊密布，水网交织，"以舟为车，以楫为马"成为江城日常的生活景观。这里的船只种类丰富、数量庞大，正是船只制造的实际需要造就了木雕船模这一极富荆楚特色的民间工艺。

武汉木雕船模创于清末，起源于湖北宜昌，最初是艺人龙启胜开设小作坊从事木雕船制作。后来，其子龙云华传续父辈家学，多有创新，开设了龙鸿兴玩船厂，龙家船模声名远播。新中国成立后，龙云华移居武汉，也将木雕船模的技艺携至武汉。经过五代传承人的创造发展，木雕船模技艺愈发成熟，在同行中独具特色，2008年，经武汉硚口区申报，入选第二批国家级非物质文化遗产代表性项目名录。

木雕船模的工艺独特，基本程序包括设计、出料、放样、船体及零部件制作、髹漆、装配等。通过使用刨子、凿子等工具，在柏木、红木、黄杨木、花梨木、扁桃木等木质坚硬、纹理细密的木雕原料上刻凿水船造型。木雕船模造型生动，

木雕船模——中华巨龙

形象优美，极具民间审美趣味，这主要与其"镂空精梭"和"精工制模"有一定的关系。前者对镂空的纹饰要求极高，将传统的单面梭转化为双面梭和多面梭，保证纹饰宽度控制在1毫米内，十分精细；后者则要求船模造型端正规矩，无缝衔接，关键部位活动自如。

武汉木雕船模以华夏船只为创意来源，目前已创作出"端午龙舟""五牙战舰""郑和宝船""东方巨龙""川江大柏木鼓船""大龙舟"等代表佳作，将千变万幻的生活面相置于木雕之上，在俗世日常中尽显古朴典雅。一方木雕船模的方寸之间，"舳舻千里，旌旗蔽空"的壮阔如在目前，"惟江上之清风，与山间之明月"随即耳得目遇。

叶开泰传统中药制剂方法

武汉的街头小巷间，有一首童谣广为传唱："叶开泰，卖得快，金字招牌传九州……"叶开泰传统中药制剂方法是老字号"叶开泰"在长期实践中所探索并总结的制药技艺。

相传，明崇祯四年，因李自成反清起义，民间百姓流离失所。"叶开泰"创始人叶文机随其父逃难至汉口，在古琴台附近行医卖药。1637年，叶文机的父亲逝世，他在汉口汉正街周边购买了一座青砖古屋，正式开店设铺。因其父遗嘱："叶家药铺开业，只图国泰民安"，便以其姓加"开泰"作为店铺招牌，距今已有三百多年的历史。"叶开泰"药铺以参桂鹿茸丸、八宝光明散、虎骨追风酒、十全大补丸等自制药剂闻名，曾与同仁堂、陈李济、胡庆余堂并称为四大中药店。

"叶开泰"老字号市场口碑极好，原因主要有二：其一，制药遵循传统理念，用料货真价实。"叶开泰"对制药技艺要求非常严格，首要的就是要选用优质的道地药材，他们坚信"修合虽无人见，存心自有天知"，一直秉持着宁缺毋滥的原则来选取药剂原料。有则民间传说是这样的，医用药材根据质量分为三等，上等的称"面子"，下等的称"底子"。每次在选购药材时，通常请"叶开泰"的管事亲自来宣布开市，这是因为"叶开泰"向来不要"底子"，只要"面子"，用最高级的药材保障中药产品的质量和效力。"要面子"的典故由此而来，并流传至今。早期的"叶开泰"往往是"前铺后堂"，临街的铺面是药店，后面的屋堂是用来煎熬药材的场所，他们对制剂工艺也有着十分严谨的程序，包括选、炙、洗、泡、煎、滤、密、炼、收等流程。其二，"叶开泰"素有"诚信开店，童叟无欺"的经营传统和与人为善的处世理念。对穷苦的下层百姓，"叶开泰"通常施医赠药，在汉口设置粥棚来接济百姓。

"叶开泰"坚守的这种"内外兼修"的经营理念，使其声名在外。几百年来，"叶开泰"成为武汉地区中药行业的精神引领，流传着许多关于"叶开泰"的传奇故事。1953年，"叶开泰"改造为私营武汉市健民制药厂，后来收归国家统管。

如今，武汉健民药业集团有限公司延续着老字号精神。2021年，叶开泰传统中药制剂方法列入第五批国家级非物质文化遗产代表性项目名录扩展项目名录。由健民药业集团开设的叶开泰文化园是武汉首个国家中医药文化旅游景区，设有叶开泰国医堂、叶开泰中医药文化博物馆、叶开泰秘药局、叶开泰老酒坊、叶名琛纪念馆等，发挥着就医、研学、观光、养生等多种功能，倡导"药食同源"成为其发展规划的重要理念，由其出品的黑芝麻丸、养生壹号正气茶、桑葚膏、乌梅膏广受大众喜爱。

鄂州

复在樊水边

"漫家郎亭下,复在樊水边",唐人元结所作《樊上漫作》描写了作者避难隐居"樊上"时所见山竹、寒泉、双石峰组成的旖旎田园风光。梁子湖似山环水抱中的一面明镜,将绚烂的四季美景倒映其中,又像是温柔的慈母,孜孜不倦地哺育着鄂州这片膏腴之地。

"春风落日谁相见,青翰舟中有鄂君",今湖北"鄂"之简称源自夏商时期的鄂氏族,西周分封,楚鄂王踞樊水一带,鄂君启节的发现,昭示了鄂州自古以来的水陆之利。1800多年前,东吴孙权自公安南下,筑城定都,以武而昌。"东鄂城东安乐宫,李花练绚玉玲珑",漫步鄂城,武昌宫阙的昔日繁盛如在目前,武昌城遗址、樊山文化遗存共同印证

鄂州

着鄂州悠久厚重的城市记忆。

"峭壁起江心，层台水面浮"，"万里长江第一阁"观音阁伫立江心，以深邃慈爱的目光，注视着江流滚滚东去，目送奔波的舟子，守护大江安澜。铜镜正人衣冠，亦印证了古老而璀璨的文明；牌子锣掷地有声，鼓动淳朴鲜活的民俗风情；雕花剪纸巧夺天工，剪出跃然纸上的灵动日常；陆上龙舟世所罕见，风俗和传统在心照不宣间延续。

鄂君封邑

多元一体的中华民族创造了丰富灿烂的地域文化瑰宝。湖北,是荆楚文化的发祥地,它的简称为"鄂"而非"楚",与位于湖北东部、长江中游南岸的鄂州关系很大。

鄂州之名来源于夏商时的鄂氏族。鄂,相传为黄帝姞姓后裔,至夏商之际已发展成为诸侯国。《史记·殷本纪》有载:商代晚期,鄂侯与西伯侯姬昌、九侯并列三公。商纣王欲娶九侯之女,但九侯之女厌恶纣王荒淫无度,纣王一怒之下杀死九侯之女。鄂侯见之,与商纣王据理力争,亦被杀死,其氏族于西周初年迁至今湖北随州,成为西周南疆的屏障。西周中后期,鄂国与周王室交恶,率南淮夷、东夷共同反周失败,被迫南下至今鄂州一带。公元前323年,楚怀王封启为鄂君。公元前278年,秦将白起拔郢,鄂国故地被秦占领,改国为县,"鄂"由此延续下来。

鄂州是长江流域的关键节点,自古以来便是南来北往之交通枢纽,而鄂君启节力证了这一点。鄂君启节是楚怀王颁发给鄂君启的水陆通商免税凭证,是战国时期鄂地发展的重要文物遗存,1957年出土于安徽寿县邱家花园。据节铭记载,车、舟二节颁于"大司马邵阳败晋师于襄陵之岁",即公元前322年。共有车节三件、舟节两件,用青铜铸成,因形似竹节,故名"节"。车节长29.6厘米,上下各8行,计148字;舟节长31厘米,上下各9行,计164字。车节规定陆路限额50乘,一年往返一次,涉及今河南、湖北、安徽等地;舟节限定鄂君使用船只150艘,一年往返一次,涉及长江、汉江、湘江、资水、沅水、澧水等流域。此外,节铭上还记录了运载种类、禁运货物、免税规定等。鄂君启节不仅对研究楚国水陆交

鄂君启节

通、地理区位、商贸发展、分封及符节制度有重要的文物价值，而且也是极具审美价值的书法工艺品，铭文采用错金体鸟篆书写，样式精美。

梁子湖

在武汉东南部，一片天然湖泊宛如一面明镜，倒映着天空星辰、花树林木的绚丽多姿。梁子湖，又名樊湖，横跨武汉、鄂州两市，是湖北省内仅次于洪湖的第二大湖泊。

相传，梁子湖前身是片陆地，名为高唐县。因县官痴迷享乐，强取豪夺，弄得整个县城鸡犬不宁、民不聊生，百姓们怨声载道。有一日，县里来了位老道长，拿着把破伞四处寻人换伞，行至樊姓寡妇家门，请求寡妇为他换取一把好伞，寡妇欣然应允。拿到伞后，老道告诉这位寡妇："几日后，高唐县就会沉陷，请让您儿子密切留意县衙门口的石狮子，若一旦流血，你们就朝着高山上跑，否则将会被大水淹死。"樊姓寡妇并未视作儿戏，每日命儿子跑到县衙门口观察。一位屠夫见状，决定戏耍寡妇娘俩一番，有一日，便将猪血泼洒在石狮子口中。寡妇的儿子看到石狮子口中的血色，立马奔走相告，示意街坊邻里离开此地，随后赶回家背上母亲往高山上跑去。不久，山崩地裂，大水席卷了整座县城，樊姓母子看到一片大荷叶，便坐了上去，顷刻间高唐县竟被彻底淹没，母子所坐的荷叶则化作了一个洲。后来，人们为了感激樊姓母子，将这片湖称为"樊湖"或"娘子湖"（谐音"梁子湖"）。

梁子湖东西长82千米，南北宽22千米，湖水与长江相通。以梁子山为分界，东梁子湖位于鄂州，有蔡家澥、涂镇湖、前澥、后澥等子湖；西梁子湖则在武汉市内，有张桥湖、仙人湖、牛山湖等子湖。梁子湖素以自然风光著称，山清水秀，湖山相映，层峦叠翠。湖心有一颗"岛中明珠"，又名荷叶洲，形似鞋状，它便是传

梁子湖

说中寡妇母子逃离时所乘的大荷叶原型，约3平方千米。岛内历史遗存丰富，目前尚存二十余处，有公山遗址公园碉堡、七星湖湿地公园、革命烈士纪念碑、点将台、娘子像、梁子之光、梁子红桥、张家楼房、红色生活体验馆、长歌浮雕等诸多景点。

梁子湖素有"天然鱼仓"的美称，出产武昌鱼、胭脂鱼、银鱼、银针鱼、鳜鱼等七十多种鱼类，尤以武昌鱼最负盛名。传闻，吴王孙皓欲从建业迁往武昌，但遭到群臣反对，群臣编造"宁饮建业水，不食武昌鱼"的民谣为旁证，使武昌鱼广为人知。一代伟人毛泽东在其作品《水调歌头·游泳》中写道"才饮长沙水，又食武昌鱼"，使武昌鱼声名大噪。它是新中国成立后中国科学家命名的第一个鱼类物种。其头小体高，体高约为头长的两倍，体型侧扁，呈菱形，脂肪丰富，肉质细嫩，味道鲜美，营养充足，烹饪方式以蒸、煮、炙为主，其中以清蒸为特色做法，口感滑嫩、清香鲜美，驰名中外。自20世纪60年代起，我国开始大规模人工养殖武昌鱼，使其年产量达70多万吨，跃升为我国第七大淡水鱼养殖品种，鄂州市因之陆续获得"中国武昌鱼美食之乡""中国武昌鱼之乡"的国家级荣誉称号。

牌子锣

"湖畔有吹打，城区闹丝弦"，鄂东风俗滋养的民间乡土音乐牌子锣粗犷豪放，掷地有声，浓郁的乡土味道感染力十足。据鄂州地方史料记载，明末起义军张献忠部挥师攻入鄂州后，当地农民夹道欢迎，场面盛大壮观，特别是葛店姚湖附近以杨姓、罗姓为主的村民吹喇叭、敲锣鼓，喧闹非凡。后来，杨姓、罗姓家族分别以"杨喇叭湾"和"上屋罗"为村名，其中"罗"为"锣"的谐音。

牌子锣是一种混牌子自由连缀的民间音乐种类，被广泛运用在红白喜事、迎神赛会、节日仪式等诸多活动之中。其曲牌由民间戏曲音乐发展而来，调式大多以传统五声音阶调式为基础，少数曲牌为七声音阶。演奏者会根据不同的场合选择演奏形式，在户外田野是行走演奏，而在室内则是定位吹打。演奏乐器主要由吹管乐和打击乐组成，根据活动性质、环境、气氛以及时长等多种因素进行即兴演奏，节奏多变、悠扬舒畅，体现淳朴鲜活的民间风俗和生活场景，表达了民众期盼风调雨顺、五谷丰登的朴素愿景。

牌子锣遍布长江中下游一带，鄂州是牌子锣的主要传承地之一。20 世纪 80 年代，鄂州群众艺术馆的文化干部在民间偶然发现了 1916 年手抄本的牌子锣工尺谱，包括工尺谱曲牌（含变体）两百多首，注有打法的锣经近百首。同时，还发现了梁子湖区陈太村相传七代的牌子锣世家。

2011 年，鄂州牌子锣列入第三批国家级非物质文化遗产代表性项目名录扩展项目名录。牌子锣散发着鄂州乡土的芬芳气息，每当举办重大活动，牌子锣的动感音符与欢腾的氛围交织融合，成为鄂东乡村一道靓丽的风景线。

武昌城遗址

今人论起"武昌"，多思及湖北省会武汉三镇之一的武昌。然而，鲜为人知的是，"武昌"最早并不在武汉，而在鄂州。在鄂州南部百子畈一带，坐落着一座距今已一千八百年的长方形古城，便是武昌城遗址。因其是三国时期东吴建造的首个正式都城遗址，又名吴王城遗址。它既是目前唯一明确的三国城址，又是我国南方现存六朝古城中最早的一座遗址。221 年，孙权自湖北公安南下，因笃信鄂县为"龙蟠凤集之乡"，在鄂县营建城垣，取"以武而昌"之义，改鄂县为武昌。

武昌城遗址北依长江，南临南湖，素来是长江中游的军事重镇。城墙为东西长、南北窄的格局，长约 1600 米，宽约 500 米。原有东、西、南、北四面城垣，现仅有南垣保存较好，且中段尚有部分保存在地面，垣基宽约 22 米，高出地面 4～6 米，其余城垣均已损毁。城内原建有武昌宫，内有太极殿、礼宾殿、安乐宫等大型建筑。其中，太极殿便是孙权称帝时会见群臣的宝殿。宫城东侧有一座鸡鸣阙，民间有"吴王夜使鬼工为城，未及鸡鸣而罢"的传说。相传，孙权为尽早建造完成武昌宫称帝，便役使鬼工通宵达旦地赶工，宫城在日夜不息的劳力中拔地而起。

武昌古城

此外，其他宫殿修建得也十分精致。如安乐宫的用料尤其讲究，其瓦片以澄泥为原料，如婴儿皮肤一般，质地十分细腻。宋人薛季宣的《樊山春望》就描绘道："东鄂城东安乐宫，李花练绚玉玲珑。画图长喜平芜绿，不觉身归罨画中。"历史车轮滚滚向前，这美如图画的宫阙已随着战火而销声匿迹。但当代历史考古的发掘，逐渐廓清了武昌城昔日的容颜，先后发掘古井多座，清理出土井、陶井等遗存，还有铁刀、铜箭镞、五铢钱等数种文物。

武昌城遗址之西，巍然耸立着一座历史悠久、名胜古迹众多的西山，古称樊山、寿昌山。这里不仅山清水秀、鸟语花香，而且存续着众多知名的人文遗迹、故事和传说，蕴藏着厚重的历史底蕴，是多元文化交相辉映的风景胜地。既有以西山庵、黄武亭、七星坛、吴王试剑石、避暑宫等系列建筑为特色的三国文化景观，又有以古灵泉寺、菩萨泉为标志的佛教文化，更有以九曲亭、拥翠亭、洗墨池、松风阁等建筑为代表的诗词文化。孙权、刘备、庞统等三国风云人物，陶侃、庾亮等东晋名臣，李白、苏轼、欧阳修、王安石、陆游、黄庭坚等文人墨客，彭玉麟、张之洞等晚清军事家、政治家，均曾在此驻足。武昌城遗址、樊山文化遗存共同印证着鄂州悠久厚重的城市历史。

观音阁

水流漾起的碧波永不停歇地拍打着江心的礁石，而矗立江洲的观音阁却置身风浪之外，七百年来任凭风吹浪打我自岿然不动。它是集儒、释、道三教文化于一身的宗教阁楼，被誉为"万里长江第一阁"。观音阁始建于1345年，后因屡遭水患，曾数次修葺。因建在江心龙蟠矶上，又名龙蟠矶寺。

远看观音阁坐东朝西，逆江而立，宏伟壮观。整体大致呈长方形，长约24米，宽约10米，高约14米，总面积约300平方米，基座厚约1米，由条石垒成。要说观音阁构造的神奇之处，首屈一指的便是排水系统的绝妙设计，能在汛期过后迅速排出阁内积水。此外观音阁底座是龙蟠矶，形状如同船舷，可缓和水势，并利于分解水流。数百年来，无论长江水流如何汹涌，观音阁始终矗立江心，俯瞰四方，注视着来往船只，被网友趣称为"阁坚强"。

阁前正门石碑刻有"龙蟠晓渡"四字，为清同治年间文华殿大学士官文书写。

观音阁有一亭、三殿、二楼。一亭为观澜亭,居正门一侧,为明嘉靖年间增建,四周有围栏,站在亭上可俯瞰江流,也可远眺天际。三殿分别为东方朔殿、观音殿、老君殿。二楼分别是纯阳楼、寅宾楼。

观音阁

　　观音阁布局得宜,设计精美,朱槛回廊,重楹飞檐,具有江南民间建筑的艺术特色。更为珍贵的是,古朴的建筑内还有着众多文化精粹。不但楼阁内外的雕刻演绎着神话传说,还有丰富的石刻遗存,如元代莲花纹刻石古井圈,明代诗人王廷陈的《龙蟠矶》、刘养微的《龙蟠矶短歌》,清代钦差大臣官文的"龙蟠晓渡"题字,光绪年间的《维修观音阁记》、功德碑及饭牛的《小蓬莱》题刻等,对研究长江中下游的历史、文学、艺术及宗教具有重要的价值。

　　如今,观音阁以其典雅别致的外观造型、悠久深厚的文化内涵而魅力四射。它似一位古老的守望者,以深邃慈爱的目光,目送奔波的舟子,守护大江安澜。

▍泽林旱龙舟

　　"重午龙舟岁岁陈,轻鸢飞燕各如云。瓦官阁下黄花涨,别有凌波水上军。"每至端午时节,鄂州百姓竞相出游,挂艾叶、包粽子、赛龙舟……以多样的形式纪念伟大的爱国主义诗人屈原。作为流传千年的民间传统,水上龙舟广受欢迎,而鄂州一地却别开生面,以陆上龙舟引人瞩目。

　　在鄂州泽林素有大、小端午之分。据光绪年间《武昌县志》记载:"俗谓初五日为小端阳,十五日为大端阳",旱龙舟则是泽林村每年大端午举办的大型民间纪念仪式。最初,泽林依水而居,但随着地理环境变迁,逐渐远离水域,从而丧失了水行龙舟的天然条件,人们因地制宜地通过扎制龙舟,以陆地巡游的方式延续了龙舟传统。

泽林百姓一般从农历二月开始扎制旱龙舟，其程序有严格的规定。龙舟全长 5.33 米，宽 1.4 米，高 4.17 米，为三层梯形结构，分舟头、舟身、舟尾等三部分，舟上有五瘟神、风雨二神、财神、观音等 72 神像。扎制完成后，还要陆续进行"开光""熏包""洒街""闹船""打醮"和"饯舟"等驱瘟仪式。在举行旱龙舟仪式期间，全村燃烧艾蒿熏瘟，熬制汤药服用，洒扫沐浴，以消除百毒。整场旱龙舟仪式盛大隆重，响彻云霄的鼓声、热闹非凡的气氛，让人久久难忘。

泽林旱龙舟

泽林旱龙舟是端午节期间典型的"送瘟神"习俗，承载着泽林民众的生活智慧、风俗习惯和朴素心愿。尽管不像水上龙舟那般具有竞技性质，但仍寄托着民众的心理情感，深受百姓喜爱。

2014 年，端午节（泽林旱龙舟）列入第四批国家级非物质文化遗产代表性项目名录扩展项目名录。如今，泽林旱龙舟已成为鄂州的重要文旅品牌，每逢端午佳节，泽林都会举办文化旅游节，花团锦簇、精彩纷呈。

古铜镜之乡

古时以铜为镜，起初是王族的祭祀礼器，后逐渐流布民间，成为日常生活用品。铜镜不仅折射了古人生活的日常，也蕴藏着先民的生活理念。鄂州因靠近大冶铜绿山，采矿便利，原料充足，有发展铸镜业的良好基础。

孙权督建武昌城期间，将建邺的部分能工巧匠迁入鄂城，并将吴地的铸镜技术引入，极大提高了鄂地的铸镜业水平。20 世纪 70 年代，鄂州西山南麓的一处古井中出土了一件罐形铜釜，铭文刻有"武昌""官""黄武元年作三千四百卅八枚"等字样，印证了在三国时期鄂州的官营铸镜业已形成极大规模，造镜技术名列全国前茅。正是在这种情况下，鄂州与洛阳、绍兴、徐州并称为我国四大产铜和铸镜中心。

作为古铜镜之乡，鄂州铜镜具有两个方面的特点：

一方面，出土的铜镜年代久远，数量庞大。迄今为止，鄂州已出土了战国、西汉、新莽、东汉、三国、西晋、东晋、唐、宋、元、明、清等各个时期的铜镜约五百面，跨越了封建社会的各个时期。由于三国时期孙权迁都鄂州，从江浙引进铸镜人才，大力发展铜镜制造手工业，加之铜镜制作原料丰富，官营、民营作坊俱盛，因而在鄂州出土的铜镜中，尤以六朝时期的铜镜数量最多。根据考古资料统计，在鄂州先后发掘的东吴时期320多座墓葬中，八成的墓葬均有铜镜随葬，由此可见当时铜镜产量之大、使用之广。

另一方面，出土的铜镜纹饰丰富、造型美观、创意十足。神兽镜、画像镜是中国极具特色的铜镜种类之一，鄂州铜镜所制作的纹样以龙、虎、麒麟、凤凰、朱雀等珍奇异兽、花卉草木、几何图形以及神人异境为主，有羽纹镜、月光镜、照明镜、山字镜、飞凤镜、神兽纹镜、佛像纹镜、海兽葡萄镜、吴牛望月镜、牛郎织女镜等。其中，"柿蒂八凤佛兽镜"罕见，世间仅存五面，而鄂州就出土两面；此外，国内仅有的五面"鎏金错金神兽镜"，有三面出自鄂州，可见鄂州"古铜镜之乡"名副其实。

铜镜不仅通过纹饰、铭文、图案等要素彰显着古人绝妙的想象力和超脱的创造力，还寄寓着古人美好的生活祈愿。在唐人孟棨《本事诗·情感》中曾记载了这样的故事：南朝陈国亡国之时，驸马徐德言将一面铜镜一分为二，与妻子各执半面，作为日后重聚的信物，而最终徐德言真的凭借着半面铜镜找到了妻子，后人则将"破镜重圆"比喻为夫妻相聚、和好如初的情形。1956年，考古人员在鄂州华容的两座古墓中，各发掘出土了半面铜镜，两者相拼，正好是完整的一面铜镜，再次上演了"破镜重圆"

鄂州古铜镜

的佳话。

根据《三国志》记载，三国时期曹操曾将鄂州铜镜赠送给日本数十面，而在日本的古墓发掘中也曾见过铜镜出土，可见鄂州铜镜自古享誉海内外。作为古中国的宝贵遗产，铜镜已成为中国古老而璀璨的文明印证。随着时代的发展，鄂州古铜镜仍然在世界舞台上扮演着重要的角色。

▍鄂州雕花剪纸

刻刀捏于指尖翻飞舞动，一幅幅灵动的画卷在纸张上呈现出来，能工巧匠以高超精湛的技艺，使自然风景、名人古物、花草异兽跃然纸上，栩栩如生，绽放出民间艺术的动人风采，展现着荆楚文化的独特魅力。2008年，鄂州雕花剪纸被列入第二批国家级非物质文化遗产代表性项目名录扩展项目名录。

作为民间传统美术的一种类型，鄂州雕花剪纸发源已久。《武昌县志》中就有清光绪年间鄂州雕花剪纸发展状况的记载。1885年，鄂州开始形成收徒传艺、花样制作的雕花剪纸行业。1935年，鄂州成立花样剪纸工会，以戴汉生、廖云鹏为主要领导，会员数百人，剪纸艺人遍布周边五省，形成了颇具规模的剪纸行业。鄂州雕花剪纸的艺人往往以技艺为生，走街串巷，摇货郎鼓，出售剪纸作品。

通常而言，中国南北的剪纸技艺有所差异，长江以北主要以剪刀为工具剪出花样，长江以南主要以刻刀为工具，雕刻出纹饰，前者比较抽象，而后者则活泼灵动。得地理区位之便，鄂州的雕花剪纸吸收二者之长，刀、剪并用，根据需要而采用不同技法。如在花样外沿和镂空密集处需用剪刀创作，而其他地方则多用刻

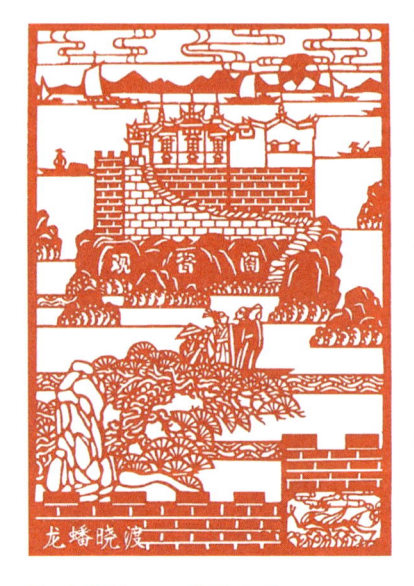

鄂州剪纸——龙蟠晓渡

刀。此外，还有磨石、磨墨、针锥、镊子、煤油灯等辅助工具。每种工具又有不同的分类，如刻刀就有斜刀、平刀、尖刀、弧口刀等。

雕花剪纸的艺术灵感通常来自日常生活。其形式有帽花、鞋花、袜底花、扣带花、背心花、兜花、枕头花、帐沿花等数种，构图匀称、样式精巧，既蕴含着丰富的审美特性，借用对称折叠表达吉祥如意的寓意，又有极强的实用性。新中国成立后，燕矶、华容等地相继成立雕花剪纸互助组，研制剪纸花样两千多种，驰名中外。

鄂州雕花剪纸以荆楚地域民俗为创作题材，具有鲜明的地域性，它既彰显着传统文化的张力，又装点着荆楚人民的日常生活。

鄂州剪纸——西山积翠

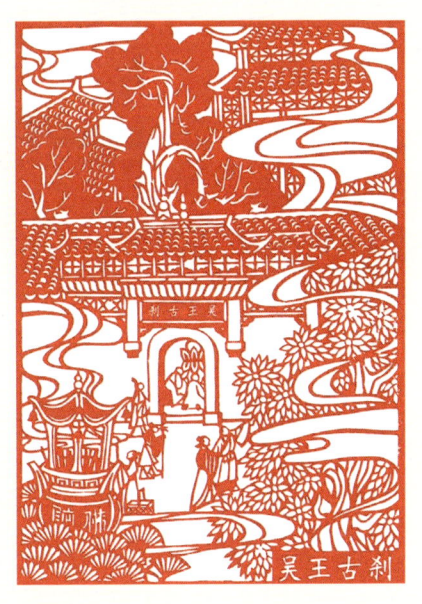

鄂州剪纸——吴王古刹

黄石

桃花流水鳜鱼肥

"西塞山前白鹭飞，桃花流水鳜鱼肥。"长江恰似一条银白色的玉带，蜿蜒流转天地之间，赋予山川灵动的生命力。白鹭翱翔，桃花盛开，鳜鱼肥美，风景如画的西塞山使诗人张志和流连忘返。端午佳节之际，热闹的西塞神舟会是人们顺应岁时节令、防疫保健、社群集会的地域民俗风情缩影。顺江而下来到半壁山古战场，云迷雾罩间寒意逼人，昔日"长江锁钥挽狂澜"的肃杀犹在眼前。

"青山白云渡，落日铜绿风。"铜绿山的铜矿石有着质朴无华的外表，不经意间参与塑造了华夏王朝的礼制，影响了波诡云谲的争霸。矿山犹如大地母亲的神秘宝藏盒，丰富而珍贵的金属资源吸引着人们前赴后继地深入腹地探寻自然的奥秘。步入近代，汉冶萍煤铁厂、华新水泥厂亦由此发轫。

黄石

"水库清湖荡万波,通灵仙岛布千螺。"富水河支流三溪,因建设玉荳水库的缘故,在水库中形成了上千个岛屿,太阳的余晖映射着江面,水面波光粼粼,宛若灵境。群山之间的阳新,玉塝村、漆坊村如同世外桃源般宁静安逸,李蘅石、陈光亨故居的典雅庄重,昭示着仁为己任的儒家士大夫风范;"小莫斯科"如同旭日朝霞的那一抹红色,镌刻着中国共产党带领中国人民争取和平解放的风雨历程。

或许是长江对黄石情深意重,不仅赠予了一片茗香馥郁,还将一曲曲清新动人的采茶戏流转在山川大地间。劳作之余,人们以精湛的技艺、浪漫奔放的想象力在方布与石头上勾勒出灿烂星河,让阳新布贴、大冶石雕传扬世间。

西塞山

　　长江南岸，西塞山伫立，巍峨挺拔，风景如画，云雾萦绕，若隐若现。位于黄石东郊的西塞山，为荆楚三大名山之一，因其气势磅礴，状如关塞，故得名。

　　"势从千里奔，直入江中断。岚横秋塞雄，地束惊流满。"西塞山崖陡水急，长江自西向东川流而过，历来是扼守长江的关键要塞。自东汉末年至新中国成立前，发生在此处的战争有数十次。三国争霸晚期，晋将王濬伐吴，吴军在西塞山装铁锁，江中置铁锥，阻拦晋军。后来，晋军借助大筏冲击铁锥，以火炬烧断铁锁，吴政权被迫投降，至今西塞山上还有吴军铁锁横江的遗迹。

　　西塞山的摩崖石刻久负盛名，悬崖之上，有"飞来船""虎豹关""鳌鱼石""蛟龙窟""云林得意""震标仟仞"等众多石刻。在临江摩崖上，刻有"西塞山"三个大字，每字约1平方米，为明代进士朱其昌手书，东边还有明代进士吴国伦手书的"龙盘虎踞"石刻。桃花古洞是西塞山又一重要古迹，坐落于临江西北峭壁之上，洞下是钓鱼台，相传为唐代诗人张志和垂钓之处。古洞东侧有"一线峡"，仅容一人侧身而过。此外，西塞山还有龙窟寺、北望亭、牌楼、古钱窑等名胜古迹。

　　西塞山是自然风光与人文遗迹融汇的胜境，自古以来，不少文人雅士登临高山，观赏晨曦暮色，咏志言情，留下了大量的精美诗作。张志和曾在此作《渔歌子》："西塞山前白鹭飞，桃花流水鳜鱼肥。青

西塞山

箬笠，绿蓑衣，斜风细雨不须归。"描绘了渔人在秀丽山水风光中安然自适的生活。刘禹锡作《西塞山怀古》："王濬楼船下益州，金陵王气黯然收。千寻铁锁沉江底，一片降幡出石头。人世几回伤往事，山形依旧枕寒流。今逢四海为家日，故垒萧萧芦荻秋。"这刻画了长江奔流向前的磅礴气势，将吴军铁锁抗晋的史话融入其中，突出了西塞山见证历史风云变幻的厚重沧桑。此外还有六朝的江淹、何逊，唐朝的李白、韦应物，宋朝的苏轼、黄庭坚、陆游等数十位诗人都曾创作吟诵有关西塞山的诗词。

千百年过去，西塞山依然伫立在长江之滨，宛如一道天然屏障，隔绝了战争的硝烟，守望江流安澜。

西塞神舟会

每至端午佳节，全国各地以各具特色的浓郁民俗风情、丰富多样的仪式传承着古老的华夏文明。南朝梁宗懔的《荆楚岁时记》记载："是日，竞渡，采杂药。按：五月五日竞渡，俗为屈原投汨罗日，伤其死，故并命舟楫以拯之。"西塞山道士洑以端午放龙舟的活动凭吊屈原，新中国成立前，由"厘头会"这一民间组织来操办龙舟活动，新中国成立后，逐渐演化为庆贺端午的神舟会活动。

神舟会活动整体历时四十天，鼎盛时期的参与人数达到数十万人，是我国已知的规模最大、时间最长、涉及人数最多的端午民俗活动之一。神舟会的流程繁多且严谨，主要有制作神舟、唱戏、祭祀、巡游、送神舟下水等仪式。在每年农历四月初八佛祖诞生日举行龙舟开工仪式，扎制龙舟。扎船师傅需先扎制船体，再制作船上的亭台楼阁、神仙人物。农历五月初五子时由道士主持开光仪式，点化神舟。道士将一只大公鸡的鸡冠扎破放血，再用毛笔蘸着鸡血，从龙舟开始，到各个神仙人物逐一点化开光，只有经过点化，龙舟才能变为神舟。

农历五月十五至五月十八日是神舟会的正式会期，当地群众每日唱楚剧大戏，向神舟祈福许愿。五月十五零点，道士会再次作法祭拜，恭迎各位神仙上船，并为四方百姓打平安醮。这段时间，当地还有"偷红鞋"的习俗。民间相传，若不孕妇女将神舟上供奉送子娘娘的小红鞋"偷"去，并置于枕头下，可保佑得子。次年得子后，必须亲手制作红鞋到神舟上还愿。

农历五月十六日早晨八点，神舟巡游，每家每户须在门口设香案，燃香烛，摆上酒水、茶水、水果等贡品。神舟每到一家，该家就需放炮迎接，并撒茶米。农历五月十七日晚，为神舟点燃四十八盏长明灯，通宵守夜。农历五月十八日上午送神舟入水。登江前，道士需主持仪式，将大公鸡的鸡冠剁下，鸡头置于神舟，将鸡血涂抹舟身，神舟会成员绕神舟奔跑数圈后，再将神舟推上江面，顺江水而下，村民在旁祈祷神舟带走疾病、驱赶瘟疫。

西塞神舟会是地方群众自发组织、举办的以祛病消灾、祈祷健康为主题的民间节俗，它集中表达了民众顺应岁时节令防疫保健与社群集会延续传统的心理诉求，是中国传统节令文化与地域风俗民情的活态缩影。2006年，西塞神舟会列入第一批国家级非物质文化遗产代表性项目名录。2009年，又与秭归屈原故里端午习俗、湖南汨罗江畔端午习俗、江苏苏州习俗共同组成中国端午节节俗，并成功入选"人类非物质文化遗产代表作名录"，影响深远。

黄石国家矿山公园

矿山，犹如大地母亲的神秘宝藏盒，蕴藏着丰富珍贵的矿物，吸引着人们不断深入探索。在黄石铁山区，有一座以大冶铁矿、铜绿山古铜矿遗址为主体的矿山公园，它是人类工业文明的记忆载体，斑驳的山壁刻凿着岁月痕迹，令人心生敬畏。

大冶铁矿是中国近代工业化的文明结晶。1908年，盛宣怀以汉阳铁厂为基础，组合大冶铁矿、萍乡煤矿，建成了亚洲最早的钢铁煤联合企业——汉冶萍公司。在第一次世界大战期间，汉冶萍公司迎来发展的繁荣时期，钢铁生产、出口量有了跨越式提升，钢产量曾占到中国钢铁产量的绝大部分。1915年，汉冶萍公司从美国订购两座800立方米的高炉，是当时亚洲最大、最先进的冶炼炉，日产量450吨，号称"亚洲第一高炉"，并配以高炉栈桥运送铁矿石和燃煤，中国京汉、粤汉、津浦等九大铁路干线的钢轨及配件均出自此处。目前，汉冶萍煤铁厂矿旧址存有冶炼铁炉、高炉栈桥、日欧式建筑群、瞭望塔、张之洞雕像、汉冶萍界碑、小红楼、水塔、卸矿机等工业遗产。

作为千年矿山发展史的见证者，黄石矿山公园是中国首座国家矿山公园。这里采坑深至海平面 168 米以下，采出铁矿石 1.3 亿吨，排弃废石 3.7 亿吨，废石堆积在露天矿坑两侧延绵十多千米。矿坑形状如同一只倒置的葫芦，东西长 2200 米，南北宽 550 米，最大落差 444 米，坑口面积达 108 万平方米，有"亚洲第一天坑"的美誉。

黄石国家矿山公园

然而，随着资源枯竭，矿山面临着现实转型的难题。经过数十年的探索，这里创造了"石头上种树"的独特景观。黄石市政府遵循"绿水青山就是金山银山"理念，大力开展矿山生态环境治理工程，营建了亚洲最大的硬岩复垦基地。矿山的槐花已被打造成继武大樱花、荆门油菜花、麻城杜鹃花、东湖梅花之后的"第五朵金花"。色彩斑斓的花海延伸至天际，在阳光和微风的照拂下，摇曳生姿，空中弥漫着清甜的花香，令人沉醉其中，流连忘返。

近年来，大冶铁矿积极推进"日出东方""矿业峡谷""矿业博览""井下探幽""天坑飞索""石海绿洲""灵山古刹""九龙洞天""激情滑草"等兼具自然风光和人文魅力的绚丽景观。其中，大冶铁矿博物馆是我国首家以铁矿为主题的博物馆，占地面积约 6400 平方米，收藏史料十数万件，图片上千幅，文物数十件；矿冶博览园陈列不同类型的采矿、运输设备，综合展现了中国千年的矿冶文化，是工业遗产展览、研学以及科研的重要场所。凭借着这些地理和资源优势，黄石国家矿山公园成为当地旅游业的特色景区之一，2017 年被国家旅游局授予"国家工业遗产旅游基地"，2018 年入选第一批中国工业遗产保护名录。

黄石国家矿山公园既是中国近现代工业化的历史缩影，又是自然与人文交相辉映的文明成果。游客可沿废弃矿洞下井探幽，步行 700 步台阶深入地底，在幽闭的矿道感受大地脉搏的震撼，聆听人类文明的回音。

华新水泥厂旧址

修旧如旧的华新水泥厂

水泥是现代社会再寻常不过的建筑材料，但与已有上千年开采历史的铜、铁、玻璃等材料相比，仅有两百岁的年纪终究还是年轻了些。

1824年，英国人约瑟夫·阿斯普丁发现将石灰石和黏土在高温下煅烧，再磨细制成水泥，可以优化材料的质地。因其硬化后，与英格兰岛上波特兰用于建筑的石头十分相近，故将其命名为波特兰水泥。自此，水泥成为现代建筑领域不可或缺的材料，风靡世界各国。水泥不仅加快了世界工业国家的现代化步伐，而且创造了近代中国工业的伟大奇迹。

华新水泥厂，我国近代最早的水泥企业之一。它的前身为创建于1907年的商办湖北水泥厂，初建时年产水泥6万吨。后因组织关系变化，相继改称为华记湖北水泥厂、启新华记湖北水泥厂、华中水泥厂。1943年，昆明水泥厂与之合并成立华新水泥股份有限公司。1946年，华新水泥股份有限公司选址黄石枫叶山建造大冶水泥厂，并于1948年开始试产。1949年，第一台湿法水泥窑建成投产，技术装备水平、生产能力远超从前，号称"远东第一"。1950年，改名为华新水泥厂，其一条生产线就能日产水泥400吨。2005年，黄石枫叶山厂区全线停产。

华新水泥厂旧址现存三台大型湿法水泥窑，其中一、二号窑是1947年从美国艾丽斯公司购入的，直径为3.5米，长达145米，是20世纪40年代我国最长的水泥窑，达到世界先进水平。后来，国内技术人员根据对一、二号窑的考察分析，结合华新的生产实际，在1959年设计建造"华新型窑"，在全国各地的大中型水泥厂广泛应用，并出口海外，援助朝鲜、柬埔寨、越南、巴基斯坦等国家建设水泥厂。1977年，在先前一、二号窑的基础上，建成三号窑，是我国水泥工业发展全新的里程碑。目前，华新水泥厂旧址还存有烧成车间、制成车间、装包车间、石棉车间、红旗桥、办公楼等历史遗存。

华新水泥厂是中国近现代水泥行业的"活历史",代表了当时中国先进生产力,见证了中国水泥工业由萌芽走向强盛的历史进程。华新水泥厂旧址填补了我国近代水泥工业遗产保护的空白,为研究水泥生产工艺提供了翔实的历史资料。2013年,华新水泥厂旧址被列为第七批全国重点文物保护单位,2019年被确定为第三批国家工业遗产。

▋铜绿山古铜矿遗址

在人类历史中,有一个伟大的时代,那便是青铜时代。青铜,坚硬、耐腐蚀,是人类文明幼年时代生产、生活最具革命性和代表性的物料,也是人类最早合成的金属,青铜的关键成分是铜,质感厚重,色泽华丽。在黄石大冶西南部,古老的铜绿山伫立千年,被誉为世界青铜文化发源地,是目前我国发现的规模最大、保存最完好、采掘时间最早、冶炼水平最高的古代采矿炼铜遗址。

清代《大冶县志》记载:"山顶高平,巨石对峙,每骤雨过时,有铜绿如雪花小豆点缀土石之上。"山由此得名。黄石俗语道:"山上盛开铜草花,底下铜矿叫呱呱。"铜草花是一种单边开花、状如牙刷的植物,形似薰衣草。铜草花只生长在含有铜元素的土壤内,因此,民间工匠会依据铜草花的疏密来判断铜矿的丰富程度。每到秋冬之际,铜绿山矿区都会长满铜草花,漫山遍野,摇曳生姿。

经考古发掘确证,铜绿山的开采历史可追溯至四千多年前的夏朝。后来又成

铜绿山古铜矿遗址

功地采用竖井、平巷、斜巷以及盲井相结合的开采方法，将矿井开掘至地表以下约50米，并较好地解决了地下采矿通风、照明、排水等技术难题，同时在矿井内还建造大量木结构框架，采取榫卯技术支撑井巷，以保障井下安全。值得一提的是，在遗址中出土了一件成品辘轳，可将铜矿从深井内直线提升，标志着此处矿石提升运输技术由人力作业向机械化演进。古代铜绿山采矿技术的高超水平由此可见一斑。此外，还发现了大型铜斧、铜凿、石钻等采矿工具，鼓风竖炉十多座，还有陶、罐等日常生活用品。

有关部门在对铜绿山炉渣进行测量分析后，发现其滤渣含铜量平均仅0.7%，而大冶湖边出土的铜锭中的铜含量则高达90%以上，可见其冶炼水平较高。综合来看，古代工匠已在铜绿山实现山上采矿、山腰洗矿、山下冶炼的铜矿生产布局，填补了中国古代冶金史的多项空白。1982年，国务院将铜绿山古铜矿遗址列为第三批全国重点文物保护单位；1985年，将铜绿山古铜矿遗址列为新中国成立后考古十大发现之一；2018年，被评定为第二批国家工业遗产；2021年，入围中国"百年百大考古发现"。2023年，铜绿山古铜矿遗址博物馆新馆正式开馆，馆藏文物近1万件，全方位展现中国千年的矿冶文明。

铜绿山，恰似一座跨越千年的历史信物，它深邃而丰富，既是大自然对人类的馈赠，又是千年前先民生活智慧的集中体现，铜的质朴可塑也为黄石这一方土地增添了绝无仅有的魅力。

大冶石雕

坚硬的奇石在工匠的手中一点点获得血脉肌理，逐渐灵动生姿、栩栩如生。摩挲石雕的纹路，你能感受到岁月的积淀和独运的匠心。湖北大冶石雕久负盛名，每一件石雕作品都蕴含着一个有待开启的世界，尤以保安镇尹解元村的雕刻技艺独具特色。

尹解元石雕

相传，唐代尹姓先人从甘肃天

水迁至大冶，后在尹解元村定居。他们开山取石，选石雕刻，以此为生，大冶石雕历史便始于此时。现存于世并明确可考的代表作品有二：一是雕刻于1716年的《关帝诗竹》，一是清代民间艺人尹光德雕刻的《渔樵耕读》。它们至今已有二三百年历史，以江南风光为主题，设计精巧，构图严谨，具有强烈的纵深感、空间感。如今，尹解元村所创作的石雕精品不在少数，如《二进京》《二龙戏珠》《姜太公钓鱼》《狮子滚绣球》等作品遍及村落周边的栏杆、窗栏、门牌上。历经风雨沧桑，它们成为时间的见证者，为往来的客人讲述地方的独特故事。

作为民间传统手工雕刻工艺，大冶石雕的形态多样，内容丰富，实用性强。既有人像、动物像、柱头等立体石雕，又有浮雕、牌匾、镜框、画框等平面石雕，多以人、兽、禽、花、草为创作元素，广泛应用于生产、建筑、装饰、纪念、仪式等多个领域。大冶石雕雕刻工序复杂，主要包含石料选择、模型制作、坯料成型、制品成型、局部雕刻、抛光、清洗、成品验收和包装等工序。在雕刻技艺上，有浅、深浮雕，圆雕，镂空透雕等多种雕法，还有"捏""镂""摘""雕"等多种加工技艺。每一道石雕的纹路，都是工匠与自然的交流艺术，熔铸着地方民众的生活智慧。

凭借石雕生产在审美、历史、生活等方面的多维价值，大冶被原文化部授予"中国民间石雕艺术之乡"的荣誉称号。2008年，大冶石雕列入第二批国家级非物质文化遗产代表性项目名录扩展项目名录。大冶石雕，无论是构图设计还是雕刻技艺均已达到巧夺天工的水平，享誉国际。2016年G20领导人杭州峰会主场馆配套的16座石桥栏杆就出自大冶石雕。大冶石雕散发着荆楚文化古色古香的独特魅力。

古战场半壁山

长江中游，富水、网湖交汇之处，云迷雾罩，寒气袭人。江畔，有一孤峰昂举，一面危崖峭壁，地势险要；一面坡度平缓，与北面的田家镇互为犄角。民间相传，秦始皇南巡至此地，挥动赶山鞭，将黄石江岸的一座山一分为二，一半留在原地，即西塞山；另一半顺流而下，名为半壁山。古人有诗云："突兀峥嵘半壁山，长江锁钥挽狂澜。巍然门户雄三楚，浪击风雷出险关。"过此隘口，江面则豁然开阔。半壁山位于长江中游的狭窄处，因此地理位置险要，为历来兵家必争之地。

半壁山奇异的地貌景观和地理位置，派生了诸多想象瑰丽的民间故事传说。相传，在以前，半壁山直逼江心，站在山上的人都可轻而易举地向对岸扔石头。三国时期的东吴将领周瑜曾在此驻兵，以铁链拴住战船，以封锁

半壁山古战场遗址

大江，抵御南下侵犯的曹兵。不料，曹兵夜乘西风，急速南下至半壁山，烧战船，砸铁链，大败周瑜。周瑜站在半壁山上，又气又恨，两眼泪水直流，化为两股山泉水，至今尚存。

其实，半壁山真正作为古战场，最早记入史册是在清末。1854年，太平军为保天京（今南京）安全，在半壁山夹岸驻扎，筑营数座。又于江面横贯铁锁3道，篾缆7道，阻击清兵水师。同年冬，曾国藩、桂明、罗泽南等率领清兵进攻，太平军英勇反击，但因寡不敌众，先胜后败，太平军将领石镇仑、韦以德牺牲，众多将士被迫跳崖殉死，死难数万人，横江铁锁被砍断销毁。当地群众见死伤无数，尸横遍野，自发冒险将半壁山上的尸体掩埋，立"千人冢"石碑，以纪念太平军牺牲将士。半壁山的悬崖峭壁上仍存"铁锁沉江""东南半壁""楚江锁钥"等石刻，是当年清军将领杨岳斌、彭玉麟等题写，是太平天国运动的重要历史见证。

半壁山见证的另一场重要战争发生在抗日战争时期。1938年，日军攻入鄂东南一带。9月，日军出动战舰、飞机对半壁山进行疯狂轰炸，半壁山血流成河，一眼望去，全是焦土。守军在战舰、大炮、毒气等联合攻击下伤亡惨重。

"由来征战地，不见有人还"，从古至今战场都是充满血腥肃杀之地，而那残暴无情的战争背后常有最炽热的家国眷念、铁骨柔情。在半壁山古战场怀古凭吊，风高浪急、秋风萧瑟，人们会感受到别样的情愫。

阳新仙岛湖

幕阜山北麓，有一片美丽的人工水库，它的面积仅有4.6万亩，却拥有1002个岛屿，俯瞰如绿珠点缀于碧海之上，星罗棋布，灿若星河。仙岛湖玉茧水库位于黄石阳新，享有"荆楚第一奇湖"的美誉，与杭州千岛湖、加拿大千岛湖并称为"世界三大千岛湖"。

仙岛湖植被多样，空气清新，风景秀丽，空气负离子浓度1010个每立方厘米，湖水清澈，能见度约5米，冬暖夏凉，盛夏日均气温约25摄氏度，寒冬日均气温约8摄氏度。仙岛湖拥有千岛烟波、珍珠泉、仙人洞等自然风景点。

山奇水清、千岛竞秀、洞藏成溪，是仙岛湖最大的特色。岛屿、湖泊、溶洞、植被、气象等多维景观将仙岛湖形塑成一幅水墨彩画，是名副其实的世外桃源。雾气在湖面升腾未散，阳光洒落点点金黄，波光粼粼的湖面梦幻多姿。在千岛之上的山巅，有一座占地近600平方米的乳白色钢架全玻璃观景平台"天空之城"，为大型玻璃底观景平台，可360度俯瞰千岛仙境，其海拔520.1314米，寓意"我爱你一生一世"，是天下有情人值得一去的恋爱胜地。

许多诡秘传说增加了仙岛湖的神奇魅力。明末嘉靖甲寅年的"飞来钟"保存完好，据说这是荆王妃所铸，置于黄梅的五祖寺，不知缘何飞过长江，落到了幕阜山。"灵通仙岛"石碑字迹分明，相传是早年神异之士泄露天机，而引得"高峡出平湖，群峰成仙岛"。仙岛湖的泗洲禅寺最负盛名，相传建造于唐代，在武则天废中宗李显自立为帝时，骆宾王随徐敬业在扬州起兵，起草《讨武檄文》，起兵失败后，骆宾王逃到泗洲禅寺出家隐居。此外，还有董山寺、仙姑殿、白马

阳新仙岛湖 　　　　　　五祖寺

古寺、徐家垄古村落、尼姑庙、清泉寺、大坝风光、古楼遗址、县苏维埃政府旧址、彭德怀招兵站旧址等人文风景点。

悠闲漫步在仙岛湖畔，沐浴着熔金的日光，吹拂着柔和的晨风，呼吸着清新的空气，往来于仙岛湖的各处景点之间，时常让人有时空穿梭的感觉。

阳新玉堍村

群山之间，薄雾缭绕，玉堍村若隐若现，如世外桃源。宋人吴文英在《西子妆慢》中道"笑拈芳草不知名，乍凌波，断桥西堍。"堍，意为桥两端靠近平地之处，因玉堍村地处黄姑山和百佛山中间，为山间缓坡地带，故得此名。玉堍村位于黄石阳新，是保存较好的大型明清古村落。

这里自然环境优美，山环水绕，前有小溪潺潺，后有大山环抱，民风淳朴、怡然自得。据地方史料记载，该村在宋元时期便有人居住，至明清之际，人丁兴旺，建造了许多宏伟古朴的民居建筑，集风水、祠堂、水井、民俗等多重文化于一体，在鬼斧神工的自然环境中孕育了独特而厚重的人文底蕴。

玉堍村传统民居建筑遗存丰富，以李氏宗祠和李蘅石故居最有特色。李蘅石是晚清名臣，曾跟随左宗棠。1879年奉命出使俄国谈判，收回伊犁，被清政府授予二品顶戴，封光禄大夫。他在晚年还居故里，因好善乐施，捐款助学，广受地方民众爱戴。

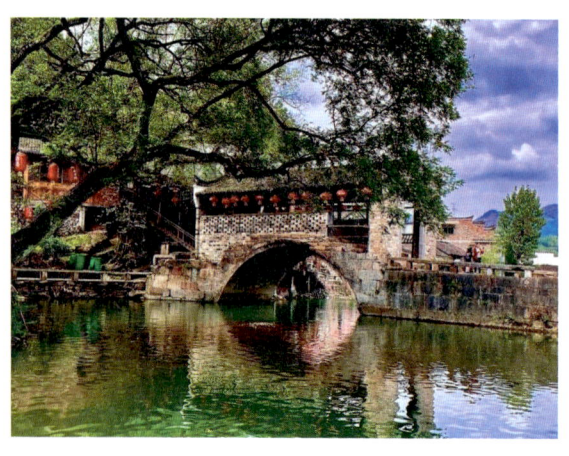

1900年，地方兴建李氏宗祠，有戏台、正堂、过堂、祖堂等主体建筑，共1680平方米，还配有茶酒厅、义学、碾房等配间共计860平方米。其中的戏楼颇有特点，台下为宝瓶式石柱，雕刻花鸟草木为装饰，台面以木板铺陈，正上方藻井的图案描龙绘凤，四周刻有与戏曲有关的人物、故事等，上方悬挂"曲奉梨园"的匾额。

阳新玉堍村

李蘅石故居为 1905 年修建，故居大门有"光禄大夫"门匾，既有过堂、正堂、祖堂、厢房等 680 平方米居室，又有供给管家、下人、杂役使用的 700 平方米次间。门板窗户雕刻着精美图案，以金线描绘，十分气派。室内还有四个天井，错落有致、精致古朴。

目前，两处建筑均为湖北省文物保护单位。此外这里有数十处古民居建筑，村落布局合理、通风明亮，是典型的鄂东南建筑。

漫步在玉塆村，还能时常闻到玉塆油面所发散的阵阵清香。玉塆油面是玉塆村代代相传的风味美食，有着数百年的历史，形成了一套完整的手工制作流程，包含和面、割面、搓条、盘面、上筷、拉面、晾晒、割面头等十数道工序。相传慈禧太后过六十寿诞时，李蘅石便进贡了家乡特产——玉塆油面，慈禧太后品尝后连连夸赞。此外，还有"吃新节""送水节""千日关""摸青菜"等多种极具地方特色的非物质文化遗产，可谓是群英荟萃。

玉塆村不仅古建筑鳞次栉比，而且溪谷幽鸣、绿树环绕，绚丽多姿的自然风光与浓郁古朴的人文底蕴在这里有机融合，让人常有美不胜收的感觉。

▎阳新枫林国师府

阳新枫林镇有一座名为漆坊的村落，看似平平无奇，却是一片钟灵毓秀、人杰地灵的福地。进入村落，沿着小路径直走，可见一座恢宏气派的国师府，因它曾经的主人清代翰林陈光亨为咸丰皇帝的老师，因而得名。

陈光亨（1797—1877）自幼勤奋好学，但苦于家境贫寒，便四处借书并抄录留存。一日，陈光亨听闻河岸有一位刘秀才，才气十足，家中书卷成山，便跑去秀才家中借书。但偏偏运气不好，秀才正在午睡，陈光亨便在门口站了几个时辰。这时恰巧碰上鹅毛大雪，等秀才醒来开门时，积雪已过陈光亨半身，但他仍对秀才作揖以示礼敬，最后如愿以偿地从秀才家中借到了书籍。几日后，秀才来到陈光亨家中，看到他虽家徒四壁，但书架上摆放着光亮如新的手抄书，颇为惊讶。回到家后，秀才便命人将家中的"名满富河"牌匾送给了陈光亨。

饱读诗书的陈光亨养成了耿直忠诚、刚正不阿的品性。他曾奏请禁止臣僚竞认"师生"、结纳营私之风，请察湖北官员孙楚铺私设刑罚的暴行，奏告四川贪吏刘有仪、吴勤邦祸害百姓，还弹劾军机大臣穆彰阿。1841—1842 年，陈光亨巡视北城，先后判决五百多起案件，因此有"铁御史"之称。1846 年，陈光亨告老归乡。

"居庙堂之高则忧其民，处江湖之远则忧其君"是陈光亨一生的真实写照。他回到老家后，仍关心社会。1848 年，鄂地水灾，陈光亨赴省请领赈银 45000 两，从汉口购粮回阳新赈灾。1853 年，太平军攻克武昌，陈光亨奉命帮办团练，对抗太平军，后逃亡江西。1857 年，返回阳新后，奉湖北巡抚胡林翼请求，筹措军饷，但反对胡氏欲将阳新人赶尽杀绝的主张，保全了阳新无辜百姓。陈光亨业余教学授徒，曾主讲富川书院。1870 年，修撰《兴国州志》20 卷。陈光亨以光明磊落的品格和为民实干的行动，践行了儒家士大夫忠君爱民、以人为本的理想。

国师府建造于清道光二十六年（1846 年），屋前有小山，屋后有大岭，山脚小溪清澈见底。正门两侧有一米多高的石鼓，鼓上刻凿着各种图像。府内建筑，由官厅和居室组成。正厅天井八角有八只石狮子，六块护栏雕有双龙。大厅顶部为水波形吊顶木板，大梁、二梁雕有长虹、腾龙，金鸡和凤凰分别位于两侧接合处。正厅堂上方挂着清代光禄大夫、太子少保、刑部事务王鼎所题写的"忠孝传家"的匾额，匾下两旁有"天下无不是之父母""世上最难得者弟兄"的木条幅，四周梁有"月下追韩信""千里走单骑""桃园结义""三顾茅庐""岳母刺字"等取自历史故事的纹饰图案。距村西头一里地的山腰处还有一小泉寺，寺内佛堂陈列着陈光亨书写的"吾皇万岁，万岁，万万岁"的牌匾。

阳新龙港

它承载着无数革命先烈的英雄事迹和不屈精神，如同旭日朝霞的那一抹红色，是百年中国最亮丽的底色，带给中华民族希望与活力，引领着代代中国人矢志前行。它便是湖北东南部的历史文化名镇龙港，是被誉为"小莫斯科"的红色指挥地、我国近代红色革命的起源地之一。

龙港镇隶属于黄石市阳新县，是我国第四批历史文化名镇，是全国著名的红色文化根据地之一。从 1925 年开始就有共产党地下组织及革命团体在此活动，1927 年中共湖北省委在此组织秋收运动。1930 年彭德怀进驻龙港，开辟湘鄂赣革命根据地，这里成为领导湘鄂赣边区 21 个县革命运动的中心。鄂东南苏维埃所属的党、政、军、财等机关曾驻扎在此，因而有"小莫斯科"之称。

龙港老街又称红军街，始建于元末明初，坐落于龙洪河畔，是红色旧址最为集中的路段。青石板路长约 800 米，宽约 5 米，两侧为二层单檐砖木结构瓦房，是富有红色底蕴的革命历史旧址群。至今保存着彭德怀旧居、中共鄂东南特委遗址、中共鄂东南道委、鄂东南苏维埃政府等 70 多处革命旧址，其中 16 处为国家级文物保护单位，19 处为省级重点文物保护单位，被誉为"天然的历史博物馆"。

龙港镇正西上泉村，北有高密的连绵大山，南有悬崖峭壁，十分隐秘，是红军理想的后方阵地。村里有一处翠柏森森的红军烈士墓林，立烈士碑 191 块，上泉村因此有"红军村"之称。20 世纪 30 年代初，在湘鄂赣前线的反"围剿"斗争中，上千名负伤红军被转移至上泉村的红军医院治疗，有 132 名红军负伤牺牲埋葬此处，其中有名有姓的仅有 4 人。留守红军与村民互帮互助，留下了军民一家亲的佳话。留守红军利用闲暇时间挖土掘石，建成一口水井，供周边村民饮水。新中国成立后，上泉民众便在井台上立了一块石碑，刻着"饮水思源""红军井"。

和上泉村的情况一样，鹅塘堰的王家垴，张家祠的干塘山、黄道垅、骆家梁、石丘等地也散存着红军烈士墓群。1999 年，阳新政府将龙港境内 3011 具红军烈士遗骸迁入湘鄂赣边区鄂东南红军烈士墓林，这些红军大多无名，有名有姓的仅 29 位。龙港修建的烈士纪念馆收藏着革命运动时期的文稿、书刊、信件、壁画等各类文献数百件，1995 年被湖北省人民政府确认为省级爱国主义教育基地，2009 年被中宣部列为全国爱国主义教育示范基地。

阳新龙港如同一座永恒的丰碑，不仅记录着百年革命史，更体现了中华民族的革命信仰和精神追求。这座充满红色底蕴的历史名镇，将永远铭记着那段永志难忘的时刻。

采茶戏

在一片茗香馥郁之间，采茶人用指尖感受茶树的呼吸，轻柔地摘下嫩叶，口中咏歌和之。山间丛林，飘荡着婉转清甜的歌声，仿佛一场人与自然的对话。这便是湖北著名的地方特色剧种——采茶戏的前身。

阳新毗邻江西，明清时期受江西移民的影响较重，于道光年间形成别具一格的采茶戏，至今约两百年历史。清末民初，在阳新籍汉剧大师朱洪寿的推动下，阳新采茶戏获得全新发展，并向周边城乡流传。1964年，湖北省组织专家组对采茶戏进行了系统考察、挖掘和整理，并使之融入管弦乐伴奏。1965年，阳新县成立采茶戏剧团，采茶戏发展盛况空前。

阳新采茶戏的创作灵感多源自民间故事，有大小剧目一百余出，分生、旦、净、丑行当。音乐由正腔、彩腔、击乐等三个部分组成。正腔属板式变化体，包括北腔、汉腔、叹腔、四平等，曲调优美动听，富有张力。彩腔有小调插曲40余支，表演生动朴实。若使用方言演唱，则更接近日常生活，深受当地群众喜爱。诚如俗语"小湾一台戏，大湾戏几台"，村村唱采茶的传统传承至今。此外，阳新采茶戏乐器包括大框锣、低音钹、马锣、小锣、堂鼓、牙板、大竹筒或木鱼等，根据情节需要选择。阳新采茶戏团编排了众多优秀曲目，如《三姑出宫》《山中一片云》《载梦的小船》等，均曾荣获表演大奖。

阳新采茶戏植根于鄂东南沃土，被誉为"盛开在鄂东南大地上的一朵质朴的山茶花"。它是茶文化在戏曲领域派生出的一枝奇葩，扎根于群众日常生活。作为田间劳动的娱乐项目，阳新采茶戏不断陶冶着人们的情操，丰富着人们的文化生活。每逢重要节令、庆典活动，阳新人总会唱起采茶戏，让活泼欢乐的节庆氛围四处洋溢。2008年，阳新采茶戏列入第二批国家级非物质文化遗产代表性项目名录扩展项目名录。

阳新布贴

在布贴之上，涂上或红或黑的颜色，绣上灵动跳脱的纹理，华丽炫彩的图案，仿若一片神秘的星空，令人陶醉。作为艺术与生活的完美融合，布贴承载着阳新人的乡土情怀。

阳新布贴是流行于黄石阳新县的民间布艺，妇女们在辛勤劳作之余，利用做衣服剩下的边角碎料，在一块底布上构图设计，穿针引线，绣成特定的图案或文字样式，具有浓郁鲜明的荆楚特色。

作为世代相传的民间手工艺，阳新布贴的历史起源虽无文字可考，但根据传承谱系看，其演化历程至少有两百年。民间相传阳新布贴的起源有二：一是刺绣说。由于刺绣取料十分昂贵，工艺流程复杂，技术要求相对较高，阳新妇女们仿照丝织品的刺绣技艺，经过剪样、拼贴等方式创造出布贴这一艺术形式。二是剪纸说。剪纸素来为民间家庭妇女所喜爱，妇女们见衣服边角料遗弃十分可惜，便大胆地将剪纸艺术运用于剩余的布料上，成为今天的布贴。无论何种起源，阳新布贴都体现了阳新乡村"女红"的生活智慧与巧手匠心。

阳新布贴

阳新布贴的特色鲜明。第一，图案纹样取材于日常生活，有奇珍异兽、花草树木、神话传说、生活器具等丰富样式，造型质朴。每种样式采用比喻、谐音或类比的手法，表达吉祥如意、生活美满的寓意，如用老虎表达镇宅之意，用葫芦表达"福禄"之意。每种图案纹样还可以互相搭配组合，如将喜鹊与铜钱相配，即表达"喜在眼前"之意。当然，也可直接在布贴上绣上汉字，如金玉满堂、吉祥如意、花开富贵等。第二，具有独特的民间审美，表现出荆楚民间的浪漫色彩。布贴延续楚地尚黑、尚红的习俗，主要采用黑色、深蓝色和红色，富有强烈的视觉冲击力，并配以巧妙的图案处理手法，呈现古朴、粗犷的乡土气息。在与颜色相搭配的图案中，凤凰是乡村妇女最喜爱的参考图案，大红布上的凤凰姿态万千，或威武强壮，或憨态可掬。第三，布贴的实用性强。阳新布贴的工艺制品范围很广，约有30个品种。从童装到童玩，从婚嫁服饰到日常家用，应用范围十分宽泛。目前，多用于儿童用品，如童装、童枕、童鞋、童包以及玩物等。多有母爱主题，寄寓着丰富深厚的血脉温情。

阳新布贴以精美考究的刺绣纹样、鲜明瑰丽的内容主题，综合性地体现了荆楚民风底蕴，彰显着阳新妇女巧夺天工的手艺和天马行空的想象力。

每展开一幅布贴，豁达、洒脱、粗犷、古朴的乡土气息都会扑面而来。2008年，阳新布贴列入第二批国家级非物质文化遗产代表性项目名录。

黄冈

长江绕郭知鱼美

　　川流不息的长江奔腾至中段下游的最后一处胜地——黄冈，"长江绕郭知鱼美，好竹连山觉笋香"，苏轼初到黄州就被这里的乡土风物深深吸引。素有"中原第一峰"的天堂寨雄伟挺拔、气势磅礴；石怪、松奇、峰险的薄刀峰，直插云霄，鹤鸣九皋；黄梅四祖、五祖禅寺，浸润江水的浩瀚通达，吸纳山林的静谧平和，造就了一方明心见性的禅宗圣地。

　　"邾城山下梅花树，腊月江风好在无？"蔡山寺的古梅无惧寒冬的凛冽，历千年犹傲放枝头，飞雪迎春输却一缕暗香；飞针走线的匠心成就了栩栩如生的黄梅挑花，梅的精魄在指尖绽放；演人生百态，唱男女深情，诞生于地方戏曲舞台的黄梅戏，成为中国五大戏曲之一。

　　"问我祖籍在何方，湖广麻城孝感乡。"长江哺育了人杰地灵的沃土，钟灵毓秀的乡土使伫立在江边码头的游子频频回望；岳家拳刚猛如虎，将精忠报国的民族魂世代延续；布衣毕昇发明活字印刷术，

黄冈

推动印刷业发展，助力文化造极的锦绣华章；李时珍皓首穷经，怀悬壶济世仁心，抱矢志不渝宏愿，终成时代巨制《本草纲目》。

"大江东去，浪淘尽，千古风流人物。"仕途的蹇困屈抑不了洒脱昂扬的人格，人生的困顿愈发砥砺睿智旷达的胸襟，贬谪黄州的苏轼胸怀逸兴壮思飞，创作了各类体裁的作品七百余篇，为一个文化洼地浇灌出文学的阆苑仙葩；步入近代，闻一多拍案而起，以笔为刃，划破一沟绝望的死水，点亮一秉荧荧的红烛；巍巍大别护英灵，陈潭秋、董必武、李先念等革命先贤，从黄安、麻城、罗田的热土出发，用信念和忠诚树立起屹立不倒的红色丰碑。

天堂寨

高耸入云的大别山脉，雄伟挺拔，气势磅礴，优渥的自然条件造就了别具一格的奇峰幻境。四时风景变幻莫测，晨曦初照时云雾缠绕，它如蒙着轻纱的少女俏皮伶俐；日暮黄昏余晖播撒，它又如同老者般静穆平和。

黄冈境内有大别山国家森林公园、薄刀峰、三角山、天台山、斗方山等自然景观。险峰并峙的地貌和险要的地理位置，塑造了这里建寨筑堡的传统，鄂东即有三百多个山寨。明末大别山周边民众聚众反清，其中有48个山寨最为出名，俗称"蕲黄四十八寨"，主要分布于罗田、黄冈、麻城等地，尤以天堂寨久负盛名。

素有"中原第一峰"美誉的天堂寨，海拔1729米，坐落在湖北罗田、英山和安徽金寨三县的交界处。立于主峰，可北望中原，南瞰荆楚。天堂寨孕育了丰富多样的天然植被，有植物550多种，其中珍稀植物50多种，出产茯苓、天麻、灵芝等各种名贵药材，是鄂东地区绿色生态园。

天堂寨曾见证了中国历史时局千年变迁。相传大禹治水后曾从岐山至大别山

天堂寨

主峰考察中原山水；秦始皇东巡祭泰山后至淮河，曾到达天堂寨一带；南宋末年文天祥在此地组织抗元，派程纶入山组织西义军；元末徐寿辉、彭莹玉、邹普胜共商反元起义，率红巾军取罗田、克浠水，割据东南，徐寿辉在此称帝11年；明清时期大别山数次发生农民起义。这些历史人文遗迹、传说故事、英雄人物与自然风光一道塑造了天堂寨的非凡魅力。

位于天堂寨西面的薄刀峰悬崖壁立，侧看如同薄刀，故得名。薄刀峰海拔1404.2米，直插云端，因而又名鹤皋峰，寓意"鹤鸣九皋，声闻于天"。薄刀峰特色有三：一是石怪，怪石嶙峋，千姿百态，分布在岩壁陡峭之中；二是松奇，北斗松、卧龙松、孔雀松饱经风霜，随风而动；三是峰险，山峰高耸入云，气势宏伟。至今存有"爵主庙遗迹""独尊古寺""铜锣峭壁""鹤皋古寨""献旗岭""摇旗岗""歇马亭""就义场"等历史人文景观。

天堂寨可谓是"绿色宝藏"，峡谷悠长，颇有"千山鸟飞绝，万径人踪灭"的意蕴。日月轮转、山水相隔，它静静守望，等待着向远方的客人揭开面纱。

红色大别山

扼江汉、江淮之要冲的大别山，守护着鄂豫皖地区20多个县，历来是兵家必争之地。这里是传统的革命老区，有着光荣的革命历史，见证了中国共产党百年间带领中华民族、中国人民、中国军队冲锋陷阵的伟大功绩，培育了深厚的红色文化。

反击国民党的枪声在这里打响。1927年11月，黄安（今红安）、麻城三万多名农民自卫军和义勇军打响鄂豫皖地区武装反抗国民党反动派的第一枪，起义部队在七里坪誓师，组建工农革命军鄂东军，史称"黄麻起义"。黄麻起义是中国共产党领导的继南昌起义、秋收起义后，在长江以北规模最大的农民武装起义，在中国革命史上写下了壮丽的一页。后来，以红安为中心的鄂豫皖革命根据地发展成为仅次于中央苏区的第二大革命根据地，并走出了中国工农红军第四方面军、第二十五军以及新四军第四支队等三支军队。1947年8月，晋冀鲁豫野战军司令员刘伯承和政治委员邓小平率领主力突破国民党军围堵，南进大别山，解放11座县城，成为解放战争中可歌可泣的伟大胜利。

大别山是一片红色热土，尤以黄安、麻城、罗田三地著名。至今在黄安民间还流传着一首歌谣："小小黄安，人人称赞；锣鼓一响，四十八万；男将打仗，女将送饭。"这里产生了董必武、李先念两位共和国主席以及61位将军，有记载的牺牲烈士2.2万人，是当之无愧的"将军县"和"烈士县"。麻城乘马岗被徐向前元帅称为"鄂豫皖红军之源"，在这里锻造了王树声、王宏坤、陈再道、张才千等26位共和国将军和88位省、军级将军，其中大将1人、上将3人、中将7人，还有少将22人。2014年，上海大世界基尼斯中心授予乘马岗"全国将军第一乡"的称号。

在大别山脚下的罗田，有一座闻名遐迩的古镇——胜利镇，这里遍布红色印记，曾是先烈们英勇抗敌之所。同样以"胜利"为名的胜利老街是胜利镇红色文化最为密集的地方，抗日战争时期，国民党第五战区司令李宗仁所辖的两支军队曾驻扎在此，李宗仁本人也曾多次至胜利镇。新中国成立前，鄂豫军区司令部也设置在这里，大量军队驻扎，竟使此地成了周边物流贸易的集散地。

大别山温柔的沃土哺育了多情重义的品行，奇绝的峰峦砥砺了豪气干云的性格。革命年代，这里走出的英雄儿女"为有牺牲多壮志，敢教日月换新天"，在新时代的征程上，黄冈人正"鹰击长空，鱼翔浅底，万类霜天竞自由"。

大别山红色教育基地

双峰禅宇

"蕲黄禅宗甲天下，佛教大事问黄梅。"地处长江中游和大别山尾的黄梅，浸润江水的浩瀚通达，吸纳山林的静谧平和，造就了一方禅宗圣地，中国禅宗的6位祖师，有4位与黄梅渊源深厚。来到黄梅，领略千年佛寺文化的厚重，汲取禅宗明心见性的智慧，定会不虚此行。

580年，一代宗师道信降生梅川。14岁时，向禅宗三祖求法，静心修禅，后继承衣钵。625年，道信在黄梅西山创立正德寺，改山名为双峰山，僧众五百多人。道信摒弃以往"一衣一钵，随缘而生"的俗规，主张禅农并重，寺庙定居实行自给自足的生产方式，将搬柴、运水、种地等劳动作为修行的内容，以此自给自足。唐太宗久慕道信佛法精湛，曾两次遣人邀其入宫，甚至以生死要挟，但均被道信婉拒。唐太宗深感道信佛法高深，便御赐紫衣一件，后来还御赐"太医禅师"的封号。四祖道信圆寂后，五祖弘忍承接衣钵，在相距30华里的东山修寺，二寺被称为中国禅宗的"天下祖庭"。

由于四祖、五祖、六祖在佛教中崇高的历史地位，围绕其出生、成长、修行以及修法等人生轨迹产生了诸多故事传说，对之加以神化，百世相传，并远播至东亚各国，在《续高僧传》《红楼梦》等古代文学佳作中多有引用。禅宗祖师传说主要分为四类：一是佛祖传说，包含《六灵童挨打》《四祖道信》《四祖拜灵山》等；二是历史人文传说，包含《四祖与鲁班打赌》《唐太宗赐紫衣》《僧道相逢横岗山》等；三是风物传说，包含《浴佛井的来历》《禅农并重的来历》等；四是禅素食传说，包含《发饼的由来》《佛掌山药的来历》等。据不完全统计，黄梅禅宗共有约百个传说版本以口耳相传的方式沿袭至今，后收录于《中国民间故事集成》《中国禅寺》《中国佛话》等文献资料之中，以文字形式保留。

千百年来，祖师禅宗传说不断与民众生活相交融，经过平民化后产生了"三月三"庙会、洗九朝、吃芥菜粑等地方习俗，还进一步融入音乐、舞蹈、美术等诸多民间艺术之中。2011年，禅宗祖师传说列入第三批国家级非物质文化遗产代表性项目名录，对研究佛教本土化、佛教伦理道德有着重要意义。

由于黄梅是禅林宗派圣地，佛教文化兴盛，自古以来营造了毗卢塔、高塔寺塔、众生塔、衣钵塔、佛母塔等众多造型独特、意蕴丰厚的塔。其中位于黄梅四祖寺西侧山坡的毗卢塔，是黄梅当地最有名的佛塔之一。四祖道信禅师传衣钵给弘忍禅师后，便亲嘱五祖弘忍禅师建造墓塔，后来四祖圆寂塔内。墓塔为单层仿木结构重檐亭式塔，塔高约 15 米，四角攒尖顶。塔基大致呈正方形，宽约 10 米，深约 9.5 米，雕刻有莲花瓣纹。塔身东、西、南三面为券门。整塔庄重肃穆，造型古朴，装饰精美。在黄梅城正街东南隅，还有一座形似春笋般的高塔寺塔，因塔身为乱石堆砌，俗称乱石塔，始建于北宋大中祥符八年（1015 年）。除底层外，二层以上为实体，各层外壁设有佛龛、窗，佛龛计 88 座。第三层外壁部分墙砖雕刻有"皇帝万岁""重臣千秋""民安物泰""雨顺风调"等字样。1986 年维修时发现各层塔心处均掩埋有石罐，内藏舍利、铜钱等宝贵文物。

步入黄梅境内，塔影摇曳，它们伫立在历史长河中凝望着千百年沧桑变迁，仿佛每寸塔砖都在讲述着黄梅深厚的禅宗文化，我们每一步的寻访叩问都在通向心灵净化、智慧菩提的途中。

蔡山晋梅

黄梅西南部的蔡山寺内，生长着一棵极为珍贵的千年古梅，它犹如花中孤傲的仙子，无惧寒风的侵袭，于凛冬绽放枝头，彰显出顽强的生命力，是冬日里最为耀眼夺目的一抹明艳。

据《黄梅县志》记载，东晋时期，高僧支遁在黄梅蔡山建造江心寺（蔡山寺别称）、摘星楼，并在寺内亲手栽种白梅一株，称为"晋梅"，因通常一年两度开花，故又称"二度梅"。相传李白就曾寄宿江心寺，夜赏古梅，留下名篇《夜宿山寺》："危楼高百尺，手可摘星辰。不敢高声语，恐惊天上人。"

1982 年，武汉园林科学研究所工程师王其超发现了这棵距今 1600 多年的古树，经专家组认定，其为世界最长寿的梅花，与隋梅、唐梅和宋梅并称为"四大古梅"，是我国的稀世珍宝。蔡山晋梅历经沧桑，古朴苍老，绿藓密布，朝北倾斜，树高近 8 米，主干高约 6.7 米，扁圆形树冠冠幅约 7 米，围径约 1.1 米。虽根部木质基本被蛀空，但树皮依然完好，每年大寒都会花开满树。晋梅花瓣呈白色，花蕊为红色，每当冬季绽放时，花影婆娑，犹如片片雪花挂在树梢，幽香沁人心脾。

蔡山人将晋梅人格化，认为晋梅久历千年不衰，且二度开花，是吉庆祥和的象征。据说吃了二度梅结成的果子，能延年益寿。晋梅开花可以预示天下是否太平，若是国泰民安则花开旺盛，若是时局混乱则常年无花。相传，抗日战争时期，因日本侵略中国，晋梅八年未曾开花。

蔡山晋梅

晋梅是蔡山地域文化的重要组成部分。近年来，蔡山政府着力打响晋梅文化品牌，打造晋梅文化园，全面促进晋梅这一历史文化遗产的保护、利用与发展。

黄梅挑花

飞针走线绣乾坤，一挑一穿有洞天。黄梅挑花经繁密的针线交织，绽放出栩栩如生、绚丽多彩的图案，给人以感染力极强的视觉盛宴。黄梅挑花又名架子花、十字挑花，一种极具荆楚风韵的刺绣艺术，是以青布为底，以针挑、补、绣等技术为主的民间传统工艺。它流传于黄石黄梅县，尤其以蔡山、新开、孔垅最为兴盛。

相传黄梅挑花起源于隋唐，成熟于明清。1958年，黄梅蔡山发掘的明嘉靖四十一年（1562年）墓葬中，墓主人的头部佩有"福寿双桃"的方巾，这是迄今为止发现的最早的黄梅挑花作品，证明黄梅挑花的传承发展至少有近500年历史。在黄梅，挑花技艺多由妇女传习，主要以家庭传承为主，女孩自懂事起就随着家中年长女性学习挑花，直至出嫁。因此，有"黄梅有女皆挑花"的民间俗语，黄梅民间将不会挑花的女孩称作"整巴掌"，含有羞辱的意味。

黄梅挑花以当地的家机布为原料，家机布又称"带"布，将其染成青色作底。与平常刺绣不同，黄梅挑花以挑为主，艺人通过一根针、五彩线在上面挑绘，形成颜色绚丽、立体感强的各类图案。其中，针脚为"X"形的称为"十字绣"，针脚为"一"形的称为平线绣。挑花图案丰富多样，民间戏剧、神话传说、花鸟虫鱼、奇珍异兽等均可入图，主要应用于床单、被面、方巾、鞋垫、枕头、门帘、帐幔等日常用品上。黄梅挑花在国际上声名远播，曾获"巴拿马万国博览会"金

黄梅挑花

奖、波兰"社会主义国家民间工艺美术展览"奖。

在黄梅当地还流传着这样一则故事：隋文帝执政时在民间选妃，一位头戴方巾的王美人颇得隋文帝喜爱。为测试她的胆识，隋文帝便问她："你为何头顶戴方巾？是为了遮挡灰尘吗？"王美人思索片刻，答道："天下皆是太平净土，何来灰尘？我只是想将这一方巾赠与皇上，却不知放置何处，只能将其顶在头上，以表敬重。"隋文帝听完很高兴，让她呈上方巾，却发现这块方巾只是一张平平无奇的棉布，但上面绣满了鸟兽花木，正中图案为一只大龟，龟背上有一枝古梅，周边布满许多吉庆花纹。隋文帝心中不解，问："为何龟背上有一枝梅花？"王美人答道："妾为黄梅蔡山人，黄梅以梅花为名，有永结同心之意，而蔡山梅花树边又多池塘大龟，大龟寓意长寿，是妾身对皇上的衷心祝福啊！"隋文帝大喜，下令封其为贵妃。从此，人们就将黄梅挑花视为定情物，是精美的情感媒介。

黄梅挑花是极具装饰性的美术工艺，挑花图案多呈现荆楚地域特色，色彩生动绚丽，富有视觉冲击力，抒情写意之间寄寓着人们对美好生活的向往。2006年，黄梅挑花入选第一批国家级非物质文化遗产代表性项目名录。

黄梅戏

黄梅这片生机勃勃的沃土孕育了五彩缤纷的民间艺术，本土生长的黄梅戏更是一朵常开不败的奇葩。黄梅戏是起源于湖北黄梅的地方戏曲剧种，原名黄梅调、采茶戏等。它大约形成于清代道光年间，男女上山采茶期间或独唱抒情，或相互唱和，通俗易懂，细腻动人，极具感染力与传播力。

清末，黄梅采茶调顺江而下，传入安徽怀宁等地，并与当地艺术融汇，以安庆方言歌唱、念白，时称怀腔或怀调，是黄梅戏的早期形态。后来，黄梅戏又吸收了青阳腔和徽调的音乐、表演以及剧目，演出"本戏"。经过百年发展，黄梅戏同京剧、越剧、评剧、豫剧并称中国五大戏曲剧种，流传于长江中下游的湖北、安徽、江西、江苏等省。

黄梅戏有花腔、彩腔、主调三大腔系，其中，花腔和主调是在黄梅采茶戏的基础上演变而成。花腔以演小戏为主，优美欢快，具有浓郁的生活氛围。彩腔曲调欢畅，曾广泛用于花腔，极具鄂东乡土气息。主调是黄梅戏传统正本大戏常用唱腔，有平词、火攻、二行、三行、还魂腔、高腔的腔调，曲调严肃。早期黄梅戏以堂鼓、钹、大小锣等打击乐器伴奏，新中国成立后则以高胡为主要乐器。黄梅戏的角色行当包括正旦、正生、小旦、小生、花旦、小丑、老旦、老生、花脸、刀马旦等，载歌载舞，质朴通俗，生活气息浓郁，这也是老百姓喜爱的重要原因。

最令人拍手叫好的是黄梅戏引人入胜的故事情节。它的剧目取材于生活，在采茶戏传统剧目"三十六大本，七十二小出"的基础上创新发展，《女驸马》《天仙配》等优秀剧目久负盛名。如《女驸马》讲述的故事是这样的：冯素珍与李兆廷自幼相爱，后因李氏家道中落，冯素珍继母嫌贫爱富，逼李兆廷退婚。冯素珍便女扮男装进京寻兄冯益民相助无果后，顶替李兆廷之名应试科举，谁料竟一举夺魁，被皇上招为驸马。成婚当夜，冯素珍冒死进言，公主感其真心，上奏皇上。皇上收冯素珍为义女，命其与李兆廷完婚，并命冯益民为驸马，与公主结为秦晋之好。

诚如《女驸马》一般，黄梅戏的故事情节跌宕起伏，唱腔华丽，感染力强，令人沉醉。承载着世世代代的生活经验与人生智慧的黄梅戏深受人们喜爱，俗语"一去二三里，村村都有戏"反映了黄梅戏活跃的盛况。1995年黄梅县被原文化部授予全国"黄梅戏之乡"的称号，黄梅戏于2006年入选第一批国家级非物质文化遗产代表性项目名录。

邾城遗址与对面墩汉墓

"邾城山下梅花树，腊月江风好在无？"这是东坡居士苏轼谪居黄州（今黄冈）时咏邾城梅花之佳句。在黄州生活的四年光景中，苏轼曾造访邾城十余次，三五好友吟诗作赋，为邾城留下了四首名篇，使邾城成为黄州极具人文底蕴的靓丽名胜。

根据史料考证，先秦时期楚国攻灭邾（今山东邹县），国君邾子迁居至此。汉代设置邾县，隋代设永安郡。明弘治《黄州府志》记载，因城中多土堆，故名女王城。根据不完全统计，邾城有女王城、汝王城、吕阳城等数个地名，因邾、汝、女、吕、禹等字音相近，在后世流变中发生变异。但无论地名何时发生变化、缘何变化，都不影响邾城遗址是黄冈城市之根的事实。

邾城建于春秋中晚期，不仅是黄冈最古老的城址，而且还有迄今为止长江中游地区发现的保存最好的汉代墓葬建筑。以邾城为中心的10千米内，分布有汪家冲、国山、韦家凉亭、樊家湾、李家嘴、龙王山、埂子地等古墓群，当中发掘了大量的文物遗存，均属东周战国至汉代之间。东周时期的文物有铜剑、戈、镞、蚁鼻钱等，出土陶片以泥质灰陶、夹砂红陶为主，汉代的文物则有泥质灰陶、夹砂灰陶等等。这些都是邾城由周至汉的历史生活遗迹。

对面墩一号墓是邾城遗址及周边发掘的汉代墓葬中保存最好、规模最大、年代最久远的一座。据推测，该墓是东汉黄冈地区最高行政长官及其夫人的合葬墓。墓室呈"十"字形，结构完整，由甬道、前室、侧室、过道和后室组成，长11.9米，宽10.08米，高4.61米，总占地面积126平方米，出土了金、铜、玉、陶瓷等珍贵文物161件。墓室独特的"无梁殿""圆攒尖小平顶"等结构以及多彩的墓砖花纹是该墓的突出特色之一，代表了当时汉代工匠的高超技术水准。2020年底，在对面墩一号墓的基础上修建的汉墓遗址博物馆建成开馆，游客可透过玻璃近距离观察墓室结构，也可在玻璃观景台俯瞰墓室全貌。

尽管岁月沧桑变迁，邾城光彩不再，但其历史遗韵借助文物和遗址展览仍然绽放异彩。对面墩汉墓的发掘与考证，对研究汉代建筑、丧葬、艺术、官职都有极为重要的价值。

东坡赤壁

"大江东去，浪淘尽，千古风流人物。"大文豪苏轼（1037—1101）所作的千古绝唱《念奴娇·赤壁怀古》，以奔腾不息的滔滔江水凭吊三国人物的千古风流，为黄州（今黄冈）赤壁涂抹上了浓墨重彩。在湖北，赤壁有二：一为咸宁，是赤壁之战的古战场，被称作"武赤壁"；二为黄冈，因苏轼等文人墨客在此留下的诗词佳作，而被称为"文赤壁"或"东坡赤壁"。在黄冈西北角，有一处岩石突出，如城墙一般，颜色呈赭红色，因"二赋双珠可夜明"的《赤壁赋》《后赤壁赋》和《念奴娇·赤壁怀古》等苏轼诗作辞赋而闻名天下，故亦称为"东坡赤壁"。

宋元丰二年（1079年），御史何正臣等人上奏弹劾时任湖州知州的苏轼，称其到任谢恩的上表中暗藏不敬之语，讥讽朝政，并搜集了大量苏轼诗文为证，史称"乌台诗案"。苏轼被逮捕入狱，出狱后，贬谪到黄州任团练副使。在黄州的四年多，既是苏轼经历九死一生的"至暗时刻"，又是苏轼韬光养晦的蜕变期。由于心中有无尽惆怅愤懑，苏轼寄情黄州山水自然、历史人文，他的思想变得深邃而超脱，其诗词创作也迎来了鼎盛时期。黄州的锦绣山河、名胜古迹为苏轼带来了无限灵感，据统计，苏轼在黄州期间写出了753篇（首）诗词、歌赋以及文札，他将咏史、绘物、抒情融于一体，借古抒怀，讽喻古今，在黄州树立起光耀千古的文学丰碑。

"寄蜉蝣于天地，渺沧海之一粟。"黄州瑰丽的自然风光和淳朴的人文风情，滋养了苏轼务实笃行、心胸广阔、豁达开朗的精神品格。因微薄的俸禄无法支撑生存，他便在黄州东面开荒种地，自号"东坡居士"。有日，苏东坡同好友聊天，说道："从前与弟弟备考科举，颇为用功，日食'三白饭'，美味十足！"好友问之："何谓'三白饭'？"苏答："一撮盐、一碟白萝卜、一碗白饭，是为'三白饭'！"好友听之，便大笑起来。后来，苏东坡请好友吃"毳饭"，好友不明就里地前去赴约。但等了许久，都未曾上饭，便一连催促数次上饭，苏东坡答道："盐也'毛'、萝卜也'毛'、米饭也'毛'，这就是'毳饭'。""毛"是黄

东坡赤壁

州当地的方言,意为"没有"。即便处于人生低谷,东坡先生依然乐观豁达、风趣诙谐。

黄州民间关于苏东坡的传说故事题材丰富、种类多样,从不同侧面体现了苏东坡学识渊博、自信乐观。2014年,"苏东坡传说"被列入第四批国家级非物质文化遗产代表性项目名录扩展项目名录。与东坡传说密切相关的还有一道湖北名菜。相传苏轼在黄州躬耕之余,经常亲自下厨烹饪,研究菜谱。一次家中来客,苏东坡便烹饪猪肉,在等待期间与客人下棋,不知不觉中过了时辰,苏东坡急忙到厨房,却惊奇地发现香味扑鼻、色泽红艳、汁水浓稠、肉质酥烂,后人称之为"东坡肉"。

东坡赤壁目前为国家重点文物保护单位,兼具自然山水、历史人文的地域特色。其中楼阁始建于西晋初年,距今一千七百多年历史,有二堂(二赋堂、雪堂),三楼(栖霞楼、涵晖楼、挹爽楼),二阁(碑阁、留仙阁),一斋(慨然斋),一像(东坡塑像),一峰(剪刀峰),九亭(放龟亭、睡仙亭、坡仙亭、酹江亭、问鹤亭、快哉亭、览胜亭、望江亭、羽化亭),古朴典雅、魅力十足,是人们访古寻幽、休闲娱乐的好去处。

陈策楼

黄州东去六十里,茂林修竹,绿树成林,郁郁葱葱,青瓦白墙之间却盛放着一抹红色圣火。那是中国共产党创始人、革命烈士陈潭秋的故乡——陈策楼村。

据记载,陈策楼村原名为陈宅楼,1996年撤乡建镇后方改现名。它的更名与陈潭秋(1896—1943)的人生故事密切相关。陈潭秋有家学渊源,祖父为乡试举人,兄长陈树三自幼在武昌求学,受民主革命思潮影响,曾参加"共进会",每年返乡,都要对家中兄弟宣讲民主革命思想。这一天,陈树三与家中兄弟登楼赏月,树三为试探陈潭秋的才气,便问起:"陈策楼上谁陈策?"潭秋面对月色朦胧的独尊山,答道:"独尊山上我独尊。"谁曾想到,这位意气风发的少年在日后十余年的时间里果然凭借敢为天下先的胆气成为中国共产党的创始人之一。

中国共产党第一次全国代表大会结束后,陈潭秋、林育南等人回到家乡黄冈传播马列主义,秘密筹划建立农村基层党组织。陈潭秋先后介绍萧人鹄、胡亮寅

陈潭秋　　　　　　　　　　　　　　　陈策楼

加入中国共产党，随后在 1922 年春成立中共陈策楼小组，萧人鹄为负责人，这是党在湖北建立的首个农村基层党组织，也是大别山地区最早的地方党组织。陈策楼从此成为红色革命文化的聚集地。1924 年 8 月，在陈策楼成立了鄂东地区首个县级党组织——中共黄冈支部，陈学渭任书记，后来在此基础上又成立中共黄冈特别支部，下辖 3 个党支部、5 个党小组，而后又相继改建为黄冈地方执行委员会、黄冈县委等，形成了党内严密的组织系统。这里红色底蕴深厚，在陈策楼成长起来的英杰为中国近现代革命斗争作出了突出贡献，先后有 127 位英勇牺牲。

作为陈策楼红色革命史上的关键人物，陈潭秋曾被评为"100 位为新中国成立作出突出贡献的英雄模范人物"之一。他的故居目前已经成为一所社会科学类名人专题纪念馆，由故居、陈策楼以及铜像广场组成。故居为两重院落式民居建筑。故居北面为陈策楼，是陈氏祠堂，也是陈潭秋从事革命活动的重要场所。铜像广场建筑面积为 1600 平方米，铜像位于中轴线上，高 5 米。陈策楼是湖北红色革命历程的关键起点，陈潭秋故居纪念馆更是保存黄冈人保家卫国、无惧牺牲等红色精神的生动遗产。

百年风雨兼程、波澜壮阔，在历史长河中，陈策楼村静静伫立，如同一座红色地标注视着时代的变迁和沧桑，更见证着中国共产党和中国革命抒写的传奇。

董必武故居

董必武（1886—1975），中国共产党的创始人之一，为中国革命和社会主义建设事业创下了丰功伟绩，是伟大的无产阶级革命家。然而，鲜为人知的是，这个众所周知的名字却是后来起的。他的原名为贤琮，又名用威。在成长的过程中，他目睹晚清政府腐朽不堪，百姓处于水深火热之中，他立志要拯救身陷苦海的国家与人民。他放弃本名，而以"璧伍"之谐音，改名为"必武"，从此投身于反帝反封建的革命事业。

1886年，董必武出生于黄冈红安的知识分子家庭。中国共产党成立前，相继加入过同盟会、中华革命党，并参加了辛亥革命、反袁斗争、护法运动等。1920年，同陈潭秋等人成立了武汉早期党组织，1921年参加中国共产党第一次全国代表大会后，担任中共武汉区委执行委员。第一次国共合作时期，参与筹建国民党湖北省各级党部。抗日战争时期，在武汉、重庆等地从事统战工作。新中国成立后，曾担任中华人民共和国副主席、代主席等职务。面临着人民新法制创建的艰难挑战，长期从事政法研究的董必武领导政治法律委员会开展了一系列法制建设工作，因此，他成为中国社会主义法制的重要开拓者、奠基者。

1975年的初春，董必武与世长辞。在追悼会上，叶剑英如此评价："董必武同志真正做到了一辈子做好事，不愧为无限忠诚于党和人民的无产阶级革命家！"董必武一生兢兢业业，清正廉洁，饱含对祖国、对人民的深情，堪称人民公仆。1941年，董必武来到重庆红岩村工作，负责八路军办事处的财务工作，鉴于国民党反共高潮的影响，党内财务捉襟见肘，于是董必武要求办理伙食的同事要在不乱花一分钱的同时改善同志们的伙食。有一次，董必武在月底结算伙食费时，发现有六角钱的账不翼而飞，前后核对几次还是仍然无法平账。他自责不已，还执意在机关大会上作自我检讨，并向中央递交检讨信。新中国成立后，董必武身居要职。亲戚们见他"有权"，便一度向他提出进京上学、求职、采买等一系列不合理的请求，企图借助关系满足自我的私欲。对此，董必武铁面无私，一一拒绝，并以婉转的方式劝告他们应走正途。"精神如炬，信念如磐"，这是董必武所坚守的人格信条。也正因为如此，他也是中共一大的13位代表中唯一与毛泽东同志并肩同行至最后的革命者。

董必武故居位于湖北红安老街中心地带，故居始建于清代，由三排青灰色砖房组成。1928年，部分建筑被国民党政府损毁。1977年，红安地方政府在原有基础上按原貌修复。故居建筑坐西朝东，砖木结构，是董必武出生地和求学之所。2008年，被国务院确认为第六批全国重点文物保护单位。2011年，再次修缮，再现了故居文物复原陈列,增设家史陈列馆、董老藏书阁、后花园、书法碑廊等。

李先念故居

郁郁葱葱、松柏掩映的北京八宝山上,有一座墓碑无名无姓,仅刻有"先天下之忧而忧,与天地同在;念人间之乐而乐,共日月齐光",这句藏头诗的人生箴言,是墓主人李先念一生对党对国对人民无限忠诚的真实写照。

李先念(1909—1992年),伟大的无产阶级革命家、政治家、军事家。1909年,他出生于湖北红安。1926年参加农民运动,1927年参加黄麻起义,后加入中国共产党,相继任区委书记、县委书记、苏维埃政府主席。抗日战争时期,在大别山开辟华中敌后抗日根据地,历任新四军豫鄂挺进纵队司令员、第五师师长兼政委、鄂豫边区党委书记。抗战胜利后,任中原军区司令员,指挥中原突围战役。新中国成立初期,兼任湖北省委书记、省政府主席等职务,主管湖北省党政军工作。1954年,调入中央,任国务院副总理、财政部部长。1983年李先念当选为中华人民共和国主席,1988年当选为中国人民政治协商会议全国委员会主席。

李先念同志信念坚定,智慧果敢。1936年10月,三大主力红军会师后,红四方面军一部西渡黄河,执行宁夏战役计划。11月,党中央与中央军委决定组建西路军,建立河西根据地。河西走廊土地贫瘠,自然条件恶劣,在没有得到后方武器、粮食、药品及时供应的情况下,西路军浴血奋战,歼敌数万人,最终因弹尽粮绝而受到重创。后来,部队一分为三,李先念临危受命,率领剩下的千余人,越过祁连山,摆脱追兵,历尽艰险后进入新疆地区,为中共保存了有生力量,被毛泽东称赞为"不下马的将军"。

李先念一生崇尚勤劳俭朴,他主管国家经济工作,却要求子女不能从商,而是要本本分分、老老实实地做

李先念故居

一个普通人。2009年，他的女儿李小林在《人民日报》上发表的纪念文章《大爱》中说："父亲要求我们做普通人的工作，不要去追求当官，不能赚钱，更不需要出名，把工作做好就行了。这就是我们的家风，我们做到了。"

李先念为党为国奋斗终身，为中华民族独立和中国人民解放作出了卓越贡献，受到人民的爱戴和拥护。2008年，李先念故居纪念园成立，由李先念故居、李先念故居纪念馆、李先念故居图书馆、高桥革命史展厅、格伦本尼达墓地（美国飞虎队成员，部分遗骸葬于李先念墓园，以表李先念生前对其救命之恩的敬意）、红马寨等主要参观景点组成。李先念故居为鄂东民间建筑风格，土砖瓦房，坐北朝南，西侧为李先念父母住房，东侧三间为其哥嫂住房，基本保持原貌。李先念故居纪念馆有藏品40余件，珍贵文物3件。李先念图书馆是按照李先念在中南海居住的房屋所仿造的，有生活区、办公区、功能区。李先念故居纪念园是红色旅游精品景区，近年来，先后接待了美国前总统卡特先生及夫人、美国西部市长代表团、日本前外务副相山口壮等的来访，国际影响力不断提高。

红安绣活

一方织图之上，纤纤玉指跳跃翻飞，虫鸟飞兽、草木花树等常见之物，抑或神异仙人、奇观异象等非常之物，皆可绣成，尽显乾坤万物之灵性。红安绣活以鞋垫、袜带、花鞋等实用绣品为主，尤其以绣花鞋垫见长。相传，红安绣花鞋垫始于汉代，兴盛于明清，它曾被缝补在袜子底部，以此延长袜子的使用寿命。

在红安有这样一则故事：古时，红安县郊的一位胡姓公子倾慕城中的一位名为菊儿的侍女，便绘了一幅名为"蝴蝶扇菊"的画，命人送给菊儿。菊儿见画，便知胡公子的爱意。只可惜她不识字，便准备了一双布鞋垫，在上面绣了一高一低的并蒂莲花，偷偷送给胡公子。胡公子见之，知晓菊儿对他也有爱慕之情，但囿于二人身份悬殊，只能隐藏心中。久而久之，绣花鞋垫成为红安一带的定情信物。

红安绣活技法有线绣和绒绣两种。线绣以绣花针穿线，运用平针、单双套针、散针进行刺绣。绒绣则以空管针将绒线置入空管再从针眼穿出，并留有绒线圈，成型后剪破，搓成毡状。绣活配色既有对比鲜明的红绿双色，也有肃穆暗淡的深色系，根据不同的品种或场合使用。

红安绣活图案题材丰富多样，十分接地气，一是以"恭喜发财""吉祥如意""长命百岁"等喜庆文字直接表现创作意图；二是以自然界的花鸟虫鱼为原本，表达吉祥寓意。民间相传，癞蛤蟆怕蛇、蛇怕蜈蚣、蜈蚣怕癞蛤蟆，三种动物相生相克，若聚集一处则可包治百病、驱除晦气。因此，"三怕图"的鞋垫在红安流传广泛，人们相信将"三怕"踩在脚底，更能避免不吉之兆。又如，在小娃娃长乳牙时，若两颗乳牙没有同时长，娃娃的姑亲就要做一双猫头鞋，其中一颗牙为"孤牙"，以此破除不祥。

红安地区素有"无女不绣花"的说法，传统意义上的红安绣活通常是由不识字的农村妇女绣制。她们将刺绣工艺作为自我情感表达的一种朴素方式，既有民间大众的审美性，又饱含乡土生活气息，是红安地区民众相互联系、交流以及提升区域凝聚力的重要艺术媒介。2008年，红安绣活列入第二批国家级非物质文化遗产代表性项目名录。

红安绣活

岳家拳

"怒发冲冠，凭栏处、潇潇雨歇。抬望眼、仰天长啸，壮怀激烈。"自古以来，这首凝聚着宋代抗金将领岳飞赤胆忠心、刚正不阿爱国精神的《满江红·怒发冲冠》脍炙人口，在国家兴亡之际激励了一代代中华儿女。在鄂东一带，岳家精神融汇成另一种可观可感的方式传续。

作为中华传统武术的重要组成部分，岳家拳是传承历史最悠久、普及范围最广泛的拳术之一，世有"天下神拳数岳家""文讲孔夫子，武讲岳武穆"之说。岳家拳为南宋将军岳飞（1103—1142年）根据作战经验所创，并传授全军，广泛应用于短兵实战，经过八百年的传承、发展与创新，形成独立的拳法体系。相

传，岳飞蒙难后，其四子岳震、五子岳霆来到湖北避难隐居，广收弟子传艺，岳家拳在鄂东一带流传开。因金、元时期禁学之故，直至明清时期岳家拳方发展到鼎盛状态。

岳家拳既刚猛如虎，又柔情似水。因以上阵杀敌为目的，故以实用为最大亮点。岳家拳法不追求动作外形的优美花哨，而是讲究拳法制敌的可行性。拳法以吞、吐、浮、沉为主，手法以云雾抛托为主，理法以残、疾、援、夺、牵、捺、逼、吸八字诀为主。流传至今的拳术套路主要有一字拳、二梅花、三门桩、四门架、五法、六合、七星、八法、九连环、十字桩，每套拳法节奏明快、刚柔并济，在实战中颇有成效。岳家拳有虚实结合的特色，有"七虚七实"之说，灵活多变，抓住时机一招制敌，一招一式都生动地诠释着力量与美感的完美融合。同时，岳家拳还提倡内外兼修，将外法与内气贯通，以气催力，通过练习拳法，巩固人体元气，加强身体系统的血液循环，达到强身健体的保健作用。

"岳飞魂，是中华民族的精神代表，也就是民族魂。"孙中山先生曾如此评价岳飞，而岳家拳不仅是中国武术文化的重要组成，而且是英雄岳飞精忠报国精神的延续，作为中华民族精神的力量源泉，激励着一代又一代的中国人继往开来、披荆斩棘。今天，岳家拳还在东南亚广泛传习，成为中外友好交流的文化纽带。2008年，岳家拳列入第二批国家级非物质文化遗产代表性项目名录。

毕昇故里

九百多年前的一个深夜，杭州街头的一户人家灯火通明，不时发出"哧哧哧"的声响。只见一位"木工"正在聚精会神地注视着眼前这一方小木块，似乎在思考着什么。忽然，只见他口中惊呼："我终于发明出死字变活字的方法了！"他就是中国"四大发明"之一的活字印刷术的发明者——毕昇（972—1051年）。

在毕昇发明活字印刷术前，一般有摹印、拓印和雕版印刷。雕版印刷虽克服了拓印文书不够灵活的弊病，但其材料笨重且昂贵、制作缓慢，一旦有错字不易

修改。平民发明家毕昇常年在杭州书铺作雕版刻工，他吸收前者之长处，在长期的印刷实践中，发明了活字印刷术，实行胶泥排版印刷。所谓活字印刷术，是先用胶泥做成单字，以火烧硬，作为活字分放在木格。排版时，用铁板做底托，敷上特殊药剂，再从木格中取出单字在底托上排版，再用火烤，成为版型。需印刷时，再刷上墨液，铺纸复制即可。其最大的特点是活字可反复利用，操作便利，节省人力、物力，效率高且质量好。

北宋科学家沈括就曾在《梦溪笔谈》中专门介绍了毕昇的这一重大发明成果，并详细记载了整个流程工序，但是由于原物无存，后人只能依照书中记载传习活字印刷术。南宋光宗时，周必大就曾以胶泥铜板印刷《玉堂杂记》。随着活字印刷术的广泛应用，人们也不断对活字印刷进行完善与改进，出现陶活字、木活字、锡活字、铜活字、铅活字等。活字印刷术的发明，不仅是中国印刷史上的根本性变革，而且开创了世界印刷史的新纪元，比西方同类发明提早四百多年，先后传播至朝鲜、日本、越南、菲律宾、伊朗等数十个国家。

毕昇

不过，尽管活字印刷术对后世影响极大，但囿于资料匮乏，长期以来人们对毕昇了解甚少，即便是在《梦溪笔谈》中也只提及了"布衣毕昇"四字。20世纪90年代初，随着毕昇墓碑及其墓葬在英山草盘地镇被发现，毕昇的身世之谜才最终得以揭示。对墓碑的形制、花纹、内容的考证显示，墓碑立于1052年，这填补了沉寂千年的毕昇生平空白。1998年，英山成立毕昇纪念馆，馆内展示了中国文字起源、中国印刷演变史、毕昇身世及活字印刷术。

作为毕昇故里，黄冈英山近年大力推动毕昇文化传承发展工作，以毕昇墓、毕昇纪念馆为依托，打造以毕昇为主题的纪念园区，集文化展览、旅游观光、研学培训等多种功能为一体，推动毕昇文化与旅游深度融合，讲好中国印刷术的历史故事。

▌李时珍传说

蕲春适宜的自然环境，孕育出一方草本植物肆意生长的世界。种类繁多且珍贵的中草药皆蕴含着蕲春人浓郁的人文底蕴和生命智慧，使蕲春成为中外闻名的中医药文化之乡，自古有"路人皆懂医，指草皆为药"和"以不懂医技者为不孝"的民间传统。1518年，明代伟大医学家李时珍（1518—1593）出生于蕲春的医药世家，从小跟随父亲治病救人，精读医书，钻研医药，耳濡目染，积累了丰富的治病经验。

在长久的行医治病的过程中，李时珍发现中医药典《本草》虽经历代补充，内容完备，但由于品类、名称繁杂，有重复交错的问题，有必要重新修订。他曾向政府提出修订建议，但并未获支持，随后李时珍决定在有生之年编著本草专书。他花费28年的时间，参考800多种书籍，几经考察江南诸省，采集药材，制成标本，在考辨药性的基础上，三易其稿，最终成就了这套惊世之作——《本草纲目》。全书共52卷，190万字，编入药物1892种，对每种药物的来源、状貌、颜色、气味、功能都进行事无巨细的记录和说明，还附有1109幅药物图和11096个医方，是中医药发展史上的重要里程碑，被称为"东方医学巨典"。此书于2011年和《黄帝内经》一同入选世界记忆名录。李时珍所著的《医案》《濒湖脉学》《奇经八脉考》等书也极大地推动了我国中医药的发展进步，对植物学、动物学、矿物学、物理学、化学、农学等学科的研究都提供了重要的文献支撑。

1593年，李时珍辞世，后世产生了许多关于他的故事传说。最早见于文献的是清人顾景星所述："时珍生，白鹿入室，紫芝产庭，幼以神仙自命。"有关

李时珍纪念馆　　　　　　　　　　　　本草纲目

他的口头文学在其家乡代代流传，从不同维度全面地展现了李时珍从出生到老年的非凡人生，将历史事实与故事传奇相结合，歌颂了李时珍悬壶济世的精神品格、寻根探源的治学方法。

比较具有代表性的传说故事有《活人断其死》《开棺救母子》《时珍得名》《三道考题》《十斤生姜救条命》《神医治病断奇案》《辨冤救人》《辞职编书》等。比如《活人断其死》说的是因李时珍医术高明，颇受百姓赞誉，许多人都慕名而来，请李时珍看病。有天，李时珍诊所旁的药铺老板和儿子酒足饭饱后，见外面来找李时珍看病的人很多，也想去看看李时珍的医术是否真的如此高深。只见药铺老板的儿子从柜台纵身一跃，不料没站稳，重重摔在了地上。待李时珍为其诊脉时，无奈摇头说："你年纪轻轻，却活不到三个时辰了，赶紧回家去，告知家里准备后事吧。"药铺老板的儿子一听，气不打一处来，张口大骂李时珍为庸医。谁料，等他回家半时辰，就气息断尽。药铺老板登门询问，李时珍答："吃饭只能八分饱，你儿子吃到十分，又着急运动，五脏六腑都受损了，即便华佗再世，也难救！"这在民间广为流传，至今还有"吃饭只吃八分饱""食后不运动"的习惯。李时珍传说因蕴涵珍贵的历史文化价值和丰富的生命智慧，于2011年列入第三批国家级非物质文化遗产代表性项目名录。

坐落在蕲春县蕲州镇的李时珍纪念馆是依托全国重点文物保护单位李时珍墓所修建，全馆占地面积约6万平方米，建筑面积约7000平方米。此馆以本草碑廊、生平纪念馆、药物馆、百草药园、墓园、四贤牌坊为主体，是全国唯一集收藏、展览、研究等多重功能于一体的李时珍专题纪念馆，是全国中医药文化宣传教育基地（第一批），也是我国研究与弘扬李时珍文化的重要场所。

麻城孝感乡

"问我祖籍在何方，湖广麻城孝感乡。"湖北麻城在明清移民浪潮中具有鲜明的标识性。纵观中国历史，有两次大规模的"湖广填四川"的移民大潮。元代末年，攻克重庆的红巾军多为湖广人，尤其以麻城为最，为开荒屯垦，广招湖广乡亲入川，形成第一次移民大潮。明末，张献忠占据四川，杀戮较多，致使四川人口严重不足，清政府颁布移民优惠政策，号召民间百姓移民四川，湖广等地百姓纷纷响应，这一次移民浪潮一直持续到乾隆时期，前后约70年。在"湖广填四川"的移民浪潮中，由于麻城地处鄂、皖、豫三省交界处，境内又有举水河直通长江，所以麻城成为当时最大的移民中转站，外地移民经此地落脚，休憩后再向四川出发。

几百年来，当地都流传着"湖广填四川，麻城占一半"的传说，尤其是麻城孝感乡更是千万川渝人寻根之地。高岸古码头曾是明清移民大潮中最大、最繁华的码头之一，来自湖北、湖南、广西等地的移民在此乘船离开故里，沿长江上游前行，抵达巴蜀之地。

随着大规模的移民活动逐渐退出历史舞台，关于孝感乡今在何处也成为移民来源探寻的一个困扰。明初洪武年间，麻城有太平、亭川、仙居、孝感等四乡。明成化八年，由四乡变为三乡，孝感乡不翼而飞。近年，经由学者考证，方才确认孝感乡原位于麻城西南部，面积约1200平方千米，而因向川渝移民，导致人口大量流失，最终被撤销规划，并入仙居乡，而孝感乡地名则被记入史册。

正因明末清初的大规模移民潮，大批农民与家人分居两地，浓浓思乡情使移民至川渝的人们每年都要派代表回故乡探亲，寻根问祖，而这种在川渝与麻城之间往返携带手信、特产、物件的风俗则被世世代代移民人所传习，后逐渐演变为一种专职的运输工作，即"麻乡约"。"麻乡约"是清末西南最大的民间运输集团，全称为"麻乡约大帮信轿行"，它无所不运，业务范围包括客运、货运、邮件投递以及兑换银款等，始开中国民间邮政之风。

作为中国古代八大移民地之一，麻城是"湖广填四川"的发源地、中转地。时至今日，虽然移民码头已随着时代变迁而消失在人们的视野中，但目前麻城仍尚存有许多明清之际移民的历史遗存，它们都曾见证了湖北移民浪潮，也是川渝子弟思乡念祖的凭吊媒介。

闻一多故里

闻一多（1899—1946），伟大的爱国主义诗人、民主战士，对推动中国近现代革命发展作出过重大贡献，受世人敬仰。1899年，闻一多在黄冈浠水县出生，13岁时考入清华学校。在"民主"与"科学"两面旗帜的强烈号召下，年仅20岁的闻一多毅然决然地参加"五四运动"。23岁时，他赴美留学，接连在芝加哥美术学院、科罗拉多大学、纽约艺术学院研习艺术。在留美期间，受新诗派作品影响，开始从事新诗创作与文学研究。1923年，他出版了第一部诗集《红烛》，语言生动朴实，以赤子之心创作的103首诗作，既批判了封建统治下的黑暗社会，又反映了劳动人民的颠沛流离，堪称新诗的爱国主义典范之作。

闻一多纪念馆

身居海外留学期间，他见国家蒙难、人民屈辱，于1925年含愤写下举世瞩目的《七子之歌》。他采用拟人化的手法，将中国澳门、香港、台湾、威海卫、广州湾、九龙岛、旅顺和大连等割地比作祖国母亲被夺走的七子，痛诉国外侵略者的丑陋行为，激励中华儿女拿起武器保家卫国。其中，有关澳门诗篇曾被改编为歌曲："你可知'Macao'不是我真姓？我离开你太久了，母亲！但是他们掳去的是我的肉体，你依然保管我内心的灵魂。"这首歌曲饱含爱国深情、感人肺腑，在全球具有很大影响力、传播力，成为澳门回归时的主题曲。

闻一多曾奔走全国各地，为救国救民鼓与呼。1946年7月15日，因斥责国民党暗杀李公朴罪行，被特务暗杀。2009年，闻一多被评为"100位为新中国成立作出贡献的英雄模范人物"之一。

在浠水清泉寺的遗址上，一座始建于1988年的纪念馆是后人缅怀这位伟大文学战士的重要场所。1993年闻一多纪念馆建成并对外开放。该馆占地约11000平方米，建筑面积约2500平方米，是庭院式仿古建筑群。闻一多纪念馆陈列有关闻一多生平事迹的著作、诗作、书画、篆刻等各类遗物，还有近现代名人大家对闻一多的评论、题词等文献资料，先后被国家确认为全国爱国主义教育示范基地、国家重点博物馆，是中国近现代革命文化、文学思想的普及、研究基地。

参考文献

[1] 湖北省社会科学院历史研究所. 楚文化新探[M]. 武汉：湖北人民出版社，1981.

[2] 湖北省阳新县地名领导小组. 阳新县地名志[M]. 成都：四川人民出版社，2019.

[3] 鄂豫边区革命史编辑部. 中原敌后风云[M]. 武汉：湖北人民出版社，1985.

[4] 张正明. 楚文化史[M]. 上海：上海人民出版社，1987.

[5] 湖北省地方志编纂委员会. 湖北省志[M]. 武汉：湖北人民出版社，1992.

[6] 王建辉，刘森淼. 荆楚文化[M]. 沈阳：辽宁教育出版社，1992.

[7] 张正明，刘玉堂. 荆楚文化志[M]. 上海：上海人民出版社，1998.

[8] 黄林. 中国文学史·第4卷[M]. 北京：高等教育出版社，1999.

[9] 皮远长. 荆楚文化[M]. 武汉：武汉大学出版社，2000.

[10] 蔡靖泉. 楚文化流变史[M]. 武汉：湖北人民出版社，2001.

[11] 涂文学. 江夏史话[M]. 武汉：武汉出版社，2004.

[12] 刘玉堂. 湖北文化省情·资源篇[M]. 武汉：崇文书局，2005.

[13] 朱宁虹. 华夏饮食奇趣[M]. 北京：中国戏剧出版社，2006.

[14] 周至，吴艳荣. 荆楚百项非物质文化遗产[M]. 武汉：湖北教育出版社，2007.

[15] 祁金刚. 江夏溯源[M]. 武汉：武汉出版社，2008.

[16] 左尚鸿，张友云. 荆楚国家级非物质文化遗产[M]. 武汉：湖北人民出版社，2008.

[17] 重轩. 湖北旅游景点集萃[M]. 北京：旅游教育出版社，2009.

[18] 中国民间文学集成全国编辑委员会，《中国民间故事集成·湖北卷》编辑委员会，中国民间文学集成各省编辑委员会. 中国民间故事集成·湖北卷[M]. 北京：中国ISBN中心，1999.

[19] 贾海燕.荆楚百个中华之最[M].武汉：湖北教育出版社，2010.

[20] 万全文，院文清.荆楚百件馆藏瑰宝[M].武汉：湖北教育出版社，2010.

[21] 祝笋，祝建军.荆楚百处古代建筑[M].武汉：湖北教育出版社，2010.

[22] 刘玉堂等.湖北文化掠影[M].武汉：湖北人民出版社，2011.

[23] 刘玉堂.湖北特色文化论丛[M].武汉：湖北人民出版社，2011.

[24] 刘森淼.荆楚古城风貌[M].武汉：武汉出版社，2012.

[25] 明剑玲，明幼芳.荆楚名山[M].武汉：武汉出版社，2012.

[26] 孙君恒.荆楚佛寺道观[M].武汉：武汉出版社，2012.

[27] 姚伟钧，张志云.楚国饮食与服饰研究[M].武汉：湖北教育出版社，2012.

[28] 湖北省炎黄文化研究会.荆楚文化丛书[M].武汉：武汉出版社，2013.

[29] 刘玉堂，赵毓清.中国地域文化通览·湖北卷[M].北京：中华书局，2013.

[30] 刘守华.非物质文化遗产保护与民间文学[M].武汉：华中师范大学出版社，2014.

[31] 陈日红.荆风楚韵：湖北民间手工艺研究[M].北京：文化艺术出版社，2015.

[32] 刘玉堂.炎帝神农文化读本[M].北京：人民出版社，2015.

[33] 刘玉堂，王玉德.长江文明之旅系列丛书[M].武汉：长江出版社，2015.

[34] 刘名俭，周霄.荆楚大地湖北2[M].北京：中国旅游出版社，2015.

[35] 刘建明，尉迟晓春，黎江川.艺展楚天 荆楚工艺美术[M].天津：天津大学出版社，2015.

[36] 夏日新.汉水文化调查[M].武汉：湖北人民出版社，2015.

[37] 范齐家.茶圣故里话古今[M].武汉：华中师范大学出版社，2016.

[38] 湖北省京山县三阳镇志编纂委员会.三阳镇志[M].北京：方志出版社，2016.

[39] 湖北省政协文化文史和学习委员会，湖北省荆楚文化研究会，《宜昌文化简史》编撰委员会.宜昌文化简史[M].武汉：湖北人民出版社，2016.

[40]《走遍中国》编辑部.湖北[M].北京：中国旅游出版社，2016.

[41]刘玉堂.楚学论丛第六辑[M].武汉：湖北人民出版社，2017.

[42]湖北省政协文化文史和学习委员会，湖北省荆楚文化研究会，《恩施文化简史》编撰委员会.恩施文化简史[M].武汉：湖北人民出版社，2018.

[43]任永信.成语湖北[M].北京：人民出版社，2018.

[44]王文虎.随州文化简史[M].武汉：湖北人民出版社，2018.

[45]襄阳市文史委.襄阳文化简史[M].武汉：湖北人民出版社，2018.

[46]湖北省政协文化文史和学习委员会，湖北省荆楚文化研究会，《潜江文化简史》编撰委员会.潜江文化简史[M].武汉：湖北人民出版社，2019.

[47]湖北省政协文化文史和学习委员会，湖北省荆楚文化研究会，《荆州文化简史》编撰委员会.荆州文化简史[M].武汉：湖北人民出版社，2019.

[48]陈继平，饶水龙，史智鹏.黄州城历史文化遗产调查[M].武汉：湖北人民出版社，2020.

[49]陈中文，胡可益，李茂林.黄冈非物质文化遗产大观[M].武汉：武汉大学出版社，2020.

[50]刘玉堂.楚脉千秋[M].武汉：华中师范大学出版社，2020.

[51]湖北省政协文化文史和学习委员会，湖北省荆楚文化研究会，《神农架文化简史》编撰委员会.神农架文化简史[M].武汉：湖北人民出版社，2020.

[52]黄尚明.荆楚文化探研[M].武汉：华中师范大学出版社，2021.

[53]湖北省文化和旅游厅.鄂州市要览[M].武汉：长江出版社，2021.

[54]涂文学.东湖史话[M].武汉：武汉出版社，2021.

[55]刘玉堂.荆楚文化史[M].武汉：湖北教育出版社，2021.

[56]湖北省博物馆.百年民俗 湖北记忆[M].武汉：湖北美术出版社，2022.

[57]湖北省政协文化文史和学习委员会，湖北省荆楚文化研究会，《咸宁文化简史》编撰委员会.咸宁文化简史[M].武汉：湖北人民出版社，2022.

[58]刘守华.刘守华故事学文集[M].武汉：华中师范大学出版社，2022.

[59]湖北省政协文化文史和学习委员会，湖北省荆楚文化研究会，《十堰文化简史》编撰委员会.十堰文化简史[M].武汉：湖北人民出版社，2023.

[60]刘玉堂，刘庆平.汉江文化史[M].北京：人民出版社，2023.

后 记

近年来，关于研究和介绍荆楚文化的著作层出不穷，有关湖北考古发现和旅游推介的书籍更是联翩而至。但令人遗憾的是，迄今尚未发现一部将荆楚文化与湖北旅游紧密结合，融文化遗址、自然景观和非物质文化遗产于一体的雅俗共赏的著述，而社会又急切呼唤这类书籍出现。

为回应社会关切，我不揣浅陋，主持编撰了这部《江流楚天——湖北千里长江行》。全书以湖北境内长江干流及其支流汉江、清江为线，依江流所经市州为序，力求熔自然景观、文化遗址和非物质文化遗产于一炉而冶之。其具体分工如下：由我拟定写作大纲、提示写作要点和撰写导语，李少多、李咏秋、谭上千幸、李振鹏分别撰写第一、二、三、四章；李咏秋对初稿的体例和风格进行了大致统一，最后由我修改定稿。湖北省文化和旅游厅指导并组织了本书的编撰工作，湖北省炎黄文化研究会也给予了大力支持。长江出版社赵冕社长对本书的编撰出版高度重视，责任编辑张艳艳、梁琰、向丽晖、王重阳，编辑张琼、刘依龙付出了艰辛的劳动。值此付梓之际，谨向关心支持本书编撰出版的单位和各位同仁表示衷心的感谢！同时向为本书提供部分图片支持的长江网表示诚挚的谢意！

因学力不逮，时间仓促，书中错讹之处在所难免，且限于体例和篇幅，参考著作和图片资料可能有遗珠之憾，恳请广大读者谅解和指正！

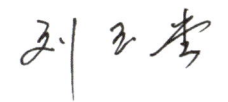

2024 年 3 月 30 日

图书在版编目（CIP）数据

江流楚天：湖北千里长江行 / 刘玉堂主编；湖北省文化和旅游厅组编 .-- 武汉：长江出版社，2024.4
ISBN 978-7-5492-9437-4

Ⅰ.①江… Ⅱ.①刘… ②湖… Ⅲ.①长江流域－地方文化－研究－湖北 Ⅳ.① G127.63

中国国家版本馆 CIP 数据核字（2024）第 075496 号

江流楚天：湖北千里长江行
JIANGLIUCHUTIAN：HUBEIQIANLICHANGJIANGXING
刘玉堂　主编　湖北省文化和旅游厅　组编

出版策划：	赵冕　张琼
责任编辑：	张艳艳　梁琰　向丽晖　王重阳
装帧设计：	彭微　郑泽芒
出版发行：	长江出版社
地　　址：	武汉市江岸区解放大道 1863 号
邮　　编：	430010
网　　址：	https://www.cjpress.cn
电　　话：	027-82926557（总编室）
	027-82926806（市场营销部）
经　　销：	各地新华书店
印　　刷：	湖北金港彩印有限公司
规　　格：	700mm×1000mm
开　　本：	16
印　　张：	23.75
插　　页：	2
字　　数：	328 千字
版　　次：	2024 年 4 月第 1 版
印　　次：	2024 年 9 月第 1 次
书　　号：	ISBN 978-7-5492-9437-4
定　　价：	148.00 元

（版权所有　翻版必究　印装有误　负责调换）